姜育發茶書文庫 25

茶經講說2023 -개정증보판4-

지은이/ 짱유화
펴낸이/ 짱유화

펴낸곳/ 도서출판 삼녕당
www. chinatea. re. kr

1판 3쇄 발행일/ 2023년 02월 25일

등록/ 2011년 01월 25일 (제2011-11호)
주소/ 서울시 금천구 가산동 가산디지털 1로 2 301호(우림라이온스밸리 2차)
전화/ 02-2027-2988, 팩스/ 02-2027-2989

표지디자인/illustration 짱유화
문서디자인/indesign 짱유화
문서편집/indesign 짱유화
문서교열/PDF 짱유화
사진/photoshop 짱유화
그림/삽화/photoshop/illustration 짱유화

인쇄/ 계림종합출판사

값/ 39,000

이 책에 실린 글과 그림·사진 등의 저작권은 저자와 도서출판 삼녕당에 있으므로, 저작물의 일부라도 무단 인용이나 도용·복사 및 전재·재배포 등 일체의 저작권침해행위를 금합니다. 이를 어길 시, 민·형사상의 책임을 질 수 있습니다.

잘못 만들어진 책은 구입처에서 바꾸어 드립니다.

짱유화 스물 다섯번째 차 서

Lecture of a Tea classics 2023

들어가는 말

　차문화 음차법飮茶法 변천사의 최초는 떡차餠茶를 가루 내어 솥에 넣은 다음 풀어서 끓여 마시는 '자차법煮茶法'이었다. 당나라唐(618~907) 때 성행했던 이 자차법은 송나라宋(960~1279)에 이르러 '점차법點茶法'으로 발전하게 된다. 점차법이란 단병차團餠茶로 낸 찻가루를 솥에 넣어 끓이지 않고 찻사발에 직접 넣어 연고와 같이 끈적끈적하게 만든 다음 적당한 양의 끓는 물을 부어 차선茶筅이라는 기구를 통해 거품인 유화乳花를 내어 마시는 방법을 말한다. 오늘날 잎차의 원형을 그대로 우려 마시는 '포차법泡茶法'은 명나라明(1368~1644) 때부터 시작된 일이다.

자차법은 당나라의 음용법이나 당시에는 차에 대한 개념이 아직 정리되지 않았던 때, 8세기에 이르러 『다경茶經』이 발간된 후 비로소 차의 개념이 체계화되었다. 『다경』은 자차법을 다룬 유일한 문헌이자 차에 관한 최초의 책이기도 하다.

영어에서 『다경』을 'Tea Classic'이라 한다. Classic의 어원은 'Class'에서 비롯되었고, 고전古典이라는 뜻을 담고 있다. 고전은 남다른 체험의 정제와 깊은 사념의 결실을 통해 태어난다. 고전은 시·공간을 초월한 보편적 가치를 담고 있으면서도 특수성을 지닌다. 그래서 고전은 그 당대에만 머물지 않고 시대를 뛰어넘어 끊임없이 문제를 제기하고, 나아가 우리가 처한 현실의 문제에 대해서도 조언자의 역할을 한다.

『다경』은 차의 고전이다. 지은이는 육우陸羽(?~804)다. 육우가 활동했던 시대는 당나라 중기에 해당하는 시기로 이때 당나라의 상황은 건국 이래 가장 혼란했던 때다. 어느 사회를 막론하고 그 사회가 혼란하면 할수록 그 사회를 바로잡기 위한 사상가 역시 생겨나기 마련이다. 육우도 그 중의 하나다.

육우가 차를 통해 깨달은 교훈에서부터 그것을 물리적으로 다스리는 자연의 이치까지 차의 철학을 담아서 만든 책이 『다경』이다. 차의 철학이란 공허하고 비현실적인 사유의 세계가 아니라, 사회적·윤리적 본질 문제에 대한 체계적이고 구체적인 해답을 주는 학문이다. 그리고 과거와 현실에 대해 철저하게 해석하고, 미래에 대한 대안을 제시해주고 있다.

필자는 1999년 성신여자대학교 차문화산업대학원茶文化産業大學院 석사과정에서 차고전를 강의할 때 처음으로 자차법을 해석하는 『다경』을 출간했다. 2005년에 이르러 한서대학교 건강증진대학원健康增進大學院 차학과 석사를 가르치면서 『다경』의 내용을 강설을 곁들여 『다경강설茶經講說』을 내 놓았다. 2011년에 들어와 『다경강설』의 인쇄가 4쇄로 들어갈 계획

【들어가는 말】

일 때 필자는 이 책의 내용을 수정 보강한 후 책 이름을 『자다학煮茶學』으로 바꿨다. 그 이유는 당시에는 잎차를 우리는 포차법 고전인 『포다학泡茶學』을 집필 중이었는데, 2007년 필자가 말차법의 고전이라 일컫는 『점다학點茶學』을 출간했고, 자차법의 고전인 『다경』을 『자다학』으로 개명하면 음차의 변천사인 자차煮茶·점차點茶·포차泡茶 등을 하나로 묶어 차의 고전을 체계적으로 공부할 수 있다는 점을 고려했기 때문이다.

그러나 2013년에 들어와 필자는 다경의 내용을 재정립하여 『다경강설 2013』을 출판했다. 그리고 2015년 『다경강설 2015』, 2019년 다시 『다경강설 2019』를 내놓았다. 이 책은 『다경강설 2019』의 개정 증보판이다. 필자가 지난 몇 년 동안 『다경』을 강의하면서 새로이 느꼈던 점들을 정리해 추가한 편집본이다. 이 중 육우의 철학적 사유를 세밀히 관찰하여 그의 차학관茶學觀을 심층 분석한 것과 차과학 부분을 현대적 시각으로 이해하는 것이 증보의 핵심이다.

2022년 국내 여러 고전번역원古典翻譯院에서 필자의 고전서적을 소장하고자 하는 요청이 들어왔다. 또는 원문 이해도를 높이기 위해 『다경강설 2023』 각 단락 국문 풀이에 작은 글씨체로 원문을 달아 내용의 이해도를 높여 주는 작업도 아울러 부탁했다. 예를 들어 "3세 때 버려진 몸이 되어始三歲㷀露, 경릉대사 적공의 선원에서 살게 된다育於竟陵大師積公之禪院"와 같다. 다만 『다경』 원문 중에서 후세들이 가필로 만든 작은 글씨인 각주脚註와 산지를 다루는 「팔지출八之出」에서는 이 형식을 따르지 않았다. 이는 이곳에의 원문 풀이가 매우 단순하기 때문에 생략했던 것이다.

이 책을 읽는 방법은 원문에 해당되는 독음을 먼저 파악하고 국역의 각 단락에서 풀이를 헤아린 후 부족한 부분은 주석에서 그 뜻을 찾으면 해독이 빠르다. 마지막으로 강독 부분에서 원문의 내용을 더 파악하고 저자 육우의 의도를 이해하는 순으로 공부하면 책의 가독성을 높일 수 있다.

『다경강설 2023』도 역시 필자의 지난 졸저와 같이 1인 6역으로 만들었다. 1인이란 필자를 말하며, 6역이란 글·그림 삽화·사진·편집디자인·표지디자인·출판 등 역할을 말한다. 즉 필자가 이 책의 모든 부분을 관여하여 직접 만들었다는 것을 뜻한다.

이 책을 내는데, 작업에 참여한 중국 호남농업대학湖南農業大學 교수이자 중국공정원中國工程院 원사院士인 류중화劉仲華(유중화)와 산동대학山東大學 교수 자오아이궈趙愛國(조애국)에게 감사의 말씀을 드린다. 그리고 사진 작업에 참여한 중국 사천농업대학四川農業大學 허쑨저우何循舟(하순주) 선생과 내 책을 항상 실비로 인쇄해주신 계림종합출판사 이강혁 사장님에게도 감사의 말씀을 드린다. 끝으로 코로나 창궐 때 작고하신 한국 차계茶界의 큰 어른이자 제가 존경하는 고 허재남許再男 회장님을 기억하고 이 책을 바치고자 한다.

2023년 정월 삼녕당三寧堂에서 불기不器 운천雲荈

이 책은 아래와 같은 요령으로 엮었다

1. 이 책의 번역 대본은 지금까지 발견된 최초의 『다경』 판본인 남송 함순咸淳 9년(1273) 좌규左圭가 편저한 『백천학해百川學海』 본을 저본底本으로 하였다. 그리고 『사고전서본四庫全書本』·『완위산당설부본宛委山堂說郛本』·『당인설회본唐人說薈本』·『천문상저여본天門桑苧廬本』·『함분루설부본涵芬樓說郛本』·『왕사현천문현지본汪士賢天門縣志本』·『고금도서집성본古今圖書集成本』·『경릉본竟陵本』·『정총본鄭熜本』·『옥명당본玉茗堂本』·『유정다서본喩政茶書本』 등 판본을 참고하였다. 현대의 저서는 『다경술평茶經述評』(오각농吳覺農, 중국농업출판사中國農業出版社, 2005)·『다경교주茶經校註』(심동매沈冬梅, 중국농업출판사中國農業出版社, 2007)·『육우다경해독여점교陸羽茶經解讀與點校』(정계곤程啓坤, 요국곤姚國坤 공저, 상해문화출판사上海文化出版社, 2003)·『다경연보茶經年譜』(주지강周志剛, 섬서사범대학출판총사陝西師範大學出版總社, 2021)·『중국고대다서정화中國古代茶書精華』(짱유화姜育發, 남탑산방, 2000)·『다경신역茶經新譯』(짱유화姜育發, 남탑산방, 2000)·『다경강설茶經講說』(짱유화姜育發, 삼녕당, 2019)·『차과학개론茶科學槪論』(짱유화姜育發, 보이세계, 2010)·『점다학點茶學』(짱유화姜育發, 삼녕당, 2023)·『자다학煮茶學』(짱유화姜育發, 국차공사, 2011)·『차과학 길라잡이 2015』(짱유화姜育發, 삼녕당, 2014) 등을 참고하였다.
2. 이 책의 체제는 표점標點을 찍어 먼저 원문을 싣고 국역하였으며, 그 아래에 강설을 두었다.
3. 번역의 원칙은 원문에 충실한 직역을 위주로 하였다. 의미가 다소 불분명한 부분에서는 의역을 곁들여 독자의 이해를 도왔다.
4. 맞춤법과 띄어쓰기는 한글 맞춤법 통일안을 따르는 것을 원칙으로 하였다.

5. 조선과 청나라의 의례儀禮적인 조공관계가 만들어 낸 기록 문학에는 한글로 만든 《병인연행가丙寅燕行歌》가 있다. 조선 후기 문신 홍순학洪淳學(1842~?)이 지은 것이다. 그는 연경燕京(베이징) 상가에 진열된 상품 부분을 아래와 같이 적었다. "츠푸리를 볼작시면 갑의 너흔 황다봉과 향편다와 작셜다와 고아 민든 향다고며…몽치몽치 보이다며 동골동골 만보다오". 한글로 민든 이 책에서 츠茶푸리(풀이)의 소리는 '차茶'로, 황다봉黃茶封·향편다香片茶·작설다雀舌茶·향다고香茶膏·보이다普洱茶·만보다萬寶茶 등의 소리는 '다茶'로 쓴 것으로 보아 당시 한자 '茶'의 소리는 한국어로 '차'와 '다'를 혼용했다는 것을 알 수가 있다. 이 책에서는 필자가 석·박사 논문 심사할 때 적용한 형식에 따라 서적·시詩 등의 제목 그리고 원문 한자의 '茶'의 독음은 '다'로, 그 밖의 모든 표기는 '차'로 통일하였다. 예를 들어 서명書名일 경우 『다경茶經』·『점다학點茶學』 그리고 원문 '범채다재이월凡採茶在二月'에서는 '다'로 하고, 일반용어 '다기茶器'·'음다飮茶'·'다도茶道'를 '차기'·'음차'·'차도'와 같이 모두 '차'로 통일하였다.

6. '물'에 대한 용어는 다음과 같이 정리하였다.

   1) 끓이지 않는 물을 '물'
   2) 끓인 물을 '끓는 물' 또는 '탕수湯水'
   3) 찻가루 또는 차의 성분이 용해되어 있는 물을 '차탕茶湯'

7. 이 책에 쓰인 부호는 다음과 같다.

   1) ( ) : 원문에는 없으나 이해를 돕기 위하여 번역자가 보충한 부분
   2) " " : 대화 등의 인용문을 묶을 때
   3) ' ' : 재인용이나 강조 부분을 묶을 때
   4) 『 』 : 서명을 표시할 때
   5) 「 」 : 작품명과 편명 그리고 시명을 표시할 때
   6) [ ] : 음은 다르나 뜻이 같은 한자를 묶을 때

목차

04	들어가는 말
08	일러두기
10	목차
12	다경 구성
14	다경 저술 연대 · 판본 종류
16	역대 다경 판본
20	육우 일생
28	육우 연보
30	육우 자서전
46	다경 권상
48	일지원
74	일지원 표
76	이지구
94	이지구 표
96	이지구 삽화
106	삼지조
118	삼지조 표
120	다경 권중
122	사지기
172	사지기 표
178	사지기 삽화
200	다경 권하

202	오지자
232	오지자 표
236	육지음
251	육지음 표
252	칠지사
346	칠지사 표
350	팔지출
370	팔지출 표
376	구지략
384	구지략 표
386	십지도
390	십지도 표
395	다경 발문 영인본
397	육우 육선가 영인본
399	경릉인물지략 영인본
405	육문학자전 영인본
409	신당서 은일전 영인본
411	중각육자 다경서 영인본
415	다경 구서 영인본
489	다경 사고전서 영인본
490	참고문헌

다경 구성

육우의 『다경』은 3편[三篇] 10장[十章]으로 구성되어 있다. 절대불변의 진리의 뜻을 담고 있는 '경經'자의 어원은 '경위經緯'에서 비롯되었다. 경위란 옷감의 씨줄과 날줄을 뜻하나, 그 의미가 다양하게 확장되어 삶의 지침으로서의 도리·진리라는 의미도 지닌다.

『다경』은 차에 관한 진리를 담고 있는 책이다. 『다경』의 구성은, 차의 기원을 다루는 1장[一章]인 「일지원一之源」·차를 만드는데 필요한 차구茶具를 소개한 2장[二章]인 「이지구二之具」·차의 가공과 품평을 논한 3장[三章]인 「삼지조三之造」 등을 상편上篇에 두었다. 차를 마시는데 필요한 차기茶器를 소개한 4장[四章]인 「사지기四之器」를 중편中篇에 두었다. 그리고 차를 끓이는 방법인 5장[五章] 「오지자五之煮」·차를 마시는 방법인 6장[六章] 「육지음六之飮」·차의 옛 이야기인 7장[七章] 「칠지사七之事」·차의 산지인 8장[八章] 「팔지출八之出」·차구와 차기의 생략법을 논한 9장[九章]인 「구지략九之略」·『다경』의 내용을 익히는 방법을 다룬 10장[十章]인 「십지도十之圖」 등을 하편下篇에 두어 풀이했다.

이 가운데 차에 관한 옛 이야기인 7장 「칠지사七之事」는 대력大曆 10년(775) 육우가 당시 호주자사湖州刺史로 부임한 안진경顏眞卿으로부터 『운해경원韻海鏡源』 편찬 작업에서 알게 된 차와 관계된 옛 이야기들을 발췌해 연대별로 편집한 부분이다. 당시 육우를 비롯해 호주의 명사 50인이 이 작업에 동참했다. 이 작업으로 육우는 방대한 옛 문헌을 접할 수 있었고 차와 관련된 이야기를 수집할 수 있었다. 이것이 바탕이 되어 육우는 이미 탈고된 『다경』의 9장에 1장을 더 추가「칠지사」라 하여 『다경』을 10장으로 편성하였다.

한편 『다경』에서 원문 아래의 작은 글씨인 각주脚註의 출처에 대해 그동안 많은 논란이 있었다. 이 각주는 대체로 육우의 글 또는 후세의 가필加筆이었다는 주장이 있지만 육우의 글과 후세의 가필이 혼재된 경우도 있다. 그러나 『다경』의 원문이 존재하지 않고, 지금 보이는 최초의 간본인 남송南宋 함순咸淳 9년(1273) 좌규左圭가 편저한 『백천학해百川學海』의 내용에서도 많은 오류가 발견되어, 각주의 실체에 대해 아직까지 정확하게 밝혀내지 못하고 있다. 따라서 오늘날 『다경』의 각주은 대체로 「팔지출八之出」의 각주만이 육우의 글과 후세들의 가필로 만든 것이고, 이외의 각주는 여러 시대 다양한 사람들로부터 가필되었다는 것이 지금까지의 결론이다.

한편 『다경』의 「이지구二之具」・「사지기四之器」에서 보이는 차구茶具와 차기茶器 등의 그림은 실제로 존재하지 않는다. 육우는 차구와 차기의 모습을 글로만 풀었을 뿐 해당되는 그림은 그리지 않았기 때문이다. 이 책에서 보이는 차구와 차기의 그림은 육우의 글을 저자 짱유화가 풀어 삽화 형식으로 직접 그린 것이다.

『다경』 저술 연대와 판본 종류

『다경』의 저술 연대는 대체로 761년 · 764년 · 775년 · 780년 경 등 네 가지의 주장이 있다.

이 중 761년을 주장한 근거는 육우가 상원上元 2년(761)에 만들었다는 자서전 『육문학자전陸文學自傳』에서 자신이 만든 여러 권의 책 중에 『다경』 3권이 있다고 기술했기 때문이다.

764년의 주장은 『다경』「사지기四之器」'풍로風爐'의 내용 중 "한쪽 다리에 새긴 '성당멸호명년주聖唐滅胡明年鑄'"를 근거로 두고 있다. "성대한 당나라가 반역자들을 멸망시킨 이듬해에 만들었다"는 이 글에서의 반역자는 '안사의 난'을 일으킨 안록산安祿山과 그의 부장 사사명史思明을 말하며, 반란을 평정한 이듬해인 764년에 풍로를 만들었다고 육우가 언급했기 때문이다.

775년의 주장은 육우가 호주자사湖州刺史로 부임한 안진경顔眞卿의 요청으로 『운해경원韻海鏡源』 360권 편찬에 동참했는데, 이때의 일이 774년이기 때문이다.

마지막으로 780년의 주장은, 782년 이후 육우는 강서江西 · 호남湖南 · 광동廣東 등지에 머물렀음에도 불구하고 「팔지출八之出」에서 이들 차밭을 전혀 다루지 않았기 때문이다. 이를 근거로 많은 이들은 『다경』은 782년 이전에 쓴 글이라고 주장한다.

그러나 후세의 학자들은 대체로 『다경』의 저술 연대를 761년을 초고본初稿本, 764년 · 775년을 수정본修正本, 780년경(780~781)을 완성본完成本으로 보고 있다. 필자도 이 논거에 따라 이 책에서 『다경』의 저작 연대를 780년경으로 적고 있다.

한편 당나라 때 이미 여러 판본의 『다경』이 유통되었다는 주장도 제기되고 있다. 이 주장은 당시에는 최소한 세 가지 판본이 존재했으며, 758~761년 때 만든 『다경』의 초고본初稿本과 764년 이후의 수정본 그리고 775년 이후의 수정본 등이다. 이는 북송北宋 때 진사도陳師道가 만든 『다경서茶經序』의 내용 중 자신이 여러 판본의 『다경』을 소장하고 있으며, 왕씨王氏의 3권, 필씨畢氏의 3권, 장씨張氏의 4권 그리고 자기 집안인 진씨陳氏의 1권이 있다고 했기 때문이다.

지금까지 발견된 최초의 『다경』 판본은 남송南宋 함순咸淳 9년(1273) 좌규左圭가 편저한 『백천학해百川學海』다. 오늘날 우리가 접한 모든 판본은 대부분 이 판본 중심으로 재편집한 것이다. 다만 이후의 필사과정에서 또는 간본과정에서 생긴 오자와 탈자 그리고 후학들이 가필加筆한 주석들이 더해져 다양한 형태의 『다경』으로 변모했던 것이다.

오늘날의 『다경』은 필사본과 간본으로 만든 판본이 있다. 필사본은 대부분 명나라와 청나라 때 만든 것이며, 『백천학해百川學海』, 『설부說郛』, 『사고전서四庫全書』 그리고 개인이 필사한 것들이 있다. 간본은 형식과 내용에 따라 형식본은 총서본叢書本 · 독립간본獨立刊本 · 부각본附刻本 등이 있고, 내용본은 초주본初注本 · 무주본無注本 · 증주본增注本 · 증석본增釋本 · 산절본刪節本 등이 있다.

[『다경』 연대와 판본 종류]

역대 『다경』 판본

	版 本	刊本·發行	時 代	分 類	簡 稱
1	百川學海本	左圭編	南宋 咸淳9年 (1273)	叢書本 初注本	宋百川學海本
2	百川學海遞修本	華珵刊	明 弘治14 (1501)	叢書本 初注本	華氏本
3	百川學海本	鄭氏文宗堂刻	明 嘉靖15 (1536)	叢書本 初注本	
4	竟陵本	柯雙華 竟陵刻本	明 嘉靖21 (1542)	獨立刊本 增注本	竟陵本
5	程福生竹素園 陳文燭校本	程福生 竹素園 陳文燭	明 萬曆16 (1588)	獨立刊本 增注本	竹素園本
6	秋水齋刊本	孫大綬	明 萬曆16 (1588)	獨立刊本 增注本	秋水齋本
7	百家名書本	胡文煥	明 萬曆21 (1593)	叢書本 增注本	名書本
8	山居雜志本	汪士賢	明 萬曆21 (1593)	叢書本 增注本	
9	格致叢書本	胡文煥	明 萬曆31 (1603)	叢書本 增注本	
10	鄭熜校刻本 (明刻本)	鄭熜	明	獨立刊本 增注本	鄭熜本
11	鄭熜校刻本 (明刻本)	鄭熜	明	獨立刊本 增注本	
12	喻政『茶書』本	喻政	明 萬曆41 (1613)	叢書本 增注本	喻政茶書本
13	宜和堂本	鄭德徵 陳鑾	明	獨立刊本 增注本	宜和堂本
14	重訂欣賞編本		明	叢書本 增注本	重訂欣賞編本

	版　本	刊本・發行	時　代	分　類	簡　稱
15	倚雲閣刻本	樂元聲	明	獨立刊本 刪節本	
16	『清媚合譜茶譜』本	益王涵素	明	叢書本 增注本	王涵素本
17	玉茗堂主人別本 茶經本	湯顯祖	明	獨立刊本 增注本	玉茗堂本
18	明刊唐宋叢書本	鍾人傑 張遂辰輯	明	叢書本 增注本	唐宋叢書本
19	明人重編明末刊 百川學海辛集本		明	叢書本 增注本	
20	明人重編明末刊 百川學海辛集本	中國國家圖書館明 百川學海 4冊本	明	叢書本 增注本	
21	明人重編明末刊 百川學海辛集本	中國國家圖書館明 百川學海 36冊本	明	叢書本 增注本	
22	『五朝小說大觀』本	桃源居士輯	明	叢書本 增注本	大觀本
23	明末刻 『唐人百家小說』 五朝小說本	馮猶龍輯	明	叢書本 增注本	
24	明刻本		明	叢書本 增注本	
25	『稗史彙編』本	王圻	明	叢書本 刪節本	
26	宛委山堂說郛本	元陶宗儀輯 清兩浙督學 李際期刊行	清 順治3 (1646)	叢書本 增注本	宛委山堂說郛本
27	古今圖書集成本	陳夢雷 蔣廷錫等奉敕編	清 雍正4 (1726)	叢書本 增注本 (銅活字排印)	古今圖書集成本
28	『陸子茶經』本	儀鴻堂 王淇釋	清 雍正7 (1729)	獨立刊本 增釋本	儀鴻堂本
29	『原本茶經』本	壽椿堂 『續茶經』 陸廷燦	清 雍正13 (1735)	附刻本 增注本	陸氏本

	版 本	刊本・發行	時 代	分 類	簡 稱
30	四庫全書本	文淵閣	清 乾隆47 修成 (1782)	叢書本 初注本	四庫全書本
31	唐人說薈本	挹秀軒刊 陳世熙輯	清 乾隆58 (1805)	叢書本 增注本	唐人說薈本
32	學津討原本	虞山張氏 照曠閣刊 張海鵬輯	清 嘉慶10 (1805)	叢書本 初注本	照曠閣 學津討原本
33	唐代叢書本	王文浩輯	清 嘉慶11 (1806)	叢書本 增注本	唐代叢書本
34	唐人說薈本	緯文堂刊 依據張宏庸著錄	清 嘉慶13 (1808)	叢書本 增注本	
35	『陸子茶經』本	『天門縣志』附	清 道光1 (1821)	附刻本 增釋本	汪士賢 天門縣志本
36	植物名實圖考長編本	吳其濬	清 道光刊本	叢書本 初注本	植物名實圖考 長編本
37	唐人說薈本		清 道光23 (1843)	叢書本 增注本	
38	唐人說薈3集本	右文堂刻	清 同治8 (1869)	叢書本 增注本	
39	扁木字 古今圖書集成本	上海圖書集成局印	清 光緒10 (1884)	叢書本 增注本	
40	古今圖書集成 原書本	同文書局影印	清 光緒16 (1890)	叢書本 增注本	
41	唐人說薈3集本	陳其珏刻	清 光緒年間	叢書本 增注本	
42	唐人說薈本	石刻上海天寶書局	清 宣統3 (1911)	叢書本 增注本	
43	國學基本叢書本	上海商務印書館印 植物名實圖考 長編本	民國8 (1919)	叢書本 增注本	
44	明弘治華氏本 百川學海本	上海博古齋景印	民國10 (1921)	叢書本 增注本	

	版 本	刊本・發行	時 代	分 類	簡 稱
45	唐人說薈本	上海掃葉山房石印	民國11 (1922)	叢書本 增注本	
46	學津討原本	上海商務印書館 景印	民國11 (1922)	叢書本 初注本	
47	湖北先正遺書子部本	廬靖輯 沔陽廬氏 慎始齋刊	民國12 (1923)	叢書本 初注本	
48	五朝小說大觀本	上海掃葉山房 石印本	民國15 (1926)	叢書本 增注本	
49	宋咸淳 百川學海本	陶氏涉園景刊	民國16 (1927)	叢書本 初注本	陶氏本
50	說郛涵芬樓刊本	張宗祥校明鈔	民國16 (1927)	叢書本 無注本	涵芬樓本
51	『陸子茶經』本 (桑苧廬藏版)	西塔寺常樂刻	民國22 (1933)	獨立刊本 初注本	西塔寺本 天門桑苧廬本
52	古今圖書集成本	中華書局影印殿本	民國23 (1934)	叢書本 增注本	古今圖書集成本
53	萬有文庫本	上海商務印書館印 植物名實圖考 長編本	民國23 (1934)	叢書本 初注本	
54	『唐代叢書』	民國上海錦章書局 石印		叢書本 增注本	
55	『古今茶事』本	胡山源 世界書局	民國30 (1941)	叢書本 增注本	
56	叢書集成初編本			叢書本 初注本	
57	『漢唐地理書鈔』本	王謨輯	清 嘉慶13 (1808)		
58	文房奇書本				
59	呂氏十種本				
60	小史集雅本				
61	明張應文藏書 七種本				
62	明鄭熜校本	日本江戶春秋館 翻刻		獨立刊本 增注本	
63	明鄭熜校本	日本寶曆戊寅夏 四月翻刻	日本 寶曆戊寅 (1758)	獨立刊本 增注本	
64	明鄭熜校本	日本天保十五年 甲辰京都書肆翻刻	日本天保15 (1844)	獨立刊本 增注本	

(자료출처 심동매沈冬梅『다경교주茶經校註』)

육우의 일생

『다경』의 저자 육우陸羽(?~804)는 차성茶聖 또는 차신茶神으로 많은 사람들로부터 칭송을 받고 있다. 그러나 역사적으로 육우에 대한 기록이 많지 않고 정확하지도 않아 그의 행적에 대해 많은 논란이 있었다.

육우의 자는 홍점鴻漸 또는 계자季疵며, 호는 경릉자竟陵子·상저옹桑苧翁·동강자東岡子·동원선생東園先生·차산어사茶山御使 등이 있고, 일명 질疾이라고도 한다. 사람들은 그를 육문학陸文學이라고도 부른다.

당현종唐玄宗 개원開元 21년(733) 경릉군竟陵郡(지금의 湖北省 天門縣)에서 태어났다는 설이 있으나 그의 부모, 출생지, 출생 연도는 아직도 밝혀지지 않고 있다.

『신당서新唐書』「은일隱逸·육우전陸羽傳」에 '부지소생不知所生'의 문구로 보아 육우는 고아임을 알 수 있다. 육우의 출신에 대해 청淸나라 도광道光 연간에 편집한 『천문현지天門縣志』에 "경릉군 복부주覆釜州 소재 용개사龍蓋寺(지금의 西塔寺) 주지 스님인 지적선사智積禪師가 경릉竟陵 서호西湖 물가에서 울고 있는 3살배기 아기를 기러기 떼가 날개로 감싸고 있는 것을 보고, 그 아기를 사찰로 데려가 키웠다. 후일 지적선사는 아이 이름을 지었는데, 『역경易經』에 '큰기러기[鴻]가 뭍[陸]으로 나아간[漸]다. 그 깃[羽]은 거동에 쓸 수 있으니 길하다'는 점괘와 연결하여 성을 육陸씨라 하고 이름은 우羽 또는 홍점鴻漸이라 했다"고 적었다.

그러나 육우의 성씨에 대해 『당인설회唐人說薈』에서는 "육우의 성은 자신을 길러준 지적선사의 속성인 육씨로부터 부여받은 것이다"라고 하여 다른 해석을 했다. 한편 육우는 자신이 쓴 『문원영화文苑英華』「육문학자전陸文學自傳』에서 "3세 때 버려진 몸이 되어 경릉의 지적선사의 선원에서 길러지게 되었다"고 하였다. 육우가 3세 때 선원에 입양되었다는 주장은 이 문구를 두고 근거한 것이다.

어린 시절 육우는 절에서 불경공부 외에 주지스님의 차 끓이는 일을 도맡았다고 한다. 그러나 동자승인 육우는 예언이나 계시 같이 인간을 떠나 있는 서방세계西方世界의 불경보다는 현세現世의 실천학 즉 사회적·윤리적에 대한 해답을 주는 유학儒學에 더 관심을 두었다. 그가 9세 때, 지적선사에게 "유학에서는 자식을 두지 않는 것이 제일 큰 불효라고 하는데, 어떻게 이런 불효를 범하고 출가할 수 있습니까?"라고 물었다. 스님은 육우를 절 안에 가두거나 무성한 풀을 베게 하는 벌을 주었고 때로는 매질하기도 했다.

체질상 불교 교리가 맞지 않는 육우는 743년 11살이 되던 해 용개사龍蓋寺에서 뛰쳐나온다. 절에서 나온 육우는 광대패[伶黨] 유랑단에 들어가 배우 생활을 하기 시작한다. 그는 몸소 광대가 되어 나무 인형·아전·구슬 감추기 등의 역할도 했다. 육우는 비록 얼굴도 못 생겼고, 말마저 심하게 더듬었지만 성실하고 재주가 많아 많은 사람으로부터 사랑을 받았다. 『해학諧謔』시나리오 3편을 짓기도 했다.

당현종 천보天寶 5년(746) 당시 경릉태수竟陵太守 이제물李齊物이 '참군희參軍戲'를 관람하던 중 육우의 재능을 높이 평가해 친히 시집을 주면서 격려했다. 그리고 화문산火門山 추부자雛夫子에게 추천하여 유학儒學을 공부할 수 있도록 해주었다. 육우는 한가할 때 친히 스승인 추부자를 위해 차를 끓여드렸다고 한다.

752년 육우는 새로 부임한 경릉태수 최국보崔國輔와 교분이 두터워져 의형제를 맺었다. 그는 상류층 인사와 빈번하게 접촉해 많은 사람을 사귀었고 문단에서도 명성을 날렸다.

천보 13년(754) 봄, 육우는 최국보와의 이별에서 흰 노새와 검은 소[犝牛], 홰나무로 만든 책 넣는 궤짝인 문괴서함文槐書函을 최국보로부터 선물로 받았다. 그해 육우는 지금의 하남성河南省 신양新陽 일대와 파산巴山·협천峽川 등지를 주유周遊하며 차에 대해 관찰하였다. 그는 파산의 파동진향명巴東眞香茗을 맛보고, 팽주彭州·면주綿州·촉주蜀州·공주邛州·아주雅州·노주瀘州·한주漢州·미주眉州 등지의 차산지를 둘러보았다. 그리고 의창宜昌에서는 협주차峽州茶와 합마천수蛤蟆泉水를 맛보았다.

다음해인 755년 여름, 경릉으로 돌아와 청탄역晴灘驛 석호石湖 옆 동강촌東岡村에 정착하게 된다. 이때 육우는 그동안 수집했던 차에 관한 기록을 정리했는데, 이것이 『다경』의 기초자료가 되었다.

당숙종唐肅宗 지덕至德 원년(756)에는 '안사의 난[安史之亂]'으로 피난길에 올라 남쪽으로 이동 지금의 절강성浙江省 호주湖州(당시의 吳興縣)로 향하게 된다. 이때 그는 「사비시四悲詩」를 지어 양자강을 건너는 한 맺힌 피난민의 심정을 토로했다. 유전劉展이 강회江淮지방을 탐냈을 때는 「천지미명부天之未明賦」를 지었다.

지덕 2년(757) 육우는 지금의 강소성江蘇省 무석無錫에 도착해 혜산천惠山泉을 품평했다. 그리고 당시 무석위無錫尉로 있던 황보염皇甫冉과 교분을 맺는다. 이어 절강성 호주 저산杼山 묘희사妙喜寺의 시승詩僧이자 차에 대한 지식이 풍부한 스님 석교연釋皎然과 망년지교를 맺고 그곳에서 머물게 된다.

건원乾元 원년(758) 육우는 남경南京 서하사棲霞寺에 기거하며 그가 피난길에 경유했던 양자강 중유中游와 회하淮河 유역에서 수집했던 차에 관한 자료를 정리한다. 이때 황보염皇甫冉, 황보증皇甫曾 형제가 그를 수차례 방문했다.

상원上元 원년(760) 그는 호주로 돌아와 초계苕溪에 은둔하며 차를 연구하고 원고 정리에 몰두한다. 상원 2년(761) 육우는 자서전 1편을 완성했다. 이것이 『육문학자전陸文學自傳』이다. 그는 자서전에서 『군신계君臣契』3권, 『원해源解』30권, 『강표사성보江表四姓譜』8권, 『남북인물지南北人物志』10권, 『오흥역관기吳興歷官記』3권, 『호주자사기湖州刺史記』1권, 『다경茶經』3권, 『점몽占夢』3권을 만들었다고 했다.

초계 주변에 뽕나무[桑]와 삼밭[麻·苧]이 많아 그는 스스로를 '상저옹桑苧翁'이라 불렀다. 자신이 경릉지방에서 온 사람이기에 '경릉자竟陵子'라고도 불렀다. 이 기간에 육우는 맹교孟郊·장지화張志和·유장경劉長卿·이야李冶 등 당시의 명사들과 친분을 맺었다. 그래서 후세 사람들은 호주를 육우의 제 2의 고향이라고 한다.

당대종唐代宗 광덕廣德 2년(764) 육우가 강소성에 들러 차 자료를 수집하던 중 유양維揚 즉 지금의 양주揚州에서 때마침 이곳을 방문한 어사대부御使大夫 이계경李季卿을 만난다. 이계경의 초대를 받고 육우는 차에 적합한 물에 대한 견해를 밝히고 차를 끓여주기도 했다. 그러나 훗날 이 얘기는 다른 이야기로 변모되어, 육우가 이계경에게 직접 차를 끓여주었음에도 불구하고 이계경이 예를 갖추지 않자 육우가 『훼다론毀茶論』을 지어 차를 비방했다고 전해진다.[1] 이 이야기는 8세기말 사학자인 봉연封演이 쓴

---

1 "御使大夫李季卿宣慰江南 … … 鴻漸身衣野服, 隨茶具而入. 旣坐, 敎授如伯熊故事, 李公心鄙之. 茶畢, 命奴子取錢三十文酬煎茶博士. 鴻漸遊江介通狎勝流, 及此羞愧, 復著 『毁茶論』 … …"

『봉씨문견기封氏聞見記』에서 처음으로 언급되었으나 같은 시대 장우신張又新의 『전다수기煎茶水記』에도 실려 있다. 그러나 오늘날 『훼다론』은 가공된 이야기로 밝혀졌다.

영태永泰 원년(765) 육우는 당시의 32주州·군郡 등지의 차에 대해 고찰하여 『다경』 초고初稿를 완성했다. 대력大曆 2년(767)에서 3년(768) 사이 그는 상주常州 의흥현義興縣(지금의 宜興)의 차를 관찰한 후 상주자사常州刺史 이서균李栖筠에게 의흥 양선차陽羨茶를 공차貢茶로 지정하자는 건의를 했다.

대력 4년(769) 육우는 소흥紹興에서 '월강차越江茶'를 만들었다. 이때 많은 청년 학자들이 그를 따라 차를 배웠다고 한다. 한편 『만구지蠻甌志』에서는 "육우가 월강차를 만들 때 어린 종에게 불을 살피라고 했다. 그런데 어린 종이 그만 졸아 차를 그을려서 먹을 수 없게 되자, 화가 난 육우는 철사를 꼬아 만든 줄로 종을 묶어 불 속에 던져 버렸다"고 했다. 많은 학자들은 이 이야기의 진실여부를 증명하고자 노력했으나 육우의 인품과 사뭇 달라 사실일 가능성이 낮다는 것이 학계의 결론이다.

대력 8년(773) 정월 안진경顔眞卿이 호주자사湖州刺史로 부임했다. 그해 6월 육우는 안진경의 『운해경원韻海鏡源』 360권을 편찬하는 작업에 석교연 스님과 동참하게 된다. 안진경이 변변한 차실茶室 하나 없는 육우를 위해 묘희사妙喜寺 옆 차정茶亭을 지어주었다. 이 정자는 계축세癸丑歲 10월 계묘삭癸卯朔에 시공始工하여 21일인 계해癸亥에 준공했는데, '계癸'자가 셋이나 겹치자 이를 '삼계정三癸亭'이라 지었다.

대력 9년(774) 안진경의 『운해경원』이 완성되었다. 이 작업에서 육우

---

2 "陸鴻漸採越江茶, 使小奴子看焙, 奴失睡, 茶焦爛, 鴻漸怒, 以鐵繩縛奴投火中."

는 차에 관계된 이야기를 수집해 『다경』「칠지사七之事」에 넣었다. 이듬해인 775년 육우는 호주에서 건당별업建塘別業을 지어 기거한다.

대력 12년(777) 8월 안진경이 서울로 돌아가자 친구들과 함께 그의 귀경길에 동참하게 되는데, 이 여행에서 육우는 목주睦州 동려桐廬에 가보고, 엄릉嚴陵 탄수灘水를 맛보았다고 한다.

당덕종唐德宗 건중建中 원년(780) 5월 무주婺州 동양東陽어사 대숙륜戴叔倫이「경수육산인敬酬陸山人」두 수 시를 지어 육우에게 증정했다. 육우는 승려 교연의 지지와 격려 속에 호주에서 『다경』을 탈고했다. 10여 년의 세월을 거쳐 작업한 『다경』은 최초의 차 전문서적이자 차에 관한 모든 영역을 다룬 지침서로써 훗날 차의 경전이라 칭송받고 있다.

건중 2년(781) 육우는 당덕종의 뜻에 태자문학太子文學(正六品下)으로 임명되었으나 고사했다. 후일 또 태상사태축太常寺太祝(正九品上)으로 임명되었으나 이 역시 고사했다.

건중 3년(782) 대숙륜이 강서江西의 이고李皋 막료幕僚로 부임하게 되자 육우는 그를 따라 호주에서 강서로 이주하게 된다. 정원貞元 원년(785) 육우는 신주信州 지금의 강서 상요上饒로 이주했고, 이때 맹교孟郊가 그를 방문해「제육홍점상요신개산사題陸鴻漸上饒新開山舍」라는 시 한 수를 지었다. 후일 사람들이 그가 살던 곳을 '점홍택漸鴻宅', 옆 샘물을 '상요육우천上饒陸羽泉'이라 불렀다.

정원 2년(786) 세모歲暮, 어사 초유肖瑜의 요청으로 홍주洪州 옥지관玉芝觀을 방문해 그곳에서 기거하게 된다. 강서의 대숙륜이 관직을 사직한 후 육우와 홍주에서 상봉한다. 이때 그는 승려 회소懷素 열반 1주년을 맞아「승회소전僧懷素傳」을 지어 그를 애도했다.

정원 3년(787) 육우가 배주裵冑의 요청으로 홍주에서 호남湖南으로 건너가 그의 막부로 생활하게 된다. 2년 후 정원 5년(789) 영남절도사嶺南節度使, 광주자사廣州刺史 이복李復의 요청으로 다시 호남에서 광주廣州로 넘어가 막부로 활동한다. 육우는 이곳 관사인 동원東園에서 기거했기에 훗날 자신의 호를 '동원자東園子' 또는 '동원선생東園先生'이라 했다. 시인이자 예술가였던 왕유王維의 초상화에 서문을 써준 것도 이때의 일이다.

정원 9년(793) 육우는 영남에서 호주의 청당青塘으로 돌아간다. 다음해(794) 호주에서 소주蘇州의 호구산虎口山으로 이주해 '육우루陸羽樓'를 짓고, 옆 샘물을 '육우정陸羽井'이라 했다. 정원 15년(799) 호주로 돌아와 5년 후 정원 20년(804) 겨울, 72세의 일기로 생을 마쳐 호주 저산杼山에 묻혔다고 한다. 그러나 육우의 유골이 이곳 저산에서 발견되지 않자 일부에서는 그의 출생지인 경릉竟陵 즉 지금의 호북성湖北省 천문天門에 안치되었다고 주장한다. 오늘날 절강성浙江省 호주湖州 저산에 육우의 묘가 가묘로 되어 있고, 호북성 천문에는 사당을 지어 육우를 모셔 있는 것도 이러한 이유에서다.

한편 육우가 죽자 후세들은 토기로 그의 형상을 만들어 제사를 지냈으며, 일부 차 상인들은 고객들에게 선물로 주어 그를 기리기도 했다. 살아 있을 때 차선茶仙이라 일컫던 그가 죽은 지 천 여 년을 지난 오늘날에도 변함없이 차신茶神으로 숭상받고 있다.

또한 그가 만든 『다경』은 시·공간을 초월해 당대에만 머물지 않고 오늘날에도 그 가치가 인정되어 우리들에게 많은 것을 가르치고 있다. 특히 육우의 차의 철학은 사회적·윤리적 본질 문제에 대한 체계적이고 구체적인 해답을 담아 차인茶人들에게 제시해주었다. 그의 이러한 업적들이 후세 사람들로부터 높이 평가되어 차의 선각자 또는 차의 성인이라 추앙받고 있다.

1997년 중국 우정국郵政局에서 차에 관련된 기념우표 세트를 발행했다. 세트에는 육우동상陸羽銅像, 과도형야생고차수過渡型野生古茶樹, 당나라의 유금은차연鎏金銀茶碾, 명나라 문징명文徵明의 혜산차회도惠山茶會圖 등 4가지 그림으로 구성되어 있다

육우동상陸羽銅像은 항주杭州 국립차엽박물관國立茶葉博物館 내에 세워져 있다

27

육우 연보

나이	연 호	서기	행 적
1세	開元 21년 (唐玄宗)	733-?	覆州 竟陵郡(지금의 湖北省 天門縣)에서 출생(추론)
3세	開元 23년	735	龍蓋寺(지금의 西塔寺) 智積禪師로부터 입양
11세	天寶 2년 (唐玄宗)	743	龍蓋寺에서 속세로 나와 광대패[伶黨] 극단에서 활동
14세	天寶 5년	746	竟陵太守 李齊物과 만남 李齊物의 추천으로 火門山 雛夫子에게 儒學을 배움
20세	天寶 11년	752	竟陵太守 崔國輔와 의형제를 맺고 3년 동안 交友
22세	天寶 13년	754	巴山 峽川 등지를 周遊 淸明 후 巴山의 巴東眞香茗과 宜昌의 峽州茶를 맛보고 여러 지역의 차 생산에 관한 정보를 수집
23세	天寶 14년	755	여름 竟陵으로 돌아온 후 東岡村에 정착 차에 관한 자료를 정리
24세	至德 원년 (唐肅宗)	756	安史之亂으로 피난민을 따라 남쪽으로 이동 지금의 湖州로 향함 피난민의 심정을 토로하는 「四悲詩」를 지음 피난길에 경유했던 양자강 중유 및 淮河의 차에 관한 자료를 수집
25세	至德 2년	757	江蘇省 無錫에 도착해 惠山泉을 품평 無錫尉로 있는 皇甫冉과 만남 浙江省 湖州에 도착 杼山 妙喜寺 釋皎然과 망년지교를 맺음
26세	乾元 원년 (唐肅宗)	758	南京의 棲霞寺 기거 차에 관한 자료 정리 皇甫冉 皇甫曾 형제 수차례 방문
28세	上元 원년 (唐肅宗)	760	湖州로 돌아와 苕溪에 은둔
29세	上元 2년	761	『陸文學自傳』 완성
32세	廣德 2년 (唐代宗)	764	江蘇省 維揚(지금의 揚州)에서 御使大夫 李季卿 만남
33세	永泰 원년 (唐代宗)	765	『다경』 초고 완성
35세	大曆 2년 (唐代宗)	767	常州 義興縣(지금의 宜興) 陽羨茶를 貢茶로 추천
37세	大曆 4년	769	紹興에 가서 越江茶 採茶

나이	연호	서기	행적
41세	大曆 8년	773	顔眞卿 湖州刺使로 부임 『韻海鏡源』편찬 작업에 동참 三癸亭완공
42세	大曆 9년	774	『韻海鏡源』완성 『다경』「七之事」 보충 편집
43세	大曆 10년	775	湖州 建塘別業을 짓고 기거
45세	大曆 12년	777	顔眞卿 귀경길에 동참 睦州의 桐廬 시찰 嚴陵의 灘水를 맛봄
48세	建中 원년 (唐德宗)	780	婺州 東陽어사 戴叔倫이 「敬酬陸山人」두 수 시를 지어 육우에게 증정 『다경』탈고
49세	建中 2년	781	唐德宗으로부터 太子文學(正六品下) 太常寺太祝(正九品上)으로 임명 모두 부임하지 않음
50세	建中 3년	782	湖州에서 江西로 이주
53세	貞元 원년 (唐德宗)	785	信州 (지금의 江西 上饒)로 이주 孟郊 「題陸鴻漸上饒新開山舍」시 한 수를 남김
54세	貞元 2년	786	肯瑜의 洪州 玉芝觀에서 기거 戴叔倫과 상봉 『僧懷素傳』을 지음
55세	貞元 3년	787	洪州에서 湖南으로 이주
57세	貞元 5년	789	湖南에서 嶺南 廣州로 이주 王維의 초상화에 序文을 씀
61세	貞元 9년	793	嶺南에서 湖州의 靑塘으로 돌아옴
62세	貞元 10년	794	湖州에서 蘇州의 虎口山으로 이주 虎口山에 陸羽樓 陸羽井 지음
67세	貞元 15년	799	蘇州에서 湖州로 돌아옴
72세	貞元 20년	804	사망, 湖州 杼山에 묻음(추론)

* 육우의 출생년도에 대해 자신의 자서전 『육문학자전』에서 "3세 때 버려진 몸이 되어 경릉 지적선사의 선원에서 길러지게 되었다"고 하였다. 이 문구를 근거로 일부에선 육우의 출생 년도를 733년으로 보고 있다. 그러나 고아인 육우가 자신이 세살 때 버려졌다는 얘기는 어디까지나 추론일 뿐 확실한 물증이 없다. 이에 육우의 정확한 출생년도는 아직도 밝혀지지 않고 있다.

육우 자서전

[원문]

陸子, 名羽, 字鴻漸, 不知何許人也. 或云字羽, 名鴻漸, 未知孰是.
육자, 명우, 자홍점, 부지하허인야. 혹운자우, 명홍점, 미지숙시.
有仲宣、孟陽之貌陋, 相如、子雲之口吃, 而爲人才辯, 爲性褊躁, 多
유중선、맹양지모루, 상여、자운지구흘, 이위인재변, 위성편조, 다
自用意, 朋友規諫, 豁然不惑. 凡與人宴處, 意有所適, 不言而去, 人
자용의, 붕우규간, 활연불혹. 범여인연처, 의유소적, 불언이거, 인
或疑之, 謂生多瞋. 又與人爲信, 縱冰雪千里, 虎狼當道, 而不諐也.
혹의지, 위생다진. 우여인위신, 종빙설천리, 호랑당도, 이불건야.

[국역]

육선생陸子, 이름은 우名羽, 자는 홍점이며字鴻漸, 어디서 무엇을 하는 사람인지는 알 수 없다不知何許人也. 혹은 말하기를 자가 우或云字羽, 이름이 홍점이라 하나名鴻漸, 누구의 말이 옳은지는 알 수가 없다未知孰是. 그의 생김새는 중선仲宣·맹양孟陽 같이 못생겼고有仲宣孟陽之貌陋, 상여相如·자운字雲 같이 말 더듬으나相如子雲之口吃, 재변이 있는 사람이었고而爲人才

辯, 성격이 조급하여爲性褊躁, 자주 자신의 주장을 내세우나多自用意, 친구의 충고와 간언을 들으면朋友規諫, 바로 깨달아 뉘우치곤 했다豁然不惑. 무릇 잔치에서 사람과 어울릴 때凡與人宴處, 다른 곳에 마음을 두면意有所適, 아무 말 없이 가버려不言而去, 사람들을 의아하게 했는데人或疑之, 이런 태도에 많은 이들이 불쾌해 했다謂生多瞋. 그러나 신의를 지키는데又與人爲信, 빙설의 천릿길일지라도縱氷雪千里, 호랑이나 이리들이 길을 가로 막는다 해도虎狼當道, (그는) 약속은 반드시 지켰다而不曾也.

[원문]

上元初, 結廬於苕溪之湄, 閉關讀書, 不雜非類, 名僧高士, 談讌永日. 常扁舟往來山寺, 隨身唯紗巾、藤鞵、短褐、犢鼻. 徃徃獨行野中, 誦佛經, 吟古詩, 杖擊林木, 手弄流水, 夷猶徘徊, 自曙達暮, 至日黑興盡, 號泣而歸. 故楚人相謂陸子蓋今之接輿也.

상원초, 결려어초계지미, 폐관독서, 부잡비류, 명승고사, 담연영일. 상편주왕래산사, 수신유사건、등혜、단갈、독비. 왕왕독행야중, 송불경, 음고시, 장격임목, 수농유수, 이유배회, 자서달모, 지일흑흥진, 호읍이귀. 고초인상위육자개금지접여야.

[국역]

상원초上元初, 초계苕溪의 물가에 띠집을 엮고結廬於苕溪之湄, 문을 걸어 잠그고 공부했으며閉關讀書, 잡스런 무리들과 어울리지 않고不雜非類, 명승고사들과 어울려名僧高士, 종일토록 담소를 나누었다談讌永日. (그는) 자주 나룻배를 타고 산사에 왕래했는데常扁舟徃來山寺, 옷차림은 오직 홑두건隨

身唯紗巾, 등나무 줄기로 만든 신발藤鞵, 짧은 아랫도리短褐, 앞치마였다犢鼻. 종종 혼자서 들을 걸으며往往獨行野中, 불경을 외우고誦佛經, 옛 시를 읊으며吟古詩, 지팡이로 나뭇가지를 치고杖擊林木, 손으로 흐르는 물과 노닐었고手弄流水, 외로이 배회하면서夷猶徘徊, 낮부터 저녁까지自曙達暮, 해가 이슥해 흥이 다하면至日黑興盡, 소리 내어 울면서 돌아오곤 했다號泣而歸. 그래서 초나라 사람들이 말하기를 육우가 오늘날의 접여接輿와도 같다고 했다故楚人相謂陸子蓋今之接輿也.

[원문]

始三歲惸露, 育於竟陵大師積公之禪院. 自九歲學屬文, 積公示以佛書 시삼세경로, 육어경릉대사적공지선원. 자구세학속문, 적공시이불서 出世之業. 子答曰 "終鮮兄弟, 無復後嗣, 染衣削髮, 號爲釋氏, 使儒 출세지업. 자답왈 "종선형제, 무복후사, 염의삭발, 호위석씨, 사유 者聞之, 得稱爲孝乎? 羽將授孔聖之文." 公曰 "善哉! 子爲孝, 殊不知 자문지, 득칭위효호? 우장수공성지문." 공왈 "선재! 자위효, 수부지 西方染削之道, 其名大矣." 公執釋典不屈, 子執儒典不屈. 公因矯憐 서방염삭지도, 기명대의." 공집석전불굴, 자집유전불굴. 공인교련 撫愛, 歷試賤務. 掃寺地, 潔僧廁, 踐泥圬牆, 負瓦施屋, 牧牛一百二 무애, 역시천무. 소사지, 결승측, 천니오장, 부와시옥, 목우일백이 十蹄. 십제.

[국역]

3세 때 버려진 몸이 되어始三歲惸露, 경릉대사竟陵大師 적공적公(智積禪師)의 선원에서 살게 되었다育於竟陵大師積公之禪院. 9세 때 문학에 관심을 두어自九歲學屬文, 적공은 그가 불서佛書를 출세의 업으로 삼을 것을 가르쳤다積公示以佛書出世之業. 그는 답하기를子答曰 "죽을 때까지 형제도 없고終鮮兄弟, 후사도 없이無復後嗣, 승복을 입고 머리 깎아染衣削髮, 석釋씨라 부르게 되면號爲釋氏, 유자儒者들이 들을 때使儒者聞之, 이것을 효라고 하겠습니까得稱爲孝乎? (저) 육우는 공자의 글을 익히고 싶습니다羽將授孔聖之文"고 했다. 적공이 답하기를公曰 "참으로 기특하구나善哉! (그러나) 자네는 효만 알뿐子爲孝, 서방세계의 불도佛道를 알지 못하니殊不知西方染削之道, 불교의 명성 또한 위대하다其名大矣."고 했다. 적공은 석가의 경전에 뜻을 굽히지 않았고公執釋典不屈, 그 또한 유가의 경전에 뜻을 굽히지 않았다子執儒典不屈. 그러나 적공은 그를 가엽게 여겨 사랑으로 어루만지며公因矯憐撫愛, (그의 마음을 바로잡기 위해) 여러 가지 천한 잡역을 줬다歷試賤務. 절 마당을 쓸게 하고掃寺地, 화장실을 청소하고潔僧厠, 진흙을 이겨 담장을 보수하거나踐泥圬牆, 기와를 이어 지붕을 고치게 하고負瓦施屋, 소 30 마리를 치게 했다牧牛一百二十蹄.

[원문]

竟陵西湖無紙, 學書以竹畫牛背爲字. 他日於學者得張衡 『南都賦』, 不
경릉서호무지, 학서이죽화우배위자. 타일어학자득장형 「남도부」, 불
識其字, 但於牧所倣靑衿小兒, 危坐展卷, 口動而已. 公知之, 恐漸漬
식기자, 단어목소방청금소아, 위좌전권, 구동이이. 공지지, 공점지

外典, 去道日曠, 又束於寺中, 令芟剪卉莽, 以門人之伯主焉. 或時心
외전, 거도일광, 우속어사중, 영삼전훼망, 이문인지백주언. 혹시심
記文字, 憒然若有所遺, 灰心木立, 過日不作, 主者以爲慵墯, 鞭之. 因
기문자, 몽연약유소유, 회심목립, 과일부작, 주자이위용타, 편지. 인
嘆云 "恐歲月往矣, 不知其書", 嗚呼不自勝. 主者以爲蓄怒, 又鞭其背,
탄운 "공세월왕의, 부지기서", 오호부자승. 주자이위축노, 우편기배,
折其楚乃釋. 困倦所役, 捨主者而去. 卷衣詣伶黨, 著『諧談』三篇,
절기초내석. 곤권소역, 사주자이거. 권의예영당, 저『해담』삼편,
以身爲伶正, 弄木人、假吏、藏珠之戲. 公追之曰 "念爾道喪, 惜哉!
이신위영정, 농목인、가리、장주지희. 공추지왈 "염이도상, 석재!
吾本師有言 '我弟子十二時中, 許一時外學. 令降伏外道也.' 以吾門
오본사유언 '아제자십이시중, 허일시외학. 영항복외도야.' 이오문
人衆多, 今從爾所欲, 可捐樂工書."
인중다, 금종이소욕, 가연악공서."

[국역]

경릉竟陵 서호西湖에는 종이가 없어竟陵西湖無紙, (그는) 글을 익히기 위해 소 등에서 대나무 꼬챙이로 글 쓰는 연습을 했다學書以竹畫牛背爲字. 어느 날 한 학자에게 (글을 묻기 위해) 갔다가 장형張衡의 『남도부南都賦』를 얻었으나他日於學者得張衡南都賦, 글자를 몰라不識其字, 목장[牧所]의 들판에서 학동[靑衿小兒]처럼但於牧所倣靑衿小兒, 무릎을 꿇어 책을 펴危坐展卷, (글 읽는 흉내를 내며) 입만 뻥긋거렸다口動而已. (이 일이) 적공이 알게 되어公知之, (혹여) 육우가 점차 외전外典에 빠져恐漸漬外典, 불도에서 멀어질까

34

去道日曠, 절에 (그를) 가두어又束於寺中, 억새풀과 가지를 베게하고令芟剪卉莽, 문중의 지백之伯에게 (그를) 감시하게 했다以門人之伯主焉. (그는) 생각나는 글자가 있으면或時心記文字, 마치 물건을 잃어버리는 것처럼憒然若有所遺, 멍하게 굳어灰心木立, 하루가 지나도 움직이지 않자過日不作, 감시한 자는 (그가) 게으름을 피우는 것으로 알고主者以爲慵墮, 채찍질했다鞭之. 이에 (그는) 한탄하여 말하기를因嘆云 "두려운 것은 세월이 흘러가는데恐歲月往矣, 학문을 모르는 것이다不知其書."하면서, 주체할 수 없을 정도로 울었다嗚呼不自勝. 감시한 자는 (채찍질이 억울해) 우는 것으로 알고主者以爲蓄怒, 또 다시 등에 회초리로 매질하여又鞭其背, 괴로움을 준 후에야 풀어주었다折其楚乃釋. (그는) 고된 일에 지쳐困倦所役, 감시한 자를 뒤로 하고 (절을) 떠났으며捨主者而去, 보따리를 싸고 광대극단에 머물면서卷衣詣伶黨, 『해담諧談』 3편을 지었고著諧談三篇, 직접 주인공을 맡아以身爲伶正, 나무 인형弄木人, 가짜 관리假吏, 구슬을 갈무리하는 희극에도 출연했다藏珠之戱. 적공이 (그를) 보고 싶어 말하기를公追之曰 "자네가 불도를 잃어버려念爾道喪, 애석하도다惜哉! 나(적공)의 스승이 말하기를吾本師有言, '내 제자는 12시진時辰 가운데我弟子十二時中, 1시진을 (불교 공부 이외의) 이른바 외학外學하는 것을 허락한다許一時外學. 이는 다른 학문 즉 외도外道를 항복하기 위한 방편이다令降伏外道也.'라고 했다. 우리 가문에는 제자가 많으니以吾門人衆多, 오늘부터 그대가 하고 싶은 것을 하고今從爾所欲, 악학樂學이나 공학工學을 공부해도 좋다可捐樂工書."고 했다.

[원문]

天寶中, 郢人酺於滄浪, 邑吏召子爲伶正之師. 時河南尹李公齊物黜守, 천보중, 영인포어창랑, 읍리소자위영정지사. 시하남윤이공제물출수, 見異, 提手撫背, 親授詩集, 於是漢沔之俗亦異焉. 後負書於火門山鄒 견이, 제수무배, 친수시집, 어시한면지속역이언. 후부서어화문산추 夫子別墅, 屬禮部郎中崔公國輔出守竟陵, 因與之遊處, 凡三年. 贈白 부자별서, 속예부랑중최공국보출수경릉, 인여지유처, 범삼년. 증백 驢、烏犎牛一頭、文槐書函一枚. "白驢、犎牛, 襄陽太守李憕, 見遺, 려、오봉우일두、문괴서함일매. "백려、봉우, 양양태수이증, 견유, 文槐函, 故盧黃門侍郎所與. 此物皆己之所惜也. 宜野人乘蓄, 故特以 문괴함, 고노황문시랑소여. 차물개기지소석야. 의야인승축, 고특이 相贈."
상증."

[국역]

천보天寶 연간(742~756)天寶中, 영인郢人들이[3] 창랑滄浪에 모일 때[4]郢人酺於滄浪, 고을 관리가 나를 불러 가극유랑단의 주인공으로 출연시켜 주었다邑吏召子爲伶正之師. 마침 하남河南 윤공尹公 이제물李齊物이 (이곳으로) 좌천되어 부임하였는데時河南尹李公齊物黜守, (나를) 특별히 여겨見異, 손을 잡고 등을 두드려 주며提手撫背, 친히 시집을 주었으며親授詩集, 이것은 한면漢

---

3 초楚나라 사람을 말한다. '영郢'은 초나라의 도성都城으로 지금의 호북성湖北省 강릉현江陵縣이다.
4 강호江湖를 물결처럼 떠도는 것을 뜻함.

沔의 풍속으로서는 특이한 일이었다於是漢沔之俗亦異焉. 후일 책을 지고 화문산火門山 추부자皺夫子 별채에 (공부하러) 갔고後負書於火門山鄒夫子別墅, 예부랑중禮部郎中 최국보崔國輔가 경릉군에 재직할 때屬禮部郎中崔公國輔出守竟陵, 그와 함께 도처에 유람하였는데因與之遊處, 무릇 3년이란 세월이었다凡三年. (헤어질 때) 흰 노새贈白驢, 검은 소 한 마리烏犎牛一頭, 화나무로 만든 책 넣는 궤짝인 문괴서함文槐書函 하나를 (나에게) 선물로 주었다文槐書函一枚. 그는 "흰 노새白驢, 검은 소는犎牛, 양양태수襄陽太守 이증李憕이 준 것이며襄陽太守李憕見遺, 문괴함은文槐函, 고인이 된 노盧씨 성을 가진 황문시랑黃門侍郎이 준 것이다故盧黃門侍郎所與. 이것들은 다 내가 아끼는 물건이다此物皆己之所惜也, (그러나) 야인인 자네가 가지면 더 어울릴 것 같아宜野人乘蓄, 특별히 선물로 준 것이다故特以相贈."라고 했다.

[원문]

洎至德初, 秦人過江, 予亦過江, 與吳興釋皎然爲緇素忘年之交. 少好
계지덕초, 진인과강, 여역과강, 여오흥석교연위치소망년지교. 소호
屬文, 多所諷諭. 見人爲善, 若己有之; 見人不善, 若己羞之. 忠言逆
속문, 다소풍유. 견인위선, 약기유지; 견인불선, 약기수지. 충언역
耳, 無所迴避, 繇是俗人多忌之.
이, 무소회피, 요시속인다기지.

---

5 '한수漢水'와 '면수沔水'를 중원의 중심지를 뜻한다.

[국역]

지덕至德 연호가 시작될 즈음에泊至德初, 북쪽 사람 진인秦人들이 양자강을 건너 (피난길에 오르는데)秦人過江, 나도 그 길을 따라 강을 건너予亦過江, 오흥吳興의 스님 석교연釋皎然과 망년지교를 맺었다與吳興釋皎然爲緇素忘年之交. (나는) 어릴 때부터 학문을 좋아해少好屬文, 풍자류를 많이 즐겼다多所諷諭. 사람들의 선한 면을 보면見人爲善, 자신도 그렇게 되길 원했으며若己有之, 사람들의 악한 면을 보면見人不善, 자신 또한 부끄러움을 느끼기도 했다若己羞之. 쓴 충고가 귀에 거슬려도忠言逆耳, 회피하는 바가 없었고無所迴避, 이로 말미암아 속인들이 (나를) 많이 꺼리게 되었다緣是俗人多忌之.

[원문]

自祿山亂中原, 爲「四悲詩」, 劉展窺江淮, 作「天之未明賦」, 皆見感
자녹산란중원, 위「사비시」, 유전규강회, 작「천지미명부」, 개견감
激, 當時行哭涕泗. 著『君臣契』三卷,『源解』三十卷,『江表四姓譜』
격, 당시행곡체사. 저『군신계』삼권,『원해』삼십권,『강표사성보』
八卷,『南北人物志』十卷,『吳興歷官記』三卷,『湖州刺史記』一卷,
팔권,『남북인물지』십권,『오흥역관기』삼권,『호주자사기』일권,
『茶經』三卷,『占夢』上、中、下三卷, 幷貯於褐布囊. 上元辛丑歲
『다경』삼권,『점몽』상、중、하삼권, 병저어갈포낭. 상원신축세
子陽秋二十有九日.
자양추이십유구일.

---

6 진시황이 중국을 통일한 후 형성된 '한인漢人'을 말한다. 사마천司馬遷『사기史記』에 '진인秦人'으로 기록된 것이 후일 반고班固의『한서漢書』에는 이를 '한인漢人'으로 고쳤다.

[국역]

안록산安祿山이 중원을 어지럽힐 때自祿山亂中原, 「사비시」를 지었고爲四悲詩, 유전劉展이 강회江淮지방을 탐냈을 때劉展窺江淮, 「천지미명부」를 지었고作天之未明賦, 모두 (그 상황을) 보고 분개하여皆見感激, 눈물을 흘리면서 그때 지었던 것이다當時行哭涕泗. 저술은 『군신계』3권著君臣契三卷, 『원해』30권源解三十卷, 『강표사성보』8권江表四姓譜八卷, 『남북인물지』10권南北人物志十卷, 『오흥역관기』3권吳興歷官記三卷, 『호주자사기』1권湖州刺史記一卷, 『다경』3권茶經三卷, 『점몽』상·중·하 3권占夢上中下三卷, 모두 갈색 포대의 서낭書囊에 넣어 쌌다幷貯於褐布囊. 상원上元 신축년(761) 자월子月 가을 29일에 씀上元辛丑歲子陽秋二十有九日.

---

7 당숙종唐肅宗 상원上元 원년元年(760년)에 송주宋州 자사刺史 유전劉展이 반란을 일으킨 사건을 '유전의 란'이라 한다.

[강설]

오늘날 수많은 『다경』에서 전한 육우의 일생은 대부분 이 자서전을 텍스트로 삼고 있다. 이는 육우를 이해하는데 이 문헌만큼 자세히 설명한 글이 없기 때문이다.

육우의 일생은 경릉竟陵 서호西湖에 버려진 고아로 시작된다. 육우는 자신의 용모를 못 생긴 사람의 대명사격인 중선仲宣과[8] 맹양孟陽을[9] 비교했고, 말 더듬는 것이 마치 상여相如와 자운子雲과[10] 같다고 하여 자신의 외모를 볼품없는 사람으로 그렸다. 그러나 자신은 재변이 있고 분명한 주장을 가진 자이며 자신과 맞지 않는 자리라면 예를 범해서라도 서슴없이 돌아설 수 있다고 했다. 이러한 행동 때문에 많은 사람들에게 상처를 주었으나 어떠한 난관이 있더라도 신의는 반드시 지켰기에 자신은 실없는 사람이 아니라는 것도 아울러 밝혔다.

육우는 학문을 탐구하기 위해 작은 오두막을 지어 두문불출하여 공부에 전념했다. 그리고 공부의 깊이를 더하기 위해 많은 명승고사와 교류했다. 또한 깨달음을 얻기 위해 홀로이 대자연 속에 진리를 탐닉하였으나 답을 얻지 못하면 대성통곡했다고 한다. 당시 주위 사람들이 그의 이러한 괴기에 가까운 모습을 보고 그를 이 시대의 접여接輿이라 부르기도 했다.

접여는 춘추시대春秋時代 초楚나라의 은사隱士로 성은 육陸이고 이름은 통通이다. 접여는 그의 자字인데, 학문은 많으나 일부러 미친 척하여 세상을

---

8 왕찬王粲의 자는 중선이고, 산양군山陽郡 고평현高平縣 사람이다. 왕찬은 채옹蔡邕에게 인정을 받아 문단에 들어갈 수 있었으나, 너무 못난 모습 때문에 문단 사람들은 그를 싫어했다. 후일 유표劉表 정권에 참여했을 때도 풍채가 나빠 천대받았다고 한다.

9 장재張載의 자는 맹양이며, 매우 못생겼다. 당시 천하 제일 미남인 반악潘岳이 거리로 나가면 처녀들이 모여들어 구애의 표현으로 과일을 던졌으나, 장재가 거리로 나가면 거꾸로 모두 기왓장을 던졌다고 한다.

10 상여는 사마상여, 자운은 양웅을 말한다. 두 사람은 한부漢賦의 대가大家이다. 평소에는 말을 무척 더듬었다고 한다.

피해 다녔으며 직접 농사를 지어먹는 기인이었다. 이에 '초나라의 미치광이 접여[楚狂接輿]'라는 별명을 얻기도 했다. 그의 명성은 당시 공자孔子가 알 정도로 자자했다. 초소왕楚昭王이 재위하던 기원전 488년, 62세의 공자가 초나라에 들렸을 때의 일이다. 접여이 공자가 타고 지나가던 수레 옆에서 "봉황이여, 봉황이여. 어찌 그리 덕德이 쇠했는가. 지난 일은 탓할 수 없지만 앞으로의 일은 고칠 수 있으니, 그만두어라, 그만두어라. 지금 정치하는 자들은 위태롭기 짝이 없다"고 하여 공자를 비웃으며 노래를 했다. 공자는 수레에서 내려 그와 이야기를 나누고자 했으나 그가 급히 몸을 피해 달아났다는 얘기는 『논어論語』「미자편微子篇」에 나온다.[11] 육우는 이 글을 통해 자신은 물질적인 탐닉보다 내면의 세계를 추구하는 사람이라는 것을 시사하였다.

육우는 3살 때 고아되어 절에 입양하게 된다. 9살 될 때 불교가 자신의 이상이 아닌 것을 알고 유학의 길을 가려고 했으나 스님의 반대로 고초를 겪었다. 육우는 학문이야말로 인생에 가장 가치 있는 일로 공부하고자 하는 마음이 절실하였으나, 절에서는 결국 이루어지지 못할 것을 깨닫고 절에서 나와 극단에 머물게 된다.

육우의 운명은 극단 생활에서 전환점을 맞게 된다. 그의 제 2의 인생은 새로 부임한 경릉태수 이제물李齊物로부터 시작된다. 이제물은 육우의 학문적 열의에 감명받아 그를 당대 최고의 유학자인 추부자鄒夫子에게 추천한다. 이 일로 광대 신분에 불과한 육우는 상류층의 자제들과 교류하며 일대변신을 꾀하게 된다. 육우의 신분은 다음 태수인 최국보崔國輔와 망년지교 맺으면서 더욱 상승하게 된다. 안록산의 난으로 육우가 피난민을 따라 양자강 하류로 피난하게 되었는데, 당시 최국보가 육우에게 보여준

---

11 "楚狂接輿歌而過孔子. 曰: 鳳兮鳳兮, 何德之衰, 往者不可諫, 來者猶可追, 已而已而, 今之從政者殆而. 孔子下欲與之言, 趨而辟之,不得與之言."

정성과 예의는 그의 위상을 다시 한 번 실감케 한다.

육우가 피난민을 따라 간 곳은 오흥吳興지방 즉 지금의 절강성浙江省 호주湖州다. 그는 이곳의 스님 석교연釋皎然과 인연이 되어 망년지교를 맺는다. 육우가 『다경』을 저술하는데 석교연의 지지와 격려가 결정적 동기가 되었다는 것은 학계의 공통된 견해다. 더나아가 석교연이 없었다면 육우의 『다경』은 존재하지 않았을 것이라는 일부의 주장은 육우의 인생에서 석교연이 차지하는 비중을 짐작케 한다.

어느 사회를 막론하고 그 사회가 혼란하면 할수록 그 사회를 바로잡기 위한 사상가 역시 생겨나기 마련이다. 육우가 활동했던 시대는 당나라 중기에 해당하는 시대로 이때 당나라의 상황은 건국이래 가장 혼란한 시기로서 이 혼란한 시기를 전후로 나누어 전당前唐과 후당後唐으로 구분한다.

육우는 자신의 사유를 '차'라는 식물에 이입하여 어떻게 하면 인간다운 삶을 살 수 있는가에 대한 해답을 찾고자 했다. 따라서 그는 우리의 의식 깊은 곳에 잠재되어 있는 우매함을 더듬어내어 치유하는 것이 '차생활'이라는 것을 『다경』을 빌려 만천하에 고했던 것이다. 육우는 어린나이에 타의로 불교에 입문하였으나 그의 일생은 유학사상과 함께 아울러졌다. 따라서 육우의 『다경』에서 그가 피력한 사유의 세계는 모두 유학사상으로 이루어졌고, 불교의 이론은 그 어느 곳에도 보이지 않는다. 그는 자서전 말미에 자신은 학문을 좋아하고 풍자류를 많이 즐겼다고 한다. '풍자諷刺'란 현실과의 조응照應에서 발현되며 유학의 대표적 사회 비판기능을 가진 표현수단이다. 선한 것을 보면 그렇게 되길 원하며, 악한 것을 보면 부끄러움을 느끼며, 쓴 충고가 비록 귀에 거슬리나 결코 회피하지 않는 정신은 모두 유학 경전의 가르침을 따른 것이다. 또한 안록산安祿山의 난이나 유전劉展의 난에서 그가 쓴 「사비시四悲詩」와 「천지미명부天之未明賦」는 모두 나라와 군주에 대한 충忠과 의義이므로 이러한 유학사상은 『다경』 곳곳에 보인다.

차의 철학이란 공허하고 비현실적인 사유의 세계가 아니라, 사회적·윤리적 본질 문제에 대한 체계적이고 구체적인 해답이며, 과거와 현실에 대해 철저하게 해석을 하고, 미래에 대한 대안을 제시하는 학문이다. 따라서 『다경』에서 차의 쓰임새는 바로 눈앞에 벌어지는 현실을 하늘처럼 원만하게, 땅처럼 방정하게, 인간처럼 각도를 헤아려 문제를 해결하는 데에서 출발한다.

육우는 일생동안 수많은 저서를 남겼으나 모두 유실되어 『다경』 3권만 전해진다. 이 또한 원본이 아니라는 것으로 밝혀졌다. 그러나 시문詩文 여러 편이 전해져, 「육선가六羨歌」·「사비시四悲詩」·「천지미명부天之未明賦」 등이 있다.

육우의 자서전을 의거 그린 육우의 초상화(작가 연대 미상)

호주 저산杼山에 있는 육우의 가묘

육우의 호號, 홍점鴻漸으로 지은 다리 '홍점교'

석교연釋皎然의 영탑, 육우는 교연의 지지와 격려로 호주에서 다경을 완성했다

안진경이 육우를 위해 지은 '삼계정三癸亭'

당나라 자순차紫筍茶 공차원貢茶院 유적비, 장흥長興에 있다

장흥의 고저자순 차밭에는 아무리 길러도 마르지 않는 '금사천金沙泉'이 있다

강소성江蘇省 소주蘇州 호구산虎口山에 있는 '육우정陸羽井'

선현 차인들은 호구산의 샘물을 '천하제삼천天下第三泉'이라 부른다

중국은 자순차紫筍茶 공차원 유적비 터에 당나라 공차원의 모습을 재현하였다

고저차순顧渚紫筍 차밭에서 찻잎을 따는 차농

2001년 한국차인연합회에서 육우의 업적을 추모하기 위해 호주 육우묘 입구에 일주문을 세워 이름을 '모우방慕羽坊'이라 했다

호주湖州 초계苕溪의 '건당별업建塘別業' 육우 석상 앞에 육우차문화학회 회장과 성신여자대학교 차학 석사과정 학생들과 함께

茶經卷上

일지원

「일지원」은 야생차나무와 재배차나무의 원산지, 차의 식물학적 형태와 특징, 차 글자의 원류와 독음, 생육의 생태조건과 재배방법, 찻잎의 선별기준과 품질의 감별방법, 차의 효능 등을 다루고 있다.

「일지원」의 '원源'은 기원·원류를 뜻하며, 차라는 식물의 기원과 글자, 소리의 원류 그리고 재배·선별·효능에 대한 기록이다. 특히 육우가 차나무를 '가목嘉木'이라 칭송한 후 많은 사람들이 차를 형이상학形而上學 정신을 담고 있는 식물로 묘사하게 된다. 중국의 차정신이라 일컫는 '정행검덕精行儉德'의 출처도 이 장에서 보인다.

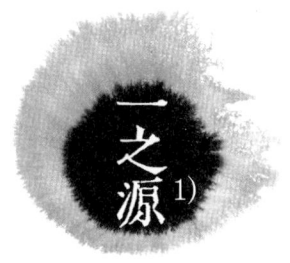

一之源[1]

[원문]

茶者, 南方之嘉木也[2][3]. 一尺[4]、二尺迺至數十尺. 其巴山峽川[5], 有兩人合抱者, 伐而掇之[6].

다자, 남방지가목야. 일척、이척내지수십척. 기파산협천, 유양인합포자, 벌이철지.

---

1 一之源:『사고전서본四庫全書本』에는 '일차지원一茶之源'으로 되어 있다. '이지구二之具'부터 …… '십지도十之圖'까지 모두 이와 같이 표기되어 있다.

2 南方: 당나라 정관貞觀 원년(627)에 중국은 새로운 행정구역을 편성했는데 이때 전국을 10개의 감찰구역인 도道로 나누었다. 육우가『다경』에서 지칭한 남방南方은 당시의 산남도山南道 · 회남도淮南道 · 강남도江南道 · 검남도劍南道 · 영남도嶺南道 등 진령秦嶺 이남지역을 말한다.

3 嘉木: 품질 좋은 나무, 상서로운 나무를 뜻한다. 중국 고대의 문인들은 식물을 매개로 자신의 뜻을 피력하였는데, 전국시대 굴원屈原의『초사楚辭』「구장九章 · 귤송橘頌」에 나오는 '후황가수后皇嘉樹'도 그 중의 하나다. 육우가 차나무를 '가목嘉木'이라 칭송한 후 많은 사람들이 차를 형이상학形而上學 정신을 담고 있는 식물로 묘사하고 있다.

4 尺: 양관楊寬의『중국역대척도고中國歷代尺度考』에 의하면 당나라 때 한 자의 길이는 29.57cm~31.50cm이었다. 그러나 1995년 장당항張堂恒교수가 편집한『중국다학사전中國茶學辭典』에서는 30cm~33cm로 표시되어 있다.

5 巴山峽川: 당나라 때의 지리로는 만현萬縣부터 의빈宜賓 그리고 양자강 남쪽 계곡을 따라 대루산大婁山쪽의 사천四川 · 귀주貴州 · 운남雲南 등의 접경 산지를 말한다. 지금은 대체로 사천성四川省 동부인 중경직할시重慶直轄市 관할지역과 호북성湖北省 서부지역을 가리킨다.

6 伐而掇之: 찻잎을 따려면 그 나뭇가지를 베어야만 딸 수 있다는 뜻이다.

[국역]

차나무는茶者, 남쪽지방에서 자라는 상서로운 나무다南方之嘉木也. (높이는) 한 자나一尺, 두 자에서 수 십자에 이른다二尺迺至數十尺. 그 파산巴山과 협천峽川 일대에는其巴山峽川, 2명이 팔을 벌려야 안을 수 있는 굵은 차나무가 있으며有兩人合抱者, (이런 차나무는) 나뭇가지를 베어야만 (찻잎을) 딸 수 있다伐而掇之.

[강설]

육우『다경』에서 논한 차의 지리적 위치는 당시 그가 살고 있던 오늘날 중부지방인 절서浙西와 절동浙東지역이다. 육우가 언급한 남방인 산남도山南道 · 회남도淮南道 · 강남도江南道 · 검남도劍南道 · 영남도嶺南道 등은 지금의 사천四川 · 호남湖南 · 귀주貴州 · 복건福建 · 광서廣西 · 광동廣東지역에 해당된다. 당시의 운남雲南지역은 독립국가인 남조국南詔國[7]으로서 당나라의 강역이 아니다. 한편 검남도인 지금의 사천지역과 남조국인 지금의 운남지역은 차나무의 원산지로서 지금도 야생차나무들이 즐비하다. 이곳은 북반구 대륙의 남쪽 가장자리로 연중 기온이 높고 강수량이 많으며, 히말라야산맥의 탄생 이전부터 열대식물계의 대온상지大溫床地로서 많은 식물들이 집중 분포되어 있는 곳이다.

이후 히말라야의 조산운동造山運動에 의한 대규모의 지각변동地殼變動으로 운남 · 사천 등지에 하천과 계곡이 생겼고 '운귀고원雲貴高原'이라는 새로운 지형이 형성되었다. 지구는 수차례에 걸쳐 빙하기氷河期를 맞았는데, 지질시대地質時代 제4기 이후의 빙하기에서 대다수 차나무들이 심한 타격을

---

7 南詔國: 남조국은 8세기 중엽에 건설된 독립국가로서 도읍지는 대리大理였다. 송나라 때는 대리국大理國으로 변칭하였고, 13세기에 이르러 비로소 중국의 지배를 받게 되었다. 17세기 말 청나라 때 운남성雲南省 행정구역으로 중국의 강역에 편입되었다.

받고 동사凍死했으나 북회귀선北回歸線에 위치하고 있는 운귀고원, 특히 협곡 저지대의 온난지역에서 자란 대엽종 차나무만이 생존되어 원시형태 그대로 유지되었다. 또한 자연의 적자생존適者生存의 원리에 따라 살아남은 차나무들은 추위와 가뭄을 견딜 수 있도록 다양한 환경에서 저항성抵抗性을 가지게 되었고, 이것이 차나무가 소형화小型化방향으로 발전된 계기가 되었다.[8]

예로부터 동양에서는 차를 다른 식물과는 달리 형이상학形而上學적인 정신을 담고 있는 식물로 여겨 가목嘉木 · 영목靈木 · 영초靈草 · 영아靈芽 · 서초瑞草 · 신초神草 · 진순眞筍 등으로 칭송해 왔다. 식물학 분류에서 차나무는 교목형喬木型 · 소교목형小喬木型 · 관목형灌木型 등으로 나눈다. 육우가 언급한 한 자나 두 자 높이의 차나무는 주로 중부지방의 재배종栽培種 관목을 가리키며, 그 이상인 수 십자 높이의 차나무는 남부지방의 야생종野生種 교목을 말한다. 남부지방의 야생차나무는 파산 · 협천 등지에 분포되어 있으며 그 둘레는 무려 300cm 이상이나 된다. 허리를 굽혀 찻잎을 딸 수 있는 관목과는 달리 야생 교목 고차수古茶樹의 찻잎은 나무 위에 올라가 그 가지를 베어야만 얻을 수 있다. 이러한 야생차나무는 천 여 년이 지난 오늘날에도 운남 · 사천 등지에 즐비하며 높이는 대체로 10m 이상이다.

지금까지 발견된 가장 오래된 '원시형 야생차나무'는 운남성 진원현鎭沅縣 천가채千家寨에 있으며 수령은 약 2천 700년, 높이는 26m, 지름은 120cm다. 가장 오래된 '재배형 야생차나무'는 운남성 맹해현勐海縣 남나산南糯山에 있으며 수령은 약 8백여 년, 높이는 8.8m, 지름이 83.0cm다. 가장 오래된 '과도형 야생차나무'는 운남성 보이시普洱市 난창현瀾滄縣 방외촌邦崴村에 있으며 수령은 약 1천여 년, 높이는 12m, 나무줄기의 윗부분인 수관樹冠의 가장 넓은 폭이 7.8m이다.

---

8 짱유화『차과학개론』보이세계, 2010, P.58.

[원문]

其樹如瓜蘆⁹⁾, 葉如梔子¹⁰⁾, 花如白薔薇¹¹⁾, 實如栟櫚¹²⁾, 蒂如丁香¹³⁾¹⁴⁾, 根如胡桃¹⁵⁾.

기수여과로, 엽여치자, 화여백장미, 실여병려, 체여정향, 근여호도.

瓜蘆木出廣州¹⁶⁾, 似茶, 至苦澀. 栟櫚, 蒲葵¹⁷⁾之屬, 其子似茶. 胡桃與茶, 根皆下孕,

과로목출광주, 사다, 지고삽. 병려, 포규지속, 기자사다. 호도여다, 근개하잉,

兆至瓦礫, 苗木上抽¹⁸⁾

조지와력, 묘목상추.

[국역]

그 차나무는 과로와 같고其樹如瓜蘆, 잎사귀는 치자葉如梔子, 꽃은 흰장미花如白薔薇, 열매는 병려實如栟櫚, 꼭지는 정향蒂如丁香, 뿌리는 호도를 닮았

---

9 瓜蘆: 고로皐蘆, 과라過羅, 물라物羅, 고정苦丁이라고도 한다. 교목喬木 동청과冬靑科에 속한 대엽동청大葉冬靑이며 지금의 고정차苦丁茶를 가리킨다. 일설에는 차의 대엽변종大葉變種이라 한다.

10 梔子: 꼭두서니과에 속하는 상록관목常綠灌木이며 열매는 한약재로 쓰이며 염료로 취하기도 한다.

11 白薔薇: 장미과의 찔레나무로 흰 꽃이 핀다.

12 栟櫚: 종려棕櫚. 야자과에 속하는 상록교목常綠喬木으로 열매는 차씨와 닮았다.

13 蒂: 송간宋刊 『백천학해본百川學海本』을 비롯해 『완위산당설부본宛委山堂說郛本』, 『정총본鄭熜本』, 『왕사현천문현지본汪士賢天門縣志本』, 『당인설회본唐人說薈本』 등 간본에는 '엽葉'자로 되어 있으나, 『사고전서본四庫全書本』, 『천문상저려본天門桑苧廬本』 등 간본에는 '체蒂'자로 되어 있다. 이외 도본준屠本畯의 『명급茗笈』에는 '예蕊'자로 되어 있고, 『함분루설부본涵芬樓說郛本』, 호호천胡浩川의 유인본油印本 등 간본에는 '경莖'자로 되어 있다.

14 丁香: 목서과木犀科의 낙엽관목으로 열매는 한약재로 쓰이며 향료로도 사용한다.

15 胡桃: 호도과에 속하는 낙엽 활엽교목이며 차나무와 같이 심근성深根性이다.

16 廣州: 삼국三國 오吳나라 황무黃武 5년(226) 처음 설치하였으며, 지금은 광동성廣東省에 속한다.

17 蒲葵: 야자과에 속하는 아열대성의 상록교목이며, 씨앗은 병려栟櫚와 닮았다. 『백천학해본百川學海本』에는 '장규藏葵'로 되어 있다.

18 苗木上抽: 묘목이 땅 위로 솟아오른다. 『사고전서본四庫全書本』의 '목木'은 '본本'자로 되어 있다.

다根如胡桃. 과로나무는 광주지방에서 나며瓜蘆木出廣州, 차나무와 비슷하고似茶, (그 잎은) 매우 쓰고 떫다至苦澀, 병려는栟櫚, 포규과에 속하며蒲葵之屬, 그 씨는 차씨와 비슷하다其子似茶. 호도나무와 차나무胡桃與茶, 뿌리는 모두 땅속에서 엉글어 자라다가根皆下孕, 자갈이 섞인 지층에 이르면兆至瓦礫, 묘목이 땅 위로 솟아오른다苗木上抽.

[강설]

사람들은 어떠한 새로운 물체를 소개할 때 일반인들에게 높은 인지도를 가진 대상을 비교하며 설명하곤 한다. 이러한 관점에서 육우가 소개한 과로나무·치자잎·흰장미·병려열매·정향꼭지·호두나무뿌리 등은 당시 널리 알려진 식물들이다. 육우는 차나무의 뿌리를 호두나무 뿌리에 빗대어 심근성이라는 것을 강조하였다. 훗날 왕상진王象晉은 『다보茶譜』에서 "땅속 깊이 뻗어 있는 차나무를 옮겨 심으면 우거지기가 힘들고, 살아남기가 어려워 이를 변치 않는 남녀 간의 정절에 비유하여 차를 '불천不遷'이라 부르기도 한다"고 했다. 또한 이 뜻이 확장되어 차씨를 다손다복多孫多福의 상징물로 여겨 혼인 의식에 필요한 혼수 물품으로 차를 쓰기도 한다.[20]

과로나무에 대해 「칠지사七之事」의 『동군록桐君錄』을 보면 "남쪽에는 과로나무가 있는데 잎이 찻잎을 닮았고 맛은 아주 쓰고 떫다. … 소금 달이는 사람들이 이것을 대용차 삼아 자주 마셨으며, 해안지역인 교주와 광주지방에서는 이를 몹시 소중히 여긴다"[21]고 설명하고 있다. 과로는 동청과多青科에 속하는 대엽동청大葉多青으로 지금의 고정차苦丁茶를 말한다. 『동군록』은 대략 4~5세기에 만들어진 책으로, 당시 많은 사람들이 차나무를 몰라도 과로나무에 대해 많이 알고 있었다는 것을 말해주고 있다.

---

19 "茶譜小序. 茶, 喜木也. 一植不再移, 故婚禮用茶, 從一之義也."
20 『金志』 "所謂男下女禮也. 女家受而不辭, 辭則猶未允也. 旣允之後, 然後下茶, 江浙有茶禮二字, 蓋始於本朝."
21 "又南方有瓜蘆木, 亦似茗, 至苦澁, … 煮鹽人但資此飲, 而交、廣最重."

[원문]

其字, 或從草, 或從木, 或草木幷. 從草, 當作'茶', 其字出『開元文字音義』;[22]

기자, 혹종초, 혹종목, 혹초목병. 종초, 당작'다', 기자출『개원문자음의』;

從木, 當作'檟',[23] 其字出『本草』; 草木幷, 作'荼', 其字出『爾雅』[24]

종목, 당작'다', 기자출『본초』;초목병, 작'도', 기자출『이아』

[국역]

그 글자(구성)를 보면其字, 혹은 초두或從草, 혹은 목변或從木, 혹은 초두와 목변을 함께 쓴다或草木幷. 초두이면從草, '차茶'자로 보며當作'茶', 글자의 출처는 『개원문자음의』다其字出開元文字音義. 목변이면從木, '차檟'[25]자로 보며當作檟, 글자의 출처는 『본초』其字出本草; 초두와 목변을 함께 쓰면草木幷, '도荼'자로 보며作荼, 그 글자의 출처는 『이아』다其字出爾雅.

---

22 開元文字音義: 당나라 현종玄宗(712~755)의 어명을 받들어 집현전 학사인 위포衛包가 개원開元 23년(735)에 만든 30권 책으로 모두 유실되었다. 『백천학해본百川學海本』, 『당인설회본唐人說薈本』의 '음音'은 '자者'자로 되어 있다.

23 本草: 이 책에서의 『본초』는 『당본초唐本草』를 말한다. 『당본초』는 당나라 고종高宗이 이적李勣에게 명하여 도홍경陶弘景의 『신농본초경神農本草經』을 증보한 책이다. 훗날 소공蘇恭 등이 재차 증보하여 53권으로 만들었다.

24 爾雅: 『이아』는 중국의 13경[十三經]의 하나로 천문지리天文地理·음악기재音樂器材·초목조수草木鳥獸 등에 관한 고금의 문자를 설명하고 해설한 책이다. 제자諸子 잡서雜書 중에서 인용한 것도 많으나 특히 『시경詩經』에 관한 문자를 설명한 글이 많다. 일설에 주나라 주공단周公旦이 지었다고 하나 지은이와 편찬 연대는 정확하지 않다. 현대에는 대체로 공자 이전에 이루어졌고, 공자 직후 다수 보완되었으며 한漢대에도 계속하여 여러 사람에 의해 보완되었다고 보고 있으나, 대체로 한대의 탁명작託名作으로 보는 것이 일반적 견해다. 『백천학해본百川學海本』, 『사고전서본四庫全書本』, 『완위산당설부본宛委山堂說郛本』에 '도荼'는 '차茶'자로 되어 있으나, 『이아爾雅』의 원본에 '도荼'자로 되어 있어 원본을 따른다.

25 檟: 『당인설회본唐人說薈本』에만 '차茶'자로 되어 있고, 기타 간본은 모두 '차檟'자로 되어 있다.

[강설]

『다경』이전의 '차茶'자는 여러 형태로 존재하였으나 주로 '도茶'자로 많이 썼다. 17세기 고증학자인 고염무顧炎武의 『당운정唐韻正』을 보면 "대력大曆 14년(779)부터 정원貞元 14년(798)까지의 문헌에는 모두 '도茶'자로 표기되었으나, 회창會昌 원년(841) 유공권柳公權이 쓴 「현비탑비명玄秘塔碑銘」과 대중大中 9년(855) 배휴裵休가 쓴 「규봉선사비圭峯禪師碑」의 석비石碑에서 보이는 '도비茶毘'의 '도茶'자는 모두 한 획을 줄여 '차비茶毘'로 되어 있다. 이로 보아 '차'자의 연원은 중당中唐 이후 비롯되었다"고 기술하고 있다. 중국의 근대 차석학인 고 장만방庄晚芳 교수는 "'차茶'자는 '도茶'자에 한 획을 줄여 간소화한 것으로 육우가 만든 글자며, 오늘날 우리에게 시사示唆한 바가 크다"고 하여 '차'자가 『다경』에 사용한 후 정착된 글자라고 강조하였다.

육우는 『다경』에서 찻잎을 가리키는 옛 글자인 '가檟'·'설蔎'·'명茗'·'천荈'·'도茶' 등을 빼고 오직 자신이 만든 '차茶'자만을 사용했다. 이는 이전에 찻잎을 가리키는 글자는 중국 각 지방의 소리에 불과했던 것에 비해 자신이 만든 '차茶'자는 철학적 의미를 둔 창조적 글자임을 알리는데 의미를 담았다.

'차'자의 구성에 대해 육우는 원칙론만을 언급했다. 그러나 훗날 후학들은 "초두이면 '차茶'자, 목변이면 '차榛'자, 초두와 목변을 함께 쓰면 '도茶'자로 본다"라는 주문註文을 가필加筆하여 논증을 펼쳤지만 학문적 뒷받침의

---

26 顧炎武(1613~1682): 경학經學 연구를 중시한 고증학자이다. 고증과 방학의 정신을 실천하여 청대 고증학풍을 이끌었다.

27 "愚遊泰山岱岳, 觀覽唐碑題名, 見大曆十四年刻茶字, 貞元十四年刻茶宴字, 皆作茶 …… 其時字體尚未變. 至會昌元年, 柳公權書「玄秘塔碑銘」大中九年, 裵休書「圭峰禪師碑」茶毘字, 俱減此一劃, 則此字變於中唐以下也."

28 "陸羽撰寫茶經 … … 把茶字一律改爲茶字, 從而使茶字能以廣泛地流傳開來, 這不能不說是他的獨具卓識的一個創擧."

一之源

부족으로 학계에서 크게 주목받지 못하고 있다.

예를 들어 한漢나라 영원永元 12년(100) 화제和帝의 어명으로 허신許愼이 만들었다는『설문해자說問解字』와 개원開元 23년(735) 당나라 현종玄宗의 어명을 받들어 집현전 학사인 위포衛包가 집필한『개원문자음의開元文字音義』에 '차茶'자가 이미 있었다고 주장하나, 2권의 원본은 유실되어 지금은 찾아 볼 수 없어 이를 증명하지 못하고 있다.

오늘날의『설문해자』는 송宋나라 옹희雍熙 3년(986) 서현徐鉉이 교정 중보한 간본이다. 이 책의 '도荼'자 풀이에서 "신臣 서현徐鉉 등이 이르길 여기의 '도荼'자는 오늘날의 '차茶'자다"라 하여, '도荼'자의 각주 내용은 송나라에 들어와 비로소 가필되었다는 것을 밝히고 있다.

그리고 청淸나라 황석黃奭『한학당총서경해漢學堂叢書經解』「소학류小學類」와 왕려경汪黎慶『학술총편學術叢編』「소학총잔小學叢殘」등 책에 수록되어 있는『개원문자음의』또한 원본이 아니다.

따라서 이곳 주문註文에서 언급한 '차茶'자가『다경』이전 이미 있었던 글자라는 주장은 학술적 가치가 떨어져 학설로서 인정받지 못하고 있다.

[원문]

其名, 一曰茶, 二曰檟, 三曰蔎, 四曰茗, 五曰荈. 周公云 "檟, 苦茶." 揚
기명, 일왈다, 이왈가, 삼왈설, 사왈명, 오왈천. 주공운 "가, 고도." 양

---

29 "茶 …… 臣鉉等曰, 此即今之茶字."

30 周公: 주周나라 무왕武王의 동생으로 성은 희姬, 이름은 단旦이다. 무왕의 왕위를 계승한 어린 성왕成王을 보필하여 섭정攝政을 했으나 인정을 베푸는 정치[仁政]를 했다. 관제官制를 정하고 예악제도禮樂制度를 창제하였으며 주나라의 문물을 완비完備하였으므로 후세에 모범을 상징하는 인물로서 공자孔子는 꿈속에서라도 주공을 만나 뵈기를 간절히 바랐다고 한다.

執戟云 "蜀西南人謂茶曰蔎." 郭弘農云 "早取爲茶, 晚取爲茗, 或一曰荈耳."

집극운 "촉서남인위다왈설." 곽홍농운 "조취위다, 만취위명, 혹일왈천이."

[국역]

그 이름其名, 첫째가 '차'一曰茶, 둘째는 '가'二曰檟, 셋째는 '설'三曰蔎, 넷째는 '명'四曰茗, 다섯째는 '천'이라고 한다五曰荈. 주공이 이르길周公云 "가, 고도다檟, 苦茶"고 했다 . 양집극이 이르길揚執戟云 "촉蜀나라 서남인들은 차를 설蔎이라 부른다"고 했다蜀西南人謂茶曰蔎. 곽홍농이 이르길郭弘農云 "일찍 딴 잎은 차茶라 하고早取爲茶, 늦게 딴 잎은 명晩取爲茗, 혹은 천荈이라 부른다或一曰荈耳"고 했다.

[강설]

중국 차문화 발상지에 관한 기록은 명나라 이전의 문헌에는 발견된 것이 없다. 청나라 초기 고증학자 고염무顧炎武의 『일지록日知錄』에 "진秦이 촉蜀을 취한 후 비로소 차의 역사가 시작되었다"고 언급한 것이 최초다. 이는 진秦이 기원전 221년 중국을 통일하는 과정에서 파巴ㆍ촉蜀 등 주변국이 중국 영토에 편입되면서 비로소 중원의 차문화가 시작되었다는 것을 뜻한다. 즉 중국차의 역사와 문화는 파촉인巴蜀人들로부터 비롯되었으며, 한漢나라에 이르러 한족문화의 일환으로 발전되었던 것이다.

---

31 揚執戟(B.C 53~A.D 18): 서한西漢 때의 양웅揚雄을 말한다. 자는 자운子雲, 촉촉지방 사람이다. 궁궐 경비를 맡는 황문랑黃門郎이란 벼슬을 지냈는데 갈라진 창[戟]을 잡고 근무하기에 '집극執戟'이라 부른다. 모든 간본에는 '양楊'자로 되어 있으나, 그의 원래 성을 따라 '양揚'자로 고쳐 표기한다.

32 茶: 『당인설회본唐人說薈本』에는 '도茶'자로 되어 있다.

33 郭弘農(276~324): 동진東晉 원제元帝 때의 곽박郭璞을 말한다. 자는 경순景純이며, 하동河東 문희聞喜 즉 지금의 산서성山西省 문희聞喜 사람이다. 시호를 홍농태수弘農太守로 받았다.

34 "是知自秦人取蜀而後始有茗飮之事."

파·촉에서 전파된 차는 중원에서 지역에 따라 약용·식용 그리고 음용으로 달리 쓰였다. 또한 차나무는 야생종 이외 재배종이 출현되면서 찻잎의 형태도 다양해졌으며, 각 지역의 언어에 따라 그 이름도 달리했다. 따라서 여러 지역 사람들은 서로 다른 소리로 찻잎을 가리켰고 대표적인 것이 '가檟, jia-쨔'·'설蔎, she-써'·'명茗, ming-밍'·'천荈, chuan-촨'·'도茶, tu-투' 등이다. 이 가운데 '도茶'의 소리는 '차, cha-차'라 부르기도 한다.

한편 당나라 중기에 이르러 교통이 발달되고 차에 대한 인식이 보편화되자 각 지방에서 쓰인 수많은 차의 명칭이 결국 한 종류의 나무이며, 같은 잎사귀이라는 것을 알게 되었다. 당시 이러한 다양한 차의 이름을 정리한 사람이 육우다.

육우는 수많는 찻잎 이름 중 '가檟'·'설蔎'·'명茗'·'천荈' 등을 추려 『다경』에 수록했다. 특히 자신이 만든 '차茶'자의 개념·정의를 명확히 하기 위해, '차茶'자를 첫 번째 순서에 배열하고 책 이름도 『다경』으로 했다. 이는 찻잎을 부르는 음音과 자字, 곧 소리와 글씨를 통일하고자 했던 육우의 뜻이 담겨져 있다.

『다경』 배포된 후, 9세기 중반이 되어서야 비로소 '차'라는 글자의 뜻[義]과 음音이 완전히 정착되어 오늘날까지 '차茶'로 불리고 있다. 이에 따라 그 이전에 존재했던 '가檟, jia'·'설蔎, she'·'명茗, ming'·'천荈, chuan'·'도茶, tu' 등의 글자는 차의 고자古字의 의미로서 그 역할을 다하고 있다. 그러나 오늘날 그 소리가 살아있는 곳이 아직도 있어 티베트에서는 차를 'jia檟-쨔', 운남雲南·사천四川 등지의 요족瑤族·이족彝族들은 'she蔎-써', 맹족勐族들은 'ming茗-밍'이라고 부르고 있다.

또한 찻잎을 가리키는 글자인 '명茗'자는 '도茶'·'가檟'·'천荈'자 보다 늦게 출현했음에도 불구하고 지금도 '차'자와 함께 널리 쓰이고 있다. 이러한 원인은 '명茗'자는 한漢나라 이후 수많은 문인들의 문헌이나 시사詩詞 속에 끊임없이 회자되었기에 오늘날까지 '차'자로서의 생명력을 이어질 수 있었던 것이다.

[원문]
其地, 上者生爛石³⁵⁾, 中者生礫壤³⁶⁾, 下者生黃土³⁷⁾.
기지, 상자생난석, 중자생역양, 하자생황토.

[국역]
그 토질其地, 자갈밭에서 자라는 것이 가장 좋고上者生爛石, 사질砂質에서 자라는 것이 중등품이며中者生礫壤, 황토질에서 자라는 것이 하등품이다下者生黃土.

[강설]
토양은 무기물과 유기물, 수분과 공기 등이 섞여 있는 혼합물로 되어 있다. 토양을 구성하는 무기물은 주로 지표상의 암석이 잘게 부서지고 변화되는 풍화작용으로 만들어지게 된다. 무기물은 주로 자갈·모래·실트·점토·콜로이드로 이루어졌으며, 이 중에서 모래와 실트, 점토의 상대적인 비율에 따라 토양의 조성이 결정된다. 따라서 토양의 조건은 차나무의 생육³⁸⁾ 뿐만 아니라 차의 품질에도 영향을 미친다. 토양속의 여러 성분들이 잘 흡수되기 위해서는 토양의 통기성通氣性·투수성透水性·보수력保水力 등의 물

---

35 爛石: 수성암水成岩이나 석회암石灰岩 등이 풍화風化작용에 의하여 형성된 자갈 섞인 토양.
36 礫壤: 자갈이 부서진 사질砂質 토양. 『함분루설부본涵芬樓說郛本』, 『서탑사본西塔寺本』이외의 모든 간본에는 '역櫟'자로 되어있다. 『당인설회본唐人說薈本』, 『고금도서집성본古今圖書集成本』에서는 '안역당종석위역按櫟當從石爲礫'의 주를 달아 부연 설명하였다.
37 黃土: 배수가 잘되지 않는 황갈색의 점토질粘土質 토양.
38 짱유화, 『차과학개론』, 보이세계, 2010, P.235.

리적物理的 요소가 중요한 역할을 한다. 육우가 언급한 토질의 차이는 바로 이러한 점을 말한 것이며 곧 난석爛石은 역양礫壤보다, 역양은 황토黃土보다 물리적 조건이 뛰어나다는 것을 말한다.

[원문]

凡藝而不實³⁹⁾, 植而罕茂^{40) 41)}, 法如種瓜⁴²⁾, 三歲可採. 野者上, 園者次. 陽崖 陰林⁴³⁾, 紫者上, 綠者次; 筍者上, 牙者次⁴⁴⁾; 葉卷上, 葉舒次. 陰山坡谷 者, 不堪採掇, 性凝滯, 結瘕疾⁴⁵⁾.

범예이부실, 식이한무, 법여종과, 삼세가채. 야자상, 원자차. 양애 음림, 자자상, 녹자차; 순자상, 아자차; 엽권상, 엽서차. 음산파곡 자, 불감채철, 성응체, 결하질.

[국역]

무릇 (차나무를) 재배하는데 부실하면凡藝而不實, (묘목으로) 옮겨 심어도 우거지기가 힘들고植而罕茂, (차나무를) 심는 방법으로는 오이(씨앗)를 심는 (파종)법으로 하며法如種瓜, (심은지) 3년이 되면 (찻잎을) 딸 수 있다三歲可 採. (차는) 야생이 상품이며野者上, 재배가 차등품이다園者次. 양지바른 언덕

---

39 藝: 원예園藝를 말하며, 즉 종식種植, 재배 또는 육종법을 가리킨다.

40 不實: 부실하다는 뜻이다. 『육우다경해독여점교陸羽茶經解讀與點校』에서는 '실實'을 씨앗 으로 해석하고 있다.

41 植: 옮겨심기 곧 이식移植를 말한다.

42 法如種瓜: '법法'은 법도를 말한다. 『제민요술齊民要術』에 '종과種瓜'를 "구덩이의 넓이와 깊이를 약 한 자로 파고, 적당히 거름을 준 후에 4알의 씨앗을 뿌려 심는다"고 하였다.

43 陽崖陰林: 양지 바른 언덕의 그늘진 숲. 곧 반음반양半陰半陽의 차밭을 말한다.

44 牙: 아芽의 고자古字이며, 싹을 가리킨다.

45 瘕疾: 지나친 한기寒氣로 배 속에 무언가 뭉친 것 같은 적병積病을 말한다. 남송南宋 재동 載侗의 『육서고六書故』 권 3에 "뱃속에 뭉친 덩어리. 단단한 것을 징癥이라 하고, 물체 가 있는 것을 하瘕라 한다"고 하였다.

에 그늘진 숲의 것(찻잎)은 陽崖陰林, (색일 경우) 자주빛이 상품이며 紫者上, 녹빛은 차등품이다 綠者次. (형태일 경우) 여린 순筍이 상품이며 筍者上, 아芽는 차등품이다 牙者次. (잎일 경우) 잎사귀가 말려 있는 것이 상품이며 葉卷上, 펴진 것은 차등품이다 葉舒次. (그러나) 그늘진 산에 비탈진 골짜기의 것(찻잎)은 陰山坡谷者, 딸 필요(가치)가 없으며 不堪採掇, (이는) 엉키고 막히는 성미로 性凝滯, (마시면) 위장에 적병積病이 생길 수가 있다 結瘕疾.

[강설]

차나무의 번식 방법에는 차종자를 이용한 유성번식有性繁殖과 휘묻이나 삽목법挿木法과 같은 무성번식無性繁殖 등이 있다. 당나라 때는 삽목법이 발달하지 않아 주로 뿌리째 이식하는 방법을 사용했다. 그러나 심근성인 차나무의 묘목을 옮겨 심을 경우 대체로 활착률活着率이 낮아 고사枯死하기 일쑤다. 따라서 육우는 유성번식인 파종법播種法을 권장하며 3년이 되면 찻잎을 딸 수 있다고 했다.

육우는 찻잎의 품질을 재배종보다 야생종이 더 낫다고 했다. 그러나 이 경우에도 두 가지 조건에 따라 품질을 나눌 수 있다. 하나는 양지바른 언덕에 그늘진 숲 곧 음양이 어우러진 '양애음림陽崖陰林'의 환경 속에 자란 찻잎이다. 이 경우 색상은 녹색보다 자주색이 좋고, 아芽보다는 더 여린 움인 순筍이 좋고, 펴진 잎보다는 말려진 잎이 좋다고 했다. 즉 자주색·순·말려진 잎과 같은 여린 잎이 차의 품질에 좋다는 것을 뜻한다.

또 하나는 그늘진 산에 비탈진 골짜기 곧 음과 음이 겹치는 '음산파곡陰山坡谷'에서 자란 찻잎이다. 이 경우에는 모양과 색에 관계없이 어떤 찻잎이라도 따서는 안 된다. 그 이유는 찻잎의 본성인 찬 성질[寒性]에 음陰을 더하는 것을 마시면 지나친 한기寒氣로 음이 뭉쳐 몸이 상할 우려가 있기 때문이다.

차나무의 품종品種은 인류가 차나무를 선택하여 인위적으로 개량하여 오랫동안 재배하면서 만들어진 산물이다. 우리가 흔히 말하는 '야생차나무wild type tea plant'는 인간이 개량하기 이전 상태에 해당되는 식물인 '야생종野生種'이므로 품종과의 개념이 다르다.

학명에서 식물의 품종forma이란 반드시 인위적인 개입을 통해 순화馴化된 것을 뜻한다. 식물이 다른 지역으로 옮겨지면 그 기후 조건에 적응하거나, 또는 동일 지역에서의 기후 조건 변동에 점차 적응·익숙해지는 과정을 걸쳐 하나의 군체종群體種으로 이루어진다. 인류는 군체종 가운데 우량종을 뽑아 오랫동안 재배·이용된 후에야 비로소 하나의 품종이 탄생된다. 이름을 붙은 품종은 재배나 생산면에서 경제적 가치의 창출이 가장 중요하다. 고유한 형질이 다음 세대에게 전해진 유전자도 반드시 안정적이어야 한다.

야생차나무는 대체로 3가지 형태로 되어 있다. 하나는 차나무의 조상이라 일컫는 몇 천 년생의 '원시형 야생차나무primitive type tea plant', 하나는 오래전 사람들에 의해 재배된 '재배형 야생차나무cultural type tea plant', 하나는 원시형과 재배형의 특징을 모두 지닌 '과도형 야생차나무transitive type tea plant'다.

야생차나무의 서식 형태를 보면, 재배형 야생차나무는 인위적인 방법으로 재배했기 때문에 모두 군락 형태로 집단 서식하는 반면, '원시형 야생차나무'는 원시 형태의 특징을 가진 하나의 독립된 개체로 서식하고 있는 것이 다르다. '과도형 야생차나무'는 '재배형 야생차나무'의 영양기관營養器官인 가지·잎·싹 등 특징을 가지면서 '원시형 야생차나무'의 생식기관生殖器官인 꽃·종자 등 형태를 지닌다. 한편 '원시형의 야생차나무'는 사람의 손에 개량되지 않아 일부의 싹과 잎에 독성이 있어 식용하기에는 적합하지 않다. 오늘날 시중에서 판매되고 있는 이른바 '고차수古茶樹 보이차普洱茶'는 수령이 달라도 모두 '재배형 야생차나무'의 찻잎으로 만든 것이다.

자주색 찻잎을 최상으로 여기는 육우의 논리는 그동안 학계로부터 많은 논란을 일으켰다. 과학적으로 적색을 띠는 안토시아니딘anthocyanidin은 색소배당체인 안토시아닌anthocyanin을 가수분해하여 얻는 색소의 본체로 플라보노이드flavonoid 색소의 일종이며, 식물의 꽃·열매껍질·줄기 등에서 추출한 적색·자색·청색 및 그 중간색 색소의 본체다. 주로 높은 기온과 강렬한 자외선 환경에서 많이 생성된다. 고온 건조한 계절에서 보이는 자주색 찻잎은 바로 이 성분이 축적되어 비롯된 결과다. 이 물질은 강한 쓴맛을 내기에 녹차뿐만 아니라 모든 차의 품질에 부정적으로 작용되므로, 선엽選葉과정에서 모두 제거해야 좋은 품질을 유지할 수 있다.[46]

육우가 상등의 색으로 여긴 자주색 찻잎에 대해 그동안 학계에서 여러 견해가 있었으나 아직까지는 합의를 도출하지 못했다. 그러나 중국 차학자인 고故 구단寇丹의 '자자상紫者上'의 견해는 많은 학자들로부터 인정을 받고 있어 이를 소개하고자 한다.

그의 연구에 따르면 중국 한족漢族이 홍자색紅紫色을 추앙했던 것은 예로부터 불과 태양에 대한 숭배에서 비롯되었다고 한다. 서주西周시대에는 적색과 흑색을 지존至尊의 색상으로 여겼고, 당나라 때는 자주색을 고귀한 색으로 여겨 친왕親王이나 3품[三品] 이상의 관복은 모두 자주색을 사용하였다. 이뿐만 아니라 상서로운 용어들은 모두 자주색으로 칭송하였으며, 이에 따라 별은 자미紫薇, 기는 자기紫氣, 누각은 자광紫光, 영令은 자금紫禁, 물은 자수紫水, 산은 자금紫金·자양紫陽 등으로 불렀다. 이러한 관점에서 찻잎의 색을 볼 때 육우 역시 가장 귀한 여린 차싹을 '자순紫筍'이라 표현했던 것이다.

예를 들어 중국 최초의 공차貢茶로 지정된 고저산顧渚山의 찻잎은 자주색

---

46 짱유화, 『차과학 길라잡이 2015』, 삼녕당, 2014, P.83, P.100.

이 아님에도 불구하고 '고저자순顧渚紫筍'이라 명명한 것도 그의 주장을 뒷받침 해주고 있다.

[원문]

茶之爲用, 味至寒, 爲飮, 最宜精行儉德之人.[47] 若熱渴[48]、凝悶、腦疼、
다지위용, 미지한, 위음, 최의정행검덕지인. 약열갈, 응민, 뇌동,
目澁、四支煩[49]、百節不舒, 聊四五啜[50], 與醍醐[51]、甘露抗衡也[52].
목삽, 사지번, 백절불서, 료사오철, 여제호, 감로항형야.

[국역]

차의 효용은茶之爲用, 성질이 매우 차며味至寒, 마시기爲飮, 알맞음에는 검소함을 덕으로 삼고 몸소 행실로 정진하는 사람이다最宜精行儉德之人. 만약 열이 나고 갈증이 나거나若熱渴, 가슴이 답답하고凝悶, 머리가 아프거나腦疼, 눈이 침침하거나目澁, 팔다리에 기운이 없고四支煩, 관절 마디마디가 잘 펴지지 않을 때百節不舒, 4~5번만 마시면聊四五啜, (그 효능이) 제호나與醍醐, 감로와 가히 견줄만하다甘露抗衡也.

47 精行儉德: 행실이 바르고 단정하며 검소하고 겸허하여 덕망이 있음을 말하며, 중국의 대표적 차정신이다.
48 若: 『당인설회본唐人說薈本』, 『백천학해본百川學海本』에는 '고苦'자로 되어 있다.
49 煩: 『함분루설부본涵芬樓說郭本』에는 '번만煩懣'으로 되어 있다.
50 聊四五啜: '료聊'는 즐긴다, '철啜'은 마신다는 뜻이다. 곧 4~5번을 마신다는 의미다.
51 醍醐: 불교의 『열반경涅槃經』「성행품聖行品」에 보면 "소에서 우유가 나오고, 우유에서 낙酪이 나오고, 낙에서 생소生酥가 나오고, 생소에서 숙소熟酥가 나오고, 숙소에서 제호醍醐가 나온다"고 기록되어 있다. 『설문신부說文新附』에 의하면 "제호는 소젖의 정화精華다"라고 하였다.
52 甘露: 『열자列子』「탕문湯問」에 "하늘과 땅이 화합하고 천하가 태평하면 하늘에서 신장神漿이 내리는데 이것을 감로甘露라 한다"고 하였다. 이것을 마시면 불로장생한다고 하여, 그 별명으로는 미로美露·천주天酒·고로膏露·서로瑞露·신장神漿·달즉고빈達卽古賓 등이 있다.

[강설]

　중국의 차정신이라면 '정행검덕精行儉德'을 들 수 있다. '정행검덕' 속에서도 '검박儉朴'이야말로 육우 사상의 핵심이다. 그는 이러한 철학을 『다경』 곳곳에 피력하여 차의 정신이 '검儉'에 있다는 것을 거듭 강조하였다.

　인간은 정신과 육체를 함께 갖추고 있는 존재다. 육체적 측면은 물질적 경제성과 관련되고 정신적 측면은 윤리적 도덕성과 연계되고 있다. 바람직한 인간의 삶이란 인간으로서 생존을 위한 물질적 기초가 충족되고 인간다운 삶을 위한 도덕성까지 충족되었을 때 비로소 완성된다. 그러나 물질 소유에 대한 끊임없는 욕구는 상대적 빈곤감이 야기되어 불만감·적대감을 촉발시키고, 더 많은 물질을 소유하기 위해 수단·방법을 가리지 않는 소득의 추구는 건전한 인간의 삶을 마비시키고 만다.

　육우는 이러한 타락의 원인을 제어할 수 있는 장치를 '차'에서 찾고자 했으며, 차의 수양론적 의미가 바로 '검박儉朴'에 있다고 생각했다. '검박'이란 '검이불루儉而不陋 화이불치華而不侈'의 준말이기도 하다. 즉 검소하지만 누추해 보이지 않고 화려하지만 사치스러워 보이지 않는다의 뜻이다.

　'검박함으로써 덕을 키워야 한다'는 말은 제갈량諸葛亮이 임종 직전 8세 된 아들에게 남긴 유언으로 『계자서誡子書』에서 전한다. "무릇 군자의 행동은 고요함으로써 스스로를 수양하고靜以修身, 검박함으로써 덕을 키워야 한다儉以養德. 담박하지 않으면 큰 뜻을 밝힐 수 없고非淡泊無以明志, 평온하지 않으면 원대한 목표를 달성할 수 없다非寧靜無以致遠"고 했다. '담박淡泊'이란 깨끗하고 고요함을 유지하여 스스로 담담함을 이루는 경지다. '영정寧靜'이란 맑은 평온함을 유지하여 마음의 때를 씻고자 하는 자세다. 우리의 차생활을 담박하고 영정해야하는 이유가 바로 '차 마심'이란 검박함으로써 덕을 키우는 과정이기 때문이다.

　단순한 기호음료에 불과했던 차가 정신적 측면이 강조되어 새 생명으로 태어난 것은 양진남북조兩晉南北朝(265~587)시대부터다. 서한西漢(B.C 206~A.D 8)시대 초기에는 국왕이 우차牛車를 타고 다닐 정도로 근검절약의 정신을 미덕으로 삼았다. 그러나 양진남북조시대에 이르러 한족들은 북쪽 이민족의 침략으로 가치관의 혼란에 빠져 민족 긍지를 상실하였다. 또한 거듭된 짧은 왕조의 반복 등으로 허탈감과 패배주의가 팽배해져 사치풍조가 극에 달했다. 이에 일부 뜻있는 사대부들은 방탕한 생활의 원흉이 되는 술을 대신하여 근검의 상징인 차를 마시자는 '이차대주以茶代酒'를 주창하였고 동시에 '이차양렴以茶養廉' 즉 차를 매개로 근검하고 지조를 지키며 수치심을 갖자는 운동을 제창하게 된다.

'염치廉恥'는 '염조廉操와 지치知恥'의 약자다. 즉 '청렴으로 지조를 지키며, 수치심을 아는 것'을 뜻한다. 공자는 『중용中庸』에서 "수치를 아는 것은 용기에 가까워지는 것知恥近乎勇"이라고 했다. 순자荀子는 더 나아가 "염치를 모르고 음식만 축내는 사람은無廉恥而嗜乎飲食 아주 악질적인 사람이라고 할 수 있다則可謂惡少者矣. 이들은 형벌을 받아 사형에 처해지는 것도 가능하다 할 것이다雖陷刑戮可也"라고 했다. 「수신편脩身篇」에 나온 말이다. 우리 성현들은 '수치심을 아는 것[知恥]'에서 인간의 도리가 비롯된다고 말한다.

『논어論語』 「학이편學而篇」에 "공자가 온순하고 어질며, 공손하고 검소한 것은 겸양謙讓으로써 얻어진 것이다"[53]고 했다. 이는 행실이 바르고 단정하며 덕망을 갖춘 사람의 뿌리는 검소와 겸허함에 있음을 말해주는 것으로, 차를 마시는데 어울리는 사람 역시 이와 같다는 것이다. 육우는 당시 '검덕儉德'을 주창했던 역사적 배경을 『다경』 「칠지사」에 기록하여 자신의 차정신을 '정행검덕'으로 삼는데 주저하지 않았다.

육우는 차를 단순한 기호로 다루지 않고 의미를 담아 접근하였다. 그는

---

53 "夫子溫良恭儉讓以得之."

모든 질병의 근원은 마음에서 비롯된 것이며, 신체 고통의 치료는 마음의 독을 먼저 푸는 것이 순서라고 생각했다. 마음의 수양을 쌓는 사람, 곧 정행검덕을 갖춘 사람의 신체 또는 정신이 불편할 때 차로 마음을 다스리면 마치 제호醍醐 또는 감로甘露와 같은 신수神水의 효험을 얻어 고통을 물리칠 수 있다고 본 것이다. 차는 단순한 기호음료가 아니라 사람의 마음을 다스리는 효험이 있기에 의식적意識的인 차생활에서 행한 수행이야말로 몸과 마음을 온전하게 하나로 만들 수 있다는 것이 육우의 생각이다.

육우는 「육지음六之飮」에서 "사람은 목이 마르면 물을 마시고, 정신의 혼매함을 깨우치려면 차를 마셔라"고 하여, 차는 목이 말라 마시는 물이 아니라는 것을 우리에게 가르치고 있다.

유학에서 최고 경지에 오른 개인 수신법修身法이 '허정무위虛靜無爲'를 가르키는 '신독愼獨'이다. "아득히 텅 비어 고요하니 평안하여 즐겁고漠虛靜而恬愉, 담박하게 무위無爲하니 절로 얻음이 있다淡無爲而自得" 『원유부遠遊賦』에서 전한다. 『대학大學』에서는 "고요한 뒤에야 능히 안정이 되며靜而後能安, 안정된 뒤에야 능히 생각할 수 있고安而後能慮, 깊이 사색한 뒤에야 능히 얻을 수 있다慮而後能得"고 적혀있다.

"홀로 있을 때에도 도리에 어긋남이 없이 행동하라君子愼其獨也" 『중용中庸』의 '신독愼獨' 풀이다. "나를 속지 않는 참된 마음으로 삶의 진실을 찾고 또 찾는다" '신독'의 또 다른 풀이다.

『동다송東茶頌』에서 "홀로이 마시는 차, 신신의 경지에 이른다獨啜曰神"고 했다. 홀로이 고요한 나로 돌아가, 거짓이 없는 나의 수많은 잔상 속에, 나를 품고 또 품어야 얻음을 얻는다. 삶의 잔상은 쓸쓸해도, 살아 있는 것은 축복이다. 나만의 공간, 차를 매개 삼아 스스로에게 묻고 답하고 느끼고 참회한다. 거울 속에 비친 나, 기만하지 않는 삶, '신독愼獨'의 가르침이다.

---

54 "至若救渴, 飮之以漿; 蕩昏寐, 飮之以茶."

불교에서 활불活佛이라 일컫는
반선班禪의 수제자이자 필자의
스승인 왕이푸王逸夫의 묵적墨蹟

차를 마신다는 것을 수행의 일환이다. 지금 나의 모습은 과거와의 연관 속에 있고 현재 보이는 태도에 근거해서 미래가 열린다. 얼굴은 마음의 초상화이자 정신의 반영물이다. 마음이 어지러우면 얼굴에서 그 답이 나온다. 얼굴을 거둔다는 것은 마음을 정화한다는 의미다. 그래서 차를 마신다는 것은 곧 내 얼굴을 만드는 과정이라 말할 수가 있다.

육우는 차의 성미를 '찬 성질[寒性]'로 규정하였다. 훗날 명나라 의학자인 이시진李時珍의 『본초강목本草綱目』에서도 이를 뒷받침하였다. "차의 맛은 쓰고 찬 기운이 있다. 음 중의 음에 속해 있고 가라앉는 성질을 갖고 있어 화기를 내려주는데 탁월하다. 화는 모든 병의 근원이다. 화기를 내리면 상반부는 맑아진다. 그러나 화도 다섯 가지 종류가 있으며 여기에도 허실이 있다. 젊고 건강하고 심폐비위心肺脾胃에 화기火氣가 많은 사람은 차와 어울리며, 따뜻하게 차를 마시면 화기가 한기로 인해 아래로 내려앉는다. …… 차갑고 허하며 핏기가 부족한 사람들이 차를 오래마시면, 차의 한기로 심폐비위의 원기가 훼손되어 여러 가지 질병을 낳는다. 특히 부녀자들에게 해가 많으니 명심해야 한다"고 적고 있다.

---

55 "茶苦而寒, 陰中之陰, 沈也降也, 最能降火. 火爲百病, 火降則上淸矣. 然火有五火有虛實. 若少壯胃健之人, 心肺脾胃之火多盛, 故與茶相宜. 溫飮則火因寒氣而下降, 熱則茶借火氣而升散, 又兼解酒食之毒, 使人神氣爽, 不昏不睡, 此茶之功也. 若虛寒及血弱之人, 飮之旣久,

[원문]

採不時, 造不精, 雜以卉莽, 飲之成疾. 茶爲累也, 亦猶人參. 上者生上黨, 中者生百濟、新羅, 下者生高麗. 有生澤州、易州、幽州、檀州者, 爲藥無效, 況非此者? 設服薺苨, 使六疾不瘳, 知人參爲累, 則茶累盡矣.

채불시, 조부정, 잡이훼망, 음지성질. 다위루야, 역유인삼. 상자생상당, 중자생백제、신라, 하자생고려. 유생택주、역주、유주、단주자, 위약무효, 황비차자? 설복제니, 사육질불추, 지인삼위루, 즉다루진의.

[국역]

제때에 따지 않거나採不時, 정성들여 만들지 않거나造不精, 다른 잎사귀와

則脾胃惡寒, 元氣暗損, 土不制水, 精血潛虛. 成痰飲, 成痞脹, 成痿痺, 成黃瘦, 成嘔逆, 成洞瀉, 成腹痛, 成疝瘕, 種種內傷, 此茶之害也. 民生日用, 蹈其弊者, 往往皆是, 而婦嫗受害更多, 習俗移人, 自不覺爾. 況眞茶旣少, 雜ءٌ更多, 其爲患也, 又可勝言哉? 人有嗜茶成癖者, 時時咀嚼不止, 久而傷營傷精, 血不華色, 黃瘁痿弱, 抱病不悔, 尤可嘆惋."

56 卉莽: 잡초를 말한다.
57 累:『육우다경해독여점교陸羽茶經解讀與點校』에는 '류纍'자로 되어 있다.
58 上黨: 이시진李時珍의『본초강목本草綱目』에서 "상당은 노주潞州에 속한다"고 하였다. 오늘날의 산서성山西省 장치현長治縣을 일컫는다.
59 澤州: 오늘날의 산서성山西省 진성현晉城縣 일대.
60 易州: 오늘날의 하북성河北省 역현易縣.
61 幽州: 오늘날의 하북성河北省 대흥현大興縣 일대.
62 薺苨: '게로기'라고도 부르며 도라지과[桔梗科]에 속한다. 뿌리는 약재로 쓰며 줄기와 뿌리는 인삼과 매우 유사하다.『본초本草』에 따르면 "해수咳嗽・소갈消渴・창종瘡腫에 좋으며, 백 가지 약을 쓰다 얻은 독을 풀고 뱀에 물리거나 화살로 입은 상처에 쓴다"고 하였다.『함분루설부본涵芬樓說郛本』에는 '제니경薺苨莖'으로 되어 있다.
63 六疾:『좌전左傳』에 "육기(六氣: 陰・陽・風・雨・晦・明)가 지나치면 질병이 생긴다"고 하였다. 이는 음陰이 지나치면 한질寒疾, 양陽이 지나치면 열질熱疾, 풍風이 지나치면 말질末疾(손 발끝에 오는 병), 우雨가 지나치면 복질腹疾, 회晦가 지나치면 혹질惑疾(정신적인 병), 명明이 지나치면 심질心疾로 이어진다는 것을 뜻한다.
64 瘳:『함분루설부본涵芬樓說郛本』에는 '요療'자로 되어 있다.

섞어 만든 것(차)을雜以卉莽, 마시면 병에 걸리기 쉽다飮之成疾. 차도 폐해가 있으며茶爲累也, 마치 인삼의 경우와 같다亦猶人參. (인삼) 상등품은 상당에서 나고上者生上黨, 중등품은 백제中者生百濟, 신라에서 나며新羅, 하등품은 고려에서 난다下者生高麗. (이외) 택주에서 난 것有生澤州, 역주易州, 유주幽州, 단주의 것(인삼)은檀州者, 약용으로서의 효능은 없다爲藥無效. 하물며 이런 곳에서 나지 않는 것(인삼)은 더 말할 나위가 있겠는가況非此者? 만약 제니薺苨를 (인삼으로) 먹는다면設服薺苨, 어떠한 질병에도 낫지 않으며使六疾不瘳, 인삼이 (사람에게) 폐해를 끼칠 수 있듯이知人參爲累, 차도 (사람에게) 폐해를 끼칠 수 있다則茶累盡矣.

[강설]

신수神水와 같은 차를 마시기 위해서는 찻잎에 깃들여진 정성이 있을 때 비로소 가능하다. 성誠하다는 것은 성실하다, 정성스럽다고 나타낼 수도 있고, 참되다고 할 수도 있다. 육우는 찻잎을 따고 만드는 일에 잡엽雜葉을 섞는다는 것은 마음의 정성에 사념을 섞는 것과 같아 몹시 경계했다. 사람을 회생시킬 수 있다는 신약神藥인 인삼일지라도 품질이 낮은 것이나 인삼처럼 보이는 제니薺苨를 먹으면 몸을 해칠 우려가 있듯이, 영초靈草인 찻잎도 이와 같아 정성이 가득한 것을 마셔야 해가 되지 않는다고 말한다. 이와 같이 차를 통한 마음의 치유는 정성이 깃들여야 비로소 가능하다는 것, 육우가 우리들에게 전하는 '성誠'에 대한 메세지다.

글자 '성誠'은 '말[言]한 바를 온전히 이룬다[成]'는 뜻을 가진다. '신信'은 사람[人]의 말[言]을 말한다. 그래서 '신信'을 '성誠'이라 하며, 결국 '신信'이라는 것은 '사람이 스스로 말한 것을 온전히 이루는 것'으로 해석된다. 묵자墨子는 '신信'을 '말한 것[言]과 뜻[意]이 합치되는 것'이라고 풀이했다. 내가 한 말에 책임지는 '언필신言必信', 그게 바로 '성誠'인 것이다.

『중용』은 "성誠者, 그 자체는 하늘의 도이나天之道也, 성실해지려 노력하는 것은誠之者, 사람의 길이다人之道也"라고 했다. 이어 "성誠해지려고 노력하는 것은 선善을 선택하여 굳게 잡고 실천하는 길뿐誠之者, 擇善而固執之者"이라고도 했다. 그리고 "사람이 타고나는 것을 본성이라고 하며, 타고난 본성대로 잘 행하는 것이 도道다. 도를 지켜 나가기 위해 힘쓰는 것이 가르침"이라고 했다.[65] 결국 '신信'도 '성誠'도 모두 가르침[敎]에 따라 비로소 이루어질 수 있다는 것을 말해주고 있다.

『다신전茶神傳』에서 말한다. "만들 때는 정교하게造時精, 저장할 때는 건조하게藏時燥, 우릴 때는 깨끗하게泡時潔" "정교하게精, 건조하게燥, 깨끗하게潔" "이 모든 과정을 정성스럽게 다하면 차도茶道가 이루어진 것이다茶道盡矣" 차도茶道의 참뜻, 바로 '성誠'에 있다는 메시지다.

한편 육우는 인삼의 품질을 산지와 연계하여 등급을 매겼다. 그는 지금 중국의 상당上黨지역을 먼저 언급한 후 한반도 삼국시대의 백제・신라・고려(고구려) 등을 차례대로 언급하였고 이어 중국의 또 다른 지역인 택주澤州・역주易州・유주幽州・단주檀州 등을 언급하였다.

여기서 육우는 고구려를 고려로 표기하였는데, 이는 육우가 당시 고서에 나온 지명을 그대로 따른 것으로 보인다. 예를 들어 『동이전東夷傳』「송서권宋書卷・열전列傳 57・이만夷蠻」(405~479)과 「양서권梁書卷・열전列傳 48」(502~557)에서는 고구려를 '동이고구려국東夷高句麗國'으로 표기하였으며, 「주서권周書卷・열전列傳 41」(505~581)과 「수서권隋書卷・열전列傳 46・동이東夷」(581~618)에서는 "고려자高麗者, 기선출어부여其先出於夫餘", "고려지선高麗之先, 출자부여出自夫餘"라 하여 고구려를 '고려'로 표기하였다. 따라서 육우는 자신이 접했던 당시의 기록에 의해 삼국시대의 고구려를 고려로 알고 『다경』에 실은 것으로 해석된다.

---

65 "天命之謂性, 率性之謂道, 脩道之謂敎."

봄에 이르러 일평균 기온이 10도를 넘으면 겨울눈인 '월동아越冬芽'가 맹아하기 시작한다. 움의 모습은 마치 죽순 모양과 같아 '순筍'이라 하고, 봉우리가 전혀 펴지지 않은 튼실한 모습이다

찻잎이 자라면 작은 봉우리 같은 움 즉 '순筍'이 점차적으로 펴지는데, 한 잎이 펴지면 '일창일기一槍一旗'라 한다. 이때의 싹은 '아芽'라 하고, 잎은 '엽葉'이라 한다. 두 잎이 펴지면 '일창이기一槍二旗', '기旗'는 잎이고 '창槍'은 싹을 뜻한다
아래 왼쪽 그림 가운데 새가지 줄기 하단부에서 보이는 두 개의 작은 잎이 '떡잎'이라 한다. 떡잎의 학술적 명칭은 '인편鱗片', '어엽魚葉'이라 한다. 떡잎은 찻잎의 생물학적 특성과 일치하지 않아 가짜 찻잎 즉 '가엽假葉'이라고도 한다

지금까지 발견된 가장 오래된 원시형 야생고차수의 수령은 2천 700여 년, 운남성 진원현鎭沅縣 천가채千家寨에 있다

가장 오래된 재배형 야생고차수는 운남성 맹해현勐海縣 남나산南糯山에 있으며, 수령은 약 800여 년이다

지구상 유일하게 살아있는 과도형 야생고차수는 운남성 보이시普洱市 난창현瀾滄縣 방외촌邦崴村에 있으며 수령은 약 천여 년이 된다

육우는 야생차를 상품으로 보고 재배차는 차등품으로 보았다

당나라 때 상서로운 용어들은 모두 자주색으로 칭송하고, 좋은 기운을 '자기紫氣'라고 한다

황제의 '영令'이 세우는 곳이 황궁이기에 '자금성紫禁城'이라 한다

【 一之源 】

원문		비고·주해		의미
茶者 南方之嘉木也				차나무의 원산지
一尺二尺		비고	灌木 半喬木	차나무의 종류
迺至數十尺			半喬木 喬木	
其巴山 峽川				야생차나무의 분포지
有兩人合抱者 伐而掇之				야생차나무의 채엽방법
其樹	如瓜蘆	瓜蘆木出廣州 似茶 至苦澀		차나무의 조직과 형태
葉如	梔子			
花如	白薔薇			
實如	栟櫚	栟櫚 蒲葵之屬 其子似茶		
蒂如	丁香			
根如	胡桃	胡桃與茶 根皆下孕 兆至瓦礫 苗木上抽		
其字	或從草	從草 當作茶 其字出『開元文字音義』		차자의 구성
	或從木	從木 當作檟 其字出『本草』		
	或草木幷	草木幷 作茶 其字出『爾雅』		
其名	一曰茶		cha	차의 異名과 音
	二曰檟	周公云 檟 苦茶	jia	
	三曰蔎	揚執戟云 蜀西南人謂茶曰蔎	she	
	四曰茗	郭弘農云 早取爲茶 晩取爲茗	ming	
	五曰荈	或一曰荈耳	chuan	
其地	上者生爛石			차나무에 적합한 토양
	中者生礫壤			
	下者生黃土			
凡藝而不實 植而罕茂				차나무의 번식과 재배법
法如種瓜 三歲可採				
野者上				생산 환경에 따른 찻잎의 품질
園者次				

원 문		비고·주해		의 미
陽崖陰林	紫者上 綠者次	비고	色	생산 환경에 따른 찻잎의 품질
	筍者上 牙者次		形	
	葉卷上 葉舒次		葉	
陰山坡谷者	不堪採掇 性凝滯 結瘕疾			
茶之爲用 味至寒		비고	茶性	차의 성질과 덕목
爲飮 最宜精行儉德之人			茶德	
若熱渴 凝悶 腦疼 目澁 四支煩 百節不舒		비고	질병	차의 효능
聊四五啜 與醍醐 甘露抗衡也			효험	
採不時 造不精 雜以卉莽	飮之成疾			차에 대한 인식
茶爲累也 亦猶人參				차와 인삼의 폐해
上者生上黨		비고	중국	인삼의 산지
中者生百濟 新羅			한국	
下者生高麗				
有生澤州 易州 幽州 檀州者			중국	
爲藥無効 況非此者				인삼을 예로 본 차의 폐해
設服薺苨 使六疾不瘳				
知人參爲累 則茶累盡矣				

【一之源表】

이지구

「이지구」는 차를 만드는데 필요한 기물을 다루고 있다.
　「이지구」에서 '구具'는 기구器具·차구茶具를 말한다. 이 장에서 소개한 차구는 열아홉 가지이며, 그 기능을 8종류로 나누었다.
　최초로 차구라는 용어를 만든 육우는 찻잎을 따고 만드는 데 필요한 기물을 '차구茶具', 차를 마시는데 필요한 기물을 '차기茶器'라고 하였다. 이는 오늘날 차구와 차기를 모두 차 마시는 도구로 쓰는 것과는 사뭇 다르다.
　육우는 차구에 대해 문자로만 풀었을 뿐 해당되는 차구의 그림은 그리지 않았기에 「이지구」의 그림은 실제로 존재하지 않는다. 그럼에도 불구하고 우리가 여러 『다경』에서 보이는 차구 그림은 근 세기에 들어와 많은 후학들이 문자를 통해 유추해서 그린 것이다. 이 책의 차구 그림은 저자인 짱유화가 직접 그린 것이다.

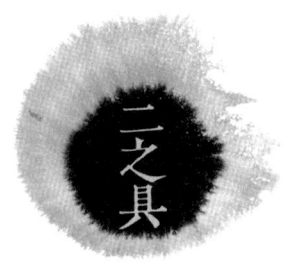

[원문]

籝⁶⁶⁾加追反⁶⁷⁾, 一曰籃, 一曰籠, 一曰筥⁶⁸⁾, 以竹織之, 受⁶⁹⁾五升⁷⁰⁾, 或一斗⁷¹⁾, 二
영가추반, 일왈람, 일왈롱, 일왈거, 이죽직지, 수오승, 혹일두, 이

斗, 三斗者, 茶人⁷²⁾負以採茶也. 籝, 『漢書』⁷³⁾音盈, 所謂 "黃金滿籝, 不如一經.⁷⁴⁾
두, 삼두자, 다인부이채다야. 영, 『한서』음영, 소위 "황금만영, 불여일경.

" 顔師古⁷⁵⁾云 "籝, 竹器也, 受四升耳."
" 안사고운 "영, 죽기야, 수사승이."

---

66 籝: 대나무로 엮어 만든 바구니의 일종이다.

67 加追反: 고대 중국에서 두 글자를 합성하여 한 글자의 음을 표시할 때 사용하는 방법이다.

68 筥: 대나무로 엮어 만든 둥근 바구니다.

69 受: 『당인설회본唐人說薈本』에는 '용容'자로 되어 있다.

70 升: 당나라 때의 1되는 오늘날 594.40ml 정도다. 1995년 장당항張堂恒교수가 편집한 『중국다학사전中國茶學辭典』에서는 1Kg으로 표시되어 있다.

71 斗: 『백천학해본百川學海本』, 『사고전서본四庫全書本』에서의 '두斗'와 '두斗'자는 통한다. 10되[十升]가 1말[一斗]이다.

72 茶人: 오늘날의 차농茶農을 말한다.

73 『漢書』: 전한前漢(B.C 206~A.D 8) 12대의 황제를 기록한 240년간의 기전체紀傳體의 역사책이다. 후한後漢의 반고班固가 지었으며 팔표八表 등 완성하지 못한 부분은 여동생인 반소班昭가 보작補作하였다.

74 黃金滿籝, 不如一經: 출전은 『한서漢書』권 73 「위현전韋賢傳」이다. 『의홍당본儀鴻堂本』에는 이 주를 달지 않았고, 출처인 "『한서漢書』「위현전韋賢傳」"만 적고 있다.

75 顔師古: 안사고(581~645)의 이름은 주籒이고, 자는 사고師古다. 당나라 태종太宗을 섬기고 중서랑중中書郎中을 지냈다. 반고班固의 『한서漢書』를 주해했다.

[국역]

영籯, (영의 음은) 가추加追의 반절이다加追反. 일왈 람一曰籃, 일왈 롱一曰籠, 일왈 거一曰筥, 대나무로 짜고以竹織之, 용량은 5되受五升, 혹은 1말或一斗·2말二斗·3말이며三斗者, 차농茶農들이 등에 지고 찻잎을 따는데 쓴다茶人負以採茶也. 영, (Yig-잉)은 籯『한서』에『漢書』 '영盈, (Yig-잉)'이라 소리를 내며音盈, 소위所謂 "한 상자[籯]의 가득한 황금은, 한 권의 경전經典만 못하다"는 말이 있고"黃金滿籯, 不如一經", 안사고 이르길顏師古云 "영籯이란, 대나무 기구이며, 수용량은 4되다籯竹器也受四升耳"고 하였다.

[강설]

찻잎을 담는 바구니를 보면 육우는 실용적인 대나무 재질만 요구할 뿐 바구니의 형태와 용량은 차농들의 것을 활용하도록 권하고 있다. 약 5kg의 바구니는 어깨에 메거나 허리에 차고 찻잎 따는데 쓰며, 약 10kg, 20kg, 30kg의 바구니는 따온 찻잎을 일시적으로 저장하는 용도로 쓴다.

[원문]

竈, 無用突者[76]. 釜, 用脣口者[77].
조, 무용돌자. 부, 용순구자.

[국역]

부뚜막竈, 굴뚝이 있는 것을 쓰지 않는다無用突者. 솥은釜, 전이 있는 것을 쓴다用脣口者.

---

76 突: 부뚜막의 굴뚝을 말한다. 『경릉본竟陵本』에는 '요突'자로 되어 있다.
77 脣口: 가마솥의 전을 말한다.

[강설]

찻잎을 찌는 일, 즉 살청殺靑[78] 공정에서 화력은 중요한 요건이다. 이에 불길이 솥 밑 부분에 모일 수 있도록 굴뚝이 없는 부뚜막을 사용하는 것이다. 솥 가장자리에 손잡이가 달려있는 것은 이를 부뚜막에 고정, 안치하기 위함이다.

[원문]

甑[79], 或木或瓦, 匪[80]腰而泥, 籃[81]以箄之, 箄[82]以繋之. 始其蒸也, 入乎箄;
증, 혹목혹와, 비요이니, 람이비지, 멸이계지. 시기증야, 입호비;
既其熟[83]也, 出乎箄. 釜涸[84], 注於甑中. 甑, 不帶而泥之. 又以穀木[85]枝三
기기숙야, 출호비. 부학, 주어증중. 증, 부대이니지. 우이곡목지삼
椏[86]者制之, 散所蒸牙筍并葉, 畏流其膏.
아자제지, 산소증아순병엽, 외류기고.

---

78 殺靑: 채취된 신선한 찻잎과 싹을 고온으로 가열하여 찻잎 속에 있는 산화효소를 억제시켜 갈변을 일으키지 않도록 하여 성분의 산화를 막는 공정이다. 또한 찻잎의 녹색 성분을 그대로 유지시키면서 적당히 수분을 제거함으로써 다음 공정인 비비기 곧 유념採捻을 보다 쉽게 하는 데 목적이 있다. 솥이나 굴림통에서 덖는 방법과 수증기로 찌는 방법이 있다.

79 甑: 옛날에 음식을 찌는 기구인 시루를 말한다.

80 匪: 대광주리, 여기에서는 대나무 재질의 껍질을 말한다. '비匪'는 '비篚'의 고자古字다.

81 箄: 종다래끼의 일종이며, 옛날에 주로 물고기를 잡을 때 사용하던 대나무 기구다. 『당인설회본唐人說薈本』, 『백천학해본百川學海本』에는 '단箪'자로 되어 있다.

82 箄: 『정운正韻』에는 '대나무 껍질[竹皮]'로 되어 있다.

83 熟: 『서탑사본西塔寺本』에만 '증蒸'자로 되어 있다.

84 涸: 물이 마름을 의미한다.

85 穀木: 닥나무[楮木]. 아귀나무를 말하며, 나무 껍질은 종이를 만드는데 쓴다.

86 椏: 나무의 가지가 갈라진 것, 丫자 모양인 나뭇가지다. 『백천학해본百川學海本』에는 '아亞'자로 되어있다. 『경릉본景陵本』에는 "아당작아亞當作椏, 목아지야木椏枝也"의 주를 달았다.

[국역]

　시루甑, 나무 혹은 질 재질로 만들며或木或瓦, 허리부위의 띠는 대나무 껍질로 돌리고 진흙을 바르고匪腰而泥, (시루 안에) 대바구니[籃]를 넣어 작은 대바구니[箄]의 역할을 할 수 있도록籃以箄之, 대나무 껍질[篾]로 묶어 고정시킨다篾以繫之. 찌기 시작하면始其蒸也, 찻잎을 작은 대바구니[箄] 속에 넣고入乎箄, 충분히 익으면既其熟也, 작은 대바구니[箄] 속에서 꺼낸다出乎箄. 솥이 마르면釜涸, (새로운 물을) 시루 속에 붓는다注於甑中. 시루는甑, 천을 두르지 말고 진흙을 발라서 봉한다不帶而泥之. 또한 세 쪽으로 갈라진 닥나무 가지를 만들어又以穀木枝三椏者制之, 쪄진 아牙, 순筍, 엽葉을 흩어지게 하는데散所蒸牙筍幷葉, (이는) 찻잎의 진액인 고膏가 유실될 염려가 있기 때문이다畏流其膏.

[강설]

　시루와 솥 사이의 이음새는 천 재질이 아닌 진흙을 발라 단단히 막도록 하였다. 시루 안에 있는 대바구니에 찻잎을 넣고 증청蒸靑을 하고 작업이 끝나면 대바구니를 꺼낸다. 대바구니에 있는 찻잎은 고루 펼쳐지도록 닥나무 가지로 흩어지게 한다. 이는 찻잎을 고루 펼치지 않으면 일부 찻잎이 수증기로 인해 지나치게 익어 진액이 소실될 것이 염려되기 때문이다.

[원문]

　杵臼[88], 一曰碓[89], 惟恒用者佳.
　저구, 일왈대, 유항용자가.

---

87 蒸靑: 녹차는 살청 또는 건조 공정에 따라 명칭을 달리한다. 1제곱미터에 200~500g의 찻잎을 증기로 살청할 경우 일반적으로 여린 잎은 40~50초, 쇤 잎은 60~90초 정도 소요된다. 신선한 찻잎을 열증기熱蒸氣로 살청하여 건조시킨 녹차를 증청녹차蒸靑綠茶(Steamed Green Tea)라고 한다. 명나라 이전의 녹차는 대부분 이 증청법으로 만든 것이다.

88 杵臼: 절굿공이[杵]와 절구통[臼].

89 碓: 디딜방아.

[국역]

저구杵臼, 일왈 대一曰碓, 평소에 자주 쓰던 것이 좋다惟恒用者佳.

[강설]

증청 공정을 거친 찻잎은 디딜방아 혹은 절구로 찧어서 문드러지게 한다. 발을 사용하는 디딜방아, 손을 사용하는 절구통은 새것보다 평소 자주 사용하던 것이 좋다. 이는 새것에서 나는 냄새가 찻잎을 망칠 수 있기 때문이다.

[원문]

規⁹⁰⁾, 一曰模⁹¹⁾, 一曰棬⁹²⁾, 以鐵制之, 或圓、或方、或花.
규, 일왈모, 일왈권, 이철제지, 혹원、혹방、혹화.

[국역]

규規, 일왈 모一曰模, 일왈 권一曰棬, 쇠로 만들고以鐵制之, 혹은 둥근 모양或圓, 혹은 네모진 모양或方, 혹은 꽃 모양이다或花.

[강설]

절굿공이에서 찧어진 찻잎을 쇠틀에 넣어 병차의 모양을 만든다. 틀의 형태는 둥근 것·네모진 것·꽃무늬 등 다양한 모양이 있다. 병차의 시각적 효과를 높이기 위한 것이다.

---

90 規: 본을 뜨는 틀.
91 模: 거푸집.
92 棬: 나무를 휘어 만든 둥근 그릇과 같은 틀[模型].

[원문]

承, 一曰臺, 一曰砧, 以石爲之. 不然, 以槐桑木半埋地中, 遣無所搖
승, 일왈대, 일왈침, 이석위지. 불연, 이괴상목반매지중, 견무소요
動.
동.

[국역]

승承, 일왈 대一曰臺, 일왈 침一曰砧, 돌 재질로 만든다以石爲之. 아니면不然, 괴목이나 뽕나무의 절반을 땅 속에 묻어以槐桑木半埋地中, 이를 움직이지 않도록 한다遣無所搖動.

[강설]

틀 속에 있는 찧어진 찻잎 즉 살청엽殺靑葉을 단단하게 손으로 누르거나 혹은 쳐서 모양을 만드는데, 이때 필요한 받침대를 승承이라 한다. 재질이 돌이면 좋지만 나무로 사용할 경우 절반을 땅속에 묻어 움직이지 않도록 한다.

---

93 承: 받침대.
94 砧: 다듬잇돌.
95 遣: '그것으로 하여금'이라는 뜻이다.

[원문]

檐, 一曰衣, 以油絹或雨衫、單服敗者爲之. 以檐置承上, 又以規置檐[96][97][98]
첨, 일왈의, 이유견혹우삼, 단복패자위지. 이첨치승상, 우이규치첨
上, 以造茶也. 茶成, 擧而易之.[99]
상, 이조다야. 다성, 거이역지.

[국역]

첨檐, 일왈 의一曰衣, 기름을 먹인 비단이나 비옷以油絹或雨衫, 홑옷 떨어진 것으로 만든다單服敗者爲之. 덮개인 첨을 받침대인 승承 위에 씌우고以檐置承上, 그 위에 틀을 얹어又以規置檐上, 병차餠茶를 만든다以造茶也. 차가 완성되면茶成, 틀을 걷어 바꾼다擧而易之.

[강설]

받침대 위에 덮개를 씌우는 것은 쇠틀과의 마찰을 흡수하기 위함이다. 덮개에 사용되는 천은 재활용품으로 사용해도 무방하다. 비단옷·비옷 또는 헤진 얇은 옷 등 모두 활용이 가능하다. 이는 육우의 검박정신에서 비롯된 것이다. 틀에서 찍어낸 병차를 비리芘莉에 옮기고 같은 방법으로 틀을 걷어 바꾼 후 재차 병차를 만든다.

---

96 檐: 앞면만 가릴 수 있는 가리개를 뜻하나 여기에서는 받침대 위를 덮는 천을 말한다. 중국 현대 차성茶聖이라 일컫는 오각농吳覺農선생은 옛 간본에서 사용하고 있는 '첨襜'자는 오자로 봐야한다고 주장한다. 오늘날 많은 학자들은 '첨檐'과 '첨襜'을 같이 쓰고 있다.

97 雨衫: 비옷(삼으로 만든 홑옷).

98 敗者: 헤진 옷.

99 易: 다른 틀로 바꾼다.

[원문]

芘莉, 音杷离, 一曰籝子, 一曰筹筤. 以二小竹, 長三赤, 軀二赤五寸,
비리, 음파리, 일왈영자, 일왈방랑. 이이소죽, 장삼적, 구이적오촌,
柄五寸. 以篾織方眼, 如圃人土羅, 闊二赤以列茶也.
병오촌. 이멸직방안, 여포인토라, 활이적이열다야.

[국역]

비리芘莉, ('비리芘莉, Pi Li'의) 음은 '파리杷离'

비리芘莉, 音杷离라고 한다. 일왈 영자一曰籝子, 일왈 방랑이라 한다一曰筹筤. 가는 대나무 2개로以二小竹, 전체 길이는 3자이며長三赤, 몸체 길이는 2자 5치軀二赤五寸, 손잡이의 길이는 5치다柄五寸. 대나무 껍질로 방안方眼 모양의 형태로 짜며以篾織方眼, 마치 밭일하는 사람들이 쓰는 흙체와 같고如圃人土羅, 너비는 2자이며 병차를 널어놓는데 쓴다闊二赤以列茶也.

[강설]

찍어낸 병차는 흙체 틀과 같은 비리에 넣어 약간 건조시킨 후 구멍을 낸

---

100 芘莉: 풀로 엮어 들것처럼 만든 일종의 채반으로 병차를 너는 데 사용한다. '비芘'와 '리莉'는 각각 풀의 한 종류다.

101 筹筤: 대나무로 엮어 들것처럼 만든 일종의 채반으로 비리芘莉와 같은 역할을 한다. '방筹'과 '랑筤'은 각각 대나무의 한 종류다. 『당인설회본唐人說薈本』, 『백천학해본百川學海本』에의 '방筹'은 '방莠'자로 되어 있다.

102 長三赤, 軀二赤: 『고금도서집성본古今圖書集成本』에의 '구軀'는 '활闊'자로 되어 있고, 그 뒤에 '적赤'자 하나 붙어있다. 『백천학해본百川學海本』에 '장삼척長三尺, 구이척軀二尺'의 두 '척尺'자는 '적赤'자로 되어 있고, 뒤에 '적여척동적여척동赤與尺同' 즉 '적赤과 척尺의 뜻이 같다'는 주를 달아 부연 설명하였다. 『사고전서四庫全書』에는 '척尺'자로 되어 있다

103 圃人土羅: '포인圃人'은 채마밭 혹은 정원을 가꾸는 인부, '토라土羅'는 흙을 곱게 치는 흙체를 말한다.

104 列茶: 병차를 펼쳐서 널어 말린다.

다. 또한 비리는 병차를 운반할 때도 쓴다. 대나무 껍질을 사용해 네모난 방안方眼 모양으로 짠 것은 바람을 쉽게 통과하도록 설계한 것이다.

[원문]
棨, 一曰錐刀. 柄以堅木爲之, 用穿茶也.
계, 일왈추도. 병이견목위지, 용천다야.

[국역]
계棨, 일왈 추도一曰錐刀. 손잡이는 단단한 나무로 만들고柄以堅木爲之, 병차를 뚫을 때 쓴다用穿茶也.

[강설]
병차가 비리芘莉에서 적당하게 마르면 계棨라는 송곳으로 구멍을 낸다. 송곳의 날이 날카로워야 병차를 쉽게 구멍을 낼 수 있다. 손잡이는 단단한 나무로 만들어야 오랫동안 쓸 수가 있다.

[원문]
撲, 一曰鞭. 以竹爲之, 穿茶以解茶也.
박, 일왈편. 이죽위지, 천다이해다야.

---

105 棨: 검은 띠로 장식한 창[戟], 여기서는 송곳인 '추도錐刀'를 뜻한다.
106 錐刀: 중국에서는 일반적으로 송곳을 '추도'라고 한다.
107 穿茶: 병차에 구멍을 뚫는 것이다.
108 撲: 두드리게 모양의 꿰미.
109 鞭: 채찍 모양의 꿰미.
110 解茶: 여기의 '해解'는 운반하다는 뜻이다. 즉 완성된 병차를 박撲 또는 편鞭 모양의 꿰미에 꿰어 운반한다는 뜻이다.

[국역]

박(撲), 일왈 편이다一曰鞭. 대나무로 만들며以竹爲之, 차를 꿰어 운반하는데 쓴다穿茶以解茶也.

[강설]

박撲은 두드리게 모양으로 대나무 채찍과 유사하기에 '편鞭'이라고도 부른다. 박의 용도에 그동안 여러 가지 해석이 있는데, 특히 해차解茶의 '해解' 자 풀이에 대한 논란이 많다. 이러한 이유는 이 글자의 풀이에 따라 문맥의 해석이 전혀 다르기 때문이다.

일부에서 박을 '송곳과 같다'라고 풀이하고 있다. 즉 "박이 송곳과 같아 대나무로 만들며, 꿰어 있는 병차를 풀어 구멍을 청소하는데 사용한다"고 풀이한다. 이 경우 채찍은 대체로 길이가 길어 송곳의 역할을 하기에는 적합지 않아 풀이에는 무리가 따른다.

오늘날 많은 학자들은 '해'자를 운반으로 풀이하고 있다. 따라서 "두드리게 모양의 꿰미인 박의 모습이 대나무 채찍과 유사하기에 편이라고도 한다. 대나무 재질로 만들며, 차를 꿰어 운반하는데 쓰인다"는 해석을 정설로 받아들여지고 있다.

박은 비리와 같이 차를 운반하는데 쓰이며 적은 양의 병차 혹은 비리에 널어놓은 병차 중 반쯤 건조된 것을 운반하는데 쓰인다.

[원문]

焙, 鑿地深二尺, 闊二尺五寸, 長一丈. 上作短牆¹¹²⁾, 高二尺, 泥之.¹¹¹⁾

---

111 焙: 불에 쬐어 말린다는 뜻이다. 여기의 '배焙'는 병차를 불에 쬐어 말리는 기구인 '배로焙爐'를 말한다.

112 短牆: 배로 주위에 쌓은 낮은 담을 말한다.

배, 착지심이척, 활이척오촌, 장일장. 상작단장, 고이척, 니지.

[국역]

배로焙, 땅을 2자 깊이를 파며鑿地深二尺, 너비는 2자 5치闊二尺五寸, 길이는 1길이다長一丈. 그 위에 낮은 담장을 만드는데上作短牆, 높이는 2자高二尺, 진흙을 바른다泥之.

[강설]

비리 혹은 박으로 운반된 반쯤 말린 병차는 배로를 통해 완벽하게 건조된다. 배로는 땅을 파서 만든다. 그 깊이는 2자, 너비는 2자 5치, 길이는 1길로 한다. 땅 위에는 배로와 같은 너비와 길이로 담장을 만들며 그 높이는 2자로 한다. 담장 위에는 재차 나무 재질로 시렁 모양의 선반인 붕棚을 만들어 각층마다 설치한다.

[원문]

貫, 削竹爲之, 長二尺五寸, 以貫茶焙之.[113] [114]
관, 삭죽위지, 장이척오촌, 이관다배지.

[국역]

관貫, 대나무를 깎아서 만들며削竹爲之, 길이는 2자 5치長二尺五寸, 차를 꿰어 말리는데 쓴다以貫茶焙之.

---

113 貫: 병차를 끼워 말리는 꼬챙이.
114 以貫茶焙之: 『함분루설부본涵芬樓說郛本』에는 '이관배다야以貫焙茶也'로 되어 있다.

[강설]

비리 혹은 박을 통해 운반된 반쯤 말린 병차를 대나무 꼬챙이인 관貫에 꿰어 선반인 붕棚 위에 얹어 놓는다. 관의 길이는 시렁 모양의 선반인 붕의 길이와 같거나 혹은 더 길어야 한다. 관의 길이는 붕의 너비인 2자 5치의 길이로 한다.

[원문]

棚, 一曰棧. 以木構於焙上, 編木兩層, 高一尺, 以焙茶也. 茶之半乾,[115]
붕, 일왈잔. 이목구어배상, 편목양층, 고일척, 이배다야. 다지반건,
昇下棚, 全乾, 昇上棚.
승하붕, 전건, 승상붕.

[국역]

붕은棚, 일왈 잔一曰棧. 나무로 배로焙爐 위에 설치하는데以木構於焙上, 나무로 짜서 2층으로 만들고編木兩層, 높이는 1자高一尺, 차 말리는 데에 쓴다以焙茶也. 차가 반쯤 마르면茶之半乾, 아래 선반에 얹고昇下棚, 완전히 마르면全乾, 윗 선반에 얹는다昇上棚.

[강설]

꼬챙이 모양의 관에 꿰인 병차를 시렁 모양의 선반인 붕에 얹어 말린다. 말리는 공정에서 먼저 관에 꿰인 병차를 불 아래 선반에 얹어 일차적으로 건조한 후 병차가 완전히 마르면 아래 선반에 얹은 관을 윗 선반으로 옮겨 다시 은은한 불로 바삭하게 마르도록 한다.

---

115 棚: 배로 단장 위에 나무로 만든 시렁과 같은 선반.

[원문]

穿音釧, 江東、淮南剖竹爲之. 巴川峽山穀紉皮爲之. 江東以一斤爲上
穿, 半斤爲中穿, 四兩五兩爲小穿. 峽中以一百二十斤爲上穿, 八十斤
爲中穿, 五十斤爲小穿. '穿'舊作釵釧之'釧'字, 或作'貫串'. 今則不然,
如磨、扇、彈、鑽、縫五字, 文以平聲書之, 義以去聲呼之; 其字以穿
名之.

천음천, 강동、회남부죽위지. 파천협산곡인피위지. 강동이일근위상
천, 반근위중천, 사량오량위소천. 협중이일백이십근위상천, 팔십근
위중천, 오십근위소천. '천'구작채천지'천'자, 혹작'관관'. 금즉불연,
여마、선、탄、찬、봉오자, 문이평성서지, 의이거성호지; 기자이천
명지.

[국역]

천穿, 음은 천釧, Chuan이다音釧. 강동江東, 회남지방에서는 대나무를 쪼개어
만든다淮南剖竹爲之. 파천, 협산지방에서는 닥나무 껍질을 꼬아서 만든다巴
川峽山穀紉皮爲之. 강동지방에서는 1근(약 0.5Kg)을 '상천上穿'이라 부르며江東
以一斤爲上穿, 반 근(약 0.25Kg)을 '중천中穿'半斤爲中穿, 4냥(약 0.125Kg)이나 5

---

116 穿: 완성된 병차를 끼우는 꿰미.
117 江東: 당나라 때의 강남동도江南東道, 양자강 하류지역인 지금의 호북성湖北省 일부지역을 말한다.
118 淮南: 당나라 때의 회남도淮南道, 회수淮水의 남쪽과 양자강의 북쪽인 지금의 안휘성安徽省 지역을 말한다.
119 川: 『오조소설본五朝小說本』에는 '주州'자로 되어 있다.
120 峽中: 사천성四川省, 호북성湖北省 경계境界에 걸쳐 있는 삼협三峽지역을 말한다.
121 穿: 『백천학해본百川學海本』, 『사고전서본四庫全書本』에서 '자字'자로 표기되어 있으나, 학계에서는 오자誤字로 보고 있다.
122 釵釧: 여인들의 머리 장식품인 비녀를 말한다.
123 平聲: 중국어 사성(四聲: 上聲・平聲・去聲・入聲) 중의 하나로 낮고 평평한 소리.
124 去聲: 중국어 사성 중의 하나로 처음에 높고 뒤가 낮아지는 소리.

냥(약 0.1625Kg)을 '소천小穿'이라 한다四兩五兩爲小穿. (그러나) 협중지방에서는 120근(약 60Kg)을 '상천'이라 하고峽中以一百二十斤爲上穿, 80근(약 40Kg)을 '중천'八十斤爲中穿, 50근(약 25Kg)을 '소천'이라 한다五十斤爲小穿. '천穿, Chuan-촨'이라는 글자는 예전에 채천釵釧의 '천釧, Chuan-촨'자로穿舊作釵釧之釧字, 혹은 '관관貫串, Guan Chuan-관촨'이라 했다或作貫串. 그러나 오늘날은 그렇지 않으며今則不然, 예를 들어 마磨 · 선扇 · 탄彈 · 찬鑽 · 봉縫 등 5자는如磨扇彈鑽縫五字, 표기할 때 평성平聲으로 적더라도文以平聲書之, 말할 때에는 거성去聲으로 소리를 낸다義以去聲呼之. 따라서 (꿰미) 그 글자를 '천'자라 명명하였다其字以穿名之.

[강설]

아랫 선반에 얹은 병차가 마르면 윗 선반으로 옮겨 다시 은은한 불에 쬐어 완전히 마르게 한 후 '천穿'에 꿰어 보관하도록 한다.

육우는 '차'라는 글자를 창조했듯이 『다경』에 언급한 일부의 차구 와 차기의 명칭도 직접 만들었다. 꿰미인 '천穿'자가 그 예다. 천이라는 용어는 원래 중국 각 지방 근수의 무게에 대한 양사量詞다. 육우는 이 '천穿'자를 꿰미로 사용한 것에 대해 많은 지면을 할애하여 설명하였다.

중국 고대 차의 중량에 관한 용어는 육우 이전의 문서에서도 확인되고 있다. 당나라 단공로段公路가 저술한 『북호록北戶錄』「미병米餠」에서 "명茗의 양사量詞는 박이고 협이다"라고 하여 차에 관한 무게의 양사를 '박薄' 혹은 '협夾'이라 불렀고, 여기에 주를 달아 "조정으로 바치는 온산溫山 공명貢 茗의 양은 100박이다"라고 했다. 그리고 『양과율梁科律』에서 "몇 개의 박

---

125 "茗爲薄爲夾."
126 "溫山貢茗一百大薄."

명을 협이라 한다"[127]고 했다. 이를 보아 '박'과 '협'이 차의 양사인 동시에 당시 유통된 차가 병차임을 시사한다.

중국 고전을 해석하는데 가장 곤혹스러운 점은 한자의 독음을 한글 소리로 내는 경우다. '관串'과 '천穿'이 이에 해당된다. 한글에서 '串'과 '穿'는 각각 '관串'과 '천穿'으로 소리 내나, 중국 발음은 모두 'Chuan-촨'으로 한다.

[원문]

育[128], 以木制之, 以竹編之, 以紙糊之. 中有隔[129], 上有覆[130], 下有床[131], 傍有
육, 이목제지, 이죽편지, 이지호지. 중유격, 상유복, 하유상, 방유
門, 掩一扇[132]. 中置一器, 貯煻煨火[133], 令熅熅然[134]. 江南梅雨時[135], 焚之以火.
문, 엄일선. 중치일기, 저당외화, 영온온연. 강남매우시, 분지이화.

育者, 以其藏養爲名.

육자, 이기장양위명.

[국역]

육育, 나무로 짜고以木制之, 대나무로 엮어以竹編之, 종이를 바른다以紙糊

---

127 "薄茗若干夾."
128 育: 병차를 양육하는 기구.
129 隔: 칸막이.
130 覆: 덮개.
131 床: 받침.
132 扇: 문짝.
133 煻煨: 잿 속에 묻혀 있는 불.
134 熅熅然: 김이나 연기가 오르는 모양 즉 훈훈하고 따뜻하다는 뜻이다.
135 江南梅雨: 중국 강남지역에 음력 4~5월 매실이 익을 때가 장마철이다. 오늘날 중국은 '장마'를 '매우梅雨'라고 한다. 강남지역은 양자강 이남 즉 지금의 강소성江蘇省, 안휘성安徽省의 남부 및 절강성浙江省 일대를 가리킨다.

之. 중간에는 칸막이가 있고中有隔, 위에는 덮개가 있으며上有覆, 밑에는 받침이 있고下有床, 옆에는 외짝 문을 내어傍有門, 문짝을 단다掩一扇. 안(칸막이 아래)에 용기를 놓고中置一器, 잿불을 담아貯煻煨火, 훈훈하게 한다令熅熅然. 강남지방의 장마철에는江南梅雨時, 불을 지펴 온도를 높여준다焚之以火. 육이란育者, 저장과 양육의 뜻으로 명명했다以其藏養爲名.

[강설]

　꿰미에 꿰인 병차를 보관하는 용기를 '육육'이라 명명한 것은 "병차가 산화되지 않도록 저장 양육하겠다"는 뜻이 담겨있다.

　병차는 2~4월 사이에 만들어진다. 병차는 다음해 햇차가 만들어지는 2월까지 1년간 먹게 되는데, 그동안 차는 비효소적 자연산화가 진행되어 갈변이 된다. 이는 병차가 처음에 만들어졌을 때가 녹차일지라도 시간이 지남에 따라 공기 중 산소로 인해 산화되어 점차 갈변된 차로 변한다는 의미다. 따라서 옛 사람들은 녹차보다 산화된 갈변차를 더 많이 마셨던 것이다.

　차의 변질 원인은 다양하나 내부적으로는 찻잎의 구조적 특성에서, 외부적으로는 습도·온도·산소·빛 등 환경적 요소에 의해 일어난다. 찻잎은 무수한 세공細孔으로 구성된 다공성多孔性 물질이다. 찻잎 표면의 세공 면적은 다른 식물에 비해 현저히 크므로 불순물에 대한 친화력이 높아 강한 흡착력을 지닌다. 찻잎 속에는 다른 식물에 비해 터펜 화합물과 팔미트산 그리고 페놀류·다당류多糖類·지방산 등과 같은 극성極性 분자들이 많이 함유되어 있다. 이 물질들은 공기 중의 극성 분자뿐만 아니라 비극성 분자들에까지 비선택적非選擇的으로 강력하게 흡착하기에 물체物體의 흡착 속도와 흡착량을 배가시킨다. 다시 말해 이러한 물질들은 냄새와 융합하는 성질이 강해, 공기 중의 냄새를 직간접적으로 잎 표면에서 흡착하여 찻잎을 변질시키는 원인으로 작용한다[136].

　차에서 말하는 습도濕度란 저장 환경에서 보이는 공기 중의 상대습도相對濕度와 차 자체 내의 함수량을 모두 포함한다. 분석에 따르면 차에는 물에 대한 친화력을 가진 물질들이 많이 함유되어 있다. 특히 티 폴리페놀·유지油脂·단백질·당분 등과 같은 물질은 흡인력이 강해 습기를 흡수하게 되면 형태가 풀어지고 부피가 커진다. 또한 차는 수분에 대한 흡수력이 강해 습도가 높을수록 그리고 함수량이 낮을수록 습기를 빠르게 흡수한다.[137]

　일반 식품과 같이 차의 갈변에도 '효소적 갈변'과 '비효소적 갈변'으로 나눈다. 차의 '효소적 갈변'은 가공과정에서 찻잎의 효소(체내효소) 그리고 미생물 효소(체외효소)에 의해 이루어진다. '비효소적 갈변'은 공기 중의 산소와 차의 페놀물질·비타민 C·알데하이드aldehyde류·케톤ketone류·지질lipid 등 성분과 결합되면서 만들어낸 산화물질이다.

　오늘날 찻잎의 변색에 대해 미생물의 체외효소로 일어난 변색을 '발효'라고 하고, 찻잎 내의 효소로 즉 체내효소로 일어난 변색은 '갈변'이라 한다.

　한편 육우는 '육育'이라는 저장 차구를 만들어 잿불을 담아 습기를 차단하여 병차가 산화 갈변되지 않도록 힘을 기울였다. 특히 습기가 많은 매우梅雨인 장마철에는 불을 지펴 온도를 높혀 습기를 막았다.

　이처럼 육우는 산화된 차를 원하지 않았기 때문에 육育을 만들어 환경에서 온 요인을 가능한 막고 본래의 녹차를 유지하려고 노력했던 것이다. 그는 사람과 차의 본질은 초심을 잃지 않도록 노력하는 것이라 생각했다. 이를 유지하기 위해서는 지성至誠과 검박이 어우러질 때 비로소 가능하다고 생각했다. 이러한 육우의 차정신은 「사지기四之器」에도 있어 이와 관련된 내용은 다시 서술하겠다.

---

136 짱유화, 『차과학 길라잡이 2015』, 삼녕당, 2014, P.186.
137 짱유화, 『차과학 길라잡이』, 삼녕당, 2013, P.160.

기능	명칭	재질	제작법	용도	비고·주해
찻잎을 담는 기구	籝 籃 籠 筥	以竹織之	受五升 或一斗 二斗 三斗者	茶人負以 採茶也	
찻잎을 찌는 기구	竈		無用突者		
	釜		用脣口者		釜涸 注於甑中
	甑	或木或瓦	匪腰而泥		甑 不帶而泥之
	箄	籃以箄之 篾以系之		始其蒸也 入乎箄 旣其熟也 出乎箄	
	穀木枝	三椏者制之		散所蒸牙筍 幷葉畏流其膏	
익은 찻잎을 찧는 기구	杵臼 碓				惟恒用者佳
찧어진 찻잎을 병차로 성형하는 데 필요한 기구	規 模 棬	以鐵制之	或圓 或方 或花		
	承 臺 砧	以石爲之 不然 以槐桑木	半埋地中 遣無所搖動		
	檐 衣	以油絹 或雨衫 單服敗者爲 之		以檐置承上 又以規置檐上 以造茶也	茶成 擧而易之
병차를 널고 운반하는 기구	芘莉 籝子 篣筤		以二小竹 長三赤 軀二赤五寸 柄五寸 以篾織方眼 如圃人土羅 闊二赤	以列茶也	
	撲 鞭	以竹爲之		穿茶以解茶也	
병차에 구멍을 내는 기구	棨 錐刀	柄以 堅木爲之		用穿茶也	

94

기 능	명칭	재질	제작법	용도	비고·주해	
병차를 건조하는 데 사용하는 기구	焙		鑿地深二尺 闊二尺五寸 長一丈 上作短牆 高二尺 泥之			
	貫	削竹爲之	長二尺五寸	以貫茶焙之		
	棚 棧		以木構於焙上 編木兩層 高一尺	以焙茶也	茶之半乾 昇下棚 全乾 昇上棚	
병차를 꿰는데 사용하는 기구	穿	江東淮南 剖竹爲之 巴山峽川 紉皮爲之			江東以一斤爲上穿 半斤爲中穿 四兩五兩爲小穿 峽中以一百二十斤爲上穿 八十斤爲中穿 五十斤爲小穿	
					천자 의 뜻	穿舊作 釧之釧字 或作貫串 今則不然 如磨扇彈鑽縫五字 文以平聲書之 義以去聲呼之 其字以穿名之
병차를 저장 양육 하는 기구	育		以木制之 以竹編之 以紙糊之 中有隔 上有覆 傍有門 掩一扇 中置一器	貯煻煨火 令熅熅然	江南梅雨時 焚之以火	
					육 의 뜻	育者 以其藏養爲名

【二之具 表】

95

筥　　　　　籯

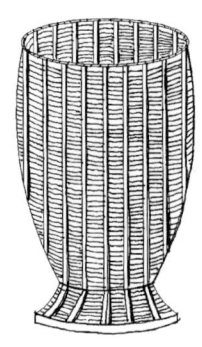

籯，一曰籃，一曰籠，一曰筥，以竹織之，受五升，或一斗、二斗、三斗者，茶人負以採茶也.

竈 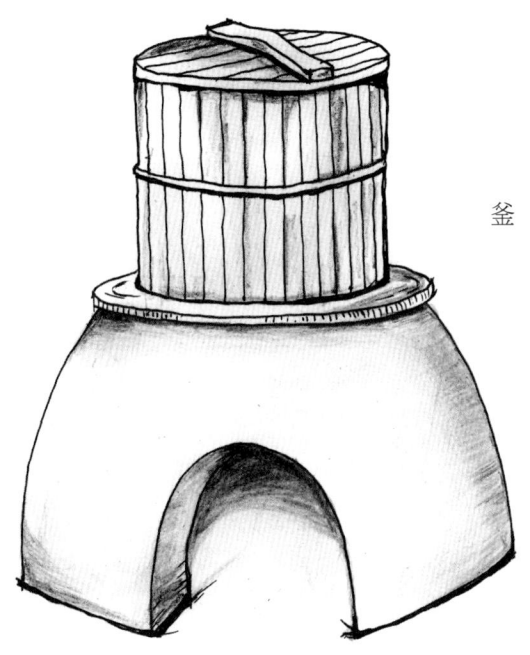 釜

竈，無用突者．
釜，用唇口者．

【 二之具 圖 그림 삽화 짱유화 】

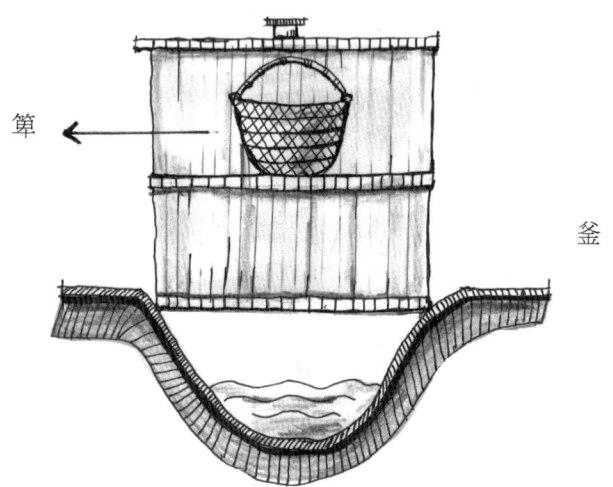

甑,或木或瓦,匪腰而泥,籃以箄之,篾以繫之.始其蒸也,入乎箄;既其熟也,出乎箄.

釜涸,注於甑中.又以穀木枝三椏者制之,散所蒸牙筍幷葉,畏流其膏.

杵　　　　　臼

杵臼, 一曰碓, 惟恒用者佳.

【二之具 圖 그림 삽화 짱유화】

規

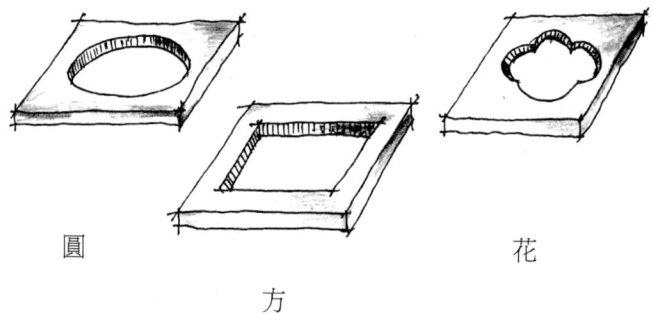

圓　　方　　花

規，一曰模，一曰棬，以鐵制之，或圓、或方、或花.

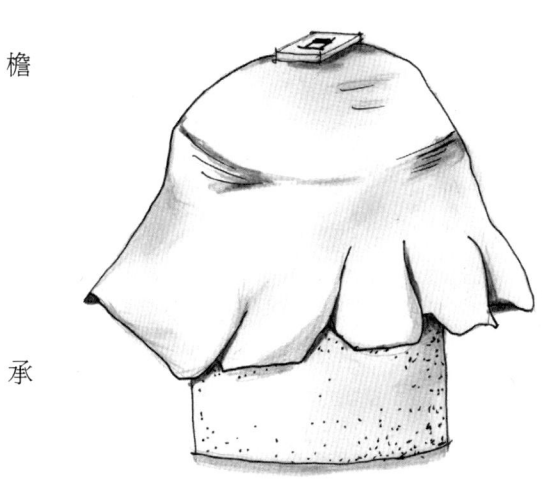

檐

承

承, 一曰臺, 一曰砧, 以石爲之. 不然, 以槐桑木半埋地中, 遣無所搖動.
檐, 一曰衣, 以油絹或雨衫、單服敗者爲之. 以檐置承上, 又以規置檐上, 以造茶也. 茶成, 舉而易之.

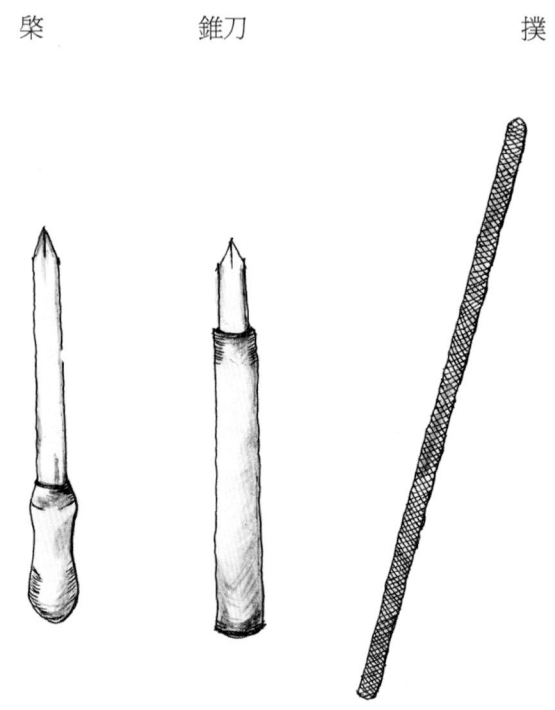

棨、一曰錐刀. 柄以堅木爲之, 用穿茶也.

撲、一曰鞭. 以竹爲之, 穿茶以解茶也.

芘莉

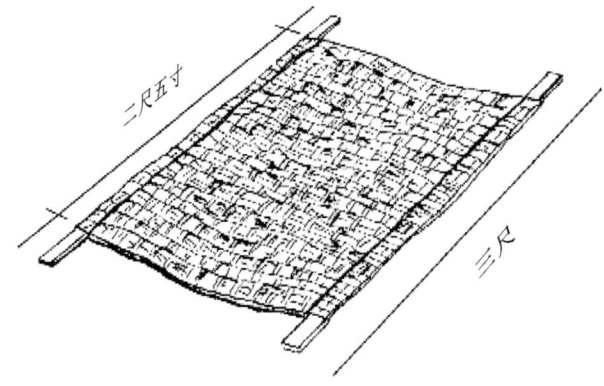

芘莉, 一曰籯子, 一曰筹筤. 以二小竹, 長三赤, 軀二赤五寸, 柄五寸. 以篾織方眼, 如圃人土羅, 闊二赤以列茶也.

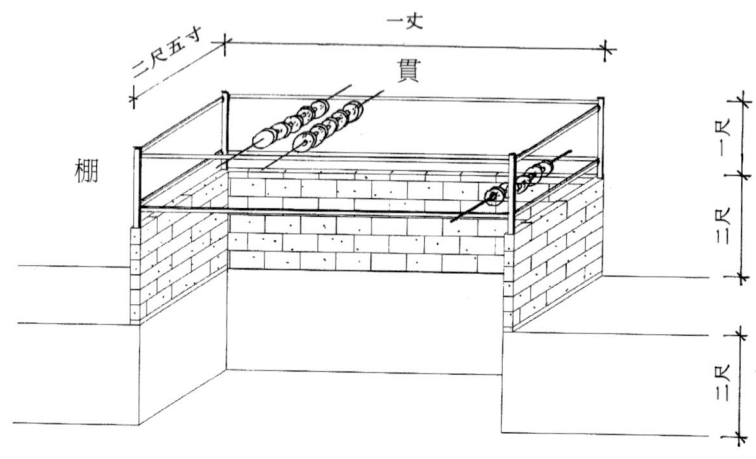

焙

焙，鑿地深二尺，闊二尺五寸，長一丈．上作短牆，高二尺，泥之．

貫，削竹為之，長二尺五寸，以貫茶焙之．

棚，一曰棧．以木構於焙上，編木兩層，高一尺，以焙茶也．茶之半乾，昇下棚，全乾，昇上棚．

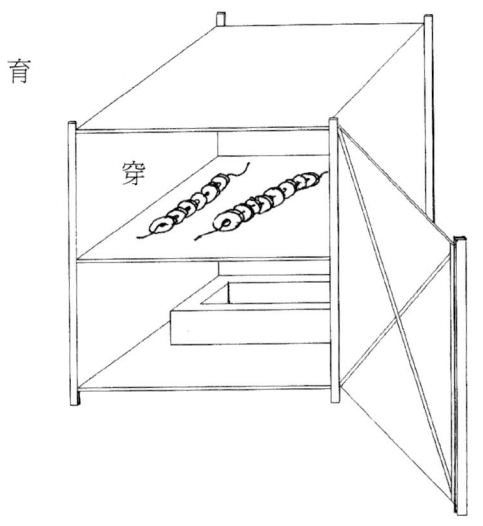

穿, 江東、淮南剖竹爲之. 巴川峽山穀紉皮爲之. 江東以一斤爲上穿, 半斤爲中穿, 四兩五兩爲小穿. 峽中以一百二十斤爲上穿, 八十斤爲中穿, 五十斤爲小穿. '穿' 舊作釵釧之'釧'字, 或作'貫串'. 今則不然, 如磨、扇、彈、鑽、縫五字, 文以平聲書之, 義以去聲呼之; 其字以穿名之.

育, 以木制之, 以竹編之, 以紙糊之. 中有隔, 上有覆, 下有床, 傍有門, 掩一扇. 中置一器, 貯煻煨火, 令熅熅然. 江南梅雨時, 焚之以火. 育者, 以其藏養爲名.

삼지조

「삼지조」는 차를 만드는 과정과 감별하는 방법에 대해 다루고 있다.
「삼지조」의 '조造'는 제조를 뜻한다. 그러나 이 장에서 다루고 있는 제조방법에 대한 설명은 '칠경목七經目'의 10여 자에 불과하다. 또한 '칠경목'의 일곱 가지 공정 중 오직 차를 따는 공정인 '채採'에 관해서만 자세히 언급할 뿐 그외의 여섯 가지 공정은 거의 언급되지 않았다. 따라서 나머지 가공 방법은 「이지구」의 차구茶具, 「오지자」의 '증증蒸·도도搗' 등에서 보이는 상관된 문구로부터 유추하고 있다. 한편 이 장에서는 병차의 품질에 대한 감별부분을 서술하였으며 차의 제조와 품질을 변증하였다.

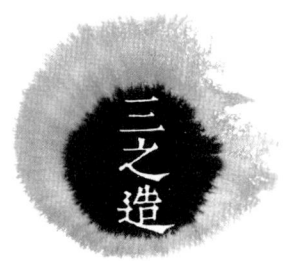

三之造

[원문]

凡採茶在二月、三月、四月之間. 茶之筍者, 生爛石沃土, 長四五寸,
범채다재이월、삼월、사월지간. 다지순자, 생난석옥토, 장사오촌,
若薇蕨始抽, 淩露採焉. 茶之牙者, 發於藂薄之上, 有三枝、四枝、五
약미궐시추, 능로채언. 다지아자, 발어총박지상, 유삼지、사지、오
枝者, 選其中枝穎拔者採焉.
지자, 선기중지영발자채언.

---

138 筍: 잎이 아직 펴지지 않은 튼실한 죽순모양의 싹을 말한다.
139 薇蕨: 고비와 고사리.
140 淩露: 이슬을 머금다.
141 牙: '아牙'는 '아芽'의 고자古字다. 순筍이 자라서 펴진 싹을 말한다.
142 藂薄: 우거지다. 『백천학해본百川學海本』 송간宋刊 본에는 '총叢'자로 되어 있다. '총藂'과 '총叢'은 같다.
143 穎拔: 빼어난 것을 고르다.

[국역]

무릇 찻잎은 2, 3, 4월 사이에 딴다凡採茶在二月三月四月之間. 차의 순은茶之筍者, 난석옥토에서 자라며生爛石沃土, 길이는 4~5치이며長四五寸, 마치 처음 돋아난 고비나 고사리 (모양) 같고若薇蕨始抽, 새벽이슬이 맺힐 때 따도록 한다凌露採焉. 차의 아芽는茶之牙者, 우거진 차나무에서 자라며發於叢薄之上, 셋, 넷, 다섯 새가지들이 있는데有三枝四枝五枝者, 그 중에서 빼어난 새가지를 골라 (찻잎을) 따도록 한다選其中枝穎拔者採焉.

[강설]

차의 채엽採葉시기는 시대에 따라 여러 차례 변화가 있었다. 오늘날 곡우穀雨 전, 차 따는 시기로 삼았던 것은 대체로 명나라 이후의 일이다. 당나라 때 차 따는 시기는 (음력) 2, 3, 4월이었으며, 이 또한 육우가 활동했던 중부지역을 기준으로 한 것이다.

「칠지사七之事」의 『본초本草』「목부木部」에서 "차[茗]는 봄에 딴다"고[144] 하였고, 「채부菜部」에서는 " (음력) 3월 3일에 따서 말린다"고[145] 하였다. 육우보다 앞선 시대의 문헌에는 채엽 시기를 보다 명확하게 명시하고 있음을 알 수가 있다.

앞서 제1장「일지원」에서 언급했듯이 찻잎의 품질은 재배한 것보다 야생이 좋고, 양지바른 언덕의 그늘진 숲에서 자란 찻잎 즉 '양애음림陽崖陰林'에서 자란 찻잎일 경우 아芽보다는 움인 순筍이 좋고, 색상은 녹색보다 자주색이 좋고, 자란 잎일 경우는 펴진 잎보다 말려진 잎이 좋다고 했다. 그러나 그늘진 산에 비탈진 골짜기 즉 '음산파곡陰山坡谷'에서 자란 찻잎일 경우 모

---

144 "春採之."
145 "三月三日採, 乾."

양이나 색상 등과 관계없이 그 어느 찻잎이라도 취하지 말아야 하며, 이는 지나친 한기寒氣로 몸이 상할 우려가 있기 때문이다.

차나무의 잎은 인편鱗片·어엽魚葉·본엽本葉 등으로 구성되어 있다. 일반적으로 가을에 영양분을 축적한 후 봄에 이르러 일평균 기온이 10℃를 넘으면 겨울눈인 월동아越冬芽가 맹아萌芽하기 시작한다. 이후 2~4개의 작은 잎인 인편이 올라오며, 연이어 생선비늘처럼 생긴 1개의 어엽이 올라온다. 인편은 차종자 또는 차싹이 자라면서 가장 먼저 나오는 잎으로 위치는 어엽의 하부이며, 어린 싹을 보호하는 역할을 하지만 대부분 신초新梢 즉 새가지가 자라면 떨어진다. 어엽은 인편을 제외한 최하단부 잎으로 신초의 착엽수着葉數와 채엽 시 유엽幼葉의 기점이 되며, 형태적 특징은 측맥側脈이 불분명하고 잎 둘레 거치鋸齒가 없거나 앞 정단부분만 조금 있으며, 엽병葉柄이 넓고 짧으며 담황색을 띤다. 우리나라에서는 이를 모두 '떡잎'이라 한다.

인편과 어엽은 찻잎의 생물학적 특성과 일치하지 않아 학술적으로 이를 가짜 찻잎 즉 '가엽假葉'이라 부르며, 가엽이 난 후에 생장한 잎 즉 '찻잎'이라 일컫는 '본엽本葉'이다.[146] 또한 본엽을 보호하는 떡잎 즉 인편과 어엽이 제 역할을 다해 떨어져나가면 순筍과 같은 차움이 나타난다. 이러한 움의 모습은 마치 죽순 모양과 같아 봉우리가 전혀 퍼지지 않은 튼실한 모습이다. 시간의 흐름에 따라 작은 봉우리 같은 움 즉 순筍이 점차적으로 퍼지는데, 한 잎이 퍼지면 일창일기一槍一旗, 두 잎이 퍼지면 일창이기一槍二旗라고 한다. 이때의 기旗는 잎이고 창槍은 싹을 말하며, 창槍을 '아芽'라고도 한다.

채엽의 시기는 찻잎의 품질을 결정짓는 중요한 요건 중의 하나다. 자연생장과정에서 신초新梢 즉 새가지는 대개 1년 동안 3번 정도 생장하는데, 일반적으로 춘초春梢에서 딴 찻잎으로 만든 차를 '춘차春茶'라 하며, 하초夏梢

---

146 쨩유화, 『차과학개론』, 보이세계, 2010, P.195.

와 추초秋梢에서 딴 찻잎으로 만든 차를 '하차夏茶'와 '추차秋茶'라고 한다.[147] 신초의 아芽가 퍼지기 전단계인 여린 순筍일 경우 그 모양이 마치 고사리와 같고 수확량도 많지 않다. 시간이 경과함에 따라 순이 펴져 아芽가 되는데 그 수확량은 배가 된다. 이때 차나무의 새가지 중에 빼어나고 건강한 아芽를 골라 따도록 한다. 채엽 시간은 새벽이슬이 찻잎에 맺혀 싱그러움이 가득할 때 따도록 한다.

[원문]

其日有雨不採, 晴有雲不採; 晴, 採之, 蒸之, 搗之, 拍之,[148] 焙之, 穿
기일유우불채, 청유운불채; 청, 채지, 증지, 도지, 박지, 배지, 천
之,[149] 封之,[150] 茶之乾矣.
지, 봉지, 다지건의.

[국역]

(찻잎을 따는) 그 날에 비가 오면 따지 않고其日有雨不採, 맑은 날씨라도 구름이 끼어 있으면 따지 않는다晴有雲不採. 맑은 날에晴, (찻잎을) 따서採之, 찌고蒸之, 찧고搗之, 모양을 만들어拍之, 말려焙之, 꿰미에 꿰어穿之, 저장하면封之, 차를 건조하게 유지할 수 있다茶之乾矣.

---

147 짱유화, 『차과학 길라잡이 2015』, 삼녕당, 2014, P.248.
148 拍之: 손으로 누르다.
149 穿之: 꿰미에 꿰다.
150 封之: 저장하다.

[강설]

　비 오는 날이면 찻잎을 따지 않는다. 이 규율은 오늘날에도 그대로 적용되고 있다. 찻잎이 비에 젖으면 살청殺靑이 제대로 되지 않아 색도가 탁하고 향과 맛이 떨어진다. 살청의 원리는 고온의 본체本體 온도(솥, 수증기, 끓인 물, 열풍)와 생엽에서 생기는 수증기를 이용해 단시간 내 엽온葉溫을 80℃ 이상으로 끌어올리는 것을 목적으로 한다. 녹차에서 살청이 끝난 찻잎을 유념해도 변색되지 않는 이유가 바로 이 과정에서 찻잎의 체내효소 가운데 산화효소의 기능이 모두 상실했기 때문이다. 반대로 살청을 하지 않고 찻잎에 강한 유념을 가해 효소 갈변을 충분히 일어나게 만든 차가 홍차다.[151]

　1제곱미터에 200~500g의 찻잎을 증기로 살청 즉 증청蒸靑할 경우 일반적으로 여린 잎은 40~50초, 쇤 잎은 60~90초 정도 소요된다. 이른바 일본 증청녹차인 전차煎茶에서는 강한 풋내가 난다. 이는 풋내 나는 향기 성분인 청엽알코올 cis-3-hexenol의 비등점은 157℃이나 증청녹차의 증기 살청 온도는 100℃ 정도에 불과해 청엽알코올이 충분히 휘발되지 못해 비롯된 냄새다.

　한편 엽록소 chlorophyll는 물에 녹지 않는 지용성 물질로서 우려낸 차탕의 수색과 관계가 없으며 주로 차의 건물질이나 우린 잎의 색택에 관여한다. 즉 찻잎이나 우린 잎에서 보인 녹색은 엽록소로부터 비롯된 것이지만 수색에서 보인 녹색은 엽록소와 무관하다는 것이다. 녹차 수색에서 보이는 녹황색 물질은 티 폴리페놀 tea polyphenol 가운데 플라보놀 flavonol의 녹색 색소와 카테킨 catechin의 초기산화물인 퀴논 quinone이 진일보 산화되어 생성된 담황색 물질로부터 이루어진 것이다.

　한편 비가 오지 않더라도 구름이 있으면 찻잎을 따지 않는다. 이는 맑지 않은 날에 차를 만들 경우 건조공정이 길어져 차의 품질에 영향을 주기 때

151　짱유화, 『차과학 길라잡이 2015』, 삼녕당, 2014, P.135.

문이다. 차의 가공과정 중 건조는 차의 수분을 증발시켜 가공공정을 마무리 하는 동시에 차의 향기성분을 충분히 발현하는데 목적이 있다. 건조공정이 지나치게 길어질 경우 일부 성분이 자연산화되어 차가 누렇게 변하여 품질을 떨어트릴 수가 있다. 따라서 차를 만드는 날은 필히 맑고 화창한 날을 선택해야 한다. 맑은 날에 칠경목七經目 즉 찻잎을 따서[採], 시루에 찐 후[蒸], 절구통에 찧고[搗], 틀에 넣어 모양을 만들어[拍], 말린 다음[焙], 꿰미에 꿰어[穿], 저장하는[封] 7단계의 공정을 거쳐야 완성이 된다. 여기서 좋은 품질이란 건조를 잘 유지된 병차를 말한다.

[원문]

茶有千萬狀, 鹵莽而言, 如胡人鞾者¹⁵²⁾, 蹙縮然¹⁵³⁾; 謂文也¹⁵⁴⁾. 犎牛臆者¹⁵⁵⁾, 廉襜然¹⁵⁶⁾;
다유천만상, 노망이언, 여호인화자, 축축연; 위문야. 봉우억자, 염첨연;
犎, 音朋, 野牛也¹⁵⁷⁾. 浮雲出山者, 輪囷然¹⁵⁸⁾; 輕飇拂水者¹⁵⁹⁾, 涵澹然¹⁶⁰⁾. 有如陶家¹⁶¹⁾
봉, 음붕, 야우야. 부운출산자, 윤균연; 경표불수자, 함담연. 유여도가
之子, 羅膏土以水澄泚之¹⁶²⁾. 謂澄泥也. 又如新治地者, 遇暴雨流潦之所經.

---

152 鹵莽: 대략, 대충의 뜻.
153 胡人鞾: '호인胡人'은 비한족非漢族을 지칭한다. '화鞾'는 '화靴'와 같으며, 신발을 말한다.
154 蹙縮: 오그라들면서 잡힌 주름.
155 謂文也: 『백천학해본百川學海本』에는 '경수문야京雖文也', 『함분루설부본涵芬樓說郛本』에는 '경추문야京錐文也'로 되어 있다.
156 犎牛臆: '봉우犎牛'는 등이 솟아오른 들소를 말하며, '억臆'은 가슴을 말한다.
157 廉襜: 앞치마에 잡힌 주름.
158 犎, 音朋, 野牛也: 이 주는 『당인설회본唐人說薈本』, 『정총본鄭熜本』에만 표기되어 있다.
159 輪囷: 둥글게 구부러져 있는 모양. 『백천학해본百川學海本』, 『고금도서집성본古今圖書集成本』, 『식물명실도고장편본植物名實圖考長編本』에의 '균囷'은 '균菌'자로 되어 있다.
160 飇: 바람.
161 涵澹: 잔잔한 물결.
162 澄泚: 침전한 후의 맑고 깨끗함을 뜻한다.

지자, 나고토이수징차지. 위징니야. 우여신치지자, 우폭우류료지소경.
此皆茶之精腴. 有如竹籜者[163], 枝幹堅實[164], 艱於蒸搗, 故其形籭簁然[165]. 有
차개다지정유. 유여죽탁자, 지간견실, 간어증도, 고기형사사연. 유
如霜荷者, 莖葉凋沮[166], 易其狀貌, 故厥狀委萃然[167]. 此皆茶之瘠老者也.
여상하자, 경엽조저, 역기상모, 고궐상위췌연. 차개다지척로자야.

[국역]

병차의 모양은 천태만상이며茶有千萬狀, 간략히 말하자면鹵莽而言, (표면 모양이) 마치 호인 가죽신如胡人鞾者, 잔주름과 같은 것이 있고蹙縮然, 문文자는 문紋자와 같다謂文也. 들소가슴犎牛臆者, 꾸불꾸불한 주름과 같은 것이 있고廉襜然, 봉犎, 음은 붕朋이며音朋, 들소를 말한다野牛也. 산 너머 구름이浮雲出山者, 겹겹이 쌓인 것이 있고輪囷然, 가벼운 바람이 수면에 불어輕飇拂水者, 잔물결이 일어 주름지는 것 같은 것도 있다涵澹然. 어떤 것은 마치 도공이有如陶家之子, 체로 거른 흙태[澄泥] 모양과도 같은 것이 있다羅膏土以水澄泚之. 징니澄泥는 흙을 맑게 거른다는 뜻謂澄泥也. 또한 새로 개간한 땅에又如新治地者, 폭우로 패인 모양의 것도 있다遇暴雨流潦之所經. 이상의 무늬들은 모두 품질 좋은 병차 모양에 속한다此皆茶之精腴. 어떤 (병차) 모양은 대나무 껍질 같은데有如竹籜者, 가지와 줄기가 억세어枝幹堅實, 찌고 찧기 마저 어려워艱於蒸搗, 그 모양이 대나무 체 모습과 같다故其形籭簁然. 또는 서리 맞은 연잎과 같은 것(병차)이 있는데有如霜荷者, (찻잎) 줄기나 잎사귀가 시들어져莖葉凋沮, (병차) 형태마

---

163 精腴: 정미精美롭고 튼실한 것. 곧 좋은 품질을 가리킨다.
164 竹籜: 죽순 껍질, 대나무 껍질.
165 籭簁: '사筵'와 '사篩'의 뜻은 같다. 곧 대나무 체를 말한다.
166 凋沮: 시들어 생기가 없는 것.
167 委萃: 시들어 말라버린 것. 조광각照曠閣『학진토원본學津討原本』에는 '췌悴'자로, 『유정다서본喩政茶書本』에는 '췌瘁'자로 되어 있다.

【三之造】

저 변모되어易其狀貌, 생기가 없고 말라버려 볼품이 없다故厥狀委萃然. 이러한 것들은 모두 여위고 늙은 (저급) 병차에 속한다此皆茶之瘠老者也.

[강설]
칠경목七經目을 거쳐 만들어진 병차 외관의 모습은 천태만상이다. 차에 대한 지식을 넓히는 과정에서 모양을 통해 품질을 헤아리는 데에는 많은 시간이 요구된다. 이에 육우는 여덟 가지 모양만 추려 소개하였는데, 이 중 여섯 가지는 좋은 것 두 가지는 나쁜 것으로 예를 들었다.

가죽신이 꺾인 부위에 생긴 잔주름과 같은 무늬, 들소 앞가슴에 접힌 굵은 주름 무늬, 구름이 겹겹이 쌓인 두루뭉실한 무늬, 가벼운 바람으로 수면 위에 생긴 잔물결과 같은 무늬, 도공들이 체로 거른 흙태와도 같은 반반한 표면, 폭우로 땅이 깊이 패인 것 같은 무늬들이 나타나면 품질 좋은 병차로 여겼다. 그러나 병차의 외관이 마치 대나무 체와 같이 거칠고 윤기가 없고 또는 서리 맞은 연잎과 같은 것은 모두 질이 낮은 찻잎과 억센 줄기로 만들었기에 모양이 초라하고 형태마저 변하게 된다. 이와 같은 병차는 모두 품질이 낮은 저급차로 여긴다.

육우가 논하는 좋은 병차란 외관에 나타난 무늬가 아닌 차의 색도·명도·광택 등에 기준을 두어야 한다고 가르치고 있다. 다시 말해 차의 외관에서 나타나는 무늬들은 차를 판단하는 데에 하나의 자료로 삼을 뿐 실질적인 판별법은 차의 내질內質에서 찾아야 오차를 줄일 수 있다고 한다.

[원문]
自採至於封七經目[168], 自胡靴至於霜荷八等. 或以光黑平正言嘉者, 斯鑒

---

168 七經目: 채採·증蒸·도搗·박拍·배焙·천穿·봉封 등 7단계 공정을 말한다.

자채지어봉칠경목, 자호화지어상하팔등. 혹이광흑평정언가자, 사감지하야; 以皺黃坳垤言嘉者[169], 鑒之次也; 若皆言嘉及皆言不嘉者, 鑒지하야; 이추황요질언가자, 감지차야; 약개언가급개언불가자, 감지上也. 何者? 出膏者光, 含膏者皺; 宿製者則黑[170], 日成者則黃; 蒸壓則상야. 하자? 출고자광, 함고자추; 숙제자즉흑, 일성자즉황; 증압즉平正, 縱之則坳垤[171].

평정, 종지즉요질.

[국역]
(찻잎을) 따는 일에서부터 마지막 저장까지는 7단계의 공정인 칠경목七經目을 거치며自採至於封七經目, (병차 표면의 모양은) 호인의 가죽신과 같은 것에서부터 서리 맞은 연잎까지 모두 여덟 가지의 모습이 있다自胡靴至於霜荷八等. 혹여 어두운 광택이 나며 바르고 평평한 것을 좋은 것(차의 판단기준)으로 삼는데或以光黑平正言嘉者, 이것은 하등의 감정방법이다斯鑒之下也. 또한 주름이 있고 누런색의 울퉁불퉁한 표면을 가진 것을 좋은 것으로 삼는데以皺黃坳垤言嘉者, 이것은 보다 더한 차등의 감정방법이다鑒之次也. (병차를 감별할 때) 장점과 단점을 함께 논할 수 있어야若皆言嘉及皆言不嘉者, 비로소 상등의 감별이라 할 수 있다鑒之上也. 왜냐하면何者? 진액인 고를 완전하게 짜내면 표면은 광택이 나고出膏者光, 남아 있으면 표면은 주름이 생긴다含膏者皺. 하룻밤을 경과하여 만들어진 것(병차)은 어둡고宿製者則黑, 당일에 만들어진 것은 누런색을 띤다日成者則黃. 증압할 때 단단하게 누르면 반듯한 모양이 되고蒸壓則平正, 느슨하게 누르면 울퉁불퉁하게 된다縱之則坳垤.

169 坳垤: 평평하지 않고 울퉁불퉁한 것.
170 宿製: 하룻밤을 경과하여 만든 것.
171 縱之: 느슨하게 누르다.

[강설]

　차를 만드는 공정은 7단계인 칠경목七經目을 거쳐 만드는데, 그 병차의 모양은 대체로 여덟 가지 모양으로 나눌 수 있다. 좋은 병차를 감별하기 위해서는 병차의 외관뿐만 아니라 다른 감별요령도 알아야 한다. 혹자는 병차 표면에 광택이 어둡고 모습이 바르고 평평하면 좋은 차라고 판단하거나, 병차 표면에 주름이 있고 누런색을 띠며 울퉁불퉁한 것을 좋은 차라고 판단하는데, 이러한 것은 모두 단편적인 감별법이다. 지엽적인 판단으로 차를 논한다는 것은 곧 차의 깊이를 모른다는 반증이기도 하다. 찻잎의 즙인 고膏를 완전하게 짜내면 표면에는 광택이 나고 조금이라도 남아 있으면 주름이 생긴다. 그리고 하룻밤을 경과한 병차는 산화되어 어두운색이 되고, 당일에 만들어진 것은 누런색을 띤다. 증압할 때 단단하게 누르면 반듯한 모양이 되고, 느슨하게 누르면 울퉁불퉁하게 된다. 그러나 이러한 감별은 모두 표면적인 지식일뿐 병차의 장점과 단점을 함께 논하고 감별할 수 있어야 진정한 능통자. 이는 오늘날의 품평·관능검사에도 그대로 적용된다.

　'관능검사'란 훈련을 받은 전문 요원이 시각·후각·미각·촉각으로 차의 품질의 우열을 판단하는 방법이다. 차의 관능검사는 차의 외형·수색·향기·맛·우린 잎 등 5가지 항목으로 평가하며, 이 방법을 '5항인자五項因子' 검사법이라 한다. 상업적인 관능검사에서는 차의 외형을 다시 조삭條索·정쇄整碎·정도淨度·색택色澤 등으로 나누어 검사하는데, 이 방법을 '8항인자八項因子' 검사법이라 한다. 이 중 조삭條索은 차의 형태와 말림이 고르고 가지런한가를 평가하는 방법이며, 줄기 형태의 차뿐만 아니라 둥글게 말아져 있는 구형차球型茶도 해당된다. 정쇄整碎는 차의 크기·길이·굵기 등의 조건들이 전체적으로 균일한가를, 정도淨度는 차 자체의 이물질인 가지·씨앗 등과 외부로부터 오염된 이물질인 흙·모래·잡초·끈 등의 함유 유무를 평가한다. 한편 이곳에 언급된 내용은 고전에서 차의 관능품평에 관한 최초의 문자이기도 하다.[172]

[원문]
此茶與草木葉一也. 茶之否臧, 存於口訣.[173]
차다여초목엽일야. 다지부장, 존어구결.

[국역]
이러한 것(현상)은 차와 모든 초목의 잎에서도 한결 같다此茶與草木葉一也. 무릇 차의 나쁨과 좋음은茶之否臧, 오직 구전비결口傳秘訣에 달려 있다存於口訣.

[강설]
옛말에 '박이부정博而不精'이라는 말이 있다. 이는 "여러 방면으로 얕게 알면 능숙하거나 정통하지 못하다"는 뜻이다. 차의 학문도 이와 같아 몇 가지 단편적인 지식만으로는 차의 지식 영역을 확충할 수 없다. 따라서 차의 외관에서 드러난 부분적 지식만으로 학문의 깊이를 얘기할 수가 없으며, 이는 찻잎뿐만 아니라 그 어떠한 잎으로 만든 대용차代用茶일지라도 그 잣대는 모두 같다. 진정한 차지식이란 오직 구전비결口傳秘訣 즉 경험에 의거해 부단히 연마해야만이 진정한 전문가로서 인정받을 수 있다는 것이 육우의 가르침이다.

---

172 짱유화, 『차과학 길라잡이 2015』, 삼녕당, 2014, P.206.
173 茶之否臧, 存於口訣: '부장否臧'은 좋고 나쁨을 뜻한다. '구결口訣'은 구전비결口傳秘訣의 줄임말이다. 『함분루설부본涵芬樓說郛本』에는 이 문장 전체가 누락되어 있고, 『사고전서본四庫全書本』에의 '부장否臧'은 '장부臧否'로 되어 있고, 『대관본大觀本』에의 '존存'은 '요要'자로 되어 있다.

원문·주해				의미	비고
凡採茶		在二月 三月 四月之間		채엽 시기	凌露採焉
茶之筍者		生爛石沃土 長四五寸 若薇蕨始抽		채엽 부위	
茶之牙者		發於叢薄之上 有三枝 四枝 五枝者 選其中枝穎拔者採焉			
其日		有雨不採		채엽 시 기후조건	
晴		有雲不採			
晴	採之	해당 차구 -이지구-	籯 籃 籠 筥	가공과정 및 해당 차구	茶之乾矣
	蒸之		竈 釜 甑 箄 穀木枝		
	搗之		杵臼		
	拍之		規 承 檐 芘莉 撲 棨		
	焙之		焙 貫 棚		
	穿之		穿		
	封之		育		
胡人靴者		蹙縮然	주해	謂文也	茶有千萬狀 鹵莽而言
犎牛臆者		廉襜然	주해	犎 音朋 野牛也	
浮雲出山者		輪囷然			병차의 여섯 가지 정유자
輕飈拂水者		涵澹然			
有如陶家之子		羅膏土 以水澄泚之	주해	謂澄泥也	
又如新治地者		遇暴雨流潦之所經			
此皆茶之精腴					
有如竹籜者		枝幹堅實 艱於蒸搗 故其形籭簁然		병차의 두 가지 척로자	
有如霜荷者		莖葉凋沮 易其狀貌 故厥狀委萃然			
此皆茶之瘠老者也					

원문·주해		의미	비고
或以光黑平正言嘉者	斯鑒之下也	감별의 기준	自採至於封七經目 自胡靴至於霜荷八等
以皺黃坳垤言嘉者	鑒之次也		
若皆言嘉及皆言不嘉者	鑒之上也		
出膏者	光	감별의 요령	何者
含膏者	皺		
宿製者	則黑		
日成者	則黃		
蒸壓	則平正		
縱之	則坳垤		
此茶與草木葉	一也	모든 잎의 특성	
茶之否臧	存於口訣	감별의 정수	

【三之造 表】

茶經卷中

사지기

「사지기」는 차를 마시는데 필요한 기구를 다루고 있다. 또한 차기茶器의 원료·제작 방법·규격·용도에 대해서도 설명하고 있다.

「사지기」의 '기器'는 차를 끓이고 마시는 기구를 말한다. 이 장에서 서른 한 가지의 차기를 소개하고 있는데, 그 기능은 9종류로 나눈다.

육우가 언급한 차기는 단순한 용기에서 벗어나 실용성과 예술성을 모두 지녔다. 특히 그가 직접 설계한 풍로는 육우의 사상을 이해하는 데 더 없이 좋은 자료다. 또한 차기를 통해 당시의 차 마시는 풍속을 이해할 수 있을 뿐만 아니라 육우가 제창한 소위 '견진차見眞茶'의 음용 방법에 대해서도 이해할 수 있다.

육우는 차기에 대해 문자로만 풀었을 뿐 해당되는 그림은 그리지 않았다. 오늘날 여러 『다경』에서 보이는 차기 그림은 근 세기에 들어와 많은 후학들이 원문을 풀어 유추하면서 그린 것이기에 형태가 다 다르다. 이 책의 차기 그림은 저자인 짱유화가 직접 그린 것이다.

[원문]

風爐灰承 筥 炭檛 火筴 鍑 交床 夾 紙囊 碾拂末 羅合 則 水方 漉水囊
풍로회승 거 탄과 화협 복 교상 협 지낭 연불말 나합 칙 수방 녹수낭
瓢 竹筴 鹺簋揭 熟盂 盌 畚紙帊 札 滌方 滓方 巾 具列 都籃[174]
표 죽협 차궤게 숙우 완 분지파 찰 척방 재방 건 구열 도람

---

174 風爐 … … 都籃: 대부분 간본에서는 이 목록 자체가 빠졌다. 한편 『백천학해본百川學海本』에는 '화협火筴'과 '재방滓方'이 없고, 『사고전서본四庫全書本』에는 '불말拂末'이 없다.

[원문]

風爐풍로 灰承회승

風爐以銅鐵鑄之, 如古鼎形, 厚三分, 緣闊九分[175], 令六分虛中[176], 致其杇
풍로이동철주지, 여고정형, 후삼분, 연활구분, 영육분허중, 치기오
墁. 凡三足, 古文書二十一字[177][178]. 一足云'坎上巽下離於中'[179][180][181], 一足云'體均
만. 범삼족, 고문서이십일자. 일족운'감상손하리어중', 일족운'체균
五行去百疾'[182], 一足云'聖唐滅胡明年鑄'[183]. 其三足之間, 設三窓. 底一窓,
오행거백질', 일족운'성당멸호명년주'. 기삼족지간, 설삼창. 저일창,
以爲通飇漏燼之所[184]. 上並古文書六字, 一窓之上書'伊公'二字[185], 一窓之
이위통표루신지소. 상병고문서육자, 일창지상서'이공'이자, 일창지
上書'羹陸'二字, 一窓之上書'氏茶'二字. 所謂'伊公羹, 陸氏茶'也. 置墆
상서'갱육'이자, 일창지상서'씨다'이자. 소위'이공갱, 육씨다'야. 치체

---

175 緣: 풍로의 상부 가장자리.

176 虛中: 중앙 부분을 비워 놓음.

177 杇墁: 벽에 진흙을 바르는 흙손 같은 공구. 『이아爾雅』「석관釋官」에는 "만鏝, 오야杇也"라고 했다. '만鏝'과 '만墁'은 같으며 곧 바르다는 뜻이다. 『사고전서본四庫全書本』, 『서탑사본西塔寺本』에 '오杇'는 '오圬'자로 되어 있다.

178 古文: 금문金文·전문篆文·주문籀文 등 옛 문자의 통칭.

179 坎: 주역의 감괘坎卦(☵).

180 巽: 주역의 손괘巽卦(☴).

181 離: 주역의 이괘離卦(☲).

182 五行: 목木·화火·토土·금金·수水 등 동양사상에서 말하는 물질의 근본 원소.

183 聖唐滅胡明年鑄: 성스런 당唐나라가 안록산安祿山(호인胡人)·사사명史思明 등을 평정(763)한 다음해(764)를 말한다. 청나라 때 만든 『사고전서본四庫全書本』에는 '성당년호모년주聖唐年號某年鑄'로 되어 있다. 이는 자신들이 한족漢族이 아닌 만인滿人 곧 호인胡人이기에 '멸호滅胡'이라는 단어를 기피하는 데에서 비롯되었다. 『고금도서집성본古今圖書集成本』에 '호胡'자는 '노虜'자로 되어 있다.

184 漏燼: 타다 남은 재.

185 伊公: 은殷나라 때의 대신 이윤伊尹을 말한다. 탕왕湯王을 보좌하여 은나라를 세운 개국공신이며, 은나라 3대에 걸쳐 재상宰相으로 활약했다. 특히 그의 『자미론滋味論』이 유명하며 국을 끓이는 데 일가견이 있다고 한다.

埠於其內, 設三格, 其一格有翟焉, 翟者火禽也, 畫一卦曰離; 其一格有
얼어기내, 설삼격, 기일격유적언, 적자화금야, 화일괘왈리; 기일격유
彪焉, 彪者風獸也, 畫一卦曰巽; 其一格有魚焉, 魚者水蟲也. 畫一卦曰坎.
표언, 표자풍수야. 화일괘왈손; 기일격유어언, 어자수충야. 화일괘왈감.
巽主風, 離主火, 坎主水. 風能興火, 火能熟水, 故備其三卦焉. 其飾, 以連
손주풍, 이주화, 감주수. 풍능흥화, 화능숙수, 고비기삼괘언. 기식, 이연
葩、垂蔓、曲水、方文之類. 其爐, 或鍛鐵爲之, 或運泥爲之. 其灰承,
파、수만、곡수、방문지류. 기로, 혹단철위지, 혹운니위지. 기회승,
作三足鐵柈檯之.
작삼족철반대지.

[국역]

풍로風爐 회승灰承

풍로는 구리나 쇠로 주조하며風爐以銅鐵鑄之, 마치 옛 정鼎의 모양과 같고
如古鼎形, 두께는 3푼(약 0.9cm)厚三分, 가장자리의 넓이는 9푼(약 2.7cm)이며
緣闊九分, (두께의 3푼을 뺀 나머지) 6푼(약 1.8cm)은 속을 비우게 하고令六分
虛中, 진흙을 발라서 채운다致其杇墁. 무릇 (풍로의) 발은 3개인데凡三足, (발
위에 각각) 고문체古文體로 (7자씩) 21자를 썼다古文書二十一字. 한쪽 발에

---

186 埠埠: '체埠'는 저장, '얼埠'은 볼록한 작은 봉우리를 뜻한다.
187 翟: 긴 꼬리가 달린 야생 꿩을 말한다.
188 葩: 진秦나라 사람들이 꽃을 가리켜 '파葩'라고 한다.
189 曲水, 方文: '곡수曲水'는 물줄기 무늬. '방문方文'은 네모진 무늬를 말한다. 『함분루설부본涵芬樓說郛本』의 '방문方文'은 '방장方丈'으로 되어 있다.
190 運泥: 진흙으로 빚어서 만든다.
191 柈: 밑받침인 '반盤'자와 같다. 『당인설회본唐人說薈本』, 『백천학해본百川學海本』에는 '반拌'자로 되어 있다.
192 檯之: 받쳐준다의 뜻. 『서탑사본西塔寺本』의 '대檯'는 '태台'자로 되어 있다.

는 '감상손하이어중坎上巽下離於中'이라 적고一足云坎上巽下離於中, 한쪽 발에는 '체균오행거백질體均五行去百疾'이라 적고一足云體均五行去百疾, 한쪽 발에는 '성당멸호명년주聖唐滅胡明年鑄'라 적었다一足云聖唐滅胡明年鑄. (풍로) 세 발 사이에其三足之間, 3개의 창을 낸다設三窓. (풍로) 밑바닥에는 하나의 창을 내어底一窓, 통풍 역할과 함께 재가 빠지도록 한다以爲通飇漏燼之所. (3개의 창) 위에는 고문체로 6자를 적었는데上並古文書六字, 한 창문 위에는 '이공伊公' 2자를一窓之上書伊公二字, 한 창문 위에는 '갱육羹陸' 2자를一窓之上書羹陸二字, 한 창문 위에는 '씨다氏茶' 2자를 썼다一窓之上書氏茶二字. 소위 '갱羹에는 이공伊公, 차茶에는 육우陸羽'라는 뜻이다所謂伊公羹陸氏茶也. (풍로) 안에는 체얼墆㙞을 만들고置墆㙞於其內, (그 위에) 3개의 격을 만들었으며設三格, 하나의 격에는 꿩其一格有翟焉, 꿩은 불을 상징하는 날짐승이기에翟者火禽也, 불의 괘인 이離(☲)를 그린 것이고畵一卦曰離, 또 하나의 격에는 범其一格有彪焉, 범은 바람을 상징하는 짐승이기에彪者風獸也, 바람의 괘인 손巽(☴)을 그린 것이고畵一卦曰巽, 또 하나의 격에는 물고기其一格有魚焉, 물고기는 물속에 사는 동물이라魚者水蟲也, 물의 괘인 감坎(☵)을 그린 것이다畵一卦曰坎. 손괘는 바람을 다스리고巽主風, 이괘는 불을 다스리고離主火, 감괘는 물을 다스린다坎主水. 바람은 능히 불을 일으키고風能興火, 불은 능히 물을 끓게 하므로火能熟水, (이와 같이) 3개의 괘를 갖추는 것이다故備其三卦焉. (풍로 표면) 장식에는其飾, 꽃·당초·파도·네모진 등 무늬 종류로 모양을 꾸몄다以連葩垂蔓曲水方文之類. 그 풍로其爐, 혹은 쇠를 두드려서 만들기도 하고或鍛鐵爲之, 혹은 진흙을 빚어서 만들기도 한다或運泥爲之. 그 풍로의 재받이其灰承, 3개의 쇠발을 달아 밑에서 (풍로를) 받친다作三足鐵柈擡之.

[강설]

　육우의 사상을 가장 잘 표출된 곳이 그가 직접 디자인한 풍로에서다. 육우는 풍로를 옛 정鼎의 모양과 같이 만들었다. 『역경易經』에서 '정鼎'의 또 다른 이름은 '화풍정火風鼎'이다. 정괘鼎卦(䷰)는 크게 발전하는 것을 의미하며 솥을 상징한다. 괘의 모습은 불을 상징하는 이괘離卦(☲)인 상괘上卦와 나무를 상징하는 손괘巽卦(☴)인 하괘下卦로 짜여 있다. 이에 "나무 위에 불이 타고 있는 것이 정괘鼎卦의 괘상卦象이다. 군자君子는 이 괘상을 보고 군주君主의 지위를 바르게 지켜 하늘의 명령이 자신에게 정착하게 한다"고 하였다.[193] 육우는 차기茶器의 첫 걸음이 바로 군자의 바른 가짐이라 보았던 것이다.

　오늘날 전하는 『주역周易』은 두 부분으로 이루어졌다. 하나는 '경經'이고 다른 하는 '전傳'이다. 경은 64괘로 구성된 본문이고, 전은 그것을 해설한 부분이다. 따라서 전은 경이 만들어진 이후에 철학적 의미가 강화된 형태로 첨가된 부분이다. 64괘는 64가지의 상황을 나타내는 부호다. 64괘의 기본은 음과 양의 속성을 나타내는 두 가지 부호다. 이것을 각각 음효陰爻(--)와 양효陽爻(-)라고 한다. 『주역』에서는 세상에서 발생하는 온갖 변화는 음과 양이라는 두 가지의 속성에 의해 만들어진다고 보았다. 음과 양은 상대적인 성질을 가지며 이 두 요소는 동시에 존재한다. 어떤 상황이든 양만 있는 경우는 없고 그 반대의 경우도 마찬가지이다. 음과 양은 항상 같이 작용한다는 말이다.

　『주역』은 인간과 자연을 같은 맥락으로 설명한다. 예를 들어 팔괘의 건괘乾卦(☰)는 자연물로서의 하늘을 상징하는 동시에 아버지를 상징하며, 곤괘坤卦(☷)는 땅을 상징하며 어머니를 상징한다. 감괘坎卦(☵)는 세 아들 중

---

193 "火風鼎卦, 大象, 君子以正位凝命."

둘째 아들을 상징하며, 이괘離卦(☲)는 불과 세 딸 중 둘째 딸을 상징하는 것이 이와 같다. 그리고 봄·여름·가을·겨울을 상징하는 개념으로 원형이정元亨利貞이라는 덕목이 상징되는데 이것은 인간의 한 살이에도 그대로 적용된다.¹⁹⁴⁾

육우는 고문체古文體로 풍로의 세 발에 각기 7자, 풍로 표면 3개의 창 위에 각기 2자를 적어 자신의 뜻을 담아냈다. 이 가운데 한쪽 다리에 적힌 '감상손하이어중坎上巽下離於中' 7자는 "위에는 물을 상징하는 감괘, 아래에는 바람을 상징하는 손괘, 가운데는 불을 상징하는 이괘"의 뜻을 담고 있다. 육우는 풍로 속의 체얼堞㠉에서도 같은 뜻을 펼쳤는데, 그는 체얼 위에 3개의 격을 만들어 한 격에 꿩과 이괘離卦(☲), 또 한 격은 범과 손괘巽卦(☴), 또 한 격에는 물고기와 감괘坎卦(☵)를 그려 이와 같은 뜻을 전하였다. 육우는 『역경』에서 감괘·손괘·이괘 등 괘상을 선택한 것은 차생활에 있어 차기·물·불·바람 그 어느 것 하나라도 소홀히 할 경우 진정한 찻자리가 될 수 없음을 강조하기 위해서다. 훗날 명나라 허차서許次紓는 『다소茶疏』에서 "차맛은 물에서 나오며, 물은 차기를 빌려 불을 통해 익어 끓는다. 이 네 가지는 서로 상부상조하는 것이며, 그 어느 하나가 빠져도 차는 폐하게 된다"고 하였다.¹⁹⁵⁾

또 한쪽 다리의 '체균오행거백질體均五行去百疾' 7자는 "몸은 오행을 고르게 하여 온갖 질병을 물리친다"는 뜻이다. 육우는 차를 마시면 신체를 고르게 하여 만병을 고칠 수 있다고 믿었다. 오행이란 우주의 원소이자 조화다. 오행의 원소는 목·화·토·금·수인데, 우주의 모든 것이 오행의 상생 및 상극 속에서 운행되고 있다. 사람은 소우주요 오행의 조화 속에서 건강을

---

194 안은수, 주역 읽기.
195 "茶滋於水, 水藉乎器, 湯成於火. 四者相須, 缺一則廢"

유지하고 있다. 만병의 근원은 마음에서 출발하며 오행의 충돌은 곧 마음의 부조화다. 차 역시 오행을 담고 있는데, 찻잎은 목, 불은 화, 차기·차구는 토와 금, 물은 수다. 이들이 서로 상생할 때 비로소 차의 참을 얻을 수 있는 것이다.

육우는 정행검덕을 갖춘 사람이 차를 4~5번만 마시면 제호醍醐나 감로甘露의 효능을 얻을 수 있다고 하였다. 차생활는 하나의 수행이다. 자기를 괴롭히는 마음을 들여다보면 대부분 편견과 집착 때문이다. 그래서 매순간 자신을 돌아보고 반성하지 않으면 괴로움의 원인은 어디에든 있다. 내 속에 나의 참을 자각할 때야말로 몸과 마음을 고르게 하여 만병을 물리칠 수 있다. 즉 차를 수신의 방법 가운데 '신독愼獨'을 지표로 삼아 삶의 진리와 지혜를 찾아 그것에 대한 반성과 정화가 이루어질때 비로소 차의 참을 얻을 수 있다는 것이 육우의 생각이다.

주돈이周敦頤(1017~1073)는 "태극太極이 동하여 양을 발생시키고, 정이 극에 다다르면 다시 동하게 된다. 한 번 동하고 한 번 정하는 것이 서로 뿌리가 되어 무한하게 순환하여 정지하는 경우가 없다. 음양이 발전하면 수·화·목·금·토의 오행이 되어 만물이 생겨난다"고 하였다. 즉 음양이라는 자연운행 이전에 만물의 생성 근거 또는 원리로서 태극을 설정하고, 거기에 오행이라는 원소 개념을 부여함으로써 세계를 존재론적으로 접근하고 있는 것이다. 따라서 우주에 가득찬 원기가 움직여 양기가 되기도 하고 음기가 되기도 하는 것을 우리는 '도道'라고 한다. 여기서 도는 자연 운행이지만 사람이 이 음과 양 두 기운을 끊임없이 계속하여 키우는 것을 '선善'이라 하고 이것을 이룩해 놓는 것을 '본성本性'이라 하는 것이다. 이에 우리는 근본과 말단, 수단과 목적이 뒤바뀌는 삶이 되어서는 안 된다. 따라서 도덕실천을 위하여 고요한 마음을 보존하고 좋은 본성을 유지해야 한다. 그것이 바로 수양이며, 육우는 그 수양을 차에서 찾고자 했다.

육우는 나머지 한쪽 다리에 '성당멸호명년주聖唐滅胡明年鑄' 7자를 새겼는데, 이는 "성대한 당나라가 반역자들을 멸망시킨 이듬해에 만들었다"는 뜻이다. 여기서 육우가 언급한 반역자는 '안사의 난'을 일으킨 안록산安祿山과 그의 부장 사사명史思明을 말한다. '안사의 난'이란 양귀비楊貴妃의 총애를 받고 현종玄宗(712~756)의 절대적 신임을 얻고있던 안록산이 755년 간신 양국충楊國忠을 토벌한다는 명목으로 반란의 기치를 올리면서 시작된다. 무장한 천 명의 병사들의 호위를 받고 현종은 양귀비와 그의 자매·황족·측근 신하들을 데리고 서남쪽의 촉蜀 땅을 향해 피난길에 오른다. 이때 현종은 황제의 제위를 태자에게 양위하였는데 그가 바로 숙종肅宗(756~762)이며, 756년의 일이다. 새로 즉위한 숙종은 6만의 병력을 정비해 안록산에 대한 반격을 개시했고 안록산은 757년에 자신의 맏아들 안경서安慶緒에게 죽음을 당한다. 758에는 안록산의 부장이었던 사사명이 안경서를 죽이고 스스로 대연황제라 칭하였지만 사사명도 황제가 된지 3년 만에 역시 자신의 맏아들 사조의史朝義에게 독살 당한다. 755년 겨울부터 763년 초까지 이어졌던 안록산과 사사명의 난, 곧 안사의 난은 당왕조가 전성기로부터 쇠퇴기로 이행되어가는 전환점이 되었다.

유학에서 인간의 유형을 크게 군자君子와 소인小人으로 구분한다. 군자란 덕이 있는 사람을 가리키고 소인은 그와 반대로 덕이 없는 사람을 가리킨다. 덕이란 인간의 인격이다. 자신이 부여받은 선한 본성을 그대로 실현하여 내면의 인격을 완성한 사람이 군자다. 그와 반대로 소인이란 자신의 개인적 목적을 위해서 삶을 살아가는 사람으로 본성을 위배하면서 살아가는 사람이다. 의義를 실현하고 의에 따라 행위하는 사람은 군자다. 그래서 군자는 불의를 보면 참지 못하고 본연이 일어난다. 육우는 756년 '안사의 난'으로 고향인 경릉竟陵을 버리고 남쪽으로 지금의 절강성浙江省 호주湖州로 향했다. 그는 양자강을 건너 한 맺힌 피난민의 심정을 토로하며 「사비시四悲詩」와 「천지미명부天之未明賦」를 지었다. 육우는 이러한 우국충정을 풍로에 '성당멸호명년주聖唐滅胡明年鑄'를 새겼다.

한편 청나라 건륭乾隆 37년(1772) 칙선勅選으로 만든 『사고전서四庫全書』에도 『다경』이 수록되어 있다. 그러나 '성당멸호명년주聖唐滅胡明年鑄'의 '호胡'자가 오랑캐의 뜻으로, 『사고전서』에서는 이 글귀를 '성당년호모년주聖唐年號某年鑄'로 바꿨다.

육우는 풍로의 3개 창 위에 '이공伊公', '갱육羹陸', '씨다氏茶'를 차례대로 적었다. 이는 '갱羹이라면 이공伊公, 차茶라면 육우陸羽'라는 뜻이다. 이공은 이윤伊尹을 말한다. 맹자는 "백이伯夷는 성인 중의 청아淸雅한 자이고, 이윤伊尹은 성인 중의 사명감이 넘치는 자이고, 유하혜柳下惠는 성인 중의 온화한 자이고, 공자孔子는 성인 중에서 상황에 맞게 처신하는 자다"라고 하여 이윤을 공자와 같은 성인으로 논했던 인물이다.

이윤은 중국 상商나라(BC 1600~BC 1042) 건국 초기의 사람이다. 신분은 미천했지만 세상 돌아가는 이치를 훤히 꿰뚫을 만큼 현명했고 요리를 잘하는 것으로도 유명했는데, 특히 갱羹을 잘 만들었다. '갱'이란 여러 재료를 넣어 끓인 국을 말한다. "이윤이 '나라를 다스리는 것은 음식을 하는 것과 다르지 않다治國如同做菜. 지나치게 조급해서도, 나태해서도 아니 되고, 알맞은 정도에 이르러야 한다. 이러한 이치는 똑같다'라고 했다. 이 말을 들은 탕왕湯

---

196 "欲悲天失綱, 胡塵蔽上蒼, 欲悲地失常, 烽煙縱虎狼, 欲悲民失所, 被驅若犬羊, 悲盈五湖山失色, 夢魂和淚繞西江."

197 이 책의 476 페이지.

198 춘추 초기 노魯나라의 대부로써 성은 전展이며 이름은 획獲이다. 식읍食邑이 유하柳下이고 시호諡號가 혜惠다. 중국 춘추시대의 현자賢者다. 능란한 변설과 밝은 예절로 이름이 높아 공자로부터 칭송을 받았다. 또한 직도直道를 지켜 임금을 섬기고 진정한 화和를 이룬 사람이라고 해서 맹자에 의해 이윤伊尹, 백이伯夷, 공자와 함께 4대 성인으로 추앙되었다. 춘추시대 대도大盜이며 악인惡人의 대명사로 쓰이는 '도척盜跖'은 그의 동생이다.

199 "伯夷聖之淸者也, 伊尹聖之任者也, 柳下惠聖之和者也, 孔子聖之時者也."

王이 치국治國의 도를 깨닫고 이윤을 등용했다"고 『사기史記』에서 말한다. 한편 『도덕경道德經』 제60장에 "큰 나라를 다스리는 것은 작은 생선을 굽는 것과 같다治大國若烹小鮮"라는 말로 시작한 것으로 보아 나라를 다스리는 일 역시 그와 다르지 않다는 게 노자老子의 설명이다.

이윤은 단순히 갱羹만 잘 만든 것이 아니었다. 그는 국을 끓이는 생활 속에서 요순堯舜의 도를 즐겼고, "합당한 의의義가 아니고 도道가 아니면 천하에 녹을 주더라도 돌아보지 않았던 사람"[200]이라고 하였다. 또한 이윤은 "하늘이 이 백성을 태어나게 하여, 먼저 아는 자로 하여금 뒤에 아는 자를 깨우치게 하고, 먼저 깨달은 자로 하여금 뒤에 깨닫는 자를 깨우치게 하는 것이니, 나는 하늘이 낸 백성의 선각자니, 내 장차 이 도道를 가지고 백성들을 깨우치리라"[201]고 하였다.

갱과 차는 액체에 불과하지만 이를 다룬다는 것은 또 다른 의미로 나타난다. 이윤이 갱생활에서 얻어진 선현의 도 즉 '갱도羹道'를 통해 백성을 깨우쳤듯이 육우는 차로 얻어진 현자의 도 즉 '차도茶道'를 통해 백성을 깨우치겠다는 뜻으로써 '이공갱伊公羹, 육씨다陸氏茶'라는 글귀를 풍로에 새겼던 것이다. 이는 액체에 불과한 갱과 차를 마음을 다스리는 매개로 삼는 동시에 이들을 사유의 세계에 투영透影하겠다는 뜻을 담고 있다. 이 또한 이윤과 육우가 지향하는 '삶의 도道'이기도 하다.

육우는 유학자다. 그가 말하는 '차도茶道', 즉 육씨차陸氏茶는 유교철학에서 비롯되었다. 그래서 '차도'는 예언이나 계시 같이 인간을 떠나 있는 가상세계가 아닌 인륜과 일용日用의 '도道', 다시 말해 현실세계에서 인간이 더불어 사는 방법 즉 '지혜'를 통해 얻는 다는 것이다. '지식'은 삶의 경제를 윤택하기 위해 필요한 것이라면 '지혜'는 삶의 행복을 윤택하기 위해 필요한 장

---

200 "而樂堯舜之道, 非其義也, 非其道也, 祿之以天下, 弗顧也."
201 "天之生斯民也. 使先知覺後知, 使先覺覺後覺, 予天民之先覺者也. 予將以此道, 覺此民也."

치다. 오늘날 많은 사람들이 인간관계의 투영과 삶의 행복지수를 높이는데 다양한 매개체에서 찾고 있다. 그 가운데 실천학實踐學인 '차도茶道'를 으뜸으로 꼽는 것도 '신독愼獨'으로 이룬 차의 삶에서 행복지수를 높일 수 있기 때문이다.

[원문]
筥거
筥[202], 以竹織之, 高一尺二寸, 徑闊七寸. 或用藤, 作木楦如筥形織之[203].
거, 이죽직지, 고일척이촌, 경활칠촌. 혹용등, 작목훤여거형직지.
六出圓眼, 其底蓋若利篋口[204], 鑠之[205].
육출원안, 기저개약이협구, 삭지.

[국역]
광주리筥

숯광주리筥, 대나무로 짜서 만들며以竹織之, 높이는 1자 2치高一尺二寸, 지름의 너비는 7치다徑闊七寸. 혹은 등줄기로或用藤, 나무 상자를 만들어 마치 광주리 모양처럼 짠다作木楦如筥形織之. 육각의 둥근 모양이 나도록 짜며六出圓眼, 그 밑 부분(가장자리)은 나무 상자입구의 띠 돌림과 같이其底蓋若利篋口, 매끄럽게 마무리한다鑠之.

202 筥: 『시경詩經』에 "네모난 것을 바구니[筐], 둥근 것을 광주리[筥]"라 했다.
203 木楦: 나무상자. 『백천학해본百川學海本』의 '훤楦'자는 '훤楦, 고거자古筥字'로 되어 있고, 『완위산당설부본宛委山堂說郛本』의 '훤楦'자는 '고거자古筥字'로 되어 있다. 『정총본鄭熜本』에 '훤楦'자는 '고상자古箱子'로 되어 있다.
204 利篋: '이利'는 리籬인 조리와 같으며, '협篋'은 작은 상자를 뜻한다.
205 鑠: 빛날 '삭爍'자와 같이 쓰며, 여기에서는 매끄럽게 한다는 뜻이다.

【四之器】

133

[강설]

「이지구二之具」에서 차농茶農이 어깨에 메거나 허리에 차고 찻잎을 따는데 사용하는 대나무 바구니를 거筥라고 했다. 여기의 거는 숯을 담는 용도로 만든 대나무 상자다.

[원문]

炭檛탄과

炭檛, 以鐵六稜制之, 長一尺, 銳一豊中, 執細頭系一小鎖以飾檛
탄과, 이철육릉제지, 장일척, 예일풍중, 집세두계일소년이식과
²⁰⁶⁾ ²⁰⁷⁾ ²⁰⁸⁾ ²⁰⁹⁾

也, 若今之河隴軍人木吾也. 或作鎚, 或作斧, 隨其便也.
야, 약금지하롱군인목오야. 혹작추, 혹작부, 수기편야.
²¹⁰⁾ ²¹¹⁾ ²¹²⁾ ²¹³⁾

[국역]

숯가르개炭檛

숯가르개炭檛, 쇠로써 육모로 만들며以鐵六稜制之, 길이는 1자長一尺, 머리 부분은 날카롭고 중간 부분은 두툼하게銳一豊中, 손잡이는 가늘게 머리에는 작은 고리 쇠를 하나 달아 가르개를 장식하여執細頭系一小鎖以飾檛也, 마치 오

---

206 炭檛: 숯을 가르는 가르개.

207 六稜: '능稜'은 모서리, 곧 육각형을 뜻한다.

208 一: 『식물명실도고장편본植物名實圖考長編本』에는 '상上'자로 되어 있다.

209 小鎖: 작은 고리의 장식물을 말한다.

210 河隴: '하河'는 황하黃河, '롱隴'은 지금의 감숙甘肅 곧 감숙성甘肅省의 황하지역을 말한다.

211 木吾: 나무로 만든 방망이, 한漢나라 때 어사御使·교위敎尉·군수郡守 등 벼슬들이 집무 중 휴대하는 방망이.

212 斧:『사고전서본四庫全書本』에는 '부釜'자로 되어 있다.

213 隨其便也:『함분루설부본涵芬樓說郛本』에 '수기편야隨其便也'의 '기其'자가 빠졌다.

늘날 하롱河隴지방의 군인들이 차고 있는 나무 방망이와 흡사하다若今之河隴軍人木吾也. 혹은 달군 쇠붙이를 두드리는 연장같이 만들고或作鎚, 혹은 도끼같이 만드는데或作斧, 편의에 따르면 된다隨其便也.

[강설]

숯가르개의 용도는 숯을 가르는 것으로 그 역할을 다한다. 모양·재질과 관계없이 검박 정신에 입각해 편의에 따라 활용하면 된다는 것이 육우의 생각이다.

[원문]

火筴화협

火筴, 一名筯²¹⁴⁾, 若常用者, 圓直一尺三寸, 頂平截, 無蔥臺勾鏁之屬²¹⁵⁾,

화협, 일명저, 약상용자, 원직일척삼촌, 정평절, 무총대구쇄지속,

以鐵或熟銅製之.

이철혹숙동제지.

[국역]

부젓가락火筴

부젓가락火筴, 일명 저一名筯, 평상시 사용하는 것과 같고若常用者, 둥글고 곧으며 길이는 1자 3치圓直一尺三寸, 머리 부분은 평평하고 단정하며頂平截, 팟종이나 굽은 쇠사슬 같은 것으로 꾸미지 않고無蔥臺勾鏁之屬, 쇠나 혹은 제련된 구리로 만든다以鐵或熟銅製之.

---

214 筯: '저筯'는 '저箸'와 같으며, 젓가락을 가리킨다. 여기에서는 부젓가락을 말한다.

215 蔥臺勾鏁: '총대蔥臺'는 파의 꽃줄기 모양과 같은 장식물을 말한다. '구쇄勾鏁'는 굽은 쇠사슬과 같은 연결형 장식물을 말한다.『백천학해본百川學海本』,『사고전서본四庫全書本』에 '대臺'는 '대薹'자로 표기되어 있으나 오자誤字로 본다.

[강설]

육우의 차생활은 화려하거나 사치와는 일정한 거리를 두었다. 이러한 철학은 『다경』 곳곳에서 확인할 수가 있다. 거둡에 저장했던 숯은 부젓가락으로 풍로에 옮겨진다. 부젓가락은 장식을 달고 모양을 내는 화협火筴보다 평범하고 실용적이면 된다는 것이 육우의 생각이다.

[원문]

鍑복 音輔음보, 或作釜혹작부, 或作鬴혹작부.

鍑, 以生鐵爲之, 今人有業冶者, 所謂急鐵. 其鐵以耕刀之趄[216], 鍊而鑄복, 이생철위지, 금인유업야자, 소위급철. 기철이경도지저, 연이주之. 內模土, 而外模沙. 土滑於內, 易其摩滌[218]; 沙澁於外, 吸其炎焰. 方지. 내모토, 이외모사. 토활어내, 이기마척; 사삽어외, 흡기염염. 방其耳, 以正令也[219]. 廣其緣, 以務遠也[220]. 長其臍, 以守中也[221]. 臍長, 則沸中; 기이, 이정령야. 광기연, 이무원야. 장기제, 이수중야. 제장, 즉비중; 沸中, 則末易揚; 末易揚, 則其味淳也. 洪州以瓷爲之[222], 萊州以石爲之[223]. 비중, 즉말이양; 말이양, 즉기미순야. 홍주이자위지, 내주이석위지. 瓷與石皆雅器也, 性非堅實, 難可持久. 用銀爲之, 至潔, 但涉於侈麗[224].

---

216 刀: 『당인설회본唐人說薈本』에는 '삭削'자로 되어 있다.
217 趄: 오랫동안 사용되어 수명이 다한 상태의 뜻이다.
218 摩: 『당인설회본唐人說薈本』에는 '세洗'자로 되어 있다.
219 正令: 올바른 명령, 여기서는 단정하게 바로 잡는다는 뜻이다.
220 務遠: 먼 곳에까지 미친다.
221 守中: 중심자리를 지킨다.
222 洪州: 지금의 강서성江西省 남창南昌.
223 萊州: 지금의 산동성山東省 액현掖縣 일대.
224 侈麗: 사치스럽다.

자여석개아기야, 성비견실, 난가지구. 용은위지, 지결, 단섭어치려.
雅則雅矣, 潔亦潔矣, 若用之恆, 而卒歸於鐵也.
아즉아의, 결역결의, 약용지궁, 이졸귀어철야.

[국역]

솥鍑 음은 '보輔 fu푸', 혹은 '부釜 fu푸', 혹은 '부䥫 fu푸'라고도 부른다音輔或作釜或作䥫.

솥鍑, 제련되지 않은 생철生鐵로 만들며以生鐵爲之, 오늘날 대장장이들이今人有業冶者, (말한) 소위 급철急鐵이라는 것이다所謂急鐵. 급철은 다 닳은 농기구를其鐵以耕刀之趄, 녹여 주물한 것이다鍊而鑄之. (솥) 안(틀)은 흙으로 문지르고內模土, 바깥(틀)은 모래로 문지른다而外模沙. 흙으로 안을 매끄럽게 문지르는 것은土滑於內, 세척할 때 용이하게 하기 위함이고易其摩滌, 모래로 바깥을 거칠게 문지르는 것은沙澁於外, 불길을 쉽게 빨아들이기 위함이다吸其炎焰. 손잡이를 네모반듯하게 만든 것은方其耳, 영을 바르게 하고자 함이다以正令也. 가장자리를 넓게 만든 것은廣其緣, 먼 곳까지 힘쓰게 하고자 함이다以務遠也. 배꼽을 길게 만든 것은長其臍, 중심자리에서부터 (물) 끓이기 위함이다以守中也. 배꼽이 길면臍長, 곧 중심자리가 끓고則沸中, 중심자리에서 끓으면沸中, 곧 찻가루가 잘 떠오르게 되고則末易揚, 찻가루가 잘 떠오르면末易揚, 곧 차맛은 순하게 된다則其味淳也. 홍주지방에서는 자기로 만들며洪州以瓷爲之, 내주지방에서는 돌로 만든다萊州以石爲之. 자기나 돌 재질은 모두 아취가 있으나瓷與石皆雅器也, 그 성질이 견실하지 못해性非堅實, 오래 쓰기 어렵다難可持久. 은으로 만든 것은用銀爲之, 매우 깨끗하나至潔, 다만 너무 사치스럽고 화려하다但涉於侈麗. 아취가 있는 것도 좋고雅則雅矣, 깨끗한 것도 좋지만潔亦潔矣, 만약 오래 사용할 것이라면若用之恆, 결국 쇠 재질로 귀결이 된다而卒歸於鐵也.

---

225 鐵: 『서탑사본西塔寺本』에는 '철鐵'자로 되어 있으나, 대부분의 간본에는 '은銀' 혹은 '복鍑'자로 되어 있다.

[강설]

'복鍑'자는 당나라 이전의 문헌에는 극히 드물게 보인 글자다. 『사해辭海』는 『방언方言』을 인용하여 '복鍑'자의 풀이를 "부釜는 북쪽 요새에서부터 서쪽지역까지 부釜, 또는 복鍑이라 부른다"고 했다. 『한서漢書』 「흉노전하匈奴傳下」에서는 "부釜와 부鬴는 땔감인 숯을 담는 기구이며 무척 무겁다"고 했다. 안사고顔師古는 이 부분에 주를 달아 "부鬴자는 옛 부釜자다. 복鍑은 부釜의 큰 것을 말한다"고 부연 설명했다. 위의 풀이를 보아 '복鍑'은 당시 북쪽 변방민족들이 사용하는 글자로서 육우가 차용한 것으로 여겨진다. 따라서 육우의 솥도 유목민족들이 사용한 것과 같은 것으로 뚜껑이 없다. 한편 휴대하기 편한 이 뚜껑 없는 솥은 물 끓이는 과정 즉 물기포를 쉽게 살필 수 있는 장점이 있다.

육우의 사상을 잘 표현한 차기가 풍로인데, 솥에서도 그의 철학을 엿볼 수가 있다. 차탕은 오행의 원소들이 상생으로 얻어진 것이다. 이 차탕을 끓이는 곳이 솥이다. 육우는 차 끓이는 솥을 빌어 처세의 정도正道를 표현했다. 그는 솥을 만들 때 "손잡이를 네모반듯하게 만든 것은, 영을 바르게 하고자다. 가장자리를 넓게 만든 것은, 먼 곳까지 힘쓰게 하고자다. 배꼽을 길게 만든 것은, 중심자리에서부터 끓이기 위함이다"라는 원칙을 지켜야 좋은 차탕을 만들 수 있다고 했다. 이는 마치 인생살이에서 올바른 '정正'과 멀리 내다보는 '원遠' 그리고 어느 한쪽에도 치우치지 않는 '중中'의 원칙을 지킨다면 상생하는 삶을 영위 할 수 있다는 이치와 일맥상통하다.

중정中正은 중용中庸과 통한다. 중정이 자연의 세계라면 중용은 인간의 세계를 말한다. 그래서 중정은 자연의 섭리를, 중용은 우리들 마음의 씀씀

---

226 "釜, 自關而西或謂之釜, 或謂之鍑."
227 "多齎鬴鍑薪炭, 重不可勝."
228 "鬴, 古釜字也. 鍑, 釜之大口者也."

이를 말한다고 한다.

　중정은 우리에게 '지나치거나 치우치지 않는 삶'을 가르치지만, '매사에 정성을 들여 사는 삶'도 강조하고 있다. 중정의 뿌리는 '성誠'에 있다. 육우가 일생 동안 차를 통해 역설한 것은 어떻게 사는 것이 사람다움의 삶이라는 것이다. 그는 그 실천의 방법을 '지성至誠'과 '검박儉朴'에 있다고 우리에게 말해주고 있다.

[원문]

交床교상

交床, 以十字交之, 剜中令虛[229)[230)], 以支鍑也[231)].

교상, 이십자교지, 완중영허, 이지복야.

[국역]

교상交床

교상交床, 십자 모양으로 (다리를) 교차시키고以十字交之, (상판) 중앙을 텅 비게 파내어剜中令虛, 솥을 얹을 때 지탱할 수 있게 한다以支鍑也.

[강설]

교상의 역할은 솥을 받쳐주는 수납용 기구다. 자차법에서 차를 마시는 동안에도 솥은 풍로에 얹어 계속 차를 끓인다. 「구지략九之略」에서 "풍로와 솥이 한 몸으로 연결되어 있는 차기인 정력鼎䥶이 준비되었다면 교상을

---

229 交床: 다리가 서로 교차된 상.
230 剜中: 중간 부분을 파낸다.
231 令虛: 빈 곳이 되도록 한다.

생략할 수 있다"고 했다. 이는 차탕을 끓일 때는 물론 찻자리가 끝난 후에도 정력은 수납용 교상의 역할을 겸한다는 것을 말해 준다.

[원문]

夾협

夾, 以小靑竹爲之, 長一尺二寸. 令一寸有節, 節已上剖之以炙茶也. 彼
협, 이소청죽위지, 장일척이촌. 영일촌유절, 절이상부지이적다야. 피
竹之篠, 津潤於火, 假其香潔以益茶味, 恐非林谷間莫之致. 或用精鐵
죽지소, 진윤어화, 가기향결이익다미, 공비임곡간막지치. 혹용정철
熟銅之類, 取其久也.
숙동지류, 취기구야.

[국역]

집게夾

집게夾, 작고 푸른 대나무로 만들며以小靑竹爲之, 길이는 1자 2치다長一尺二寸. (대나무 끝 쪽에) 1치에 마디가 있게 하고令一寸有節, 마디의 위쪽을 쪼개어 그 사이에 병차를 끼워 불에 구울 때 사용한다節已上剖之以炙茶也. 대의 조릿대에서彼竹之篠, 불에 의해 진액이 나오면津潤於火, 그 대나무의 산뜻한 향기를 빌려 차의 맛을 한층 북돋는 것인데假其香潔以益茶味, 숲속 골짜기가 아니면 아마 쉽게 구할 수 없을 것이다恐非林谷間莫之致. 혹은 제련된 쇠나 구리 재질로도 쓰는데或用精鐵熟銅之類, (이는) 오래 쓸 수 있는 점을 취한 것이다取其久也.

---

232 "用槁薪, 鼎鑣之屬, 則 … 交床 … 廢."
233 夾: 낄 협夾, 병차를 끼워 불에 굽는 집게.
234 篠: '소筱'자와 같다. 작은 대나무. 조릿대.

[강설]

육育에서 꺼낸 병차를 향과 맛을 더해주고, 보다 잘 갈기 위해 불에 구어 습기를 제거한다. 이때 집게에 병차를 끼워 불에 굽는데 그 재질이 대나무면 더 좋다. 명나라 장원張源은 『다록茶錄』에서 "차는 본시 참된 향기가 있고, 참된 빛깔이 있고, 참된 맛이 있으며, 조금이라도 오염되면 그 참됨을 잃는다"고 했다.[235] 아무하고도 어울릴 수 없을 것 같은 찻잎도 궁합이 맞는 것이 있는데, 그것이 대나무다. 명나라 도륭屠隆은 『다설茶說』에서 "차는 대나무 껍질과 궁합이 맞다. … 고로 차를 소장하는 사람들은 청명 때 대나무껍질을 구한 후 가장 푸른 것을 골라 건조토록 한다"[236]고 했다. 육우는 집게를 대나무로 만든 것은 대나무의 진액이 병차에 스며들어 차의 맛과 향을 더 해줄 수 있기 때문이다.

[원문]

紙囊지낭

紙囊, 以剡藤紙白厚者夾縫之. 以貯所炙茶, 使不泄其香也.[237]

지낭, 이섬등지백후자협봉지. 이저소적다, 사불설기향야.

[국역]

종이 주머니紙囊

종이 주머니紙囊, 두꺼운 하얀 섬등지剡藤紙를 두 겹으로 겹쳐 꿰매어 만든다以剡藤紙白厚者夾縫之. 이것은 구운 병차를 저장하고以貯所炙茶, 차 향기의 유실을 막도록 한다使不泄其香也.

---

235 "茶自有眞香, 有眞色, 有眞味, 一經點染, 便失其眞."
236 "茶宜箬葉 … 故收藏之家, 先於淸明時收買箬葉, 揀其最靑者, 預焙極燥."
237 剡藤紙: 절강성浙江省 승현嵊縣 경내의 섬계剡溪에서 생산된 종이.

[강설]

적차炙茶를 통해 구워진 병차는 차맷돌에 갈기 전에 일단 두꺼운 지낭紙囊에 저장한다. 「오지자五之煮」에서 "차탕은 뜨거울 때 연이어 마셔야 하며, 이는 무겁고 혼탁한 흐린 물질은 아래쪽에 엉기고, 차의 정화는 물 위에 뜨기 때문이다. 만약 차탕이 식으면 차의 정화 즉 거품은 열기에 따라 사그라지게 된다"고 했다.[238] 음양이론에 따르면 차의 정기는 한성寒性에 따라 유실될 수 있다. 따라서 차가운 성질의 차를 보호하기 위해 종이 주머니에 차를 담아 이를 천천히 식혀야 차의 정기 즉 향과 맛을 유지할 수가 있다.

[원문]

碾연 拂末불말

碾, 以橘木爲之, 次以梨、桑、桐、柘爲之.[239] 內圓而外方. 內圓備於運行也, 外方制其傾危也. 內容墮而外無餘.[240] 木墮, 形如車輪, 不輻而軸[241]行焉. 長九寸, 闊一寸七分. 墮徑三寸八分, 中厚一寸, 邊厚半寸, 軸中[242]方而執圓. 其拂末以鳥羽製之.[243][244]

연, 이귤목위지, 차이이、상、동、자위지. 내원이외방. 내원비어운행야, 외방제기경위야. 내용타이외무여. 목타, 형여차륜, 불복이축언. 장구촌, 활일촌칠분. 타경삼촌팔분, 중후일촌, 변후반촌, 축중방이집원. 기불말이조우제지.

방이집원. 기불말이조우제지.

---

238 "乘熱連飮之, 以重濁凝其下, 精英浮其上. 如冷, 則精英隨氣而竭."
239 柘: 산뽕나무.
240 墮: 연碾의 알.
241 輻: 바큇살.
242 八: 『당인설회본唐人說薈本』, 『백천학해본百川學海本』, 『고금도서집성본古今圖書集成本』에는 '팔八'자가 빠졌다.
243 執: 『함분루설부본涵芬樓說郛本』에는 '외외'자로 되어 있다.
244 拂末: 가루털개.

[국역]

碾 가루털개拂末

연애, 귤나무로 만들며以橘木爲之, 그 다음으로는 배·뽕·오동·산뽕나무로 만든다次以梨桑桐柘爲之. (연조碾槽의) 안은 둥글고 밖은 네모반듯하다內圓而外方. 안을 둥글게 한 것은 (연륜碾輪이) 잘 구르게 하기 위함이고內圓備於運行也, 겉을 네모반듯하게 만든 것은 그 중심을 잘 잡기 위함이다外方制其傾危也. (연조) 안의 연륜은 틈이 생기지 않도록 꼭 맞게 만든다內容墮而外無餘. (나무 재질) 연륜 모양은 수레바퀴와 같으며形如車輪, 바퀴살은 없고 굴대만 있다不輻而軸焉. 길이는 9치長九寸, 너비(굵기)는 1치 7푼이다闊一寸七分. 연륜의 지름은 3치 8푼墮徑三寸八分, 중앙의 두께는 1치中厚一寸, 가장자리의 두께는 5푼邊厚半寸, 굴대의 중앙은 네모나게 하고 손잡이는 둥글게 만든다軸中方而執圓. 그 불말拂末은 새의 깃으로 만든다其拂末以鳥羽製之.

[강설]

자차법 이해의 관건은 찻가루의 이해 여부에서 결정된다. 오늘날 말차에서는 찻가루가 고울수록 품질이 좋다. 그러나 이러한 인식으로 『다경』을 접하면 많은 오류를 범하게 된다.

「육지음六之飮·구난九難」에 "푸른색 가루가 되거나 먼지처럼 날리는 것은 그 가루 내는 법이 아니다"고 했다. 「오지자五之煮」에서는 "찻가루의 상등품은 그 부스러기가 세미와 같고, 하등품은 능각과 같다"고 하여 당시의 찻가루는 여러 형태의 입자로 만들어졌다고 한다. 육우는 찻가루를 내는 차맷돌[碾]을 금속 재질이 아닌 나무 재질로 쓰는 이유도 바로 다양한 입자의 가루를 내기 위함이다. 훗날 송나라의 채양蔡襄은 『다록茶錄』에서 "차맷

---

245 "碧粉縹塵, 非末也."
246 "末之上者, 其屑如細米. 末之下者, 其屑如菱角."

돌은 은이나 쇠로 만든다"[247]고 하여 점차법點茶法에서 요구한 찻가루는 먼지처럼 고와야 으뜸이라고 말했다. 이는 곧 점차법에서 요구하는 찻가루와 자차법에서 지향한 찻가루의 입자가 다르며, 이러한 입자는 차맷돌의 재질에 따라 달리되었다는 것을 말해주고 있다.

[원문]

羅合나합

羅末, 以合蓋貯之, 以則置合中[248]. 用巨竹剖而屈之[249], 以紗絹衣之. 其合以竹節爲之, 或屈杉以漆之[250]. 高三寸, 蓋一寸, 底二寸, 口徑四寸.
나말, 이합개저지, 이칙치합중. 용거죽부이굴지, 이사견의지. 기합이죽절위지, 혹굴삼이칠지. 고삼촌, 개일촌, 저이촌, 구경사촌.

[국역]

체羅, 합合

체로 친 찻가루는羅末, 합合에 담아 덮개를 덮어 저장하는데以合蓋貯之, 차칙茶則도 합 속에 넣어둔다以則置合中. (체는) 큰 대나무를 쪼개 굽혀서 만들고用巨竹剖而屈之, 사견으로 옷을 입힌다以紗絹衣之. 그 합은 대나무의 마디로 만들고其合以竹節爲之, 혹은 삼나무를 굽혀서 만들어 옷칠을 한다或屈杉以漆之. (합의) 높이는 3치이며高三寸, 덮개는 1치蓋一寸, 아래(체합 부분)는 2치底二寸, 주둥이의 지름은 4치다口徑四寸.

---

247 "茶碾, 以銀或鐵爲之."
248 則: 가루차의 양을 헤아리는 수저, 구기.
249 屈: 둥근 모양으로 굽힌다.
250 杉: 삼나무.

[강설]

　차맷돌에 갈은 차는 체를 통해 거르는데 거름망의 재질에 따라 찻가루의 곱기가 다르다. 육우는 거름망의 재질을 "사견을 입혀 만든다"[251]고 했다. 훗날 송나라의 채양蔡襄은 『다록茶錄』에서 "차체는 아주 가는 것이 좋다. 체의 바닥은 촉蜀지방의 동천東川 아계鵝溪에서 생산되는 고운 그림용 비단을 쓰며 끓는 물속에 넣어 비벼 씻은 후 체틀에 덮어 씌운다"[252]고 하여 거름망의 재질이 가는 것이 좋다고 했다. 따라서 점차법에서 사용한 사견은 자차법보다 훨씬 곱다는 것을 알 수가 있다. 이는 곧 당나라 때 육우가 요구한 찻가루의 입자는 송나라보다 상대적으로 크고 다양하다는 것을 시사한다.

[원문]

則칙

則, 以海貝、蠣蛤之屬[253], 或以銅、鐵、竹匕策之類. 則者, 量也, 准也, 度也[254].
칙, 이해패、여합지속, 혹이동、철、죽비책지류. 칙자, 양야, 준야, 도야.
凡煮水一升, 用末方寸匕[255]. 若好薄者, 減之[256], 嗜濃者, 增之, 故云則也.
범자수일승, 용말방촌비. 약호박자, 감지, 기농자, 증지, 고운칙야.

---

251 "以紗絹衣之."
252 "茶羅以絶細爲佳, 羅底用蜀東川鵝溪畫絹之密者, 投湯中揉洗以羃之."
253 蠣蛤: 굴조개 · 대합조개 등 어패류.
254 量、准、度: 옛 표준 도량의 단위.
255 方寸匕: 옛날의 한약재를 헤아리는 구기. 약 10g의 가루를 담을 수 있는 수저.
256 減之: 『당인설회본唐人說薈本』, 『백천학해본百川學海本』에는 '지之'자가 빠졌다.

[국역]

차칙則

차칙則, 바다조개 껍데기·굴 껍데기·대합 껍데기 등 (어패류에) 속한 것을 만들며以海貝蠣蛤之屬, 혹은 구리나 쇠나 대나무를 쪼개어 만든 수저 같은 종류다或以銅鐵竹匕策之類. 칙則이란則者, 양을 잰다量也, 헤아린다准也, 가늠한다(뜻을 지닌다)度也. 무릇 1되의 물을 끓이면凡煮水一升, 방촌비方寸匕의 양으로 찻가루를 넣는다用末方寸匕. 만약 연한 것(차)을 좋아하면若好薄者, (찻가루의) 양을 줄이고減之, 진한 것을 즐기려면嗜濃者, 양을 늘리며增之, (이러한 역할을 하기에) 고로 '칙'이라 부르는 것이다故云則也.

[강설]

『다경』에서 차의 기구를 소개할 때 새로운 용어를 만들어 쓰는 경우가 있다. 육우는 그 이유도 곁들여 부연 설명하곤 하는데, 오늘날 우리가 흔히 쓰는 차칙도 그 중의 하나다. '칙則'자가 원래는 솥 '정鼎'과 칼 '도刀→刂'가 조합된 것이었다가 '貝+刀'의 구조로 바뀐 것은 쓰기 편함을 추구한 결과다. 솥과 칼을 만듦에 있어서는 일정한 합금 원칙이 있었기에 '칙則'은 곧 '원칙'·'규칙'의 뜻으로도 담는다.

육우의 자차법에서 한 솥의 차탕의 양은 1되(약 600㎖) 정도다. 여기에 투입된 찻가루의 양을 방촌비方寸匕에 빗대어 헤아렸는데, 그 양은 약 10g 정도 된다고 한다. 육우는 차탕의 맛을 물과 찻가루의 비율을 60대 1로 정해 우리에게 제시했다. 그럼에도 불구하고 그는 차가 기호식품인 만큼 맛에 얽매이지 말아야 하며, 기호에 따라 차의 양을 가감할 수도 있다고 했다.

[원문]

水方수방

水方, 以椆木、槐、楸、梓等合之, 其裏幷外縫漆之, 受一斗.

수방, 이주목、괴、추、재등합지, 기리병외봉칠지, 수일두.

[국역]

물통水方

물통水方, 주나무[椆木]·홰나무[槐木]·개오동나무[楸木]·가래나무[梓木] 등으로 만들며以椆槐楸梓等合之, 안과 밖의 이음새는 옻칠을 하고其裏幷外縫漆之, 수용량은 1말이다受一斗.

[강설]

차를 마시는데 물을 아무리 강조해도 부족함이 없다. 따라서 물을 저장하는 용기의 재질 또한 중요한 선택이 아닐 수 없다. 육우가 나무 재질로 물통을 정한 것은 숨을 쉴 수 있는 나무의 특성을 고려했기 때문이다. 물론 옹기의 재질도 이러한 기능을 가지고 있으나 이동하는데 어려움이 있어, 육우는 휴대하기 용이한 나무 재질을 선택한 것이다.

---

257 椆: 일부 간본에는 '조稠'자로 되어있고, 『완위산당설부본宛委山堂說郛本』, 『정총본鄭熜本』에는 '음주音胄, 목명야木名也'이라는 주를 달았다.

258 縫: 이음새.

[원문]

漉水囊녹수낭

漉水囊, 若常用者, 其格以生銅鑄之, 以備水濕, 無有苔穢腥澀意^{259) 260)}. 以 녹수낭, 약상용자, 기격이생동주지, 이비수습, 무유태예성삽의. 이 熟銅苔穢, 鐵腥澀也. 林棲谷隱者, 或用之竹木. 木與竹非持久涉遠之 숙동태예, 철성삽야. 임서곡은자, 혹용지죽목. 목여죽비지구섭원지 具, 故用之生銅. 其囊, 織靑竹以捲之, 裁碧縑以縫之^{261) 262) 263)}, 紐翠鈿以綴之. 구, 고용지생동. 기낭, 직청죽이권지, 재벽겸이봉지, 뉴취전이철지. 又作綠油囊²⁶⁴⁾以貯之, 圓徑五寸, 柄一寸五分. 우작녹유낭이저지, 원경오촌, 병일촌오분.

[국역]

물 거르는 자루漉水囊

물 거르는 자루漉水囊, 일상적으로 사용하는 것과 같으며若常用者, 그 골격은 생동으로 주조하는데其格以生銅鑄之, 이는 물의 습기를 막아以備水濕, 이끼의 비린내가 배지 않도록 하기 위함이다無有苔穢腥澀意. 그러나 숙동熟銅이면 이끼가 끼기 쉽고以熟銅苔穢, 쇠면 녹 비린내나 떫은맛이 배기 쉽다鐵腥澀也. 산속에 은둔하는 사람은林棲谷隱者, 혹은 대나무로 만들어 사용한다

---

259 苔穢: 더러운 이끼.

260 腥澀: 떫고 비린내가 난다.

261 碧縑: 푸른 비단.

262 紐: 잇다·묶다·철綴하다의 뜻. 『함분루설부본涵芬樓說郛本』에는 '인紉'자로 되어 있고, 『경릉본竟陵本』, 『사고전서본四庫全書本』, 『정총본鄭熜本』, 『옥명당본玉茗堂本』, 『유정다서본喻政茶書本』에는 '세細'자로 되어 있다.

263 翠鈿: 옥·금 등 재질로 만든 조각 장식물.

264 綠油囊: 기름 먹인 초록빛 자루이며, 녹수낭漉水囊을 수납하는 자루.

或用之竹木. 나무와 대는 견고하지 않아 먼 길에 휴대하기에는 적합하지 않기에木與竹非持久涉遠之具, 생동으로 쓰는 것이다故用之生銅. 그 자루其囊, 청죽으로 짠 것을 말아서 만들고織靑竹以捲之, 푸른 합사비단[碧縑]을 재단하여 꿰매며裁碧縑以縫之, 정교한 비취와 나전조각을 달아 장식한다紐翠鈿以綴之. 또 녹유낭綠油囊을 따로 만들어 (녹수낭을) 저장 수납하는데又作綠油囊以貯之, 지름은 5치圓徑五寸, 손잡이의 길이는 1치 5푼이다柄一寸五分.

[강설]

좋은 차는 좋은 물이 받쳐주어야 좋은 맛을 낸다. 물의 중요성을 아무리 강조해도 지나치지 않는 이유다. 그래서 옛 사람들은 물에 대해 수없이 논하고 이를 기록을 했다. 육우는 물을 거르는 자루[漉水囊]를 만들어 정수하면서 차를 마셨다. 더불어 자루의 재질이 오염되지 않도록 수납용 자루인 녹유낭綠油囊을 하나 더 만들어 녹수낭을 보관하며 청결을 유지했다.

녹수낭은 당나라 때 선승禪僧들이 필요한 여섯 가지 물품 중의 하나. 수납용 자루인 녹유낭도 불가佛家의 용품이다. 이로 보아 육우의 물품 중에 불교용품도 있다는 것을 알 수 있다.

[원문]

瓢표

瓢, 一曰犧杓. 剖瓠爲之²⁶⁵⁾, 或刊木爲之²⁶⁶⁾. 晉舍人杜毓²⁶⁷⁾『荈賦』云"酌之以표, 일왈희표. 부호위지, 혹간목위지. 진사인두육 『천부』 운 "작지이

---

265 瓠: 표주박.

266 刊木: 나무를 깎는다.

267 杜毓: 두육杜育(265~316)이라고도 하며, 자字는 방숙方叔이다. 지금의 하남성河南省 양성襄城 사람으로 서진西晉 때 중서사인中書舍人을 지냈다.

匏.” 匏, 瓢也. 口闊, 脛薄, 柄短. 永嘉中[268], 餘姚人[269]虞洪入瀑布山[270]採茗,
포.” 포, 표야. 구활, 경박, 병단. 영가중, 여요인우홍입폭포산채명,
遇一道士, 云 "吾丹丘子[271], 祈子他日甌犧之餘[272], 乞相遺也[273]." 犧, 木杓也.
우일도사, 운 "오단구자, 기자타일구희지여, 걸상유야." 희, 목표야.
今常用以梨木爲之.
금상용이이목위지.

[국역]

표주박瓢

표주박瓢, 희犧 또는 표杓라고도 한다一曰犧杓. 표주박인 호瓠를 갈라 만들거나剖瓠爲之, 혹은 나무를 파서 만들기도 한다或刊木爲之. 진晉나라 사인舍人 두육杜毓이 지은 『천부荈賦』에 이르기를晉舍人杜毓荈賦云 "박으로 뜬다酌之以匏."고 했다. 박匏, 표주박을 가리킨다瓢也. (표주박) 입구부분은 넓고口闊, 몸체는 가늘고脛薄, 손잡이는 짧다柄短. 진나라 영가永嘉 연간에永嘉中, 여요餘姚사람 우홍虞洪이 폭포산에 들어가 찻잎을 따다가餘姚人虞洪入瀑布山採茗, 한 도사를 만났는데遇一道士, 도사가 말하기를云 "나는 단구자이며吾丹丘子, 그대에게 바라는 것은 훗날 사발[甌]이나 구기[犧]에 (차가) 남음이 있다면祈子他日甌犧之餘, 내게도 보내주시구려乞相遺也"라고 했다. 희犧라는 것은犧, 나무로 만든 구기다木杓也. 오늘날에 늘 사용해온 것으로는 주로 배나

---

268 永嘉: 진晉나라 회제懷帝의 연호(307~312).
269 餘姚: 지금의 절강성浙江省 여요현餘姚縣.
270 瀑布山: 절강성浙江省 여요현餘姚縣 서남쪽 60리 지점의 백수산白水山을 말한다.
271 丹丘子: 한漢나라의 선인仙人이라 일컬으나 그에 대한 자세한 기록은 없다. 단구丹丘는 신화 속에 나오는 신선들이 사는 땅이다.
272 甌犧: 사발이나 구기.
273 遺: 증정.

무를 깎아서 만든다今常用以梨木爲之.

[강설]

표주박을 '표'라는 차기로 이름 지은 사람은 육우다. 육우는 표주박을 '표'라 부른 이유를 우홍에 관한 이야기를 곁들어 부연 설명했다. 우홍의 이야기는 한나라 설화인 『신이기神異記』에서 발췌한 것이다. 육우는 이 이야기를 「칠지사七之事」에 한 번 더 실었다.

표주박[瓢]의 명칭은 여러 가지가 있다. 표瓢는 『천부荈賦』에서 보이며, 포匏·희犧·희표犧杓·목표木杓 등의 이름도 있는데, 주로 나무를 깎아서 만든 것이다. 육우는 박으로 만든 것을 좋아해 이를 권장하고 있다.

[원문]

竹筴죽협

竹筴, 或以桃、柳、蒲葵木爲之²⁷⁴⁾, 或以柿心木爲之. 長一尺, 銀裹兩頭²⁷⁵⁾.

죽협, 혹이도、유、포규목위지, 혹이시심목위지. 장일척, 은과양두.

[국역]

대젓가락竹筴

대젓가락竹筴, 혹은 복숭아[桃木]·버들[柳木]·포규나무[蒲葵木]로 만들거나或以桃柳蒲葵木爲之, 혹은 감나무[柿木]의 속으로 만들기도 한다或以柿心木爲之. 길이는 1자이며長一尺, 은 재질로 (젓가락의) 두 끝부분을 씌운다銀裹兩頭.

---

274 蒲葵: 야자과에 속하는 아열대성의 상록교목.

275 裹: 씌운다.

【四之器】

151

[강설]

대젓가락은 끓는 물을 휘저을 때 쓰는 기구다. 「오지자五之煮」에 "이비二沸에는 한 표주박의 끓는 물을 떠내고, 대젓가락으로 탕수 중심을 휘저으면서, 적당량의 찻가루를 중심에 넣는다"[276]고 했다. 차는 대나무와 궁합이 맞다. 그래서 육우는 대나무로 만든 젓가락을 권장했다.

끓는 물에 대젓가락으로 휘저어 찻가루를 넣고 거품인 '말발'을 떠 마시는 것이 자차법이다. 훗날 이것이 발전되어 송나라 때는 찻가루를 그릇에 직접 넣어 거품인 '유화乳花'를 만들어 풀어 마시는 점차법點茶法에 이른다. 송나라 채양蔡襄이 1064년에 만들었다는 『다록茶錄』에서 "차시茶匙는 무거워야 한다. 이는 격불擊拂할 때 힘을 받쳐주기 위함이다"[277]라고 했다. 이후 대관大觀 연간(1107~1110)에 휘종徽宗이 지었다는 『대관다론大觀茶論』에는 "차선茶筅은 대 재질로 쓰고, 손잡이는 두껍고 무거워야 하며, 솔은 성글고 강해야 한다"[278]고 했다. 이로 보아 찻가루를 풀어주는 기구는 차시茶匙에서 시작하여 차선茶筅으로 진화되어 오늘날까지 이어진 것이나, 그 연원은 『다경』의 대젓가락에서 시작되었다고도 볼 수 있다.

---

276 "第二沸出水一瓢, 以竹筴環激湯心, 則量末當中心而下."
277 "茶匙要重, 擊拂有力."
278 "茶筅以筋, 竹老者爲之, 身欲厚重, 筅欲疏勁."

[원문]

鹺簋차궤 揭게[279]

鹺簋[280], 以瓷爲之. 圓徑四寸, 若合形[281], 或瓶, 或罍[282], 貯鹽花也. 其揭[283],
차궤, 이자위지. 원경사촌, 약합형, 혹병, 혹뢰, 저염화야. 기게,
竹制, 長四寸一分, 闊九分. 揭, 策也.
죽제, 장사촌일분, 활구분. 게, 책야.

[국역]

소금단지鹺簋, 소금주걱揭

소금단지鹺簋, 자기로 만든다以瓷爲之. 원통의 지름은 4치며圓徑四寸, 마치 합의 모양若合形, 혹은 병或甁, 혹은 작은 술단지 모양과도 같고或罍, 소금을 저장하는 용기다貯鹽花也. 그 소금주걱其揭, 대나무로 만들며竹制, 길이는 4치 1푼長四寸一分, 너비는 9푼이다闊九分. 게揭, 가늘하다의 뜻을 지닌 책策과 같다策也.

[강설]

「오지자五之煮」에서 "일비一沸일 때는 물의 양을 헤아려 소금을 넣고 간을 맞춘다"고 했다.[284] 이는 탕수에 소금을 약간 넣어 간을 맞추는 것인데, 간

---

279 揭: 『사고전서본四庫全書本』, 『백천학해본百川學海本』에는 '게揭'자가 빠졌다.
280 鹺簋: '차鹺'는 매우 짠 소금, '궤簋'는 타원형의 고대 식기로, 소금을 담는 타원형 그릇이다.
281 若合形: 『당인설회본唐人說薈本』, 『백천학해본百川學海本』, 『고금도서집성본古今圖書集成本』에는 '혹즉금합자或卽今盒字'이라는 주를 달았다.
282 罍: 술을 담는 그릇으로 작은 주둥이의 술 단지.
283 揭: 소금을 뜨는 주걱.
284 "初沸, 則水合量調之以鹽味."

이란 단맛을 낸다는 뜻이다. 당나라 때에는 낙후된 가공 기술로 차의 맛은 쓰고도 떫었으며, 이를 보완하기 위해 차탕에 다양한 양념 또는 건과류를 넣어 맛을 높여 주기도 했다. 육우는 이러한 양념을 첨가한 차를 도랑이나 개천에 버릴 물이라 하여 몹시 못마땅 했다. 따라서 자신은 소금 하나로 간을 맞추어 차의 쓴맛을 보완하였는데, 훗날 사람들은 이러한 차를 가리켜 '견진차見眞茶'라 불렀다.

　육우는 소금을 담아 습기 차지 않는 단지라면 그 어떠한 것도 개의치 않았다. 소금주걱은 소금을 떠내는 용기에 불과하지만 그 주걱에 담겨진 소금은 차맛에 적지 않은 영향을 준다. 이에 육우가 선택한 소금주걱의 재질도 역시 집게인 협夾과 같이 대나무로 만들어 차맛을 도우려 했던 것이다.

[원문]

熟盂숙우[285]

熟盂, 以貯熟水[286]、或瓷、或沙, 受二升.

숙우, 이저숙수, 혹자、혹사, 수이승.

[국역]

익은 물바리熟盂

　숙우熟盂, 익은 물을 저장하며以貯熟水, 혹은 자기或瓷, 혹은 사기로 만들며或沙, 수용량은 2되다受二升.

---

285 熟: 『함분루설부본涵芬樓說郛本』에는 '열熱'자로 되어 있다.
286 熟水: 익은 물.

[강설]

『다경』에서 숙우의 역할은 매우 중요하다. 육우는 차탕의 정화精華는 거품이며, 그 거품 중에 으뜸이 준영雋永이라 했다. 이 준영을 잠시 담아두는 그릇이 숙우다. 준영의 역할을 「오지자五之煮」에서 "첫 번째 떠내는 차탕을 준영이라 한다. 준영을 숙우에 담아 두었다가, 육화구비育華救沸에 사용한다"고 했다.[287]

자차법에서 차를 마실 동안 솥은 풍로 위에 계속 놓여 있다. 따라서 부단히 물을 부어 온도를 식혀야 탕수가 늙지 않는다. 준영이 바로 이러한 '구비救沸' 즉 끓는 물을 식혀주는 역할을 한다. 준영에는 말발이 가장 많아 구비할 때 부족한 말발도 함께 기를 수 있어 이를 '육화育華'라고 한다. 즉 차의 정화인 말발을 기르는 것을 뜻한다. 물을 식히고 말발을 기르는 일이 '육화구비育華救沸'다.

[원문]

盌완

盌, 越州上[288], 鼎州次[289], 婺州次[290], 岳州次[291], 壽州[292], 洪州次[293]. 或者以邢州處[294]

완, 월주상, 정주차, 무주차, 악주차, 수주, 홍주차. 혹자이형주처

---

287 "其第一者爲雋永. 或留熟盂以貯之, 以備育華救沸之用."

288 越州: 지금의 절강성浙江省 소흥紹興.

289 鼎州: 지금의 섬서성陝西省 경양涇陽 일대. 일부 간본에는 '차次'자가 빠졌다.

290 婺州: 지금의 절강성浙江省 금화金華 일대. 『함분루설부본涵芬樓說郛本』에서 '차次'는 '상上'자로 되어 있다.

291 岳州: 지금의 호남성湖南省 악양岳陽. 상해고적출판사上海古籍出版社의 『음식기거편飲食起居編』에서 '차次'는 '상上'자로 되어 있다.

292 壽州: 지금의 안휘성安徽省 수현壽縣.

293 洪州: 지금의 강서성江西省 남창南昌.

294 邢州: 지금의 하북성河北省 형태邢台.

越州上, 殊爲不然. 若邢瓷類銀, 越瓷類玉, 邢不如越一也; 若邢瓷類
월주상, 수위불연. 약형자류은, 월자류옥, 형불여월일야; 약형자류
雪, 則越瓷類冰, 邢不如越二也; 邢瓷白而茶色丹, 越瓷靑而茶色綠,
설, 즉월자류빙, 형불여월이야; 형자백이다색단, 월자청이다색록,
邢不如越三也. 晉杜毓『荈賦』所謂"器擇陶揀, 出自東甌.[295]" 甌,[296] 越
형불여월삼야. 진두육『천부』 소위 "기택도간, 출자동구." 구, 월
也. 甌,[297] 越州上, 口脣不卷, 底卷而淺, 受半升已下.[298] 越州瓷、岳瓷皆
야. 구, 월주상, 구순불권, 저권이천, 수반승이하. 월주자、악자개
靑, 靑則益茶. 茶作白紅之色. 邢州瓷白, 茶色紅; 壽州瓷黃, 茶色紫;
청, 청즉익다. 다작백홍지색. 형주자백, 다색홍; 수주자황, 다색자;
洪州瓷褐, 茶色黑; 悉[299]不宜茶.
홍주자갈, 다색흑; 실불의다.

[국역]

사발盌

완盌, 월주越州의 것을 상품으로 여기며越州上, 정주鼎州의 것이 그 다음鼎州次, 무주婺州의 것이 그 다음婺州次, 악주岳州의 것이 그 다음岳州次, 수주壽州, 홍주洪州의 것이 그 다음이다壽州洪州次. 혹자는 형주邢州산이 월주越州산보다 좋다고 하나或者以邢州處越州上, 실은 그렇지 않다殊爲不然. 만약 형주의

---

295 器擇陶揀: 명나라 간본의 『백천학해본百川學海本』에서 '택擇'은 '택澤'자로 되어 있고, '간揀'은 '간簡'자로 되어 있다.
296 甌: 여기의 '구甌'는 월주越州지방을 말한다.
297 甌: 여기의 '구甌'는 사발을 말한다.
298 升: 『당인설회본唐人說薈本』, 『백천학해본百川學海本』, 『고금도서집성본古今圖書集成本』, 『완위산당설부본宛委山堂說郛本』에는 '근斤'자로 되어 있다.
299 悉: 『사고전서본四庫全書本』에는 '개皆'자로 되어 있다.

자기를 은에 비유한다면若邢瓷類銀, 월주의 자기는 옥에 비유할 수 있으며越瓷類玉, (이 점이) 형주산이 월주산보다 못한 첫 번째 이유다邢不如越一也. 만약 형주의 자기를 눈으로 비유한다면若邢瓷類雪, 곧 월주의 자기는 얼음과도 같으며則越瓷類冰, (이 점이) 형주산이 월주산보다 못한 두 번째 이유다邢不如越二也. 형주산의 자기는 백색이기 때문에 차탕이 붉은색으로 나타나며邢瓷白而茶色丹, 월주산의 자기는 청색이기 때문에 차탕이 녹색으로 나타나는데越瓷靑而茶色綠, (이 점이) 형주산이 월주산보다 못한 세 번째 이유다邢不如越三也. 진나라 두육이 지은 『천부荈賦』에 말하는晉杜毓荈賦所謂 "그릇은 도기陶器로 고르고器擇陶揀, 동구東甌의 것으로 한다出自東甌."고 하였다. '구'란甌, 월주越州지방을 말한다越也. (사발) '구'는甌, 월주越州산이 상등품인데越州上, 전은 말려 있지 않으나口脣不卷, 굽은 말려져 있고 낮으며底卷而淺, 수용량은 반되 미만이다受半升已下. 월주의 자기越州瓷, 악주의 자기는 모두 청색이며岳瓷皆靑, 청색은 (차탕의) 색에 도움을 준다靑則益茶. 차탕의 색은 홍백색이다茶作白紅之色. 형주의 자기는 백색이므로邢州瓷白, 차탕은 붉게 보이고茶色紅, 수주의 자기는 황색이므로壽州瓷黃, 차탕은 자줏빛으로 보이고茶色紫, 홍주의 자기는 갈색이기에洪州瓷褐, 차탕은 검은색으로 보이는데茶色黑, (이러한 자기들은) 모두 차탕을 담는 데에는 적합하지 않다悉不宜茶.

[강설]

육우는 완이라는 사발을 빌려 갈변차에 대한 자신의 메시지를 전달하고자 했다. 그는 당시의 차탕 색상이 갈변된 붉은색이라는 것을 여러 차례 강조했다. "형주의 자기는 백색이기에 차탕이 붉은색으로 나타난다",[300] "차탕

---

300 "邢瓷白而茶色丹."

의 색은 홍백색이다. 형주의 자기는 백색이므로, 차탕은 붉게 보인다"[301], "수주의 자기는 황색이므로, 차탕은 자줏빛으로 보인다"[302], "홍주의 자기는 갈색이기에, 차탕은 검은색으로 보인다"[303]는 것이 예다.

육우는 「오지자五之煮」에서 "차탕의 색은 담황색[緗]이고, 그 향기는 아주 상큼하다"[304]고 하였다. 여기서 그가 말한 차의 본질은 산화 갈변되지 않은 오늘날의 녹차의 맛과 향이다. 그는 「이지구二之具」에서 '육育'의 역할은 차의 산화를 방지하는 데에 있다고 했다.

육우는 차의 품질 유지는 곧 차의 본질이라 인식하고 있다. 그래서 '육育'이라는 차구를 만들어 병차를 저장하고, 불을 지펴 습기로부터 산화를 방지하고자 했다. 그러나 육우의 이러한 노력에도 불구하고 시간이 경과함에 따라 차는 자연산화되어 갈변된 차로 변하게 된다. 따라서 당시의 사람들은 오늘날의 녹차보다는 갈변차를 더 많이 접했다는 것을 알 수가 있다.

우려낸 녹차 찻물을 방치했을 때 수색이 녹색에서 황색·적색·갈색으로 점차 갈변하는 것은 차의 페놀화합물·비타민 C 등의 물질이 공기 중의 산소로 인해 '비효소적 갈변'으로 일어난 현상이다.

당시 육우는 이 갈변 문제를 보완하고자 궁리한 대안이 바로 사발을 청자로 권하는 것이었다. 청자의 본바탕이 청색이기에 차탕이 비록 갈변된 색이라도 청색으로 비춰질 수 있다는 것이 그의 발상이다. 물론 백자의 본바탕이 백색이기에 차탕은 갈변된 색 그대로 붉게 비춰진다는 논리도 여기에서 출발한다. 수주·홍주의 사발은 어둡기에 갈변된 차색도 더욱 어두워지므로 사발로서 적합하지 않다는 것도 이런 맥락에서 비롯된 것이다.

---

301 "茶作白紅之色. 邢州瓷白, 茶色紅."
302 "壽州瓷黃, 茶色紫."
303 "洪州瓷褐, 茶色黑."
304 "其色緗也. 其馨歟也."

이처럼 육우가 차의 갈변에 대해 얼마나 고심했는지, 산화되지 않은 차의 근본인 녹차를 얼마나 애착을 갖고 있었는지 알 수가 있다. 육우는 「오지자五之煮」에서 이와 같은 뜻을 다시 한 번 드러냈으며, 이 부분은 뒷장에서 다시 언급하기로 한다.

『천부舛賦』의 내용 중 "그릇은 도기陶器로 고르고, 동구東甌의 것으로 한다"는 글이 있다.[305] 육우는 '구甌'의 뜻을 두 가지로 나누어 해석했는데, 하나는 사발 또 하나는 지역이다. 여기의 지역은 월주越州지방을 말한다.

[원문]

畚분

畚,[306] 以白蒲捲而編之,[307] 可貯盌十枚. 或用筥. 其紙帊以剡紙夾縫,[308] 令方, 亦十之也.

분, 이백포권이편지, 가저완십매. 혹용거. 기지파이섬지협봉, 영방, 역십지야.

[국역]

삼태기畚

삼태기畚, 백포를 말아서 짜며以白蒲捲而編之, 완 10개를 담을 수 있다可貯盌十枚. 혹은 광주리를 사용하기도 한다或用筥. 그 지파紙帊는 섬등지剡藤紙를 맞꿰매어其紙帊以剡紙夾縫, 네모나게 만들며令方, 이 역시 10장을 마련한다亦十之也.

---

305 "器擇陶揀, 出自東甌."
306 畚: 삼태기.
307 白蒲: 백포초.
308 紙帊: 종이깔개를 말한다. 『함분루설부본涵芬樓說郛本』에 '파帊'는 '폭幅'자로 되어 있고, 『서탑사본西塔寺本』에는 '파帕'자로 되어 있다.

[강설]

삼태기는 사발을 수납하는 차기다. 약 10개 정도를 수납할 수가 있다. 사발 사이에 지파紙帕라는 종이를 끼워 부딪침을 방지하고 청결을 유지한다. 육우가 언급한 차기는 모두 그가 사용했던 물건들이다. 삼태기는 사발을 수납하는 데에 의의가 있다. 쉽게 구할 수 있는 것이라면 그 어느 광주리도 무방하다. 이는 육우가 줄곧 주창하는 차기의 선택 기준이기도 하다.

[원문]

札찰

札[309], 緝栟櫚[310]皮以茱萸[311]木夾而縛之, 或截竹束而管之, 若巨筆形.
찰, 집병려피이수유목협이박지, 혹절죽속이관지, 약거필형.

[국역]

솔札

札찰, 종려棕櫚 껍질을 모아 수유茱萸나무에 끼워 묶으며緝栟櫚皮以茱萸木夾而縛之, 혹은 잘라낸 대나무 토막에 묶어 관처럼 만들며或截竹束而管之, 마치 큰 붓 모양과도 같다若巨筆形.

[강설]

札찰은 물 끓이는 솥을 비롯해 사발·숙우 등 여러 차기들을 닦는 붓 모양의 솔이다. 이 차기들은 개숫물통인 척방滌方에서 씻고, 찌꺼기는 재방滓方에 담는다. 차에 대한 개념마저 정립되지 않는 시대에 육우의 차생활은

---

309 札: 나무 껍질로 묶어서 만든 솔.
310 栟櫚: 야자나무에 속하는 상록교목의 종려나무.
311 茱萸: 운향과에 속하는 낙엽교목의 수유나무.

정연했다. 지성至誠의 마음에서 출발하여 지결至潔로 끝맺는 육우의 차생활은 오늘날의 우리들에게도 시사하는 바가 크다.

[원문]
滌方척방
滌方, 以貯滌洗之餘, 用楸木合之, 制如水方, 受八升.
척방, 이저척세지여, 용추목합지, 제여수방, 수팔승.

[국역]
개숫물통滌方
척방滌方, 세척한 것을 담는데 쓰이며以貯滌洗之餘, 추목楸木으로 만들어用楸木合之, 물통인 수방水方과 같이 만들고制如水方, 용량은 8되다受八升.

[강설]
개숫물통인 척방도 수방水方과 같이 나무 재질로 정한 것은 역시 숨을 쉴 수 있는 나무의 특성을 고려했기 때문이다. 육우는 「구지략九之略」에서 만약 물이 좋고 또한 계곡 근처에서 차를 끓인다면 개숫물통인 척방滌方은 생략할 수 있다고 했다. 이는 차기를 씻을 수 있는 환경이라면 척방은 없어도 된다는 얘기다.

[원문]
滓方재방
滓方, 以集諸滓[312], 製如滌方, 處五升[313].

---

312 滓: 찌꺼기.
313 處: 『함분루설부본涵芬樓說郛本』, 『서탑사본西塔寺本』, 『고금도서집성본古今圖書集成

【四之器】

재방, 이집제재, 제여척방, 처오승.

[국역]
찌꺼기통滓方
재방滓方, 여러 찌꺼기를 담는 것이며以集諸滓, 척방滌方과 같이 만들고製如滌方, 5되를 수용한다處五升.

[강설]
재방은 찻자리에서 생긴 모든 차 찌꺼기를 담는 용기다. 오늘날의 차생활에서는 당연히 있어야할 기물이다. 그러나 차문화 초창기에서 이러한 차기를 준비했다는 것은 육우의 차생활은 '검박'과 '청결'로 모든 것을 귀결했다는 점이다.

[원문]
巾건
巾, 以絁布爲之, 長二尺, 作二枚, 互用之, 以潔諸器.
건, 이시포위지, 장이척, 작이매, 호용지, 이결제기.

[국역]
행주巾
행주巾, 가는 베로 만들며以絁布爲之, 길이는 2자이며長二尺, 2장을 만들어作二枚, 교대로 사용하며互用之, 모든 차기를 닦는데 쓴다以潔諸器.

本』에는 '수受'자로 되어 있다.

[강설]

차생활에서 차건茶巾은 차기를 닦는 데에 쓴다. 그러나 차건을 깨끗이 빨고 다루는 것은 곧 사람의 마음자리이기도 하다. 마음자리란 '정성'을 두고 얘기한 것이다.

중국 역사상 '차도茶道'라는 단어를 문헌에서 언급한 것이 세 번이었다.[314] 명나라 장원張源은 『다록茶錄』에서 '차도'의 정의를 이렇게 적고 있다. "차를 만들 때는 정성스럽게, 저장은 건조하게, 우릴 때는 청결하게 한다. 정성·건조·청결을 다하면 차도의 뜻을 다하는 것이다." 이는 곧 '차도'의 뿌리는 지성至誠에서 비롯되었다는 것을 말한다.

일관된 지성이야말로 차도의 참뜻이다. "성실이란 하늘의 도이고 성실해지려고 하는 것은 사람의 도다",[315] "진성眞性은 자기 자신을 이루는 것이고, 도道란 자기 자신을 인도하는 것이다. 진성은 만물의 종시終始에 관류하는 것이다. 진성을 다하지 아니하면 만물이 없다"고 『중용』에서 말하고 있다.[316]

송나라의 심안노인審安老人은 『다구도찬茶具圖贊』에서 차건에 이름을 붙여 '사직방司職方'이라 하여 "나쁜 고을 출신의 동자들은 마땅히 성인들과 정진하며 도움을 받아야 하는데, 하물며 사직방은 품행이 방정方正하고 소양이 갖춰져 있어, 씨줄과 날줄 같이 조리가 정연하니, 평생 청백하고 오염

---

314 1) 唐 釋皎然「飮茶歌誚崔石使君」"一飮滌昏寐, 情思爽朗滿天地. 二飮淸我神, 忽如飛雨灑輕塵. 三飮便得道, 何須苦心破煩惱 … 孰知茶道全爾眞, 唯有丹丘得如此."
　　2) 唐 封演 『封氏聞見記』"南人好飮茶, 北人初不多飮. 開元中, 泰山靈岩寺有降魔師, 大興禪敎, 學師者務於不寐, 又不夕食, 皆許其飮茶. …… 又常伯熊者, 又因鴻漸之論, 廣潤色之, 於是茶道大行."
　　3) 明 張源 『茶錄』"造時精, 藏時燥, 泡時潔. 精、燥、潔, 茶道盡矣."
315 "誠者天之道也, 誠之者人之道也."
316 "誠者自成也, 而道自道也. 誠者物之終始, 不誠無物."

【四之器】

되지 않은 것이, 이는 공자孔子가 청렴과 함께 살아온 것과도 같다"고 하였다. 옛 사람들이 차기를 닦는 데에 불과한 행주인 차건을 공자와 비유하여 높이 평가한 것은 '차도'의 근저根底는 행주에서 시작되어 그 중심자리에는 '지성'이 있다는 것을 말해주고 있다.

[원문]

具列구열

具列, 或作床, 或作架. 或純木、純竹而製之. 或木或竹, 黃黑可扃而漆者. 長三尺, 闊二尺, 高六寸. 具列者, 悉斂諸器物, 悉以陳列也.
구열, 혹작상, 혹작가. 혹순목、순죽이제지. 혹목혹죽, 황흑가경이칠자. 장삼척, 활이척, 고육촌. 구열자, 실렴제기물, 실이진열야.

[국역]

구열具列

구열具列, 혹은 상처럼 만들며或作床, 혹은 시렁처럼 만든다或作架. (재질은) 혹은 순수한 나무나或純木, 순수한 대로 만든다純竹而製之. 혹은 나무와 대를 (섞어)或木或竹, 황흑색으로 궤를 만들어 옻칠을 한다黃黑可扃而漆者. 길이는 3자長三尺, 너비는 2자闊二尺, 높이는 6치다高六寸. 구열이라는 것은具列者, 모든 차기들을 거두어悉斂諸器物, 모두 진열하는 것이다悉以陳列也.

---

317 "互鄕童子, 聖人猶且與其進, 況瑞方質素, 經緯有理, 終身涅而不緇者, 此孔子之所以與潔也."

318 架: 시렁.

319 扃: 문짝이 달린 작은 궤. 『사고전서본四庫全書本』에는 '국局'자로 되어 있다.

[강설]

찻자리에서 차기를 거두어 진열·수납하는 기구가 구열이다. 중국 차문헌에서 찻상[茶床]만을 다루었던 기록은 없다. 다만 명나라 허차서許次紓는 『다소茶疏』에서 "차구를 미리 준비하는데 필히 깨끗하고 건조하게 해야 한다. 차관茶罐의 입구를 열어 뚜껑을 눕혀 놓거나 바리에 놓도록 한다. 뚜껑을 절대로 상 위에 엎어 놓아선 안 된다. 이는 상에 배어 있는 옻 냄새나 음식 냄새들이 (뚜껑에 닿으면) 차를 버릴 수 있기 때문이다"[320]라고 적고 있다. 이 문구로 보아 당시의 찻상은 식탁을 겸하는 용도로 쓰였으며 오늘날처럼 독립된 차기가 아니었다는 것을 알 수 있다.

[원문]

都籃도람

都籃, 以悉設諸器而名之[321]. 以竹篾內作三角方眼, 外以雙篾闊者經之[322][323], 以單篾纖者縛之, 遞壓雙經, 作方眼, 使玲瓏[324]. 高一尺五寸, 底闊一尺、高二寸, 長二尺四寸, 闊二尺.

도람, 이실설제기이명지. 이죽멸내작삼각방안, 외이쌍멸활자경지, 이단멸섬자박지, 체압쌍경, 작방안, 사영롱. 고일척오촌, 저활일척、고이촌, 장이척사촌, 활이척.

---

320 "先備茶具, 必潔必燥. 開口以待, 蓋或仰放, 或置瓷盂. 勿竟覆. 案上漆氣食氣, 皆能敗茶."

321 設: 『서탑사본西塔寺本』에는 '설設'자가 빠졌고, 『함분루설부본涵芬樓說郛本』에는 '몰沒'자로 되어 있다.

322 雙篾: 두 개의 대나무 껍질.

323 經: 세로.

324 玲瓏: 예쁘고 모양나게, 깜찍하다는 뜻이다.

[국역]

도람都籃

도람都籃, 모든 차기를 수납할 수 있어서 붙여진 이름이다以悉設諸器而名之. 대나무 껍질로 만들어 (표면) 안쪽에는 삼각방안으로 만들고以竹篾內作三角方眼, 밖에는 두 겹의 넓은 대나무 껍질로 세로 방향을 하고外以雙篾闊者經之, 한 겹의 좁은 대나무 껍질로 (가로 방향으로) 묶고以單篾纖者縛之, 교대로 엮어遞壓雙經, 방안 모양이 되도록作方眼, 뚜렷하게 만든다使玲瓏. 높이는 1자 5치高一尺五寸, 바닥의 넓이는 1자底闊一尺, 높이는 2치高二寸, 길이는 2자 4치長二尺四寸, 너비는 2자다闊二尺.

[강설]

도람은 사발인 완을 제외한 모든 차기를 수납할 수 있도록 만들었다. 도람의 높이는 약 50cm이며, 길이는 약 80cm이고, 너비는 약 66cm다. 바닥 높이 약 6.6cm를 합하면 작은 상자가 아니다. 솥과 풍로 등 비교적 큰 차기도 여기에 수납한다. 육우는 깨지기 쉬운 사발은 삼태기[畚]에 따로 수납 보관하였다. 따라서 육우가 설계한 수납 용기는 두 개가 되는 것이다.

명明나라 가정嘉靖 20년(1541) 고원경顧元慶(1487~1565)이 1530년 경에 전춘년錢椿年이 저술했던 『다보茶譜』를 재편집하여 자신의 이름으로 『다보茶譜』를 새롭게 간본刊本하였다. 이 책에서는 그림으로 명나라 차기茶器 8개를 실렸다.

고원경의 『다보茶譜』는 송나라 심안노인審安老人이 지은 『다구도찬茶具圖讚』에서 그린 12개의 송나라 차기와 더불어 명나라 차기의 실물을 그림으로 기록한 유일한 책이다. 오늘날 이 2권의 책에서 나온 차기의 그림은 차 학문을 연구하는데 지대한 영향을 주었다.

고원경의 『다보茶譜』에는 8개의 차기 모습을 그려 실렸는데, 이 가운데 도람은 두 개다. 첫 번째의 도람은 '고절군행성苦節君行省'이다.

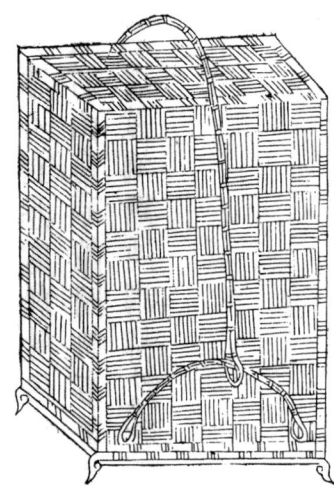

고원경의 『다보茶譜』에는 2개의 도람이 실렸다. 두 번째 도람의 이름은 '기국器局'이다.

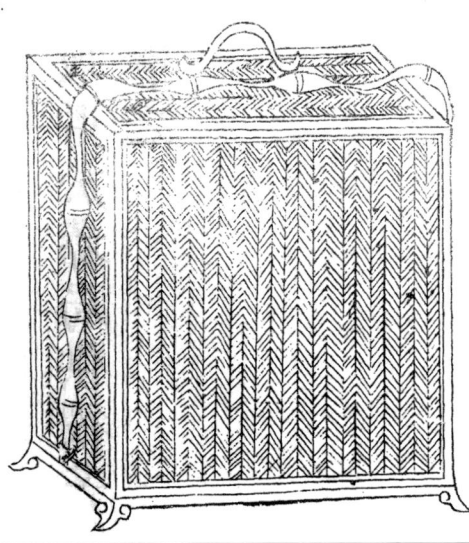

당나라 황실 사원 법문사法門寺(섬서성陝西省 보계시寶鷄市 부풍현扶風縣)

1700여 년전 세운 법문사法門寺가 1981년의 지진과 1987년의 낙뢰로 탑이 반으로 갈라졌다. 해체되는 과정에서 지하궁전이 발견되었는데, 발굴된 유물 2000여 점 가운데 수많은 불교유물이 출토되었고, 불지사리佛指舍利도 있었다. 특히 완전한 형태를 갖춘 당나라 황실의 차기茶器가 대량으로 발견되어 많은 화제를 낳았다

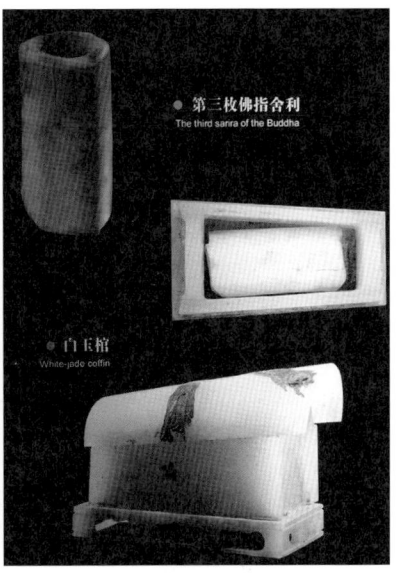

법문사 지하궁전에서 발견된 부처님의 중지中指 불지사리佛指舍利와 사리를 보관하는 백옥관白玉棺

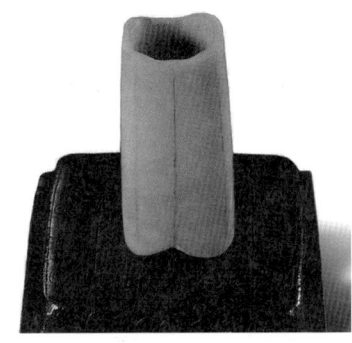

부처님의 엄지 손가락뼈 마디 불지사리佛指舍利   부처님의 중지 손가락뼈 마디 불지사리佛指舍利

2002년 법문사 제3회 '차문화국제학술대회'에서 성신여자대학원 석사학생들의 '한재寒齋 이목李穆' 추모제

법문사法門寺 지하궁전에서 출토된 궁중 차기茶器는 모두가 유금鎏金(도금)으로 만들었다. 법문사 지하궁전에서 발굴된 차와 관련된 유물

유금鎏金으로 만든 사발

거북 모양의 차합(차호茶壺)

차라합茶羅盒

중동산中東産으로 추정되는 유리 재질 찻잔

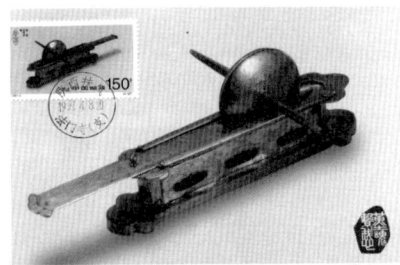
우표로 발행했던 유금 차연茶碾

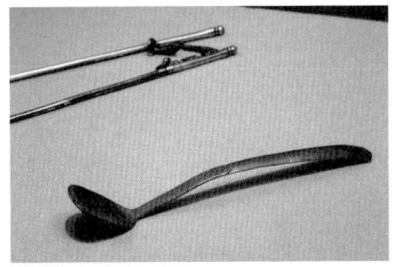
차칙과 차 젓가락(차협茶筴)

병차를 담는 차롱茶籠

소금을 담는 차궤鹺簋

【四之器】

기능	명칭	재질	제작법	용도·모양		비고	
물 끓이는 기 물을 담는 기물 -煮水用-	風爐	以銅鐵鑄之	如古鼎形 厚三分 緣闊九分 令六分虛中 致其杇墁			銘文內容位置	凡三足 古文書二十一字 一足云 坎上巽下離於中 一足云 體均五行去百疾 一足云 聖唐滅胡明年鑄 其三足之間 設三窓 底一窓 以爲通飇漏燼之所 上並古文書六字 一窓之上書伊公二字 一窓之上書羹陸二字 一窓之上書氏茶二字 所謂伊公羹 陸氏茶也
							其一格有翟焉 翟者火禽也 畫一卦曰離 其一格有彪焉 彪者風獸也 畫一卦曰巽 其一格有魚焉 魚者水蟲也 畫一卦曰坎 巽主風 離主火 坎主水 風能興火 火能熟水 故備其三卦焉
	灰承					置墆熱於其內設三格	雅則雅矣 潔亦潔矣 若用之恆 而卒歸於鐵也
		其爐 或鍛鐵爲之 或運泥爲之		爐之			
	鍑	以生鐵爲之 今人有業冶者 所謂急鐵 其鐵以耕刀之趄 鍊而鑄之 洪州以瓷爲之 萊州以石爲之 瓷與石皆雅器也 性非堅實 難可持久 用銀爲之 至潔 但涉於侈麗	作三足鐵枠 內模土 而外模沙 土滑於內 易其摩滌 沙澁於外 吸其炎焰	爐之	方其耳 以正令也 廣其緣 以務遠也 長其臍 以守中也 臍長 則沸中 沸中 則末易揚 末易揚 則其味淳也		

기능	명칭	제질	제작법	용도·모양		비고
불 지피는데 필요한 기물 -備火用-	筥	以竹織之	高一尺二寸 徑闊七寸 或用藤 作筥形織之 如筥形織之	모양	六出圓眼 其底蓋若利篋口 鑠之	
	炭檛	以鐵六稜制之	長一尺 銳一豊中 執細頭系一小鐶 以飾檛也	모양	若今之河隴軍人木吾也	或作鎚 或作斧 隨其便也
	火筴 一名筯	以鐵或熟銅製之	若常用者 圓直一尺三寸	모양	頂平截 無葱薹勾鏁之屬	
물을 거르는데 담을 필요한 기물 -淨水用-	漉水囊	其格 以生銅鑄之 以備水濕 無有苔穢 腥澁意 以熟銅苔穢 鐵腥澁也				
		其囊 織靑竹以捲之 裁碧縑以縫之 紐翠鈿以綴之 或用竹 非持大 木與竹 非持久 涉遠之具 故用生銅				
	綠油囊		圓徑五寸 柄一寸五分	용도	以貯之	漉水囊
	水方	以椆木 槐 楸 梓 等合之 其裏幷外縫漆之				受一斗

[四之器 表]

173

기능	명칭	제질	제작법	용도·모양		비고
차기를 숙이 진열하는데 필요한 기물 -受納用-	交床	以十字交之 剜中令虛		용도	以支鍑也	
	畚	以白蒲 捲而編之		용도	可貯盌十枚	或用筥
	紙帊	以剡紙夾縫	亦十之也	모양	令方	
	具列	或純木 純竹而製之 或木或竹	黃黑可扃而漆者 長三尺 闊二尺 高六寸	모양	或作床 或作架	
			內作三角方眼 外以雙篾闊者經之 以單篾纖者縛之 遞壓雙經 作方眼 使玲瓏 高一尺五寸 底闊一尺 高二寸 長二尺四寸 闊二尺	용도	具列者 悉斂諸器物 悉以陳列也	
받차를 숙이고 저장하는데 필요한 기물 -炙茶用-	都籃	以小竹 為之		용도	以悉設諸器而名之	
	灰	恐非竹谷閒莫之致 或用精鐵熟銅之類 取其久也	長一尺二寸 令一寸有節 節以上剖之	용도	以炙茶也 彼竹之篠 津潤於火 假其香潔以益茶味	
	紙囊		以剡藤紙白厚者 夾縫之	용도	以貯所炙茶 使不泄其香也	

기능	명칭	재질	제작법	용도·모양	비고
製茶를 가루 내는데 필요한 기물 -製末用-	碾	以橘木爲之 次以梨桑桐柘爲之	內圓而外方 內圓備於運行也 外方制其傾危也 內容墮而外無餘 木墮 形如車輪 不輻而軸焉 長九寸 闊一寸七分 墮徑三寸八分 中厚一寸 邊厚半寸 軸中方而執圓		
	拂末	以鳥羽製之		拂末	
	羅合		用巨竹剖而屈之 以紗絹衣之 其合以竹節爲之 或屈杉以漆之 高三寸 蓋一寸 底二寸 口徑四寸	羅末	以合蓋貯之 以則置合中

[四之器 表]

175

기능	명칭		재질	제작법	용도·모양		비고
차 끓이는데 필요요한 기물 - 煮茶用 -	一沸	鹺簋	以瓷爲之	圓徑四寸	용도	貯鹽花也	
					모양	若合形 或甁 或罍	
		揭	竹削	長四寸一分 闊九分			
		瓢	今常用以梨木爲之剖翻爲之 或刊木爲之		모양	口闊 脛薄 柄短	一曰犧杓 剖匏 木杓也 晋舍人杜毓『荈賦』云 酌之以匏 瓢也 永嘉中 餘姚人虞洪 入瀑布山採茗 遇一道士云 吾丹丘子 祈子他日甌犧之餘 乞相遺也
	二沸	則	以海貝 蠣蛤之屬 或以銅鐵 竹匕策之類	或以桃柳 蒲葵木爲之 或以柿心木爲之 長一尺	용도	凡煮水一升 用末方寸匕	則者 量也 準也 度也 若好薄者 減之 嗜濃者 增之 故云則也
	三沸	瓢	今常用以梨木爲之剖翻爲之 或刊木爲		모양	口闊 脛薄 柄短	銀鏤兩頭 晋舍人杜毓『荈賦』云 酌之以匏 瓢也 永嘉中 餘姚人虞洪 入瀑布山採茗 遇一道士云 吾丹丘子 祈子他日甌犧之餘 乞相遺也
		熟盂	或瓷 或沙		용도	以貯熟水	受二升

기능	명칭	재질	제작법	용도·모양		비고
차 마시는데 필요한 기물 -飮茶用-	盌			모양	口脣不卷 底卷而淺	越州上 鼎州次 婺州次 岳州次 壽州 洪州次
						或者以邢州處越州上 殊爲不然 若邢瓷類銀 越瓷類玉 邢不如越一也 若邢瓷類雪 則越瓷類氷 邢不如越二也 邢瓷白而茶色丹 越瓷靑而茶色綠 邢不如越三也
						晉杜毓『荈賦』所謂 器擇陶揀 出自東甌 甌 越也 甌 越州上
						越州瓷 岳州瓷皆靑 靑則益茶 茶作白紅之色 邢州瓷白 茶色紫 壽州瓷黃 茶色紫 洪州瓷褐 茶色黑 悉不宜茶
청결을 유지하는데 필요한 기물 -潔器用-	巾	以絁布爲之	長二尺 作二枚 互用之	용도	以潔諸器	受八升
	畚方	用楸木合之	製如畚方	모양	制如木方	
	滓方			용도	以貯滌洗之餘	受五升
	札	緝栟櫚皮	以茱萸木夾而縛之 或截竹束而管之 若巨筆形	용도	以集諸滓	

[四之器 表]

177

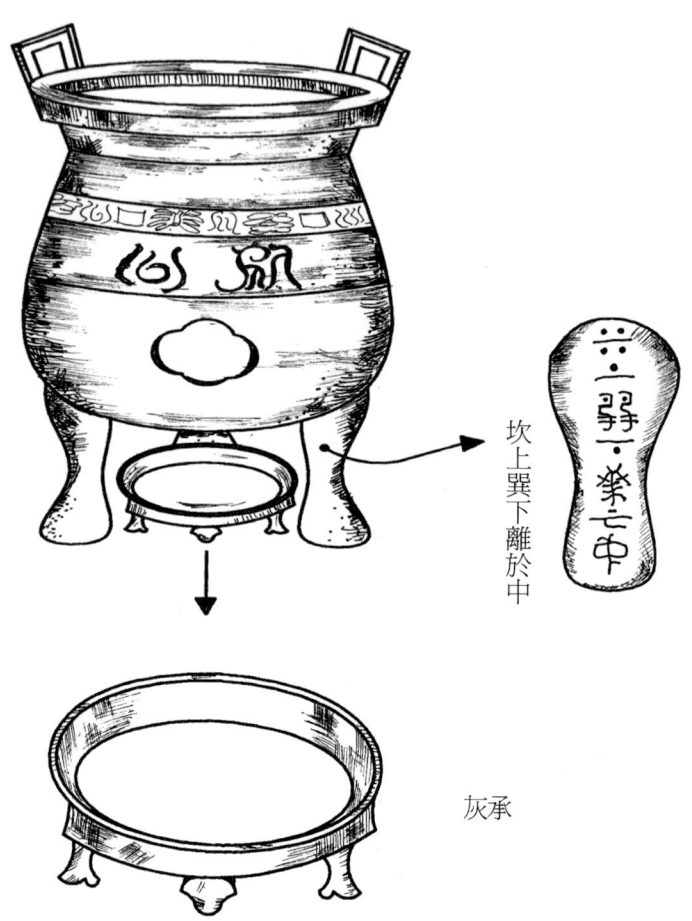

其飾，以連葩、垂蔓、曲水、方文之類．其爐，或鍛鐵為之，或運泥為之．其灰承，作三足鐵柈檯之．

古文書

凡三足, 古文書二十一字. 一足云'坎上巽下離於中', 一足云'體均五行去百疾', 一足云'聖唐滅胡明年鑄' 其三足之間, 上幷古文書六字, 一窗之上書'伊公'二字, 一窗之上書'羹陸'二字, 一窗之上書'氏茶'二字. 所謂'伊公羹, 陸氏茶'也.

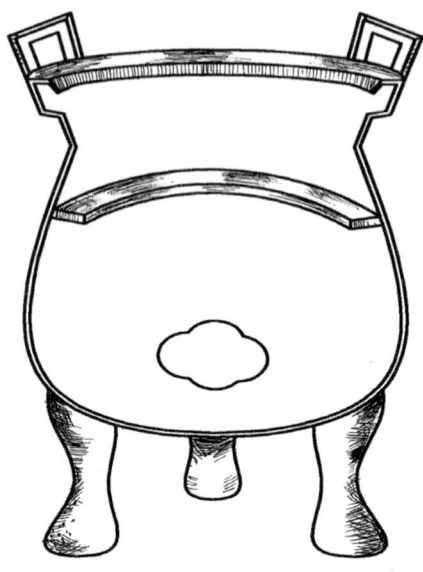

風爐段面

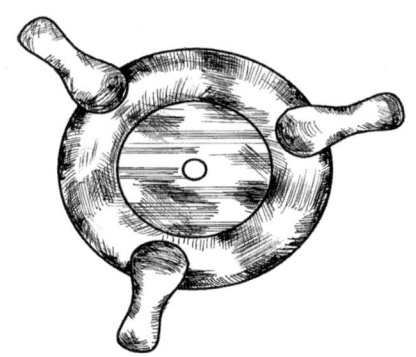

風爐底面

風爐以銅鐵鑄之，如古鼎形，厚三分，緣闊九分，令六分虛中，致其杇墁．其三足之間，設三窗．底一窗，以爲通飇漏燼之所．

置墭塯於其內, 設三格, 翟者火禽也, 畵一卦曰離; 其一格有彪焉, 彪者風獸也, 畵一卦曰巽; 其一格有魚焉, 魚者水蟲也. 畵一卦曰坎.

筥

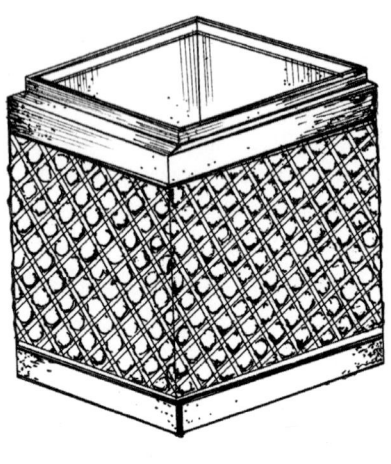

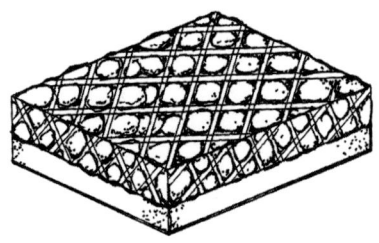

筥，以竹織之，高一尺二寸，徑闊七寸. 或用藤，作木楦如筥形織之. 六出圓眼，其底蓋若利篋口，鑠之.

炭檛

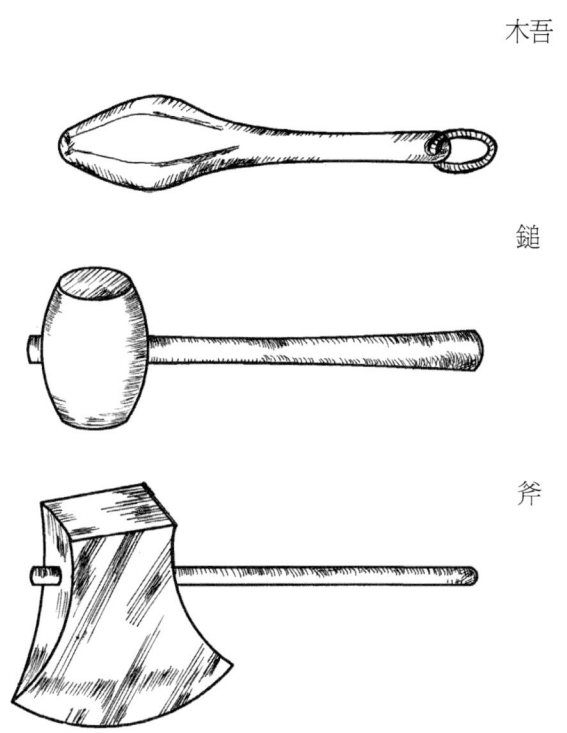

木吾

鎚

斧

炭檛，以鐵六稜制之，長一尺，銳一豐中，執細頭系一小䥺以飾檛也，若今之河隴人木吾也．或作鎚，或作斧，隨其便也．

夾

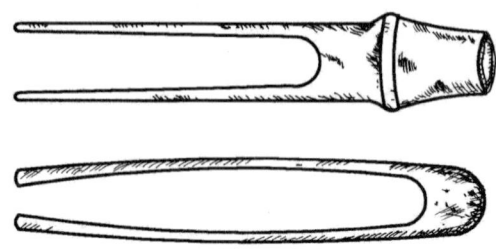

火筴

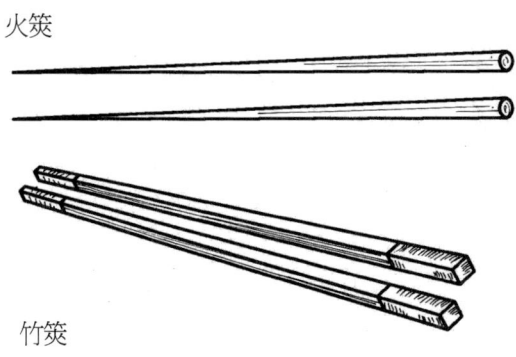

竹筴

夾，以小青竹為之，長一尺二寸．令一寸有節，節已上剖之以炙茶也．彼竹之篠，津潤於火，假其香潔以益茶味，恐非林谷間莫之致．或用精鐵熟銅之類，取其久也．

火筴，一名筯，若常用者，圓直一尺三寸，頂平截，無蔥臺勾鏁之屬，以鐵或熟銅製之．

竹筴，或以桃、柳、蒲葵木為之，或以柿心木為之．長一尺，銀裹兩頭．

鍑

鍑，以生鐵爲之，今人有業冶者，所謂急鐵．其鐵以耕刀之趄，鍊而鑄之．內模土，而外模沙．土滑於內，易其摩滌；沙澀於外，吸其炎焰．方其耳，以正令也．廣其緣，以務遠也．長其臍，以守中也．臍長，則沸中；沸中，則末易揚；末易揚，則其味淳也．洪州以瓷爲之，萊州以石爲之．瓷與石皆雅器也，性非堅實，難可持久．用銀爲之，至潔，但涉於侈麗．雅則雅矣，潔亦潔矣，若用之恆，而卒歸於鐵也．

交床

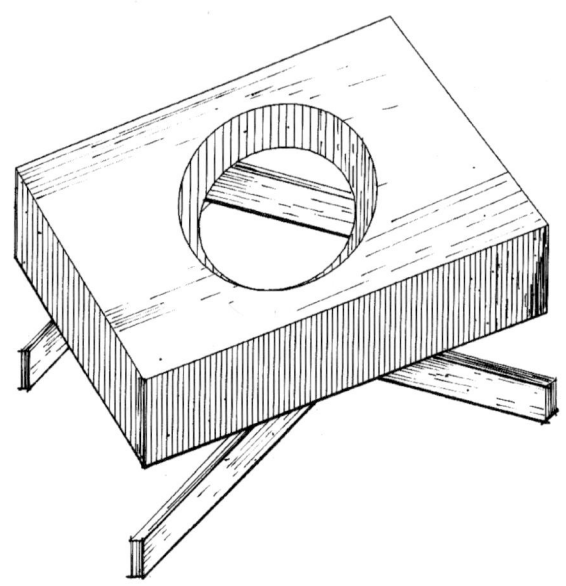

交床，以十字交之，剜中令虛，以支鍑也．

畚

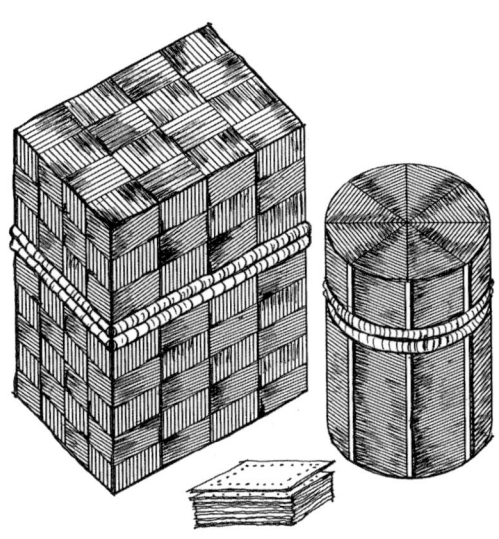

紙帊

畚，以白蒲捲而編之，可貯盌十枚．或用筥．
其紙帊以剡紙夾縫，令方，亦十之也．

羅合

海貝 則

方寸匕

羅末,以合蓋貯之,以則置合中.用巨竹剖而屈之,以紗絹衣之.其合以竹節爲之,或屈杉以漆之.高三寸,蓋一寸,底二寸,口徑四寸.

則,以海貝、蠣蛤之屬,或以銅、鐵、竹匕策之類.則者,量也,准也,度也.凡煮水一升,用末方寸匕.若好薄者,減之,嗜濃者,增之,故云則也.

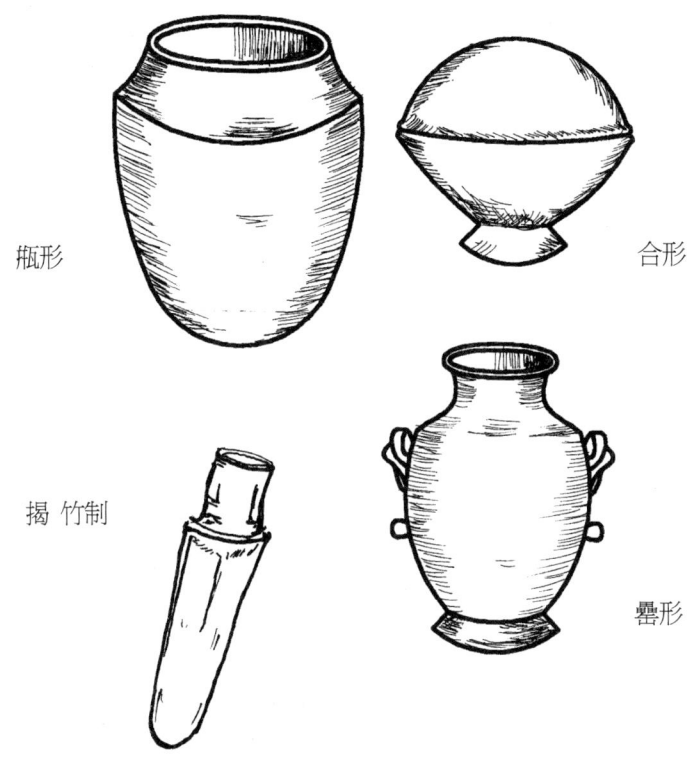

鹺簋

瓶形

合形

揭 竹制

罍形

鹺簋, 以瓷爲之. 圓徑四寸, 若合形, 或瓶、或罍, 貯鹽花也.
其揭, 竹制, 長四寸一分, 闊九分. 揭, 策也.

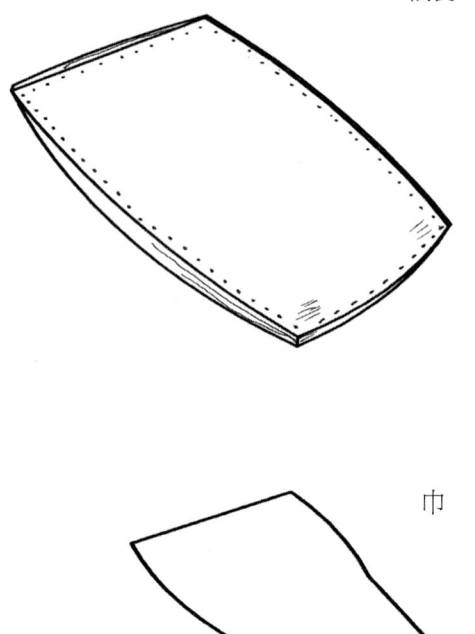

紙囊

巾

紙囊，以剡藤紙白厚者夾縫之．以貯所炙茶，使不泄其香也．

巾，以絁布爲之，長二尺，作二枚，互用之，以潔諸器．

瓢

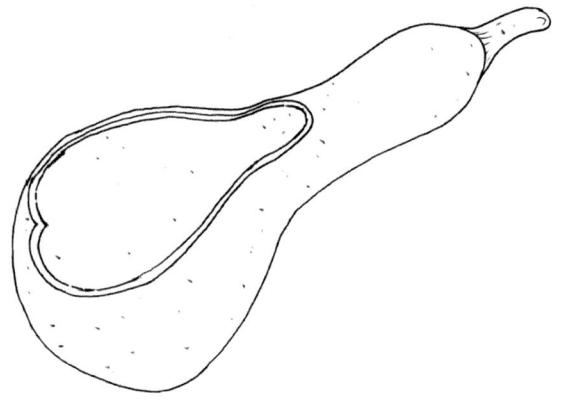

瓢, 一曰犧杓. 剖瓠爲之, 或刊木爲之. 晉舍人杜毓『荈賦』云 "酌之以匏." 匏, 瓢也. 口闊, 脛薄, 柄短. 永嘉中, 餘姚人虞洪入瀑布山採茗, 遇一道士, 云 "吾丹丘子, 祈子他日甌犧之餘, 乞相遺也." 犧, 木杓也. 今常用以梨木爲之.

熟盂　　　　　　盌

熟盂，以貯熟水、或瓷、或沙、受二升．

盌，越州上，鼎州次、婺州次、岳州次、壽州、洪州次．或者以邢州處越州上，殊爲不然．若邢瓷類銀，越瓷類玉，邢不如越一也；若邢瓷類雪，則越瓷類冰，邢不如越二也；邢瓷白而茶色丹，越瓷靑而茶色綠，邢不如越三也．晉杜毓『荈賦』所謂"器擇陶揀，出自東甌."甌，越也．甌，越州上，口脣不卷，底卷而淺，受半升已下．越州瓷、岳瓷皆青，青則益茶．茶作白紅之色．邢州瓷白，茶色紅；壽州瓷黃，茶色紫；洪州瓷褐，茶色黑；悉不宜茶．

筆形　　　　札

 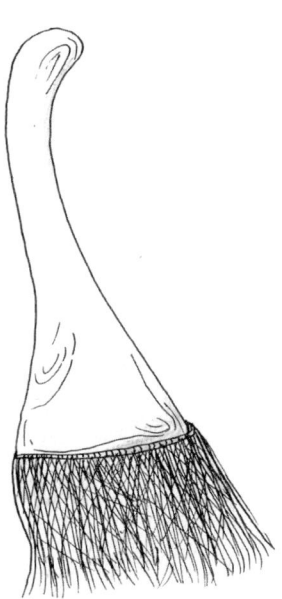

札,緝栟櫚皮以茱萸木夾而縛之,或截竹束而管之,若巨筆形.

漉水囊

綠油囊

漉水囊，若常用者，其格以生銅鑄之，以備水濕，無有苔穢腥澀意。以熟銅苔穢，鐵腥澀也。林棲谷隱者，或用之竹木。木與竹非持久涉遠之具，故用之生銅。其囊，織青竹以捲之，裁碧縑以縫之，紐翠鈿以綴之。

又作綠油囊以貯之，圓徑五寸，柄一寸五分。

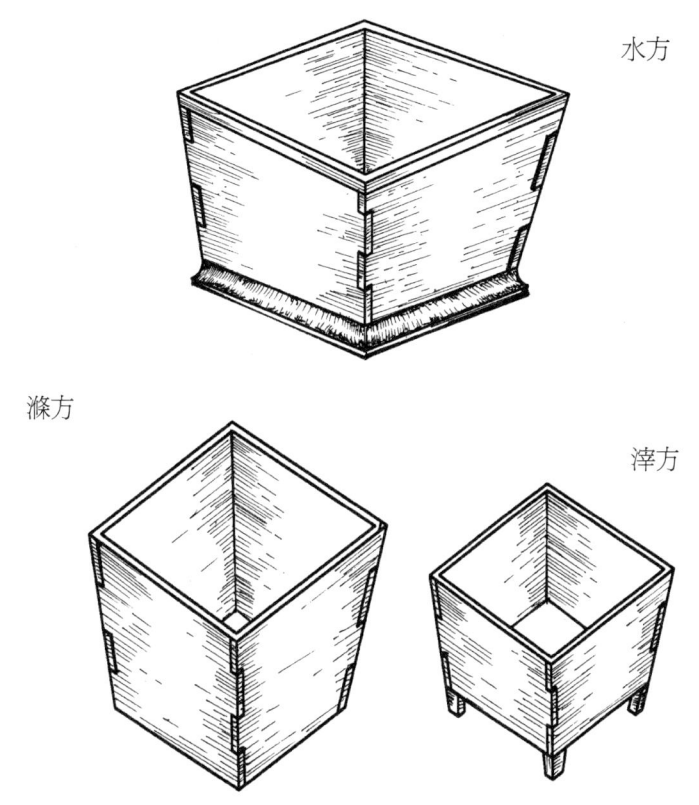

水方,以椆木、槐、楸、梓等合之,其裏幷外縫漆之,受一斗.

滓方,以集諸滓,製如滌方,處五升.

滌方,以貯滌洗之餘,用楸木合之,制如水方,受八升.

具列 架

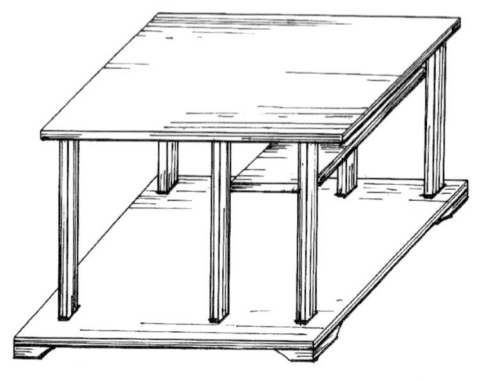

具列 床

具列，或作床，或作架．或純木、純竹而製之．或木或竹，黃黑可扃而漆者．長三尺，闊二尺，高六寸．具列者，悉斂諸器物，悉以陳列也．

都籃

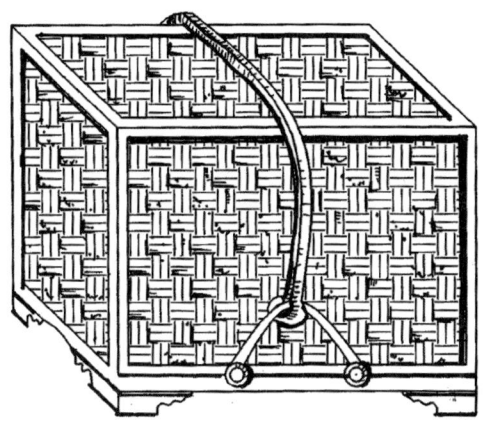

都籃, 以悉設諸器而名之. 以竹篾內作三角方眼, 外以雙篾闊者經之, 以單篾織者縛之, 遞壓雙經, 作方眼, 使玲瓏. 高一尺五寸, 底闊一尺、高二寸, 長二尺四寸, 闊二尺.

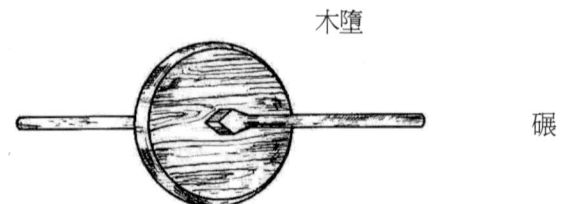

木墮

碾

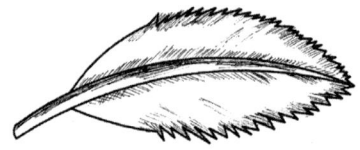

拂末

碾，以橘木爲之，次以梨、桑、桐、柘爲之．內圓而外方．內圓備於運行也，外方制其傾危也．內容墮而外無餘．木墮，形如車輪，不輻而軸焉．長九寸，闊一寸七分．墮徑三寸八分，中厚一寸，邊厚半寸，軸中方而執圓．

其拂末以鳥羽製之．

오늘날 사천성四川省 아안雅安 지역은 옛 파巴나라 촉蜀나라의 근거지다

이곳에서 대량의 유물이 발견되었는데, 이 가운데 흙으로 만든 다양한 기물은 당시의 생활상을 보여주고 있다

【 四之器 圖 그림 삽화 짱유화 】

茶經卷下

오지자

「오지자」는 병차를 굽는 방법, 땔감, 물의 선택, 차탕을 끓이는 과정을 다루고 있다.
「오지자」의 '자煮'는 차탕을 끓이는 방법을 말한다. 육우는 차 끓이는 과정을 물 끓는 모양에 따라 3단계 나누어 설명했다. 첫 번째 단계의 끓음을 '1비一沸'라 하고 물기포의 모양은 어목魚目이라 했다. 두 번째 단계의 끓음을 '2비二沸'라 하고 물기포의 모양은 용천연주湧泉連珠라 했다. 세 번째 단계의 끓음을 '3비三沸'라 하고 물기포의 모양은 등파고랑騰波鼓浪이라 했다. 그리고 차탕의 정화精華 즉 차의 거품인 '말발沫餑'의 중요성을 강조하는 장이기도 하다.

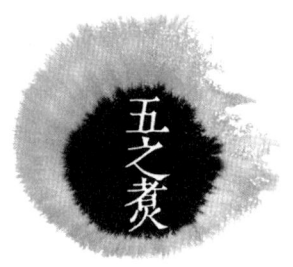

[원문]

凡炙茶, 愼勿於風爐間炙, 熛焰如鑽, 使炎涼不均. 持以逼火, 屢其翻
범적다, 신물어풍신간적, 표염여찬, 사염량불균. 지이핍화, 누기번

正, 候炮普敎反 出培塿, 狀蝦蟆背, 然後去火五寸. 卷而舒, 則本其始
정, 후포보교반 출배루, 상하마배, 연후거화오촌. 권이서, 즉본기시

又炙之. 若火乾者, 以氣熟止; 日乾者, 以柔止.
우적지. 약화건자, 이기숙지; 일건자, 이유지.

---

325 炙茶: 덩어리인 병차를 집게에 끼워 불에 굽는 것을 말한다.

326 爐: 불똥.

327 熛: 불티.

328 炎涼: 덥고 서늘한 것. 여기에서는 일정한 열을 뜻한다.

329 炮: 불에 구워 생긴 물체의 기포氣泡를 말한다.

330 培塿: 작은 언덕과 같이 부풀어진 형상.

331 蝦蟆: 두꺼비의 잔등처럼 울퉁불퉁한 모양.

332 卷而舒: 말아진 것이 펴진다는 뜻으로, 곧 적차炙茶할 때 열로 말아진 병차의 표면이 펴지는 것을 말한다.

333 火乾: 칠경목七經目을 통해 건조된 병차를 가리킨다.

334 氣熟: '숙熟'의 뜻은 '열熱'과 같다. 여기에서 '기숙氣熟'이란 수분이 완전히 증발하는 것을 뜻한다.

335 日乾: 칠경목七經目에서 말하는 배로로 말리지 않고 햇볕으로 말린 병차를 가리킨다.

[국역]

대저 병차를 구울 때는凡炙茶, 조심하여 바람이 불고 불똥이 있는 불에서는 굽지 않아야 하는데愼勿於風燼間炙, (이는) 불티가 튀는 불꽃은 마치 송곳과 같아서熛焰如鑽, 열이 고르지 못하기 때문이다使炎涼不均. (집게에 병차를) 끼워 불에 가까이 대고持以逼火, 자주 뒤집어가며屢其翻正, 기포가 생기도록 구워候炮, (포炮의 음은) 보교普敎의 반절이다普敎反 (병차 표면이) 작은 언덕과 같은 것이 나와出培塿, 두꺼비 등 모양처럼 부풀면狀蝦蟆背, 이어 불에서 5치 정도 물러난다然後去火五寸. 수축된 것(병차의 표면)이 펴지면卷而舒, 곧 앞과 같이 재차 굽는다則本其始又炙之. 만일 불로 건조된 것(병차)이라면若火乾者, 수분이 완전히 (증발하도록) 구워지면 멈추고以氣熟止, 햇볕으로 건조된 것(병차)이라면日乾者, 유연할 정도(구우)면 멈춘다以柔止.

[강설]

차를 마실 때 먼저 육育에서 병차를 꺼내 집게에 끼워 불에 굽는다. 이 과정을 '적차炙茶'라고 한다. 적차할 때 쓸 집게는 대나무가 좋다. "적차할 때 필요한 차기인 집게[夾]는 대나무 재질이면 좋다. 불에 댈 때 대나무 집게에서 흐르는 진액이 병차에 스며들어 차맛을 한층 더해줄 수 있기 때문이다.「사지기四之器·협夾」에서 나온 말이다.[336]

적차의 목적은 병차에 배어있는 습기를 제거하는 동시에 차의 맛과 향을 높이고 다음 공정인 갈기를 돕기 위함이다. 차는 고르지 못한 불기운에서는 굽지 않는다. 병차 표면이 부풀어지면 뒤집어가면서 바싹 굽는다. 주의할 점은 건조공정에서 병차가 배로焙爐로 말린 것이라면 습기가 완전히 제거될 때까지 굽는 반면, 햇볕으로 말린 병차이면 어느 정도만 구우면 바삭해진

---

336 "夾, 以小靑竹爲之, 以炙茶也. 彼竹之篠, 津潤於火, 假其香潔以益茶味."

다. 이는 배로로 말린 병차는 햇볕에 말린 병차보다 수분이 고르게 증발되지 않아 적차할 때 세심한 주의가 필요하다.

[원문]
其始, 若茶之至嫩者, 蒸罷熱搗, 葉爛而牙筍存焉. 假以力者, 持千鈞杵[337]
기시, 약다지지눈자, 증파열도, 엽란이아순존언. 가이력자, 지천균저
亦不之爛. 如漆科珠[338], 壯士接之[339], 不能駐其指. 及就, 則似無穰骨也[340]. 炙
역부지란. 여칠과주, 장사접지, 불능주기지. 급취, 즉사무양골야. 적
之, 則其節若倪倪[341][342]如嬰兒之臂耳. 旣而承熱用紙囊貯之, 精華之氣無所
지, 즉기절약예예여영아지비이. 기이승열용지낭저지, 정화지기무소
散越, 候寒末之. 末之上者, 其屑如細米. 末之下者, 其屑如菱角[343].
산월, 후한말지. 말지상자, 기설여세미. 말지하자, 기설여능각.

[국역]
(가공과정에서) 처음에其始, 만약 아주 여린 찻잎을若茶之至嫩者, 쪄서 뜨거울 때 찧으면蒸罷熱搗, 잎은 문드러지지만 싹과 순은 그대로 남아 있다葉爛而牙筍存焉. 만일 장사가 (힘을 믿고)假以力者, 천 근의 절굿공이를 갖고 찧는다고 해도 문드러지지 않는다持千鈞杵亦不之爛. (이는) 마치 작은 구슬인 칠과

---

337 千鈞: 아주 무겁다는 뜻이다. 옛날의 '일균一鈞'은 지금의 약 30근이다.

338 漆科珠: 옻칠한 작은 구슬.

339 駐: 눌러서 고정하도록 잡는다.

340 穰骨: 벼의 대, 여기에서는 차싹의 심을 말한다. 『당인설회본唐人說薈本』, 『백천학해본百川學海本』, 『사고전서본四庫全書本』, 『완위산당설부본宛委山堂說郛本』, 『정총본鄭熜本』에의 '양穰'은 '양欀'자로 되어 있다.

341 若: 『서탑사본西塔寺本』에는 '약若'자가 빠졌다.

342 倪倪: 갓난아기의 말랑말랑한 살결.

343 其: 『백천학해본百川學海本』에는 '구具'자로 되어 있다.

주를如漆科珠, 장사가 손가락에壯士接之, 쥐지 못하는 것(이치)과 같다不能駐其指. 제대로 찌고 찧으면及就, 즉 차의 싹과 순[穰骨]이 없는 것과 같이 된다則似無穰骨也. (이렇게 만든 병차를) 구우면炙之, 그 마디가 말랑말랑한 것이 마치 갓난애의 팔뚝처럼 유연하다則其節若倪倪如嬰兒之臂耳. (다 구워진 병차는) 뜨거울 때 종이주머니에 넣어 저장하며旣而承熱用紙囊貯之, 정화精華의 기운을 흩어지지 않게 하고精華之氣無所散越, 식을 때까지 기다렸다가 가루를 낸다候寒末之. 찻가루의 상등품은末之上者, 그 부스러기가 세미細米와 같고其屑如細米, 찻가루의 하등품은末之下者, 그 부스러기가 능각菱角과 같다其屑如菱角.

[강설]

병차의 가공에서 찻잎을 찌고 절구질할 때 잎은 쉽게 문드러지지만 심이 박혀 있는 싹과 순은 오히려 완벽하게 문드러지지 못하는 경우가 있다. 이러한 심은 힘으로는 문드러지지 않아 보다 세심한 노력이 뒤따라야 가능하다. 심[穰骨]이 없는 병차를 구울 때 아주 부드럽고 유연하다. 구워진 병차는 서서히 식혀야 하며 너무 빨리 식히면 병차의 정화精華가 유실할 수가 있다. 갓 구운 병차는 준비된 종이주머니[紙囊]에 담아 서서히 식힌 후 가루를 낸다. 이는 차의 정화가 한기寒氣에 의해 소멸될 수 있기 때문이다.

『다경』에서 병차를 가루 낼 때 부스러기는 세미와 같은 것이 좋고, 능각과 같으면 좋지 않다고 했다. 「육지음六之飮·구난九難」에 "푸른색 가루가 되거나 먼지처럼 날리는 것은 그 가루 내는 법이 아니다"고 했다.[344] 찻가루의 판단 기준은 고운 것은 그 입자가 아주 가는 쌀가루와 같은 정도의 크기며, 입자가 마름 열매의 깍지처럼 거칠고 크면 좋지 않다. 그래서 육우는 차 맷돌에 대해 "연조는 귤나무로 만든 것이 상품이고, 배나무·뽕나무·오동

---

344 "碧粉縹塵, 非末也."

나무・산뽕나무로 만든 것이 그 다음이다"라고 하여 금속 재질이 아닌 나무 재질만 썼다. 이러한 이유는 다양한 입자의 알갱이를 얻고자 하기 위함이다.

한편 흩어진 찻가루를 가루털개[拂末]로 쓸어 모으는 것도 차인의 검儉에 대한 요구다. 송나라 심안노인審安老人은 『다구도찬茶具圖贊』에서 가루털개를 '종종사宗從事'라 이름지어, 공자의 제자 자하子夏를 비견하여 이렇게 말했다. "공자 문하인 자하子夏는 쓸고 닦는 작은 일도 마다하지 않고 하물며 흩어진 것을 모으고 버려진 것까지 다시 줍도록 한다. 가는 털을 최대한 운용하여 먼지가 날리지 않도록 힘쓰니 이러한 공로는 실로 찬양할 만하다"고 했다. 찻가루의 털개에 빗대어 차의 의미를 일깨워주는 말이다.

[원문]
其火用炭, 次用勁薪.³⁴⁷⁾ 謂桑、槐、桐、櫪³⁴⁸⁾之類也. 其炭, 曾經燔³⁴⁹⁾炙, 爲膻膩³⁵⁰⁾所
기화용탄, 차용경신. 위상、괴、동、역지류야. 기탄, 증경번적, 위전니소
及, 及膏木、敗器³⁵¹⁾不用之. 膏木爲柏、桂、檜也. 敗器, 謂朽廢器也. 古人有勞
급, 급고목、패기불용지. 고목위백、계、회야. 패기, 위후폐기야. 고인유로
薪³⁵²⁾之味, 信哉!
신지미, 신재!

---

345 "碾, 以橘木爲之, 次以梨、桑、桐、柘爲之."
346 "孔門高弟, 當灑掃應對事之末者, 亦所不棄, 又況能萃其旣散, 拾其已遺, 運寸毫而使邊塵不飛, 功亦善哉."
347 勁薪: 단단한 섶나무 땔감.
348 櫪: 『당인설회본唐人說薈本』에는 '계枅'자로 되어 있다.
349 燔: 고기를 굽는다.
350 膻膩: 누린내나 기름때인 비린 냄새.
351 器: 『사고전서본四庫全書本』에만 '등等'자로 되어 있다.
352 勞薪: 썩어 문드러진 나무기물 또는 버려진 수레바퀴의 살 등의 땔감.

[국역]

땔감에는 숯이 으뜸이며其火用炭, 그 다음은 경신이다次用勁薪. (경신이란) 이른바 뽕나무·괴목·오동나무·참나무 종류다謂桑槐桐櫪之類也. 그 숯이라도其炭, 일찍이 고기를 구워曾經燔炙, (기름기로) 누린내나 비린내가 스민 것爲膻膩所及, 그리고 고목과 패기 같은 것은 쓰지 않는다及膏木敗器不用之. (진이 많은 나무인) 고목膏木이란, 잣나무·계수나무·전나무이다膏木爲柏桂檜也. (썩은 목기인) 패기敗器란, 이른바 썩어 못쓰게 되어 버려진 기물을 말한다敗器謂朽廢器也. 옛사람들은 썩고 문드러진 나무의 기물을 가지고 음식을 만들면 반드시 잡스런 냄새가 스민다고 했는데古人有勞薪之味, 믿을 만하다信哉.

[강설]

옛사람들은 차를 끓이는 땔감에 대해 유독 민감했다. 차문헌에서 나온 땔감의 내용은 대부분 연기 그을음을 말한다. 이는 그을음은 물을 망치고, 물이 손상되면 온전한 차를 낼 수 없기 때문이다. 당나라의 소이蘇廙는 그을음을 '대마大魔'라고 불렀다. 그는 『십륙탕품十六湯品』에서 "차를 만들어 마시는 일의 관건은 끓인 물의 좋고 나쁨에 있는데, 끓는 물은 연기 그을음을 가장 싫어한다. 그래서 그을음을 대마라고 한다"고 했다.[353] 그리고 "숯만은 그렇지 않으므로 참다운 차탕을 끓이는 데에 진정한 벗이라"고 하여[354] 그을음이 나지 않는 숯이야말로 최고의 땔감이라 했다. 땔감에 진이 배어있으면 그을음이 올라온다. 숯이라도 기름기가 배어있으면 그을음이 나기 때문에 경계해야 한다. 썩어 문드러진 나무는 더 말할 나위가 없다.

---

353 "調茶在湯之淑慝, 而湯最惡烟. … 所以爲大魔."
354 "炭則不然, 實湯之友."

[원문]

其水, 用山水上, 江水中, 井水下.『舜賦』所謂 "水則岷方之注[355], 揖彼淸流[356]." 其山
기수, 용산수상, 강수중, 정수하.『천부』소위 "수즉민방지주, 읍피청류." 기산
水, 揀乳泉[357], 石池慢[358]流者上; 其瀑湧湍漱[359], 勿食之, 久食令人有頸疾. 又
수, 간유천, 석지만류자상; 기폭용단수, 물식지, 구식영인유경질. 우
多別[360]流於山谷者, 澄浸不洩[361], 自火天[362]至霜降[363]以前, 或潛龍[364]蓄毒於其間,
다별류어산곡자, 징침불설, 자화천지상강이전, 혹잠룡축독어기간,
飮者可決[365]之, 以流其惡, 使新泉涓涓[366]然, 酌[367]之. 其江水取去人遠者, 井
음자가결지, 이류기악, 사신천연연연, 작지. 기강수취거인원자, 정
取汲多者.
취급다자.

---

355 岷: 사천성四川省 민산岷山지역의 강물을 말한다.

356 揖:『서탑사본西塔寺本』,『함분루설부본涵芬樓說郛本』에는 '읍挹'자로 되어 있다.

357 乳泉: 종유석鐘乳石에서 흐르는 일종의 샘물.

358 慢:『사고전서본四庫全書本』에만 '만慢'자로 되어 있고, 기타 간본은 모두 '만漫'자로 되어 있으나 오자誤字로 본다.

359 瀑湧湍漱: '폭용瀑湧'은 용솟음치고 넘실대는 물. '단수湍漱'는 물살이 돌에 부딪쳐 소용돌이치고 튀기는 것을 말한다.

360 多別:『함분루설부본涵芬樓說郛本』,『완위산당설부본宛委山堂說郛本』에는 '수水'자로 되어 있다.

361 不洩: 흐르지 않는다.

362 火天: 뜨거운 날 곧 한 여름을 뜻한다.『완위산당설부본宛委山堂說郛本』,『고금도서집성본古今圖書集成本』에는 '화멸火滅'로 되어 있고,『함분루설부본涵芬樓說郛本』에는 '대화大火'로 되어 있다.

363 霜降: 서리가 내린다는 뜻으로 24절기의 하나이며 9월을 상강달이라 한다.『백천학해본百川學海本』,『사고전서본四庫全書本』에는 '상교霜郊'로 표기되어 있으나 오자誤字로 본다.

364 潛龍: 물속에 숨어 있는 용 또는 물속의 벌레를 뜻하기도 한다.

365 決: 물꼬를 터놓는다.

366 涓涓: 물이 졸졸 흐르는 것.

367 酌: 떠내어 마신다.

[국역]

그 물은其水, 산수가 상품이요用山水上, 강물은 중품이요江水中, 우물물은 하품이다井水下. 『천부』荈賦에는 소위所謂 "물이라면 곧 민산지역에서 유유히 흐르는水則岷方之注, 맑고 깨끗한 물이어야 한다挹彼淸流"고 했다. 그 산수는其山水, 유천을 고르거나揀乳泉, 돌로 된 연못에서 천천히 흐르는 물이 으뜸이며石池慢流者上, 물살이 용솟음치거나 소용돌이치는 물은其瀑湧湍漱, 마시지 말아야 하며勿食之, (이러한 물을) 오랫동안 마시게 되면 목병이 생기게 된다久食令人有頸疾. 또한 산골짜기에 여러 갈래의 물줄기에서 모인 물은又多別流於山谷者, 비록 맑다 할지라도 흐르지 않고 고여 있으므로澄浸不洩, 여름부터 가을까지自火天至霜降以前, 혹은 물속의 잠룡潛龍들이 그 속에 독을 품어或潛龍蓄毒於其間, (이를) 마시려면 물길을 터서飮者可決之, 나쁜 물을 흘려보내고以流其惡, 새로운 물이 좔좔 흘러들어오게 한 후使新泉涓涓然, 떠야한다酌之. 강물은 인가에서 멀리 떨어진 것을 취하며其江水取去人遠者, 우물물은 길어가는 사람이 많은 곳을 취한다井取汲多者.

[강설]

모든 생명체의 70~80%는 물로 구성되어 있다. 사람이 물을 마시지 않으면 살수 없듯이 차도 이와 같아 물이 없다면 차로서의 의미가 사라진다. 명明나라 시대의 허차서許次紓는 『다소茶疏』에서 "품질이 좋은 차는 향이 온축蘊蓄되어 있어, 물을 빌려야만 비로소 발현될 수 있다. 이에 물이 없다면 차를 논할 수가 없다"[368]고 했다. 또한 같은 시대의 장대복張大復은 『매화초당필담梅花草堂筆談』에서 "차는 필히 물을 빌려야만 그 가치를 발현될 수가 있다. 80점짜리의 차를 100점짜리의 물로 우리면, 차탕이 100점짜리가

---

368 "精茗蘊香, 借水而發, 無水不可與論茶也."

된다. 그러나 80점짜리의 물로 100점짜리의 차를 우리면 그 차탕은 80점짜리 밖에 되지 않는다"고 하여 아무리 좋은 차일지라도 좋은 물로 받쳐주지 못한다면 그 가치는 결국 떨어진다는 것을 강조하고 있다. 예로부터 차인들이 수질을 평가하고 연구하는 것도 물의 존재는 곧 차와 같기에 재삼 논했던 것이다.

  차에 쓰인 물은 경도가 낮은 연수가 좋다. 물은 염소가 많이 녹아 있으면 맛이 없고, 칼슘·망간이 많으면 색이 혼탁해진다. 순수한 물은 그다지 단맛을 내지 않지만 칼슘·칼륨·규소와 같은 미네랄 성분이 들어 있어 좋은 맛을 낸다. 탄산가스가 충분히 녹아 있는 물은 상쾌한 맛을 더한다. 그래서 탄산가스가 녹아 있는 산수를 상품으로 친다. 물은 정체되어 있으면 죽는다. 산소 없는 물은 죽은 물이다. 산소는 적어도 1000㎖의 물에 5㎎ 이상은 있어야 한다. 죽은 물은 신선함이 없을 뿐만 아니라 불쾌한 맛과 냄새를 내는 황화수소나 철분 등이 있다. 그래서 고여 있지 않고 계속 흐르는 물이 좋고 자주 긷는 물은 살아있는 물이다.

---

369 "茶性必發於水, 八分之茶, 遇十分之水, 茶亦十分矣; 八分之水, 試十分之茶, 茶只八分耳."

[원문]

其沸如魚目[370], 微有聲[371], 爲一沸. 緣邊如湧泉連珠[372], 爲二沸. 騰波鼓浪[373],
기비여어목, 미유성, 위일비. 연변여용천연주, 위이비. 등파고랑,
爲三沸. 已上水老[374], 不可食也.
위삼비. 이상수로, 불가식야.

[국역]

그 물 끓는 모양이 마치 어목魚目과 같고 (기포가 올라오고)其沸如魚目, 가느다랗게 끓는 소리를 내면微有聲, 1비一沸라고 한다爲一沸. 솥의 가장자리에 마치 용천연주湧泉連珠와 같으면 (기포가 올라오면)緣邊如湧泉連珠, 2비二沸라 한다爲二沸. 등파고랑騰波鼓浪과 같으면 (기포가 올라오면)騰波鼓浪, 3비三沸라고 한다爲三沸. 그 이상 (끓으면) 물이 쇠어지므로已上水老, 마시지 말아야 한다不可食也.

[강설]

육우는 물 끓는 모양을 해학적으로 표현했는데, 어목·용천연주·등파고랑 등이 그것이다. 그러나 이러한 용어는 단순히 표현만을 위해 만든 말은 결코 아니다. '어목魚目'이란 용어는 육우가 쓰기 이전부터 있었던 말이다. 동위東魏(534~550) 초년 가사협賈思勰이 만든 『제민요술齊民要術』에서

---

370 魚目: 물고기의 눈알. 곧 둥글고 구슬처럼 생긴 물의 기포氣泡를 말한다.

371 一沸: 첫 번째 끓음. 육우는 끓는 물의 기포 모양에 따라 끓음의 단계를 차례로 나누어 표현하고 있다.

372 湧泉連珠: 물이 끓어오를 때 샘솟듯 구슬 같은 물기포가 솥의 가장자리 쪽에 계속 이어져 오르는 모습을 표현하고 있다.

373 騰波鼓浪: 마치 파도가 출렁이고 북을 치듯 요란한 소리와 함께 물 끓어오르는 모습을 표현하고 있다.

374 水老: 물이 지나치게 끓어 쇠어버린 늙은 물을 말한다.

"찹쌀 한 석을 냉수로 깨끗이 씻어 거른 후 독에 넣어 어안魚眼 정도 끓인 물로 담근다"가 처음이다.[375]

육우는 차를 끓이는 과정을 설명하기 위해 물 끓이는 단계를 나누었다. 첫 번째 끓음은 '1비一沸'라 하고 물기포는 어목魚目, 두 번째 끓음을 '2비二沸'라 하고 물기포는 용천연주湧泉連珠, 세 번째 끓음을 '3비三沸'라 하고 물기포는 등파고랑騰波鼓浪으로 표현했다. 육우가 물 끓이는 과정을 3비로 나눈 이유는 차 끓이는 데에는 여러 단계가 필요했기 때문이다.

물맛은 온도와 깊은 관련이 있다. 물 끓음이 3단계를 넘으면 늙어버려 물맛을 잃는다. 지나치게 끓인 물은 상쾌한 맛을 내는 산소와 탄산가스가 소실되어 밋밋한 맛으로 변한다.

예로부터 물 끓음의 적정도는 시대에 따라 또는 같은 시대 사람일지라도 당사자의 경험에 따라 그 기준이 달랐다. 송나라 초기의 점차법에서는 어목 이전의 끓음인 해안蟹眼 즉 게눈 크기의 물기포를 늙은 물로 간주했고, 어안 정도의 물이면 쓸모없는 물로 취급했다. 그래서 채양蔡襄은 『다록茶錄』에서 "옛사람들이 일컫는 게눈이란 지나치게 끓인 물이다"라고 했다.[376]

그러나 명나라의 장원張源은 『다록茶錄』에서 "하안蝦眼·해안蟹眼·어안魚眼·연주連珠 등 물기포는 모두 맹탕萌湯이고, 등파고랑騰波鼓浪을 거쳐 수기水氣가 완전히 소멸되었을 때 비로소 순숙純熟이다"고 했다.[377] 이는 육우가 말한 3비 이상 지나치게 끓인 물을 장원은 알맞은 물인 '순숙'으로 본 것이다. 그러나 장원과 동시대 사람인 허차서許次紓의 견해는 달랐다. 그는 『다소茶疏』에서 "해안을 지나 물결이 약간 일어날 때가 알맞은 물의 끓음이다. 만약 등파고랑을 지나 수기水氣가 완전히 소멸되어 소리가 사라지면 지나치

---

375 "取糯米一石, 冷水掏淨, 漉出着瓮中, 作魚眼沸湯浸之."
376 "前世謂之蟹眼者, 過熟湯也."
377 "如蝦眼、蟹眼、魚眼、連珠, 皆爲萌湯, 直至湧沸如騰波鼓浪, 水氣全消, 方是純熟."

게 끓인 물이다. 늙은 물은 산뜻한 향이 사라져 사용하지 말아야 한다"고[378] 하여 장원과는 상반된 견해를 보였다.

[원문]

初沸, 則水合量調之以鹽味, 謂棄其啜餘 啜, 嘗也. 市稅反, 又市悅反. 無迺
초비, 칙수합량조지이염미, 위기기철여 철, 상야. 시세반, 우시열반. 무내
䤄䤅而鍾其一味乎? 上古暫反, 下吐濫反. 無味也. 第二沸出水一瓢[379], 以竹筴
감감이종기일미호? 상고잠반, 하토람반. 무미야. 제이비출수일표, 이죽협
環激湯心[380], 則量末當中心而下. 有頃, 勢若奔濤濺沫[381], 以所出水止之,
환격탕심, 칙량말당중심이하. 유경, 세약분도천말, 이소출수지지,
而育其華也[382].
이육기화야.

[국역]

처음 끓음인 1비 때初沸, 물의 양에 맞추어 소금을 넣어 간을 보고則水合量調之以鹽味, 남은 물은 버리는데謂棄其啜餘, 철啜은, 맛보다는 뜻이다嘗也. (철啜의 음은) 시세市稅의 반절市稅反, 또는 시열市悅의 반절이다又市悅反. 이는 간이 안 맞는다고 소금을 더 넣게 되면 오히려 그러한 짠맛을 더욱 좋아하게 되지 않을까無迺䤄䤅而鍾其一味乎?(이라는 뜻을 담고 있다) 위(䤄자의 음은) 고잠古暫의 반절이며上古暫反, 아래(䤅자의 음은) 토람土濫의 반절이다下吐濫反. 아무 맛도 없다는 뜻이다無味

---

378 "蟹眼之後, 水有微濤, 是爲當時. 大濤鼎沸, 旋至無聲, 是爲過時. 過則湯老而香散, 決不堪用."
379 一瓢: 『당인설회본唐人說薈本』에는 '이표二瓢'로 되어 있다.
380 量: 『함분루설부본涵芬樓說郛本』에는 '전煎'자로 되어 있다.
381 奔濤濺沫: 성난 파도처럼 거품을 일으킨 것을 말한다.
382 育其華: 차의 정화精華인 말발沫餑을 기르는 뜻이다.

214

也. 두 번째 끓음인 2비二沸 때 끓는 물을 한 표주박 떠내고第二沸出水一瓢, 대젓가락으로 끓는 물 중심을 휘저은 후以竹筴環激湯心, 찻가루의 양을 헤아려 솥 한가운데에 넣는다則量末當中心而下. 곧이어有頃, (끓는 물의) 기세가 마치 성난 물결처럼 거품이 넘실거릴 때勢若奔濤濺沫, (2비 때) 미리 떠내 식힌 물을 (솥 안에) 부어 (물의 끓음을) 가라앉게 하는데以所出水止之, 이는 차탕의 정화를 기르기 위함이다而育其華也.

[강설]
물이 끓어 어목과 같은 물기포가 일어나면 소금을 약간 넣어 간을 맞춘다. 당시 낙후된 가공법으로 만든 차는 쓰고 떫은 맛이 강했다. 이를 상쇄하기 위해 소금을 넣어 맛을 돋구었다. 그러나 간에 얽매여 계속 맛보다 보면 오히려 짠맛에 익숙해 차를 망칠 수가 있다. 그래서 육우는 "짠맛이 안 난다고 지나치게 소금을 넣게 되면 오히려 이러한 짠맛을 더욱 좋아하지 않을까?"라고 말해 간을 보고 남은 물은 버려야 한다고 했다.

이 말을 현대적으로 해석하면, 미각味覺이라는 것은 한 가지 맛을 연속적으로 맛보게 되면 그 맛에 대한 감각이 무뎌져 해당되는 미각영역味覺領域은 더욱 강한 것을 요구하게 된다. 즉 짠맛을 연속적으로 맛보게 되면 더욱 짠 것을 찾게 되어 자신도 모르는 사이에 소금을 더 넣게 되고 그러다 보면 차를 망칠 수 있다는 뜻이다.

2비인 용천연주와 같은 물기포가 일어나면 미리 준비해 둔 표주박으로 끓는 물을 한 바가지 떠내어, 3비일 때 물 식힘을 위해 대비한다. 이어 찻가루를 넣으면 거품이 일어난다. 차탕이 등파고랑처럼 끓으면 표주박의 물을 솥에 부어 차탕을 식혀 쇠하지 않도록 한다. 이는 "3비 이상 물을 끓이면 물이 쇠어지므로 마시지 말아야 한다"는 육우의 수온水溫에 대한 기준이자 용질溶質인 '말발'을 기르기 위한 조치이기도 하다.

[원문]

凡酌, 置諸盌, 令沫餑均. 『字書』并『本草』"餑, 茗沫也." 蒲笏反. 沫餑,
범작, 치제완, 영말발균. 『자서』병 『본초』"발, 명말야." 포홀반. 말발, 탕

之華也. 華之薄者曰沫, 厚者曰餑. 細輕者曰花, 如棗花漂漂然於環池之
지화야. 화지박자왈말, 후자왈발. 세경자왈화, 여조화표표연어환지지

上; 又如迴潭曲渚靑萍之始生; 又如晴天爽朗有浮雲鱗然. 其沫者, 若綠
상; 우여회담곡저청평지시생; 우여청천상랑유부운린연. 기말자, 약녹

錢浮於水湄, 又如菊英墮於鐏俎之中. 餑者, 以滓煮之, 及沸, 則重華
전부어수위, 우여국영타어준조지중. 발자, 이재자지, 급비, 즉중화

---

383 "三沸已上水老, 不可食也."

384 沫餑: 마실 거리의 정화인 거품을 말한다.

385 餑: 모든 간본의 '발餑'자 뒤에 '균均'자가 붙어 있으나, 불필요한 글자[衍字]이기에 후학들에 의해 삭제되었다.

386 華: 여기에는 차의 정화精華를 말한다.

387 花: 많은 판본에는 화華자로 쓰여 있다. '화華'는 '화花'의 고자古字며, 곧 꽃을 뜻한다.

388 迴潭曲渚: 구불구불하게 굽은 연못.

389 靑萍: 부평浮萍.

390 鱗: 생선의 비늘.

391 綠錢: 청태靑苔의 별명 이끼를 말한다.

392 水湄: 물가를 뜻한다. 『함분루설부본涵芬樓說郛本』에의 '위湄'는 '빈濱'자로 되어 있고, 『서탑사본西塔寺本』에는 '미湄'자로 되어 있다.

393 菊英: 국화꽃을 말한다.

394 鐏俎: 옛날에 술을 담는 그릇을 '존鐏' 또는 '준樽', 고기 담는 그릇을 '조俎'라 했다. 여기에서는 차탕을 담는 그릇을 말한다. 『함분루설부본涵芬樓說郛本』에의 '존鐏'은 '존尊'자로 되어 있고, 『서탑사본西塔寺本』에는 '준鐏'자로 되어 있고, 『고금도서집성본古今圖書集成本』, 『사고전서본四庫全書本』에는 '준樽'자로 되어 있다.

累沫, 皤皤然若積雪耳.『荈賦』所謂 "煥如積雪, 燁若春藪", 有之.
누말, 파파연약적설이.『천부』소위 "환여적설, 엽약춘부", 유지.

[국역]

무릇 (차탕) 나눌 때凡酌, 여러 사발에 넣어置諸盌, 말발沫餑이 고르게 나뉘도록 한다令沫餑均.『자서字書』와『본초本草』에서字書并本草 "발은餑, 차의 거품이다茗沫也"고 했다. (발의 음은) 포홀蒲笏의 반절이다蒲笏反. 말발은沫餑, 차탕의 정화다湯之華也. 정화(차탕의 거품)가 얇은 것을 말沫이라 하고華之薄者曰沫, 두꺼운 것을 발餑이라 한다厚者曰餑. 잘고 가벼운 것을 화花라고 하는데細輕者曰花, (그 모양이) 마치 대추꽃이 둥근 연못 위에 둥실둥실 떠 있는 것과 같고如棗花漂漂然於環池之上, 또는 물살이 도는 연못이나 푸른 물가에서 자란 부평초浮萍草와도 같고又如迴潭曲渚靑萍之始生, 또는 맑게 갠 하늘에 비늘구름 떠 있는 모양과도 같다又如晴天爽朗有浮雲鱗然. 말沫의 모습은其沫者, 마치 녹색 이끼가 물가에 떠있는 것과 같고若綠錢浮於水渭, 또는 국화 꽃잎이 그릇 한 가운데 떨어진 듯한 모양과도 같다又如菊英墮於鐏俎之中. 발餑의 모양은餑者, (차) 찌꺼기 달인 것과 같고以滓煮之, 끓게 되면及沸, 엉기고 포개진 거품이則重華累沫, 하얗게 되어 마치 눈이 쌓인 듯한 모양과도 같다皤皤然若積雪耳.『천부荈賦』에서 이른荈賦所謂 "밝기는 쌓인 눈과 같고煥如積雪, 빛나기는 봄꽃과도 같네燁若春藪"(이라는 말), 있는 얘기다有之.

---

395 皤皤: 아주 하얀 색, 여기에는 차의 흰 거품을 말한다.
396 煥: 밝다.
397 燁: 불꽃 곧 광채를 말하며, 여기에는 불꽃과 같이 빛난다는 뜻이다.『고금도서집성본古今圖書集成本』에는 '욱煜'자로 되어 있다.
398 藪: 꽃의 통칭.

[강설]

차탕의 정화는 거품이다. 육우는 이 거품을 '말발沫餑'이라 불렀으나 정확하게 표현하면 '말발화沫餑花'가 옳다. '말발화'란 찻가루의 거품 모양을 말한다. 즉 찻가루의 입자에 따라 차탕 위에 뜨는 거품을 얇은 것을 '말沫', 두꺼운 것을 '발餑', 잘고 가벼운 것을 '화花'라는 이름으로 붙인 것이다. 『다경』에서 거품을 '말발화'라 하지 않고 '말발'이라 부르는 이유는 중국의 어운語韻에서 통상 3음절 보다 2음절로 소리 낼 때 더 부드럽기 때문이다. 육우는 차탕의 요체를 거품이라 보았다. 따라서 그 모양이 어떠하든 중요한 잣대가 아니므로, 3음절인 '말발화'보다 2음절인 '말발'로 불렸던 것이다.

찻가루가 물에 녹을 때 녹는 가루를 용질溶質, 녹이는 물은 용매溶媒라고 한다. 온도가 높을수록 용매를 구성하는 입자들의 움직임이 활발하기에 용질인 가루의 용해도溶解度도 한층 높아진다. 입자의 크기에 따라 용해의 속도와 형상이 다르게 나타나는데, 이러한 거품을 '말발화'라 한다. 물론 입자가 클수록 물 위에 먼저 뜨고 입자가 작을수록 물에 먼저 녹으며, 이는 용질인 가루와 용매인 열탕의 온도차에서 나타나는 물리적 반응이다. 육우는 차의 마실 거리를 바로 이 용질인 '말발화'를 정화로 보는 것이다.

[원문]

第一煮水沸, 而棄其沫[399], 之上有水膜[400], 如黑雲母, 飮之則其味不正. 其
제일자수비, 이기기말, 지상유수막, 여흑운모, 음지즉기미부정. 기

---

399 而棄其沫: 『함분루설부본涵芬樓說郛本』에는 '돌기말突其沫'로 되어 있다.
400 水膜: 물 위에 그을음으로 생긴 검은 수막.

第一者爲雋永, 徐縣、全縣二反. 至美者曰雋永. 雋, 味也; 永, 長也. 味長曰雋永.『漢書』"蒯通著「雋永」二十篇也." 或留熟盂以貯之, 以備育華救沸之用. 諸第一與第二、第三盌次之. 第四、第五盌外, 非渴甚莫之飮.

제일자위준영, 서현、전현이반. 지미자왈준영. 준, 미야; 영, 장야. 미장왈준영.『한서』"괴통저「준영」이십편야." 혹유숙우이저지, 이비육화구비지용. 제일여제이、제삼완차지. 제사、제오완외, 비갈심막지음.

[국역]

첫 번째 끓임(1비沸)일 때第一煮水沸, 생긴 거품을 걷어내는데而棄其沫, 이는 (물) 위의 수막으로之上有水膜, 마치 흑운모와 같아如黑雲母, (이를) 마시면 그 맛이 바르지 않다飮之則其味不正. 첫 번째 뜬 차탕을 준영雋永이라 한다其第一者爲雋永. (준雋의 음은) 서현徐縣、전현全縣의 두 가지 반절이 있다全縣二反. 지극히 맛있는 것을 가리켜 준영이라 한다至美者曰雋永. 준은 雋, 맛이며味也, 영은永, 길다는 뜻이다長也. 맛이 긴 것을 준영이라 한다味長曰雋永也.『한서』漢書에는 "괴통蒯通이「준영」이십 편을 지었다蒯通著雋永二十篇"고 했다. (이를) 혹은 숙우에 담아 두었다가或留熟盂以貯之, 구비육화救沸育華 쓰임에 갖춘다以備育華救沸之用. (끓인 차탕 중 으뜸인

---

401 雋永: '준雋'은 맛, '영永'은 길다. 준영은 가장 맛난 것 또는 맛난 부위를 말한다.

402 二:『당인설회본唐人說薈本』에는 '연年'자로 되어 있다

403 味:『함분루설부본涵芬樓說郛本』、『서탑사본西塔寺本』에만 '미味'자로 되어 있고, 이외의 간본들은 모두 '사史'자로 되어 있다.

404 『漢書』: 전한前漢(BC 206~AD 8)의 12대에 걸친 황제들을 기록한 240년간의 기전체紀傳體 역사책이다. 후한後漢의 반고班固가 지었으며 팔표八表 등 완성하지 못한 부분은 여동생인 반소班昭가 보작보作 했다.

405 「雋永」二十篇:『한서漢書』권 45「괴통전蒯通傳」에 수록되어 있다. 여기에서의 '「준영雋永」이십편二十篇'은 잘못된 기록이다.

406 熟盂: 모든 간본에는 '숙熟'자로 되어 있으나, 후학들의 일치된 견해에 따라 '숙우熟盂'로 고쳐 표기한다.

407 育華救沸: 차의 정화精華인 말발沫餑를 기르는 것을 '육화育華'라 하며, 차탕의 온도를 식히는 작업을 '구비救沸'라고 한다.

것은) 첫 번째 사발과 이어진 두 번째이며諸第一與第二, 세 번째 사발이 그 다음이다第三盌次之. 그 외의 네 번째, 다섯 번째 사발은第四第五盌外, 몹시 목마르지 않으면 마시지 말아야 한다非渴甚莫之飮.

[강설]

문장의 구성과 표현은 시대에 따라 달리하기도 한다. 특히 저자의 문법적 성향에 따라 문맥의 구도도 다를 수가 있어 이를 둘러싼 논란은 번역의 난제難題로 대두되고 있다.

'제일자수비第一煮水沸'에 대한 해석은 그동안 많은 논란이 있었다. 혹자는 문장의 배열에 따라 이 문맥을 3비三沸 이후의 끓음으로 해석해야 한다는 주장이 있다. 그러나 차의 정화는 말발沫餑이므로 '제일자수비'를 삼비 이후의 끓음으로 해석하면 흑운모黑雲母와 같은 수막의 제거는 곧 차의 정화인 말발을 동시에 걷어 낸다는 뜻이 된다. 흑운모란 땔감에서 나오는 그을음으로 생긴 검은 수막이다. 당시 솥은 뚜껑이 없어 땔감을 잘못 선택하면 수면 위에 그을음이 생겨 물을 오염시킨다. 따라서 물에 떠 있는 그을음을 걷어내야 한다. 그러나 차의 정화가 말발에 있는 한 말발을 걷어낸 차탕은 차탕으로써의 본질을 잃은 것이나 다름이 없다. 이에 많은 학자들은 '제일자수비第一煮水沸'의 해석을 문장의 배열보다 '끓음'이란 의미에 무게를 두어 '1비一沸'의 다른 표현으로 풀이하고 있다.

따라서 문장을 '1비一沸'로 풀이하면 다음과 같다. "첫 번째 끓이고 있는 물이 어목과 같은 물기포가 일어날 때 만약 그을음으로 검은 수막[黑雲母]이 생기면 걷어내고, 이어 소금을 넣어 간을 맞추어 2비二沸가 되기를 기다린다. 2비에는 끓인 물을 한 바가지 떠내어 대비하고 찻가루를 넣고 거품을 낸다. 3비가 되면 2비일 때 떠낸 물을 솥에 넣어 탕수를 식힌다." 이것이 차 끓음의 전체 단계이자 과정이다.

차가 완성되면 표주박으로 차탕을 떠내어 마시는데, 첫 번째 떠낸 차탕은 마시지 않고 숙우에 담는다. 이 차탕을 '준영雋永'이라 한다. 준영이란 가장 맛있는 것을 뜻한다. 차탕이 가장 맛있다는 뜻은 곧 말발이 많다는 의미다. 차의 정화가 말발에 있기에 거품을 떠내는 첫 차탕이 준영이 되는 것이다. 준영은 마시지 않고 '구비육화救沸育華'에 사용한다. '구비救沸'란 끓는 물을 식혀주는 일을 말한다. 자차법에서 차 마실 동안 솥은 풍로에 계속 얹어 놓고 끓이고 있다. 물을 식혀주어야 쇠지 않는다. 이때 준영이 그 구비 역할을 담당한다. '육화育華'란 차의 정화인 말발을 기른다는 뜻이다. 준영에는 말발이 가장 많아 구비할 때 부족한 솥 안의 말발도 기를 수 있어 이를 '육화'라고 한 것이다.

　차탕의 품질은 말발의 많고 적음에 따라 결정된다. 첫 번째 떠낸 차탕을 준영이라 부르는 것도 이러한 이유다. 따라서 말발의 함량을 기준으로 보면 차탕 중에 으뜸인 것은 첫 번째 사발이며, 이어 두 번째, 세 번째 사발은 그 다음이 되는 것이다. 네 번째, 다섯 번째 사발은 갈증이 심하지 않으면 마시지 말아야 한다는 말은 말발이 거의 없는 차탕은 차로서의 가치가 없어 마실 거리가 못 된다는 얘기다.

명칭	형상	순서	비고
第一煮水沸	其沸如魚目 微有聲	而棄其沫 之上有水膜 如黑雲母	飲之則其味不正
一沸		則水合量調之以鹽味	謂棄其啜餘
二沸	緣邊如湧泉連珠	出水一瓢 以竹筴環激湯心 則量末當中心而下	
三沸	騰波鼓浪	有頃 勢若奔濤濺沫 以所出水止之	而育其華也
已上			水老 不可食也
雋永		其第一者 或留熟盂以貯之	以備育華救沸之用
諸第一與第二 第三盌次之			
第四 第五盌外		非渴甚莫之飲	

[원문]

凡煮水一升, 酌分五盌. 盌數少至三, 多至五. 若人多至十, 加兩爐. 乘熱連飲
범자수일승, 작분오완. 완수소지삼, 다지오. 약인다지십, 가양로. 승열연음
之, 以重濁凝其下, 精英浮其上. 如冷, 則精英隨氣而竭, 飲啜不消亦
지, 이중탁응기하, 정영부기상. 여랭, 즉정영수기이갈, 음철불소역
然矣.
연의.

[국역]

대저 물 1되를 끓이면凡煮水一升, 5사발 정도(차)를 나눈다酌分五盌. (차탕의) 사발 수는 적게는 3사발盌數少至三, 많으면 5사발이 나온다多至五. 만약 사람의 수가 많아 10명에 이르면若人多至十, 풍로를 둘로 나누어 끓인다加兩爐. (차탕은) 뜨거울 때 연이어 마셔야 하며乘熱連飲之, 이는 무겁고 혼탁한 흐린 물질은 아래쪽에 엉기고以重濁凝其下, (차의) 정화인 말발은 물 위에 뜨기 때문이다精英浮其上. 만약 (차탕이) 식으면如冷, (차의) 정화는 열기에 따라 사그라지게 되는데則精英隨氣而竭, (이러한 차를) 마시면 소화를 못시키는 것은 당연하다飲啜不消亦然矣.

[강설]

차탕 중 으뜸인 것은 첫 번째 사발이며, 이어 두 번째, 세 번째 사발이 그 다음이고, 네 번째, 다섯 번째 사발은 몹시 목마르지 않으면 마시지 말아야 한다고 했다. 차탕의 사발 수는 적게는 3사발, 많으면 5사발이 나온다는 애

---

408 精英: 정화精華가 깃들어 있는 것을 뜻한다.
409 氣: 열기.
410 竭: 『고금도서집성본古今圖書集成本』에는 '갈渴'자로 되어 있다.

기도 이를 두고 한 말이다. 한 솥의 차탕의 양은 1되이며 5사발이 나온다. 1되란 지금의 약 600㎖이기에 1사발은 약 120㎖ 정도가 된다. 사람의 수가 5명 이상 10명 이내이면 풍로를 두 개 마련하여 끓이도록 한다.

차탕은 뜨거울 때 연이어 마셔야 한다. 혼탁하고 흐린 물질인 음陰은 아래쪽에 엉기고 차의 정화인 말발은 양陽이므로 위로 뜬다. 차탕이 식으면 말발도 열기에 따라 사그라진다. 이 모두 음양이론에서 비롯된 풀이다. 음의 성질을 지닌 식은 차탕을 마시면 속이 불편하다. 이는 지나친 한기寒氣로 비롯된 체한 현상이다.

마실 만한 차탕은 3사발이다. 3사발까지만 말발이 많기 때문이다. 「육지음六之飮」에서 3사발을 5명이 나누어 마신다고 했다. 1사발이 약 120㎖이면 3사발은 약 360㎖다. 이를 5명이 나누어 마시면 한 사람의 양은 대충 72㎖ 정도다. 적다면 아주 적은 양이다. 이를 보아 육우의 차 마심의 뿌리는 검儉에 있다는 것을 알 수가 있다.

[원문]
茶性儉, 不宜廣, 廣則其味黯澹. 且如一滿盌, 啜半而味寡, 況其廣乎!
다성검, 부의광, 광즉기미암담. 차여일만완, 철반이미과, 황기광호!
其色緗也. 其馨歚也. 香至美曰歚, 歚音使. 其味甘, 檟也; 不甘而苦, 荈也;
기색상야. 기형사야. 향지미왈사, 사음사. 기미감, 가야; 불감이고, 천야;
啜苦咽甘, 茶也. 一本云 "其味苦而不甘, 檟也; 甘而不苦, 荈也."

411 黯澹: 싱겁고 맛이 없다는 뜻.
412 緗: 담황색의 누런 빛깔. 『고금도서집성본古今圖書集成本』에는 '축縮'자로 되어 있다.
413 馨歚: '형馨'은 향기. '사歚'는 상큼하다. 『당인설회본唐人說薈本』, 『고금도서집성본古今圖書集成本』에의 '형馨'은 '경磬'자로 되어 있다.
414 使: 『당인설회본唐人說薈本』에는 '비備'자로 되어 있다.

철고인감, 다야. 일본운 "기미고이불감, 가야; 감이불고, 천야."

[국역]

차의 본성은 검소함에 있기에茶性儉, (물이) 많으면 마땅치 않고不宜廣, (물이) 많으면 곧 차맛이 떨어지고 싱겁게 된다廣則其味黯澹. 마치 한 사발 가득 담은 것이(차)且如一滿盌, 절반만 마셨음에도 그(차)맛은 이미 떨어졌는데啜半而味寡, 하물며 (물이) 많으면 어떠하겠는가況其廣乎! (차탕) 그 빛깔은 담황색이고其色緗也, 그 향기는 아주 상큼하다其馨欽也. 향기가 지극히 좋은 것을 사欽라 하며香至美曰欽, 사欽의 음음이 사使다欽音使. (차는) 그 맛이 단맛만 나는 것을其味甘, 가檟라 하고檟也, 달지 않고 쓴맛만 나는 것을不甘而苦, 천荈이라 하고荈也, 입안에 들어갔을 때는 쓰고 삼킬 때에 단맛이 나는 것이啜苦咽甘, 차茶다茶也. 어떤 책에는一本云 "그 맛이 쓰고 달지 않은 것이其味苦而不甘, 가檟요檟也, 달고 쓰지 않은 것이甘而不苦, 천荈이다荈也"라고 했다.

[강설]

차의 본성은 검박에 있다. 검박이라는 것은 절제이자 비움이다. 재물뿐만 아니라 권력에도 해당된다. 육우는 자신이 만든 「육선가六羨歌」[415]에서 "황금 술통이 부럽지 않고, 백옥 잔도 부럽지 않네. 이른 아침 관부로 나가는 것이 부럽지 않고, 저녁 노을 고관으로 퇴청하는 것도 부럽지 않네. 천번 만번 부러운 것은 서강의 물길이, 내 고향 경릉에서 흘러 내려오는 그 모습이라네"의 심성心聲은 비움에 대한 철학이다. 육우는 권력과 물질을 추구하는 인생보다는 고향이라는 가치를 두고 사는 것이 삶의 본질이라 본 것이다. 고향의 의미는 순수함에 있다. 그래서 육우는 유학의 진정성은 고향에

---

415 "不羨黃金罍, 不羨白玉盃, 不羨朝入省, 不羨暮入臺, 千羨萬羨西江水, 曾向竟陵城下來."

서 흘러 내려오는 물과 같아 자연질서의 본연적 속성을 조금의 쉼도 없이 인생을 성찰해야 가능하다고 말한 것이다.

육우는 차를 많이 마시는 것을 경계했다. 뭐든지 지나친 것은 차의 정신과 부합되지 않기 때문이다. 그래서 차는 목말라서 마시는 물이 아니라 마음을 달래주는 물이라 했다. 차는 중정中正이요 지성至誠이요 검박儉朴이다. 물과 차 어느 한 쪽에도 치우치지 않아야 한다. 차보다 물이 많으면 차탕(물)의 본질을 잃어 곧 중정을 잃는 것이다. 중정을 물과 차를 빗대어 얘기한 것이다.

육우는 「사지기四之器·완盌」에서 차탕의 빛깔이 갈변된 색이라는 것을 여러 차례 강조했다. 그는 "차탕의 색은 갈변된 홍백색이기에 형주의 백자는 차탕을 붉게 보이게 한다"고 했고, "청자의 본바탕은 청색이기에 차탕이 비록 갈변된 색이라도 청색으로 비춰진다"는 색의 논리로 갈변차에 대한 거부감을 간접적으로 시사했다.

육우가 이 장에서 말한 담황색[緗]의 차색과 상큼한 차향은 아직 산화되지 않은 녹차의 색·향·미를 말한다. 찻잎의 근본은 녹색이다. 사람의 근본은 선이다. 이러한 근본은 세월과 환경에 따라 변할 수는 있지만 초심을 잃지 않도록 노력하는 것이 사람과 차의 본질이다. 초심을 유지하는 데에는 지성至誠이 필요하다. 장원張源은 『다록茶錄』에서 "차를 만들 때는 정성스럽게, 저장은 건조하게, 우릴 때는 청결하게, 정성·건조·청결을 다하면 차도는 얻어진 것이다"고 한 '차도茶道'의 정의도 이 지성을 두고 한 말이다.

지성은 『중용』에서 나온다. "성실이란 하늘의 도이고 성실해지려고 하

---

416 "茶作白紅之色, 邢州瓷白, 茶色紅."

417 "越瓷靑而茶色綠."

418 "造時精, 藏時燥, 泡時潔. 精、 燥、 潔, 茶道盡矣."

는 것은 사람의 도다"고 했다. 훗날 주자朱子도 차의 정신이 중정에 있다는 이치를 깨달아 다음과 같이 말했다고 한다. "주자가 차를 마신 후 말하기를 '대체로 단 것을 먹고 나면 신맛이 나고, 쓴 것을 먹고 나면 단맛이 난다. 차도 이와 같아 마실 때는 쓰나 뒷맛은 달다'고 하자, 제자가 '어떠한 이치입니까?'라고 물었다. 주자가 대답하기를 '이 역시 하나의 이치가 있는 것이다. 예를 들어 사람들이 어떠한 일을 시작할 때 고생을 하면서도 근면하게 되면, 그 끝은 반드시 즐거움이 찾아올 것이다. 이것은 조화로움에 대한 이치다. 예禮란 천하 최고의 이치다. 엄격히 그 이치에 따르면 각자 분수에 맞는 것을 얻을 것이고 이것이 곧 중화의 지극함이다 … 사람들이 말하기를 건차建茶는 중용의 덕을 지키는 군자와 같고, 강차江茶는 백이숙제伯夷叔齊와 같은 의인과 같다." 이 말은 『주자어류朱子語類』에 나오는 글귀이며, 여기서의 '화和'란 중화·중용의 뜻이다.

유가의 핵심사상이 인仁이다. 인을 이루는 방법은 우선 예禮로 돌아가는 것이다. 그래서 "자신을 극복하여 예로 돌아가는 것이 인"이라고 했다. 인과 예는 동일한 것의 다른 이름일 뿐, 그 하나는 다른 하나 없이 성숙해질 수 없다. 예를 배우는 데는 시간과 노력과 인내가 필요하다. 그러므로 사람이 사람다워지기 위해서는 먼저 시간과 노력과 인내가 필요하다. 고통을 동반한 행위는 인간의 인격을 형성시킨다. 인간을 인간답게 만드는 역할은 예의 실천을 통해서 가능하다. 이것이 '차茶'의 근저根底 즉 차를 매개로 삼아 예禮를 높이는 삶, '차례茶禮'의 본뜻이기도 하다.

---

419 "誠天道, 誠人道."

420 "先生因吃茶罷曰, 物之甘者, 吃過必酸, 苦者吃過却甘. 茶本苦物, 吃過却甘, 問此理如何, 曰也是一個道理. 如始於憂勤, 終於逸樂, 理而後和, 蓋禮本天下之至, 嚴行之各得其分, 則至和. … 建茶如中庸之爲德, 江茶如伯夷叔齊."

421 "克己復禮."

육우는 차맛이 단맛만 나는 것은 가檟이고, 달지 않고 오직 쓴맛만 나는 것은 천荈이라 했다. 오직 단맛, 쓴맛만 나는 것은 진정한 차맛이 아니기에 이름을 '가' 그리고 '천'이라 했다. 그는 입안에 들어갈 때 쓰고 삼킬 때 단맛 나는 것이 비로소 '차'라고 했다. '차茶'라는 글자는 육우가 만들어 선택한 글자다. 자신의 철학을 담아 '차'자에 어울리는 맛은 입안에 들어갈 때는 쓰고 삼킬 때 단맛을 내는 삶의 뿌리 즉 '고진감래苦盡甘來'의 뜻을 두고 있는 것이다. 차의 본질은 '철고인감啜苦咽甘'에 있다는 육우의 뜻을 다시 푼 것이 300년 후의 주자朱子다.

　한편『주자어류朱子語類』에서 주자가 언급한 '건차建茶'는 덩어리인 고형차固形茶로서 '편차片茶'라고도 한다. 주로 중국 남부 복건성福建省에서 만들어 황실을 비롯해 상류층들이 즐긴다. '강차江茶'는 강남에 속한 절강浙江·강소江蘇지방의 찻잎을 쪄서 만든 잎차인 산차散茶이며, '초차草茶'라고도 부른다. 고형차인 '건차建茶'와 잎차인 '강차江茶'는 모두 점차點茶의 한 종류다. 차를 가루로 내어 거품을 마시는 것이 같으나 가공방법이 다르고 만든 지역도 다르다. 또한 '강차'인 '초차草茶'는 송나라 때 일본 유학승留學僧들이 일본으로 전해져 오늘날 가루차인 말차抹茶의 원형으로 그대로 이어지고 있다.

『다경』에서 언급한 자차법을 재현하기 위해 2012년 4월 21일 (사) '한국중국차문화연구원 쌍유화보이차연구소'에서 필자와 김미자, 김공녀, 김영희, 김대영, 이유랑, 유동훈, 주세영, 황순향, 친쳉밍 연구원 등이 이 작업에 동참하였다.

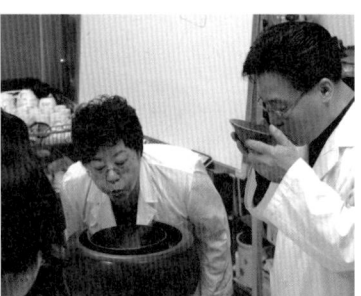

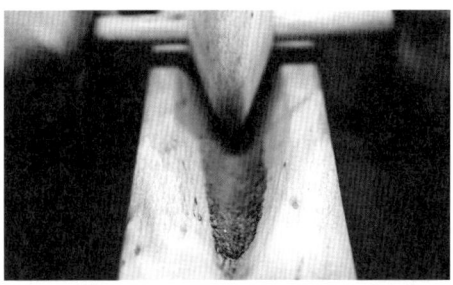

이 연구는 『다경』내용을 의거하여 자차법의 원형을 재현하는데 목적을 두었다

이 작업에서 김영희 선생은 육우의 고향 고저자순 찻잎을 당나라 증청법으로 재현한 병차, 황순향 선생은 풍로와 솥, 김대영 선생은 직접 만든 나무 연과 대나무 체를 준비하여 『다경』자차법 재현의 완성도를 높여주었다.

【 五之煮 】

땔감은 숯이 으뜸이며, 그 다음은 경신勁薪이다

집게에 병차를 끼워 불에 가까이 대고 자주 뒤집어가면서 굽는다

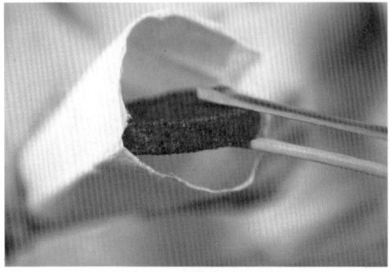
구워진 병차는 뜨거울 때 종이주머니에 넣어 저장한다. 식을 때까지 기다렸다가 가루를 낸다

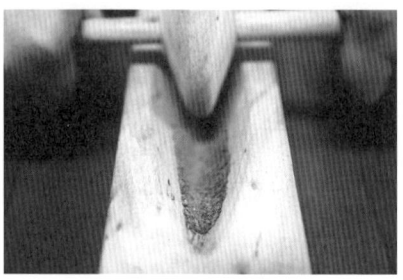
차맷돌은 나무 재질로 만든 것을 사용한다. 다양한 입자의 알갱이를 얻기 위함이다

체는 대나무를 쪼개어 둥글게 굽혀서 만들고 사견으로 옷을 입힌다

찻가루의 상등품은 그 부스러기가 세미細米와 같고 찻가루의 하등품은 그 부스러기가 능각菱角과 같다

소금과 찻가루를 준비한다

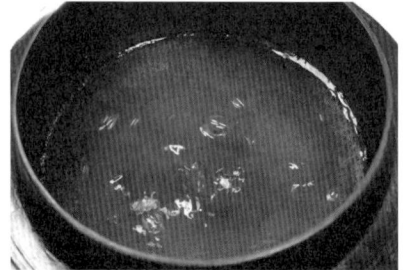
1비一沸, 어목魚目: 어목 같은 물기포가 일어난다. '흑운모黑雲母'가 생기면 걷어낸다

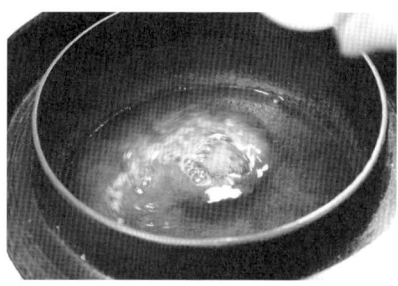

1비一沸: 소금을 넣어 간을 맞추어 2비 되기를 기다린다

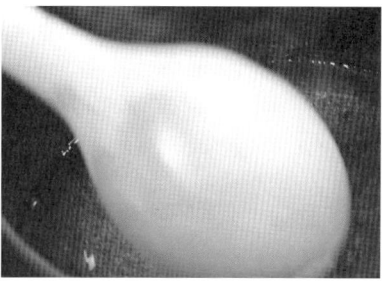

2비二沸, 용천연주湧泉連珠: 끓인 물을 한 표주박 떠내어 숙우熟盂에 담는다

2비二沸: 대젓가락으로 끓인 물의 중심을 휘저은 후 찻가루의 양을 헤아려 솥 한 가운데에 넣는다

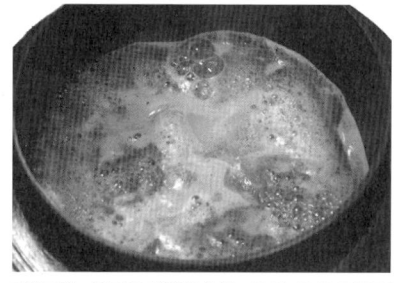

3비三沸, 등파고랑騰波鼓浪: 끓인 물의 기세가 마치 성난 물결처럼 거품이 일어난다

3비三沸: 2비 때 떠낸 물을 솥에 부어 탕수를 식힌다. 이는 차탕의 정화(거품)를 기르기 위함이다

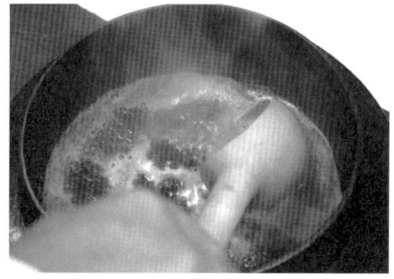

자차법에서 마실 거리인 거품을 '말발沫餑'이라 한다. 말발은 차의 정화이다

표주박으로 차탕을 떠내어 숙우에 담는다. 이 차탕을 가리켜 '준영雋永'이라 한다

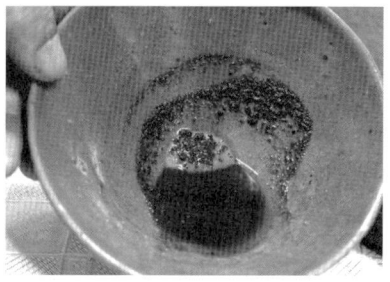

대저 진귀하고 맛있는 차는 세 번째 사발까지다. 차탕의 품질은 말발의 함유량에 따라 결정된다.

【 五之煮 】

원문	주해	의미	비고
凡炙茶 愼勿於風燼間炙 熛焰如鑽 使炎涼不均		적차 시 주의점	
持以逼火 屢其翻正 候炮 出培塿 狀蝦蟆背 然後去火五寸 卷而舒 則本其始又炙之		적차의 방법	
若火乾者	以氣熟止	적차의 종류	
日乾者	以柔止		
其始 若茶之至嫩者 蒸罷熱搗 葉爛而牙筍存焉 假以力者 持千鈞杵亦不之爛 如漆科珠 壯士接之 不能駐其指 及就 則似無穰骨也 炙之 則其節若倪倪如嬰兒之臂耳		차의 가공에 대한 이해	
旣而承熱	用紙囊貯之	적차 후 병차의 저장	
精華之氣 無所散越		저장의 목적	

원문		주해		의미	비고
候熯末之		末之上者	其屑如細米	차 갉기의 적기	
		末之下者	其屑如菱角		
其火	用炭			땔감의 등급	
	次用 勁薪	桑 槐 桐 櫪之類			
其炭	曾經燔炙 爲膻膩所及			사용하지 말아야 할 땔감	古人有勞薪之味 信哉
膏木 敗器	不用之	柏 桂 檜			
		謂朽廢器也			
山水上	揀乳泉 石池慢流者上	『荈賦』所謂 水則岷方之注 挹彼清流		물의 등급 · 주의사항	
	其瀑湧湍漱 勿食之				
	久食令人有頸疾				
	又多別流於山谷者 澄浸不洩 自火天至霜降以前 或潛龍蓄毒於其間	飮者可決之 以流其惡 使新泉涓涓然酌之			
江水中	取去人遠者				
井水下	取汲多者				

[表 五之煮]

원문		주해	의미	비고
一沸	其沸如魚目 微有聲		물 끓음의 단계·모양	已上水老 不可食也
二沸	緣邊如湧泉連珠			
三沸	騰波鼓浪			
初沸	則水合量調之以鹽味 謂棄其啜餘			
第二沸 水沸	而棄其沫 之上有水膜 如黑雲母 飲之則其味不正 出水一瓢 以竹筴環激湯心 則量末當中心而下 有頃 勢若奔濤濺沫 以所出水止之 而育其華也	啜嘗也 市稅反 又市悅反 上古暫反 下吐鑑反 無味也	자차법	
	凡酌 置諸 令沫餑均	『字書』井『本草』 餑 茗沫也 蒲忽反		
薄者曰沫	若綠錢浮於水渭 又如菊英墮於鐏俎之中 湯之華		차를 나누는 원칙	
厚者曰餑	以滓煮之 及沸 則重華累沫 皤皤然若積雪耳			『荈賦』所謂 煥如積雪 燁若春敷有之
細輕者曰花	如棗花漂漂然於環池之上 又如迴潭曲渚靑萍之始生 又如晴天爽朗有浮雲鱗然		차의 정화·명배	

원문	주해	의미	비고
其第一者雋永 或留熟盂以貯之 以備育華救沸之用	徐縣二反 至美者曰雋永 雋 味也 永 長也 味長曰雋永 『漢書』蒯通著 『雋永』二十篇也	차의 구비육화	
諸第一與第二第三盌次之 第四 第五盌外 非渴甚莫之飮	盌數少至三 多至五 若人多至十 加兩爐	차탕을 나누는 요령	
凡煮水一升 酌分五盌			
乘熱連飮之 以重濁凝其下 精英浮其上	則精英隨氣而竭 飮啜 不消亦然矣	차를 마실 때 주의점	
如冷			
茶性儉 不宜廣 則其味黯澹		차의 성품	
且如一滿盌 啜半而味寡	況其廣乎		
其色 緗也		차의 빛깔과 향	
其馨 敎也	香至美曰敎		
其味甘 檟也	一本云 其味苦而不甘 檟也 甘而不苦 荈也	차에 대한 육우의 철학	
不甘而苦 荈也			
啜苦咽甘 茶也			

[五之 煮 表]

육지음

「육지음」은 차 마시는 이유와 방법 그리고 주의할 점을 다루고 있다. 육우는 "사람들이 목이 마르면, 물을 마시게 되고, 우울함과 울분을 삼키려면, 술을 마시나, 정신의 혼매함을 깨우치려면, 차를 마셔야 한다"고 하여 차의 의미가 어디에 있는가를 우리에게 말해주고 있다.
「육지음」의 '음飮'은 차 마시는 방법을 설명한다. 그러나 그 마심에 있어 잘못된 것과 주의할 점이 있는데, 이 장에서는 그것을 아홉 가지의 어려움으로 제시했다. 차의 정화는 말발이다. 이에 어떻게 말발을 분배하고 마시는 것이 옳은 방법인가에 대해서도 소개하고 있다.

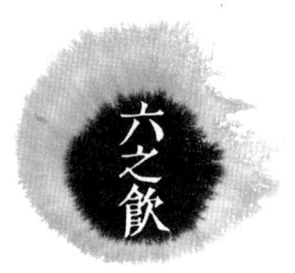

[원문]

翼而飛, 毛而走, 呿而言. 此三者俱生於天地間, 飮啄以活, 飮之時
익이비, 모이주, 거이언. 차삼자구생어천지간, 음탁이활, 음지시
義遠矣哉! 至若救渴, 飮之以漿; 蠲憂忿, 飮之以酒; 蕩昏寐, 飮之
의원의재! 지약구갈, 음지이장; 견우분, 음지이주; 탕혼매, 음지
以茶.
이다.

422 呿: 입을 벌리는 모양.
423 啄: 쫄 탁, 쪼아 먹는다.
424 漿: 마실 것, 곧 액체.
425 蠲: 덜어버린다.
426 蕩: 쫓아 없앤다.

[국역]

(새는) 날개가 있어 날고翼而飛, (짐승은) 털이 있어 달리며毛而走, (사람은) 입을 벌려 말을 한다呿而言. 이 세 가지는 모두 하늘과 땅 사이에서 태어나此三者俱生於天地間, 마시며 쪼아 먹고 살지만飮啄以活, 무엇을 마신다는 것은 실로 그 의미가 깊은 것이다飮之時義遠矣哉! 만약 (사람) 목이 마르면至若救渴, 물[漿]을 마시고飮之以漿, 우울함과 울분을 삼키려면蠲憂忿, 술을 마시며飮之以酒, 정신의 혼매함을 깨우치려면蕩昏寐, 차를 마신다飮之以茶.

[강설]

지금까지 발견된 문헌 중 최초로 '차도茶道'를 언급한 사람은 당나라 시승詩僧 석교연釋皎然이 쓴 차시 「음다가초최석사군飮茶歌誚崔石使君」에서다. "한 모금을 마시니 혼미함이 씻겨, 마음이 천지에까지 상쾌하고, 또 한 모금을 마시니 영혼이 맑아져, 비를 뿌려 먼지를 씻어 낸 듯하네, 세 모금을 마시자 차도의 경지에 이르니, 번뇌가 저절로 물러나 고심이 사라지네. … 누가 차도의 완벽함을 알 수 있으랴, 오직 신선 단구자만이 그 경지에 이를 수 있네."[427] 이 내용에서 스님은 차를 정신적 수양의 매개체로 삼은 것이 '차도'라고 정의했다.

'차도'는 차를 마시고 성현들의 위인爲人을 논의하는 도덕학으로 덕성德性을 찾아가는 인생공부다. 인간의 본래성인 자연성 곧 선善을 회복했을 때 그 사람의 품덕品德이 살아 숨 쉬는 생명력으로 드러나게 된다. 인간세상은 허물투성이며, 결핍의 현상이 즐비하다. 허물을 알면 바로 고치고 결핍되어 있으면 채워주는 것이 바로 개정改正이요 개선改善이다. 끊임없이 수정하며 더듬어가는 과정이 인생여정이다. 반성하는 성찰이 나를 구제하는 일이다.

---

427 "一飮滌昏寐. 情思爽朗滿天地. 二飮淸我神, 忽如飛雨灑輕塵. 三飮便得道, 何須苦心破煩惱 … 孰知茶道全爾眞, 唯有丹丘得如此."

따라서 차를 통해 인간생명·인륜도덕·인생철학의 깊이를 생각하고 성찰하는 것이 '차도'의 본질이다.

육우는 말한다. 우울하고 울분을 삼키려면 술을 마셔라, 목이 말라 목을 적시려면 물을 마셔라, 삶의 혼매함을 깨우쳐 마음을 가다듬으려거든 차를 마셔라.

차를 마시는 것은 하나의 수행이다. 혼매함을 떨쳐버려 마음을 정화시켜 깨끗하고 순수한 삶을 살 수 있도록 도와준다. 그래서 차 마심은 찰나의 깨달음을 얻고자 하는데 도움을 주는 수행이다. 우리의 의식, 가장 깊은 곳에 숨어있는 우매함을 더듬어내어 치유하는 것이 참된 차생활이다.

[원문]
茶之爲飮, 發乎神農氏[428], 聞於魯周公[429]. 齊有晏嬰, 漢有揚雄、司馬相如,
다지위음, 발호신농씨, 문어노주공. 제유안영, 한유양웅、사마상여,
吳有韋曜, 晉有劉琨、張載、遠祖納[430]、謝安、左思之徒, 皆飮焉. 滂時
오유위요, 진유유곤、장재、원조납、사안、좌사지도, 개음언. 방시

---

428 神農氏: 고대 중국의 전설에 나온 3명의 황제黃帝 중에 한 사람으로서 화덕火德의 왕인 염제炎帝를 말한다. 몸은 사람이나 머리는 소의 모습으로 약 120년간 재위하였다고 한다. 백성에게 농경법을 가르쳐서 신농씨라고 하며, 백초百草를 맛보고 약을 만들었기에 약신藥神 또는 차신茶神으로도 숭상을 받는다.

429 魯: 『서탑사본西塔寺本』에는 '노魯'자가 빠졌다.

430 遠組納: 중당中唐 이전 중국은 문벌門閥개념이 무척 강했다. 육납陸納의 성이 육陸씨이기에 고아인 육우陸羽가 평소 존경하는 육납을 자신의 먼 조상인 '원조遠祖'라고 표현했던 것이다.

浸俗, 盛於國朝, 兩都并荊渝間, 以爲比屋之飮.
침속, 성어국조, 양도병형투간, 이위비옥지음.

[국역]

(사람이) 차를 마시게 된 것은茶之爲飮, 신농씨神農氏로부터 시작되었고發乎神農氏, 노魯나라의 주공周公에 의해 널리 알려졌다聞於魯周公. 제齊나라에는 안영齊有晏嬰, 한漢나라에는 양웅漢有揚雄·사마상여司馬相如, 오吳나라에는 위요吳有韋曜, 진晉나라에는 유곤劉琨·장재張載晉有劉琨張載 (나의) 먼 조상인 육납陸納遠祖納 사안謝安·좌사左思와 같은 사람들이謝安左思之徒, 모두 (차) 즐겨 마셨다皆飮焉. 점차 풍속화되고 유행되어滂時浸俗, 당나라[國朝]에 이르러 더욱 성행하였으며盛於國朝, 두 도읍과 아울러 강릉江陵, 중경重慶 사이에서도兩都并荊渝間, 집집마다 (차를) 마셨다以爲比屋之飮.

[강설]

차는 고대 신농씨로부터 육우를 거쳐 오늘날까지 이어져 왔다. 시대에 따라 차문화는 여러 형태로 변해왔으나 차의 참뜻인 검박정신만은 차사茶史와 함께 지금도 변함없이 우리와 함께 있다.

육우는 고아다. 그의 '육陸'씨 성은 자신을 길러준 스님인 지적선사智積禪師가 지어주었다고 한다. 그러나 육우는 육납陸納을 가리켜 나의 먼 조상이

---

431 滂時浸俗: 시대의 유행을 따른다는 뜻이다.

432 國朝: 당나라를 지칭한다.

433 兩都: 당나라의 두 도읍인 낙양洛陽·장안長安을 말한다.

434 荊渝: '형주荊州'는 지금의 호북성湖北省 강릉江陵지역, '투주渝州'는 지금의 사천성四川省 중경重慶지역을 말한다. 『함분루설부본涵芬樓說郛本』에만 '투渝'자로 되어 있고, 이외의 모든 간본들은 '유兪'자로 되어 있다.

435 比屋: 집집마다.

라고 했다. 그저 같은 육씨이기에 그랬던 것은 아니다. 그는 아무 관계도 없는 육납의 청렴함을 흠모하였기에 육납을 자신의 조상처럼 자랑스럽게 여겼던 것이다.

육납이 오흥吳興지방 태수로 있을 때의 일이다. 당시 실세였던 위장군衛將軍 사안謝安은 육납이 청렴하다는 소문을 듣고 방문하기를 원했다. 이때 육납은 손님 맞을 준비를 하지 않았다. 실은 준비하지 않은 것이 아니라 검소하게 차과茶菓로 대접하고자 했던 것이다. 그런데 그의 뜻을 모른 조카는 몰래 진수성찬을 준비해 사안의 방문에 맞추어 상을 차렸다. 사안이 돌아가자 육납은 자신의 뜻을 왜곡시킨 조카를 마흔 대나 매질하며 "너는 이 숙부를 빛내주지는 못할망정 어찌 나의 평소 검소한 명성마저 더럽히느냐"고 질책했다.

육우는 『중흥서中興書』에 나오는 이 이야기를 「칠지사」에 실었다. 그리고 자신의 검박정신은 조상인 육납으로부터 이어진 것이라 은연히 부각했던 것이다. 훗날 송나라 오숙吳淑도 『다부茶賦』에서 "육납이 사안을 대접하는데 검덕의 정신을 길이 빛내었다"[436]고 했다.

---

[436] "陸納之待謝安, 誠彰儉德."

[원문]

飮有觕茶[437]、散茶[438]、末茶[439]、餠茶者[440]、乃斫[441]、乃熬[442]、乃煬[443]、乃舂[444]、貯於甁缶之中,
음유추다、산다、말다、병다자、내작、내오、내양、내용、저어병부지중,
以湯沃焉[445]、謂之痷茶[446]。或用蔥、薑、棗、橘皮、茱萸、薄荷之等, 煮之百
이탕옥언、위지암다。혹용총、강、조、굴피、수유、박하지등, 자지백
沸[447]、或揚令滑[448]、或煮去沫[449]。斯溝渠間棄水耳, 而習俗不已。
비、혹양영활、혹자거말。사구거간기수이, 이습속불이。

[국역]

마시는 종류에는 추차觕茶·산차散茶·말차末茶·병차餠茶가 있는데飮有 觕散茶末茶餠茶者, 나무가지를 베어(찻잎을 따고)乃斫, 찌고乃熬, 굽고乃煬, 찧고(가루를 내어)乃舂, 작은 항아리나 병 속에 담아貯於甁缶之中, 끓는 물을 끼얹어 마시는 것을以湯沃焉, '암차痷茶'라고 한다謂之痷茶. 혹은 (사람들은)

---

437 觕: '추觕'는 '추麤'자와 같으며 곧 거칠다는 '조粗'자와도 같다. 중국의 일부 학자들은 추차觕茶를 등급이 낮은 병차 또는 소수민족들이 마시는 저급한 병차로 해석한다.
438 散茶: 잎차 모양을 말한다.
439 末茶: 병차를 만든 후 가루로 만든 말차다.
440 餠茶: 찐 찻잎을 절구질하여 틀에서 박아낸 고형 덩어리인 떡차를 말한다.
441 斫: 『다경교주茶經校註』에서는 "벌지취엽伐枝取葉"으로 풀이하고 있다.
442 熬: 『다경교주茶經校註』에서는 "증차蒸茶"로 풀이하고 있다.
443 煬: 『설문說文』에서는 "양양, 적조야炙燥也"로 풀이하고 있다.
444 舂: 『다경교주茶經校註』에서는 "연마차분碾磨茶粉"으로 풀이하고 있다.
445 湯沃: 끓는 물을 끼얹는다.
446 痷: '암痷'자와 '업痷'자는 같다. 곧 반신불수[半臥半起]의 뜻을 지닌다. 여기에서의 암차는 육우가 제창한 견진차見眞茶가 아닌 차를 말하며, 정신적 사상이 결여된 차를 뜻하기도 한다.
447 百沸: 오랫동안 끓인다.
448 揚: 걷어 낸다.
449 溝渠: 도랑, 하수구.

파[蔥]·생강[薑]·대추[棗]·귤피橘皮·수유茱萸·박하薄荷 등을 넣고或用蔥薑棗橘皮茱萸薄荷之等, 오랫동안 끓이거나煮之百沸, 혹은 떠 있는 찌꺼기를 떠내어 (차탕을 맑게 하거나)或揚, 혹은 끓어 오른 거품을 버리기도 한다或煮去沫. 이러한 것은 도랑이나 개천에 버릴 물에 불과한데斯溝渠間棄水耳, 세속의 풍속은 그치지 않으니 어찌하랴而習俗不已.

[강설]
당나라의 차 종류와 음용법은 다양했다. 가루를 곱게 내는 방법과 가루를 거칠게 내는 방법 그리고 여러 가지 양념을 넣어 끓여 마시는 방법까지 다양했다. 그러나 육우는 대용 음료가 아닌 마음으로 마시는 '차'만이 진정한 '참물[眞水]'이라 여겼다. 그래서 그는 '차'라는 것은 가려서 마셔야 한다고 했다. 후세 사람들은 『다경』에 나오는 차 끓이는 법을 '자차법煮茶法'이라 한다. 그리고 이 차는 아무 양념도 넣지 않았기에 '견진차見眞茶'[450]라고도 했다.

지금까지 발견된 문헌 중에서 차를 마시는 방법을 처음으로 소개한 책은 삼국시대의 『광아廣雅』다. 이 책은 "차를 마시려면 먼저 병차를 붉은색이 나도록 구운 후 찧은 다음 그 가루를 자기 속에 넣어 끓는 물을 붓는다. 또한 파·생강·귤 등을 섞어 끓이기도 한다"[451]고 했다. 이 방법은 당나라까지 이어져 많은 사람들이 애용했으나 육우는 찻가루를 병속에 넣어 끓는 물을 끼얹어 마시는 이러한 차를 '암차痷茶'라고 했다. '암痷'자는 반신불수이라는 뜻을 지닌다. 육우는 이러한 차는 단순한 음료로서의 가치는 있으나 정신적인 측면에서는 온전치 못한 반쪽의 차로 여겼다. 이에 그치지 않고 "여러

---

450 見眞茶: "陸羽煮茶不加助料, 謂之見眞茶.", 陳椽, 『論茶與文化』
451 "欲煮茗飮, 先炙令赤色, 搗末, 置瓷器中, 以湯澆覆之, 用葱、薑、橘子芼之."

양념을 넣고, 차의 정화인 거품 곧 말발마저 걷어버린 차탕이라면 도랑이나 개천에 버릴 물과 무엇이 다르겠는가!"라는 말로 당시의 사람들에게 되묻고 있다.

[원문]

於戲! 天育萬物, 皆有至妙. 人之所工, 但獵淺易[452]. 所庇者屋, 屋精極[453];
어희! 천육만물, 개유지묘. 인지소공, 단렵천이. 소비자옥, 옥정극;
所着者衣, 衣精極; 所飽者飮食, 食與酒皆精極之[454]. 茶有九難: 一曰造,
소착자의, 의정극; 소포자음식, 식여주개정극지. 다유구난: 일왈조,
二曰別, 三曰器, 四曰火, 五曰水, 六曰炙, 七曰末, 八曰煮, 九曰飮.
이왈별, 삼왈기, 사왈화, 오왈수, 육왈적, 칠왈말, 팔왈자, 구왈음.
陰採夜焙[455], 非造也; 嚼味嗅香, 非別也; 羶鼎腥甌, 非器也[456]; 膏薪庖炭,
음채야배, 비조야; 작미후향, 비별야; 전정성구, 비기야; 고신포탄,
非火也; 飛湍壅潦[457], 非水也; 外熟內生[458], 非炙也; 碧粉縹塵, 非末也;
비화야; 비단옹료, 비수야; 외숙내생, 비적야; 벽분표진, 비말야;
操艱攪遽, 非煮也; 夏興冬廢, 非飮也.
조간교거, 비자야; 하흥동폐, 비음야.

---

452 於戲: 오호라, '아!' 곧 오호嗚呼와 같은 감탄사.

453 淺易: 얕고 쉬운 것.

454 食與酒皆精極之: 『서탑사본西塔寺本』에의 '주酒'는 '음飮'자로 되어 있고, '지之'는 '범凡' 자로 되어 있다.

455 夜: 『서탑사본西塔寺本』에는 '양陽'자로 되어 있다.

456 膏薪庖炭: '고신膏薪'은 진이 박힌 땔감, '포탄庖炭'은 고기를 구워 기름기 밴 숯을 말한다.

457 飛湍壅潦: '비단飛湍'은 물살이 빠른 여울, '옹료壅潦'는 고인 물을 뜻한다.

458 外熟內生: 겉은 익고 속이 설익은 뜻이나, 여기에서는 병차의 겉 습기는 제거하였으나 속 습기가 남아있는 것을 뜻한다.

[국역]

　아於戲! 하늘이 만물을 기르는 데에는天育萬物, 모두 지극한 오묘함이 있다皆有至妙. (그러나) 사람들이 다루는 바는人之所工, 그저 깊이가 없고 쉬운 일들에만 (집중)되어 있다但獵淺易. (몸을) 가리는 것은 집이기에所庇者屋, 그 집에는 지극한 정성을 들여 (정교하게) 지으며屋精極, 입는 것은 옷이기에所着者衣, 그 옷에는 지극한 정성을 들여 (화려하게) 만들고衣精極, 배부르게 하는 것이 음식이기에所飽者飮食, 그 음식과 술은 모두 정성을 들여 (맛깔스럽게) 만든다食與酒皆精極之. 차에는 아홉 가지 어려움이 있다茶有九難. 첫째는 차를 만드는 법이요一曰造, 둘째는 품질을 감별하는 법이요二曰別, 셋째는 기물이요三曰器, 넷째는 불이요四曰火, 다섯째는 물이요五曰水, 여섯째는 굽는 법이요六曰炙, 일곱째는 가루 내는 법이요七曰末, 여덟째는 끓이는 법이요八曰煮, 아홉째는 마시는 법이다九曰飮. 흐린 날 따서 밤에 만드는 것은陰採夜焙, 적합한 가공법이 아니고非造也, 씹어서 맛을 보거나 냄새를 맡아 그 품질을 감별하는 것은嚼味嗅香, 올바른 감별법이 아니고非別也, 누린내 나는 솥이나 비린내 나는 잔은羶鼎腥甌, 마땅한 (차) 기물이 아니고非器也, 진이 많은 나무나 고기를 구워 기름기가 밴 숯은膏薪庖炭, 알맞은 불(떨감)이 아니고非火也, 물살이 빠른 여울물과 고인 물은飛湍壅潦, 알맞은 물이 아니고非水也, 겉은 익었으나 속이 설익는 것은外熟內生, 옳게 굽는 방법이 아니고非炙也, 푸른색 가루가 되거나 먼지처럼 날리는 것은碧粉縹塵, 그 가루 내는 법이 아니고非末也, 서투르게 다루거나 손놀림이 거칠게 젓는 것은操艱攪遽, 옳게 끓이는 법이 아니고非煮也, 여름에는 (많이 마셔) 흥하고 겨울에는 (잘 마시지 않아) 폐하는 것은夏興冬廢, 참된 (차생활의) 마심이 아니다非飮也.

【六之飮】

245

[강설]

"굶주린 사람은 맛있게 먹고, 목마른 사람은 맛있게 마신다. 이것은 음식의 바른 맛을 아는 것이 아니라, 굶주림과 목마름이 앞서 그를 뒤로 한 것이다. 어찌 오직, 입과 배만이 굶주림과 목마름의 방해를 받겠는가! 사람의 마음도 역시 이러한 방해를 받는다."⁴⁵⁹ 맹자가 했던 말이다.

사람의 욕망은 선천적인 것이므로 없앨 수는 없다. 욕망은 생리적인 욕망에서부터 안락함을 추구하는 욕망 등이 있으나 이것을 통제 불가능할 때 폐허를 불러들인 욕망이 자라게 된다. 다시 말해 먹고 살고자하는 기본적인 생리적 욕망 이외에 좀 더 편안한 삶을 원하고 좋은 옷 좋은 집을 가지고 싶다는 욕망은 인간의 기본욕망이나, 이 경계선을 넘어 사치와 탐욕에 접어들면 타락한 원인으로 작용된다. 즉 외부의 자극에 의해서 일어난 욕심은 도덕을 해칠 수가 있으며, 이 도덕적 본심을 잘 지키려면 욕심을 줄여서 자제하여야 한다. 그러한 장치가 될 수 있는 것이 바로 '차'라고 육우는 생각한다.

차는 쉬운 것이 아니다. 진정한 차는 정성이 뒷받침 되어야 하며 차에 대한 이해가 선행되어야 한다. 흐린 날 찻잎을 따거나 밤을 지나 차를 만들면 차가 산화되므로 올바른 가공법이 아니다. 그저 씹어서 맛을 보거나 냄새를 맡아 차를 안다는 것은 표피에 불과한 감별법이다. 구전비결口傳秘訣에 따라 부단히 차의 지식을 연마해야 올바르게 배울 수 있다. 깨끗하지 못한 차기는 차맛에 잡스런 냄새를 배게 하므로 적합한 차기가 아니요, 그을음이 많은 땔감으로 병차를 굽거나 물을 끓이면 연기냄새가 차나 물에 배기에 알맞은 땔감이 아니다. 물살이 빠르거나 고인 물은 알맞은 물이 아니고, 습기가 겉에는 없으나[熟] 속에 남아 있게 굽는 것은[生] 옳게 굽는 방법이 아니다.

---

459 "飢者甘食, 渴者甘飮, 是未得飮食之正也, 飢渴害之也. 豈惟口腹有飢渴之害, 人心亦皆有害."

차에 습기가 남아 있으면 산화되어 변질될 수 있고 병차 속까지 마르게 정성껏 구워야 차향이 난다. 먼지처럼 고운 가루를 내는 것은 잘못된 법이며, 이는 찻가루는 알갱이 있어야 거품인 말발이 잘 올라오기 때문이다. 삼비三沸의 순서에 따라 차를 끓이는데, 정성이 없이 손만 놀리는 것은 옳게 끓이는 법이 아니다.

동양적 사유의 뿌리는 자연에 두고 있다. 꾸밈이나 거짓이 없는 본성을 따르는 것이 자연의 이치다. 자연에 따르는 행위에 대한 답은 명료하다. 콩을 심으면 콩이 나고, 팥을 심으면 팥이 난다. 차에서 얻고자 하는 지혜는 곧 자연의 진리에 대한 깨달음이다. 우리의 선현들은 '청천백운靑天白雲', '청풍명월淸風明月', '고송청죽古松靑竹', '석천계류石泉溪流', '정자누각亭子樓閣', '화조어성花鳥語聲' 등을 모두 어진 벗으로 삼았다. 그래서 옛 사람들은 앞이 탁 트인 훤한 자리이거나 옥외·야외에서 자연을 탐닉하며 차를 마시면서 진리를 찾았다.

차는 그저 마시는 물이 아니다. 차를 매개 삼아 마음의 독을 풀고 때를 벗겨주는 물이다. 차를 마시면서 본래의 자신으로 돌아가 잠재된 선악의 내부 갈등을 슬기롭게 이겨내는 작업이다. 지혜를 얻는데 계절에 의해 차를 마신다는 것은 진정한 수행이 아니다. 고화古畵에서 보이듯이 옛 사람들의 차생활은 옥외 또는 야외에서 이루진 것이 대부분이다. 육우는 겨울에 단지 춥다는 이유로 옥외에서 차를 마시지 않는다면 이는 참된 차인의 자세가 아니며, 계절에 의해 차 마심이 좌우된다면 이는 차의 본질을 알지 못하는 것과 다르지 않다.

【六之飮】

[원문]

夫珍鮮馥烈者, 其碗數三; 次之者, 碗數五. 若坐客數至五, 行三碗;[460] 至
부진선복열자, 기완수삼; 차지자, 완수오. 약좌객수지오, 행삼완; 지
七, 行五碗; 若六人已下, 不約碗數, 但闕一人而已, 其雋永補所闕人.[461]
칠, 행오완; 약육인이하, 불약완수, 단궐일인이이, 기준영보소궐인.

[국역]

대저 진귀하고 맛있는 것(차)은夫珍鮮馥烈者, 세 번째 사발까지다其碗數三. 그 다음은次之者, 다섯 번째 사발까지다碗數五. 만약 찻자리에 모인 사람이 5명이면若坐客數至五, 3사발까지 돌아가면서 마시고行三碗, (모인) 사람이 7명이면至七, 5사발까지 돌아가면서 마시고行五碗, 만약 6명 이하(여섯 사람)일 경우若六人已下, 사발의 수와 관계없이不約碗數, 다만 부족한 한 사람 분의 것(차)은但闕一人而已, 그 준영雋永으로 부족한 분을 대체하도록 한다其雋永補所闕人.

[강설]

차의 정화는 말발이다. 말발은 진귀하고 그 맛이 일품이다. 한 솥의 차탕의 양은 1되이며 5사발이 나온다. 말발은 3사발까지만 있으니 몹시 목마르지 않으면 5사발까지 마실 필요가 없다. 그래서 손님이 5명일 경우 말발이 있는 3사발만 마시고 남은 2사발은 버리는 것이다. 손님이 7명이면 남은 2사발마저 마시고 한 솥을 비운다. 손님의 수가 더 많으면 풍로를 둘로 나누어 차를 대접하는 것이 육우가 주창하는 음차법飮茶法이다.

---

460 行: 여기에서의 '행行'자는 돌릴 '전傳'자와 같다. 곧 잔을 돌려가면서 마신다는 의미다.
461 闕人: 부족한 한 사람 분.

손님이 5명인데 사발은 3사발이다. 수에 맞지 않는 음차법은 한 사발씩 돌아가면서 마시는 것이다. '行'자의 뜻은 '傳'자와 같다. 돌아가면서 마시는 '傳'자는 「오언월야철다연구五言月夜啜茶聯句」이라는 시구에서 나온다. 연구聯句란 2명 이상의 사람들이 연이어 릴레이식으로 짓는 시구를 뜻한다. 이 작시에 참가했던 사람이 여섯이었는데 모두가 육우의 친구였다. 이 중 석교연釋皎然 스님도 있고, 당대의 거물인 안진경顔眞卿도 있었다. 시구를 열은 사람은 육사수陸士修였다. 그가 "술 대신 차를 마련하여 차담을 나누네"462)라고 하자, 장천張薦은 "술을 깨는데 어울리는 곳은 찻자리요, 스님을 머물게 하는 곳은 독원이다"463)라고 화답한다. 연구聯句중 최만崔萬은 "어사의 굳은 정절이 굳센 가을 바람이요, 벼슬 또한 북두의 지존이네"464)하며 안진경을 치켜세우기도 했다. "고요한 밤에 돌려 마신 자기瓷器 사발, 온 집안에 차향이 가득하다"465)는 시구로 육사수陸士修가 마무리 지었다. 이는 당나라의 음차 방법에서 유일하게 표현된 '傳'자에 관한 글이다.

　　차탕의 품질은 말발의 함유에 따라 결정된다. 첫 번째 떠낸 차탕이 '준영雋永'이다. 손님이 한 사발, 한 사발의 차탕을 돌려 마시는 동안 준영은 구비 육화救沸育華에 쓰인다. 즉 준영은 솥에서 끓고 있는 차탕을 식히는 구비救沸와 말발을 더해 주는 육화育華의 역할을 한다.

　　손님이 5명이면 3사발의 차탕을 돌리고, 7명이면 5사발을 돌린다. 이에 6명 이하[若六人已下]이라는 표현은 6명이라는 뜻이다. 이 경우 사발의 수와 관계없이 부족한 자의 차탕은 준영으로 대체해서 마시는 것이다.

---

462 "泛花邀坐客, 代飮引情言."
463 "醒酒宜華席, 留僧想獨園."
464 "御使秋風勁, 尙書北斗尊."
465 "素瓷傳靜夜, 芳氣滿閑軒."

(도표)자차법의 분차 分茶

손님의 수	잔의 수	비고	참고·「오지자」		
若坐客數至五	行三盌		凡煮水一升 酌分五盌 盌數少至三		
至七	行五盌		多至五		
若六人已下	不約盌數	但闕一人而已 其雋永 補所闕人	若人多至十 加兩爐		
夫珍鮮馥烈者 其盌數三 次之者 盌數五			湯之華 沫餑 分茶 凡酌 置諸盌 令沫餑均		
			沫	餑	花
			薄者	厚者	細輕者

1997년 중국 우정국郵政局에서 차에 관련된 기념우표 세트를 발행했다. 4가지 그림 가운데 명明나라 문징명文徵明의 혜산차회도惠山茶會圖

원문 · 비고			의미
翼而飛 毛而走 呿而言 此三者俱生於天地間 飲啄以活 飲之時義遠矣哉			마신다는 의미
至若救渴		飲之以漿	때에 따른 마실 거리
蠲憂忿		飲之以酒	
蕩昏寐		飲之以茶	
茶之爲飲		發乎神農氏	차의 역사
聞於		魯周公	
齊		晏嬰	
漢		揚雄 司馬相如	
吳		韋曜	
晉		劉琨 張載 遠祖納 謝安 左思之徒 皆飮焉	
滂時浸俗 盛於國朝		兩都幷荆渝間 以爲比屋之飮	
觕茶			차의 종류
散茶			
末茶			
餠茶者			
淹茶		乃斫 乃熬 乃煬 乃舂 貯於甁缶之中 以湯沃焉	당시 개선해야 할 차 끓이는 방법
비고	芼茶	或用蔥 薑 棗 橘皮 茱萸 薄荷之等 煮之百沸	
棄水		或揚令滑 或煮去沫 斯溝渠間棄水耳 而習俗不已	
於戲 天育萬物 皆有至妙 人之所工 但獵淺易 所庇者屋 屋精極 所着者衣 衣精極 所飽者飮食 食與酒皆精極之			일반 사람들이 추구하는 삶의 가치
茶有九難	一曰造	陰採夜焙 非造也	차의 구난
	二曰別	嚼味嗅香 非別也	
	三曰器	羶鼎腥甌 非器也	
	四曰火	膏薪庖炭 非火也	
	五曰水	飛湍壅潦 非水也	
	六曰炙	外熟內生 非炙也	
	七曰末	碧粉縹塵 非末也	
	八曰煮	操艱攪遽 非煮也	
	九曰飮	夏興冬廢 非飮也	
夫珍鮮馥烈者		其盌數三	찻자리에서 손님에게 따르는 분차법
		次之者 盌數五	
若坐客數至五		行三盌	
至七		行五盌	
若六人已下		不約盌數 但闕一人而已 其雋永補所闕人	

251

칠지사

「칠지사」의 '사事'는 옛 이야기를 말하며, 중국 상고시대부터 당나라까지 차에 관련된 자료를 연대별로 편집한 내용이다.

「칠지사」는 차의 옛 이야기를 7종류로 나누어 48절節로 편성하였다. 이 중 의약醫藥는 9곳·사료史料는 11곳·시사가부詩詞歌賦는 5곳·신이기괴神異奇怪는 5곳·주석註釋은 4곳·지리地理는 8곳·기사記事는 6곳이며, 불교와 관련된 이야기도 3곳이 있다. 내용 중, 당나라 이전 양진兩晉시대 차에 관계된 문헌은 18곳이며, 이 가운데 북방이 6곳인 반면 남방은 12곳이다. 이를 보아 당시의 음차 풍속은 북방보다 남방이 번성했음을 알 수 있다.

한편 『다경』 이전, 찻잎을 가리키는 글자는 대체로 '도茶'자로 되어 있다. 따라서 이 장에서 보인 '차茶'자의 원문은 모두 '도茶'자이었으며, 저자인 육우가 자의로 '차'자로 고쳐 쓴 것이다.

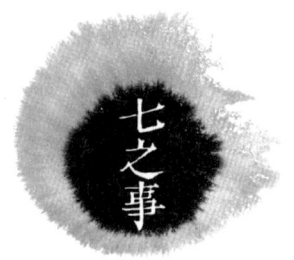

[원문]

三皇: 炎帝神農氏.[466]

삼황: 염제신농씨.

周: 魯周公旦.[467]

주: 노주공단.

齊: 相晏嬰.[468]

제: 상안영.

---

466 三皇: 고대 중국의 전설적인 3명의 황제黃帝로서 일반적으로 복희伏羲, 수인燧人, 신농神農을 삼황三皇이라 일컬으나 복희伏羲, 신농神農, 여왜女媧를 삼황三皇이라고 보는 견해도 있다. 이 중 신농씨神農氏는 백성을 교화하여 농업을 일으켰으므로 신농씨라 하며, 불을 사용하는 법을 가르쳤기에 화덕火德의 왕인 염제炎帝라고도 한다.

467 周公旦: 주周나라 무왕武王의 동생으로 성은 희姬, 이름은 단旦이다. 무왕의 왕위를 계승한 어린 성왕成王을 보필하여 섭정攝政하였고 인정을 베푸는 정치[仁政]를 하였다. 관제官制를 정하고 예악제도禮樂制度를 창제하였으며 주나라의 문물을 완비完備하였으므로 후세에 모범이 되는 인물로서 공자孔子는 꿈속에서라도 주공을 만나 보기를 간절히 바랐다고 한다.

468 晏嬰: 안자晏子(B.C ?~B.C 500)라고도 하며, 춘추전국시대 제齊나라의 대부大夫 약약의 아들이다. 이름은 영嬰이고 자는 평중平仲이며 제나라 이유夷維(지금 山東省의 高密) 사람이다. 제나라의 영공靈公(B.C 581~B.C 552)과 장공莊公(B.C 553~B.C 548)을 섬기다가 경공景公(B.C 547~B.C 490) 때에 재상이 되었다. 중국 역사상 유명한 정치가이며 특히 그의 근검절약 정신은 후세들에게 귀감이 된다.

漢: 仙人丹丘子[469], 黃山君[470], 司馬文園令相如[471], 揚執戟雄[472].

한: 선인단구자, 황산군, 사마문원령상여, 양집극웅.

吳: 歸命侯[473], 韋太傅弘嗣[474].

오: 귀명후, 위태부홍사.

晉: 惠帝[475], 劉司空琨[476], 琨兄子兗州刺史演[477], 張黃門孟陽[478], 傅司隸咸[479],

진: 혜제, 유사공곤, 곤형자연주자사연, 장황문맹양, 부사예함,

469 丹丘子: 한漢나라의 선인仙人이라 일컬으나 그에 대한 자세한 기록은 없다. 단구丹丘는 신화 속의 신선들이 사는 땅이다.

470 黃山君: 단구자丹丘子와 만찬가지로 한漢나라의 선인仙人이라 일컬으나 그에 대한 자세한 기록은 없다.

471 司馬文園令: 사마상여司馬相如(B.C 179경~B.C 117)를 지칭한 것이다. 자는 장경長卿이며 촉蜀지방 성도成都 출생이다. 그가 서남西南의 이족夷族을 정복한 공적이 인정되어 문원령文園令 벼슬에 올랐다.

472 揚執戟雄: 서한西漢의 양웅揚雄(B.C 53~A.D 18)이며 자는 자운子雲, 촉蜀지방 사람이다. 궁궐의 경비를 맡는 황문랑黃門郎이라는 벼슬을 지냈으며, 갈라진 창[戟]을 잡고 근무하기에 '집극執戟'이라 부른다.

473 歸命侯: 삼국시대 오吳나라의 마지막 황제인 손호孫晧(242~283)를 말하며 자는 원중元仲이다. 264~280년까지 재위했으나 훗날 그가 위魏나라에 항복하자 '귀명후歸命侯'라 부르기도 한다.

474 韋太傅弘嗣: 태부太傅 벼슬을 지낸 위요韋曜(220~280)를 말한다. 자는 홍사弘嗣이고, 오군吳郡 운양雲陽 출생이다. 본명은 위소韋昭나 당시 황제의 아버지 사마소司馬昭의 이름 중 '소昭'자를 피하고자 '요曜'자로 개명하였다.

475 惠帝: 서진西晉 2대 황제 사마충司馬衷(재위 290~306)을 말한다. 저능아로 태어난 혜제는 모든 권력을 황후 가후賈后에게 빼앗긴 비운의 황제이기도 하다.

476 劉司空琨: 서진西晉 때 사공司空 벼슬을 지낸 유곤劉琨(271~318)을 말한다. 자는 월석越石이고, 중산中山 위창魏昌(지금의 河北省 無極縣) 사람이며 시인이다.

477 兗州刺史演: 연주자사兗州刺史를 지낸 유연劉演을 말한다. 자는 시인始仁이며 유곤劉琨의 조카다. 서진西晉 말기 숙부 유곤劉琨의 도움으로 연주자사兗州刺史를 지냈고, 동진東晉 때 도독都督, 후장군后將軍 등 벼슬을 지냈다.

478 張黃門孟陽: 서진西晉의 장재張載를 말하며 자는 맹양孟陽이다. 문장에 뛰어나 중서시랑中書侍郎을 지냈다. 기록에 따르면 장재는 황문시랑黃門侍郎을 역임하지 않았으며, 그의 동생 장협張協이 잠시 황문시랑을 지냈다.

479 傅司隸咸: 서진西晉시대 사예교위司隸校尉를 지낸 부함傅咸이며, 자는 장우長虞다. 니양泥陽(지금의 陝西省 耀縣) 출생이며, 벼슬은 상서우승尙書右丞까지 지냈다.

江洗馬統[480], 孫參軍楚[481], 左記室太冲[482], 陸吳興納[483], 納兄子會稽內史俶[484],

강세마통, 손참군초, 좌기실태충, 육오흥납, 납형자회계내사숙,

謝冠軍安石[485], 郭弘農璞[486], 桓揚州溫[487], 杜舍人毓[488], 武康小山寺釋法瑤[489],

사관군안석, 곽홍농박, 환양주온, 두사인육, 무강소산사석법요,

480 江洗馬統: 서진西晉시대 태자세마太子洗馬를 지낸 강통江統(?~310)을 말하며, 자는 응원應元이다.

481 孫參軍楚: 서진西晉시대 참군參軍을 지낸 손초孫楚(218~293)를 말한다. 문학가이기도한 그의 자는 자형子荊이며 태원중도太原中都(지금의 山西省 平遙) 사람이다. 진혜제晉惠帝 때 풍익태수馮翊太守까지 지냈다.

482 左記室太冲: 서진西晉의 문화가인 좌사左思(250~300)를 말한다. 자는 태충太冲이며 임치臨淄(지금의 山東省 淄博市) 사람이다. 『제도부齊都賦』, 『삼도부三都賦』를 지은 문학가이며, 제왕齊王 사마경司馬冏이 기실독記室督이라는 벼슬을 내렸으나 부임하지 않은 일화로 유명하다.

483 陸吳興納: 진晉나라 오흥태수吳興太守를 지낸 육납陸納을 말한다. 자는 조언祖言이며 오군吳郡 오현吳縣 출생이다. 이부상서吏部尙書까지 지냈다.

484 會稽內史俶: 회계會稽지방의 관리인 내사內史를 지낸 육숙陸俶이다. 오흥태수吳興太守 육납陸納의 조카다.

485 謝冠軍安石: 오흥태수吳興太守를 지낸 사안謝安을 말하며, 자는 안석安石이다. 사마司馬, 태보太保를 역임하였고 광릉태수光陵太守 때 병사했다.

486 郭弘農璞: 동진東晉 원제元帝 때의 곽박郭璞(276~324)을 말한다. 자는 경순景純이며, 하동河東 문희聞喜(지금의 山西省 聞喜) 사람이다. 죽은 후 홍농태수弘農太守이라는 시호를 받았다.

487 桓揚州溫: 동진東晉시대 양주목揚州牧을 지낸 환온桓溫(312~373)을 말한다. 자는 원자元子이며, 초국譙國 용항龍亢(지금의 安徽省 懷遠) 사람이다. 명제明帝의 사위이기도 한 그는 대사마大司馬까지 올랐다.

488 杜舍人毓: 서진西晉시대 중서사인中書舍人을 지낸 두육杜毓(265~316)을 말하며, 두육杜育이라고도 한다. 자字는 방숙方叔이고 지금의 하남성河南省 양성襄城 사람이다.

489 釋法瑤: 승려인 법요法瑤의 속성은 양楊씨이며 하동河東 사람이다.

沛國夏侯愷,[490] 餘姚虞洪,[491] 北地傅巽,[492] 丹陽弘君舉,[493] 樂安任育長,[494] 宣城
패국하후개, 여요우홍, 북지부손, 단양홍군거, 낙안임육장, 선성
秦精,[495] 燉煌單道開,[496] 剡縣陳務妻,[497] 廣陵老姥,[498] 河內山謙之.[499]
진정, 돈황단도개, 섬현진무처, 광릉노모, 하내산겸지.
後魏: 琅琊王肅.[500]
후위: 낭야왕숙.

---

490 沛國夏侯愷: 동진東晉시대 대사마大司馬를 지낸 하후개夏侯愷를 말한다. 패국沛國 사람이며 자는 만인萬仁이다.

491 餘姚虞洪: 여요餘姚(지금의 浙江省 紹興縣 동북쪽)에 사는 우홍虞洪을 말하며, 다른 기록은 없다.

492 北地傅巽: 삼국시대 위魏나라 북지北地 즉 북쪽지방 사람이며, 자는 공제公悌다. 원래의 벼슬은 상서랑尙書郞이었으나, 촉蜀나라의 제갈공명諸葛孔明을 섬기자 상서령尙書令이 되었다.

493 丹陽弘君舉: 단양성丹陽城 사람으로 『식격食檄』의 저자로 유명하다.

494 樂安任育長: 동진東晉 낙안樂安(지금의 山東 鄒平)에 사는 임첨任瞻을 말하며, 자는 육장育長이다. 젊었을 때의 명성이 자자했으나 남쪽으로 피난 후 뜻을 잃었다. 『사고전서본四庫全書本』, 『백천학해본百川學海本』에는 '낙樂'자가 빠졌고, 『고금도서집성본古今圖書集成本』, 『완위산당설부본宛委山堂說郛本』, 『당인설회본唐人說薈本』, 『함분루설부본涵芬樓說郛本』에는 '신안新安'으로 되어 있다.

495 宣城秦精: 『속수신기續搜神記』에 등장하는 인물로 진무제晉武帝(236~290) 때 선성宣城 (지금의 安徽省 南陵縣 동쪽 40리)에 사는 진정秦精을 말하며, 그에 대한 다른 기록은 없다.

496 單道開: 동진東晉 목제穆帝 때의 승려이며, 속성은 맹孟씨이고 돈황燉煌 사람이다. 잣·송진·생강·계피·복령茯苓 등으로 섭생하였으며, 잠을 자지 않고 수도하였기에 추위와 더위를 모르면서 산다고 한다.

497 剡縣陳務妻: 괴기소설집 『이원異苑』에 등장하는 인물로서 섬현剡縣(지금의 浙江省 嵊縣 남쪽)에 사는 진무陳務의 처를 말한다. 그에 대한 다른 기록은 없다.

498 廣陵老姥: 70세 이상의 노인들에 대한 기록인 『광릉기로전廣陵耆老傳』에 등장하는 늙은 노파[老姥]이며, 그에 대한 기록은 없다.

499 河內山謙之: 남조南朝시대 송宋나라 하내군河內郡(지금의 河南省 沁陽縣) 사람인 산겸지山謙之(420~470)를 말한다. 『오흥기吳興記』의 저자로 유명하다.

500 王肅: 왕숙王肅(464~501)의 자는 공의恭懿이며, 낭야琅琊(지금의 山東省 臨沂일대) 사람이다. 제齊나라에서 벼슬을 지냈으나, 제무제齊武帝가 그의 아버지와 형제를 죄 없이 죽이자 북위北魏로 건너가 망명을 한 후 진남장군鎭南將軍이 되었다.

宋: 新安王子鸞[501], 鸞弟豫章王子尙[502], 鮑昭妹令暉[503], 八公山沙門曇濟[504].

송: 신안왕자란, 란제예장왕자상, 포소매영휘, 팔공산사문담제.

齊: 世祖武帝[505].

제: 세조무제.

梁: 劉廷尉[506], 陶先生弘景[507].

양: 유정위, 도선생홍경.

皇朝: 徐英公勣[508].

황조: 서영공적.

---

501 **子鸞**: 남조南朝시대 송宋나라 효무제孝武帝(재위 453~464)와 은귀비殷貴妃 사이에 태어난 여덟 번째 아들이다. 자란은 부왕의 총애를 받았으며 이를 미워한 형 유자업劉子業(후일의 폐제廢帝, 재위 464~465)이 황제로 등극하자 자란에게 죽음을 내린다. 이때의 나이는 겨우 10세이었다. 훗날 형이 폐위되자 숙부인 명제明帝(재위 465~472)로부터 '신안왕新安王'이라 봉했다.

502 **子尙**: 남조南朝시대 송宋나라 효무제孝武帝의 둘째 아들이며 자는 효사孝師다. 예장왕豫章王이기도한 그는 형 유자업劉子業(후일의 폐제廢帝, 재위 464~465)으로부터 죽음을 당한다. 이때의 나이는 16세이었다.

503 **鮑昭妹令暉**: 포소鮑昭는 남조南朝 송宋나라 때 유명한 시인으로써 특히 칠언시七言詩에 능했다. 그의 누이동생 영휘令暉도 시재詩材에 능했으며 「향명부집香茗賦集」을 지었으나 유실되었다. 『사고전서본四庫全書本』에만 '조照'자로 되어 있고, 이외의 모든 간본은 '소昭'자로 되어 있다.

504 **八公山沙門曇濟**: '담제曇濟'는 '담제譚濟'를 말한다. 하동河東(지금의 山西省지역) 사람이며 13세에 출가하여 석승도釋僧導의 제자가 되었으며, 팔공산八公山의 동산사東山寺에서 수도하였다. 담빈曇斌과 동시대 사람으로서 차의 달인이라 알려졌다. 사문沙門은 출가한 수행자를 일컫는 말이며, 범어梵語로 'sramana'라 한다. 팔공산八公山은 지금의 안휘성安徽省 봉태현鳳台縣에 있으며, 해발 160미터에 불과한 작은 산이다. 한漢나라 회남왕淮南王이 신선술神仙術을 신봉하여 8명의 신선들을 초청해 이 산에서 연단술鍊丹術을 연마했던 것이 '팔공산'의 유래라고 한다.

505 **齊世祖武帝**: 남조南朝 제齊나라의 2대 황제이며, 이름은 색賾(482~493), 자는 의원宜遠이다.

506 **劉廷尉**: 남조南朝 양梁나라 때 정위廷尉를 지낸 유효작劉孝綽(481~539)을 말하며, 팽성彭城(지금의 江蘇省 徐州) 출생이다. 본명은 염冉이고 자는 아사阿士다.

507 **陶先生弘景**: 도홍경陶弘景(456~536)의 자는 통명通明이며, 단양丹陽 말릉秣陵(지금의 江蘇省 南京) 사람이다. 남조南朝 때 제齊나라에서 벼슬을 지냈으나, 양梁나라로 들어간 후 구용산句容山에서 은거했다. 황제인 양무제梁武帝가 어려운 일이 있을 때마다 산 속으로 그를 찾아가 자문을 얻었다 하여 '산중재상山中宰相'이라는 별명을 얻었다. 그는 풍수지리·음양오행·의술본초 등 학술에 능했으며 『본초경집주本草經集註』, 『명의별록名醫別錄』등 의학 서적을 남겼다.

508 **皇朝徐英公勣**: 서적徐勣(594~669) 곧 이적李勣을 말한다. 원래의 성은 서徐씨이며 이름은 세적世勣이고 자는 무공懋功이다. 훗날 성은 이李, 이름은 적勣으로 바꾸었으나 다시 서徐씨로 환성換姓하였다. '황조皇朝'란 육우陸羽가 살던 시대 당나라를 말한다.

[국역]

삼황三皇 (중의 한 사람) 염제炎帝 신농씨神農氏, 주周나라 때 노魯나라의 주공周公 단旦, 제齊나라의 재상 안영晏嬰, 한漢나라 때의 선인仙人 단구자丹丘子·황산군黃山君·효문원령孝文園令인 사마상여司馬相如·집극執戟인 양웅揚雄, 오吳나라 때의 귀명후歸命侯(孫皓)·태부太傅인 위요韋曜 홍사弘嗣. 진晉나라 때의 혜제惠帝·사공司空인 유곤劉琨·곤琨의 조카兄子이며 연주자사兗州刺史인 유연劉演·황문黃門인 장재張載·사예司隸인 부함傅咸·세마洗馬인 강통江統·참군參軍인 손초孫楚·기실記室인 좌사左思 태충太冲·오흥태수吳興太守인 육납陸納·납納의 조카이며 회계내사會稽內史인 육수陸俶·관군冠軍인 사안석謝安石·홍농태수弘農太守인 곽박郭璞·양주태수揚州太守인 환온桓溫·사인舍人인 두육杜毓·무강武康 소산사小山寺의 승려 법요法瑤·패국沛國 사람인 하후개夏侯愷·여요餘姚 사람인 우홍虞洪·북지北地 사람인 부손傅巽·단양丹陽 사람인 홍군거洪君擧·낙안樂安 사람인 임육장任育長·선성宣城 사람인 진정秦精·돈황燉煌 사람인 단도개單道開·섬현剡縣의 진무陳務의 아내·광릉廣陵의 어느 할머니老姥·하내河內 사람인 산겸지山謙之, 후위後魏 때의 낭야瑯琊 사람인 왕숙王肅, 송宋나라 때 신안왕新安王인 자란子鸞·란鸞의 동생이며 예장왕豫章王인 자상子尙·포소鮑昭의 누이동생인 영휘令暉·팔공산八公山의 사문沙門인 담제曇濟, 남제南齊 때 세조世祖인 무제武帝, 양梁나라 때 정위廷尉인 유효작劉孝綽·도홍경陶弘景, 당나라의 영공英公인 서적徐勣. (모두 차를 알고 즐겼다)

[강설]

대력大曆 10년(775) 육우는 당시 호주자사로 부임한 안진경顔眞卿으로부터 『운해경원韻海鏡源』 3백 60권을 편찬하는 작업에 동참하자는 제의를 받는다. 『운해경원』은 운韻에 따라 그 내용을 분류하여 기록한 책으로 지금은 전해지지 않지만 대작大作으로 알려졌다. 당시 육우를 비롯해 호주의 명사 50여 명이 이 작업에 동참했으며, 그 중에는 석교연釋皎然 스님도 있었다. 이 작업에서 육우는 방대한 옛 문헌과 자료를 접할 수 있어 차와 관련된 이야기를 수집하였다. 이를 바탕으로 육우는 차에 관한 줄거리를 정리해 「칠지사七之事」를 추가하므로써 『다경』을 완성했다.

육우는 당시 열악한 환경 속에서 방대한 차사茶史를 수집했다. 그러나 옛 차사 중에 미처 발견하지 못했거나 일부를 누락한 것들이 있다. 오늘날 밝혀진 그가 놓친 당唐나라 이전의 차사는 한漢나라 왕포王褒의 『동약僮約』[509], 한나라 양웅揚雄의 『촉도부蜀都賦』[510], 한나라 허신許愼의 『설문해자說文解字』[511], 삼국三國시대 장읍張揖의 『이아爾雅·석문釋文』과 『잡자雜字』[512][513], 서진西晉 곽의공郭義恭의 『광지廣志』[514], 북위北魏 양현지楊衒之의 『낙양

---

509 『僮約』"膾魚包鱉, 烹茶盡具", "武陽買茶, 楊氏担荷."
510 『蜀都賦』"百華投春, 隆隱分芳, 蔓茗熒翠, 藻蕊靑黃."
511 『說文解字』"茗, 茶芽也."
512 『爾雅·釋文』"茶, 垿倉作."
513 『雜字』"荈, 茗之別名也."
514 『廣志』"茶叢生, 眞煮飮爲茗茶, 茱萸檄子之屬. 膏煎之, 或以茱萸煮脯胃汁, 謂之曰茶. 有赤色者, 亦米和膏煎, 曰無酒茶."

가람기洛陽伽藍記』 2편의 차사, 동진東晉 도잠陶潛의 『속신후기續神後記』,
동진東晉 사람 배연裵淵의 『광주기廣州記』, 남조南朝 진陳나라 심회원沈懷
遠의 『남월지南越志』, 남북조南北朝 작가미상의 『위왕화목지魏王花木志』
, 유의경劉義慶의 『세설신어世說新語』 권하卷下, 남조南朝 송宋나라 남제南
齊 『남사南史』, 남조南朝 사람 임방任昉의 『술이기述異記』, 삼국시대 상거
常璩가 저술한 『화양국지華陽國志』 속에 기록된 6편의 차사를 합하면 모두

515 1) 『洛陽伽藍記』 「城南」 "肅初入國, 不食羊肉及酪漿等物, 常飯鯽魚羹, 渴飲茗汁. 京師士
子, 道肅一飲一斗, 號爲'漏厄'. 經數年已后, 肅與高祖殿會, 食羊肉酪粥甚多. 高祖怪之, 謂
肅曰'卿中國之味也. 羊肉何如魚羹? 茗飲何如酪漿?' 肅對曰'羊肉是陸産之最, 魚者乃水族
之長. 所好不同, 幷各稱珍. 以味言之, 甚是優劣. 羊比齊·魯大邦, 魚比邾莒小國. 惟茗不
中與酪作奴.'…… 彭城王謂肅曰'鄕曲所美, 不得不好.' 彭城王重謂曰'卿明日顧我, 爲卿
設邾莒之食, 亦有酪奴.'因此復號茗飲爲酪奴. 時給事中劉縞慕肅之風, 專習茗飲, 彭城王謂
縞曰'卿不慕王侯八珍, 好蒼頭水厄. 海上有逐臭之夫 里內有學顰之婦, 以卿言之, 卽是也.'
其彭城王家有吳奴, 以此言戲之. 自是朝貴宴會, 雖設茗飲, 皆恥不復食, 惟江表殘民遠來降
者好之. 後蕭衍子西豊侯蕭正德歸降時, 元義欲爲之設茗, 先問'卿於水厄多少?' 正德不曉
義意, 答曰'下官生於水鄕, 而立身以來, 未遭陽侯之難.' 元義與擧坐之客皆笑焉."
2) 『洛陽伽藍記』 「城事」 "元愼卽口含水噀慶之曰'吳人之鬼, 住居建康. 小作冠帽, 短制衣
裳. 自呼阿儂, 語則阿傍. 菰稗爲飯, 茗飲作漿. 呷啜蓴羹, 唼嗍蟹黃. 手把豆蔻, 口嚼檳榔.
乍至中土, 思憶本鄕. 急急速去, 還錦丹陽……' 慶之伏枕曰'楊君見辱深矣.'"

516 『續神後記』 "晉宣武時, 有一督將, 因時行病後虛熱, 更能飲復茗. 必一斛二斗乃飽. 才減升
合, 便以爲不足, 非復一日. 家資, 有客造之, 正遇其飲復茗, 亦先聞世有此病, 仍令更進
五升, 乃大吐, 有一物出如升, 大有口, 形質縮縐. 狀如牛肚. 客乃令置之於盆中, 以一斛二
斗復茗澆之, 此物吸之都盡而止. 覺小脹, 又加五升, 便悉混然從口中湧出. 卽吐此物, 其病
逐瘥. 或問之此何病, 答云'此病名斛二瘕.'"

517 『廣州記』 "酉平縣出皐蘆, 茗之別名, 葉大而澀, 南人以爲飲."

518 『南越志』 "龍川縣有皐蘆, 名瓜蘆, 葉似茗, 土人謂之過羅, 或曰物羅, 皆夷語也."

519 『魏王花木志』 "茶, 葉似梔子, 可煮爲飲, 其老葉謂之荈, 細葉謂之茗."

520 『世說新語』 "褚太傅初渡江, 嘗入東, 至金昌亭. 吳中豪右, 燕集亭中, 褚公雖素有重名, 于
時造次不相識, 別勅左右, 多與茗汁, 少箸粽汁, 盡輒益, 使終不得食. 褚公飲訖, 徐擧手共
語云'褚季野', 於是四座驚散, 無不狼狽."

521 『南史』 「后妃·齊宣孝陳皇后傳」 "永明九年, 詔太廟四時祭, 宣皇帝薦起麪餠鴨臛, 孝皇后
薦□鴨卵脯醬炙白肉, 高皇帝薦肉膾菹羹, 昭皇后薦茗粣炙魚, 皆生平所嗜也."

522 『述異記』 "巴東有眞香茗. 其花白色如薔薇. 煎服, 令人不眠, 能誦無忘."

523 1) 『華陽國志』 「巴志」 "武王旣克殷, 以其宗姬於巴, 爵之以子 …… 其地東至魚腹, 西至
僰道, 北接漢中, 南極黔涪, 上植五穀, 牲具六畜, 桑蠶麻紵, 魚鹽銅鐵, 丹漆茶蜜, 靈龜巨
犀, 山鷄白雉, 黃潤鮮粉, 皆納貢之, …… 園有芳蒻香茗, 給客橙葵."
    2) 『華陽國志』 「巴志」 "涪陵郡, 巴之南鄙 …… 惟出茶·丹·漆·蜜蠟."
    3) 『華陽國志』 「蜀志」 "什邡縣, 山出好茶 …… 田有鹽井."

21편이나 된다. 현재까지 발견되지 않은 자료가 더 있을 수가 있다. 그러나 당唐나라 이전의 차사를 연구하는데 「칠지사」에 수록된 이 자료들의 가치는 절대적이다. 천 여 년 전, 육우가 열악한 환경 속에서 탐구했던 학문의 깊이가 얼마나 심도가 있었는지 시사한 바가 크다.

[원문]
『神農食經』"茶茗久服[524), 令人有力[525)、悅志[526)."
『신농식경』"다명구복, 영인유력, 열지."

[국역]
『신농식경』神農食經에 "차를 오래 마시면茶茗久服, 사람으로 하여금 힘이 솟고令人有力, 기분이 상쾌해진다悅志."고 했다.

[강설]
육우는 『운해경원韻海鏡源』 편찬 작업에서 알게 된 차와 관계된 옛 이야기들을 연대순으로 「칠지사」에 실었다. 육우는 선진시대先秦時代 이전의 차사를 신농, 주공, 안영 순으로 언급했다. 이는 곧 차의 역사는 신농시대부터 시작되었다는 것을 시사한다.

---

4) 『華陽國志』「蜀志」"南安、武陽, 皆出名茶."
5) 『華陽國志』「南中志」"平吏縣, 郡治有[津, 安樂水, 山出茶、蜜."
6) 『華陽國志』「蜀志」"蜀王別封其弟葭萌于漢中, 號苴侯, 名其邑曰葭萌."
   * 明『楊愼郡國外夷考』"葭萌, 蜀郡名. 萌音方言, 蜀人謂茶曰葭萌. 蓋以茶氏郡也."

524 『神農食經』: 『식경食經』의 저자가 신농씨神農氏라 전하고 있으나, 서한西漢 때 일부 유생들이 신농씨의 이름을 빌려 만든 탁명작託名作이다.

525 令: 『서탑사본西塔寺本』, 『고금도서집성본古今圖書集成本』, 『완위산당설부본宛委山堂說郛本』에는 '영令'자가 빠졌다.

526 悅志: 힘이 솟고 기분이 상쾌해짐.

우리가 신농을 차신茶神으로 추앙하는 이유는 두 가지다. 하나는 육우가 『다경』「육지음」에서 "차를 음료로 삼은 것은 신농씨로부터 시작되었다"[527]이고, 또 하나는 『신농본초경神農本草經』에 "신농이 백 가지 약초를 맛보았는데, 하루는 70여 차례나 중독이 되었으나 차를 마시고 해독되었다"[528]에서 비롯되었다.

『신농식경』의 원문은 오래전 유실되었으나 그 내용은 대략 영양치료학에 관한 의학서적으로 보인다. 『식경』은 서한西漢 때 일부 유생들이 신농의 이름을 빌려 만든 탁명작託名作이라는 것이 학계의 견해다. 한편 『한서漢書』「예문지藝文志」에 『신농황제식금神農黃帝食禁』 권 7이 기재되어 있으나 이는 『신농식경』과는 무관한 것으로 밝혀졌다.

『신농본초경』의 저작 연대에 관해 일부에서는 기원전 1세기에 만들었다는 주장이 있다. 그러나 후한後漢과 삼국三國(220~280)시대 사이에 만든 본초서本草書라는 것이 일반적인 학설이며, 훗날 수많은 사람들의 보충과 수정을 거쳐 완성된 작품으로 보고 있다. 송나라 당신미唐愼微의 『중수정화경사증류비용본초重修政和經史證類備用本草』에 의하면 "위진시대에 오보吳普·이당李當 등이 『신농본초경』에 손을 댔으나 제한된 지식과 잘못된 약품의 분류에 의해 오류가 생겨 오히려 약재에 대한 혼란만 가중되어 의사들이 처방을 내는데 많은 곤란을 겪었다"[529]고 기술하고 있다.

남북조시대에 접어들면서 대량의 새로운 약초의 발견 그리고 의술의 발달은 의약 서적을 편찬하는데 객관성을 확보할 수 있는 계기가 되었다. 이때 만들어진 의학서적은 『촉본초蜀本草』·『남해본초南海本草』 등이다. 이

---

527 "茶之爲飮, 發乎神農氏."

528 "神農嘗百草之滋味, 水泉之甘苦, 令民知所避就. 當此之時, 日遇七十毒, 得茶而解."

529 "魏晉以來, 吳普·李當之等更復損益, 或五百九十五, 或四百三十一, 或三百一十九, 或三品混糅, 冷熱舛錯, 草石不分, 蟲獸無辨. 且所主治互有多少, 醫家不能備見, 則識致淺深."

들 서적은 『신농본초경』의 내용에 많은 영향을 주었으며 이때 등장된 인물이 도교를 신봉하는 도홍경陶弘景이었다. 도홍경은 도교의 양생술에 입각하여 약초를 3등급으로 나누었다. 또한 옥석玉石·초목草木·충수蟲獸·과실果實·채소菜蔬·미식米食뿐만 아니라 명칭은 있으나 사용하지 않는 것도 모두 모아 일곱 가지로 나누었다. 그리고 『신농본초경』에 수록된 약초들을 새로이 첨가하여 7백30여 가지를 정리·분류하고 주註를 달아 『신농본초경집주神農本草經集注』를 만들었다.

오늘날 "신농이 100가지 약초를 맛보고 중독되어 차를 마시고 해독되었다"고 주장한 『신농본초경』의 원문 출처는 한고조漢高祖 유방劉邦의 손자 회남왕淮南王 유안劉安(B.C 179?~B.C 122)이 식객들과 함께 편찬한 『회남자淮南子』 「수무훈脩務訓」에서 처음 보인다. 그러나 "신농은 하루 70여종이나 되는 독과 접했는데, 차를 얻어 해독하였다"는 문구에서 '차를 얻어 해독하였다'는 글은 보이지 않는다. 이로 보아, 『회남자』보다 몇 백년 후에 저술한 『신농본초경』은 누군가 『회남자』 원문에 없던 '득도이해得茶而解'[531] 구절을 후미에 삽입하여 조작한 것으로 보여진다.

또한 『신농식경』을 비롯해 『신농본초경』은 후세 사람들이 신농의 이름을 빌려 만든 탁명작託名作이므로 신농과는 아무런 관련이 없다. 이에 비록 신농이 차계茶界의 차신茶神으로 추앙받아야 마땅한 일이나, 학술적으로 접근할 때에는 보다 신중한 자세가 필요하다.

---

530 『淮南子』「脩務訓」"古者民茹草飲水, 採樹木之實, 食蠃蟿之肉, 始多疾病毒傷之害, 於是神農乃始敎民播種五穀, 相土地宜燥濕肥墝高下, 嘗百草之滋味, 水泉之甘苦, 令民知所避就. 當此之時, 一日而遇七十毒."

531 『神農本草經』"古者民茹草飲水, 採樹木之實, 食蠃蟿之肉, 始多疾病毒傷之害, 於是神農乃始敎民播種五穀, 相土地宜燥濕肥墝高下, 嘗百草之滋味, 水泉之甘苦, 令民知所避就. 當此之時, 一日而遇七十毒, <得茶而解>."

[원문]

周公『爾雅』532) "檟, 苦茶533)."534) 『廣雅』535) 云 "荊、巴間採葉作餅, 葉老者, 餅
주공『이아』 "가, 고도." 『광아』 운 "형、파간채엽작병, 엽로자, 병
成, 以米膏出之536). 欲煮茗飮, 先炙令赤色, 搗末置瓷器中, 以湯澆覆之,
성, 이미고출지. 욕자명음, 선적영적색, 도말치자기중, 이탕요복지,
用葱、薑、橘子芼之537). 其飮醒酒, 令人不眠."
용총、강、귤자모지. 기음성주, 영인불면."

[국역]

주공周公의 『이아爾雅』에 "가檟는, 고도苦荼다檟, 苦荼"라 했다. 『광아廣雅』에 이르기를云 "형주荊州와 파주巴州 일대에는 찻잎을 따서 떡 모양의 덩어리차[餠茶]로 만드는데荊巴間採葉作餅, 늙은 찻잎으로葉老者, 만든 병차는 餅成, 걸쭉한 미음을 쑤어 빚는다以米膏出之. 차를 끓여 마시려면欲煮茗飮, 먼저 병차를 붉게 구워서先炙令赤色, 찧어 가루를 내어 자기 속에 넣고搗末置瓷

---

532 『爾雅』: 『이아』는 중국의 13경[十三經]의 하나로 천문지리天文地理 · 음악기재音樂器材 · 초목조수草木鳥獸 등에 관한 고금의 문자를 설명하고 해설한 책이다. 제자諸子 잡서雜書 중에서 인용한 것도 많으나, 특히 『시경詩經』에 관한 문자를 설명한 글이 많다. 일설에 『이아』는 주周나라 주공단周公旦이 지었다고 하나 지은이와 편찬 연대는 정확하지 않다. 현대에는 대체로 공자 이전에 이루어졌고, 공자 직후 다수 보완되었으며 한漢대에도 계속하여 여러 사람에 의해 보완되었다고 보고 있다.

533 荼: 『이아爾雅』의 원문은 '도荼'자로 되어 있다. 육우는 『다경』에서 옛 문헌에 나오는 '도荼'자를 모두 '차茶'자로 고쳤다. 오늘날 많은 간본에서는 '차茶'자로 표기되어 있다.

534 『廣雅』: 삼국시대 북위北魏의 장읍張揖이 『이아』를 근거하여 내용을 증보增補한 책으로써 모두 10권으로 되어 있다. 『광아』는 장읍이 『이아』에서 취하지 못한 삼창三倉 · 방언方言 · 설문說文과 한나라 학자들이 제경전주諸經箋注의 어휘를 모아 편찬한 책이다. 훗날 수隋나라 양제煬帝의 이름 양광楊廣의 '광廣'자를 피하기 위해 『박아博雅』라 개명하였으나, 지금은 『광아』와 같이 쓴다.

535 荊巴: 형주荊州(지금의 湖北省 서부지역)와 파주巴州(지금의 四川省 동부지역)을 말한다.

536 米膏: 늙은 찻잎에 걸쭉한 미음을 섞어 병차를 만든다는 뜻이다.

537 芼之: 다른 식물과 함께 끓인다는 뜻이다.

器中, 끓는 물을 부어以湯澆覆之, 파·생강·귤 등을 섞어 끓이기도 한다用葱薑橘子芼之. (이러한 차탕을) 마시면 숙취가 제거되고其飮醒酒, 사람으로 하여금 잠이 오지 않게 한다令人不眠."고 하였다.

[강설]

　　중국에서 가장 오래 된 자서字書라 할 수 있는 『이아爾雅』는 3권으로 되어 있다. 『시경』, 『서경』 중에서 문자를 추려 만든 것으로 9편으로 나뉘어져 있고, 자훈字訓을 전국戰國·진한대秦漢代의 용어로 해설하였다. 『이아』는 유가들이 고전 용어의 해석을 모아 놓은 자서로서 고어古語의 음훈音訓과 고대의 각물各物을 고증할 수 있는 귀중한 자료다.

　　중국은 한나라에 이르러 학문이 발전되자 오경박사五經博士를 두고 유교 경전의 훈고訓詁를 충실하게 담당하도록 하였다. 또한 일부 유생들은 자신이 추앙한 선현의 이름을 의탁하여 경전을 엮어 탁명작託名作을 만들기도 하였다. 일부에서는 『이아』가 공자 이전에 쓰였고 공자 직후에 다수 보완되었으며 한대漢代에도 계속해서 여러 사람에 의해 보완된 문헌으로 보고 있으나 대체로 한대의 탁명작託名作으로 보는 것이 일반적 견해다.

　　'가檟'의 풀이에 대해 『이아爾雅』에서는 '고도苦茶'라 하고, 한나라 허신許愼의 『설문해자說問解字』는 "가檟, 추야楸也"라고 풀이 하고 있다. 또한 '추楸'자는 '가榎'자와 더불어 개오동나무의 뜻을 가지고 있고 예로부터 '가檟'·'추楸'·'가榎' 세 글자를 같은 뜻으로 해석하는 경향이 있다. 오늘날의 '가檟'자는 '차'로 풀이하고 있다.

　　육우는 「칠지사」에서 신농 다음으로 주공을 지목하였는데, 이는 『이아』와 『광아廣雅』를 주공의 저서로 본 육우의 시각에서 비롯된 것이다. 그러나 『이아』의 지은이와 편찬 연대가 정확하지 않고, 『광아』 또한 삼국시대 북위北魏의 장읍張揖이 『이아』를 근거로 내용을 증보增補한 문헌이다. 『광아』는 모두 10권으로 되어 있으며 『이아』에서 취하지 못한 삼창三倉·방언方言·설문說文과 한나라 학자들의 제경전주諸經箋注의 어휘를 모아 편찬한 책이다.

  차의 가공법과 음용법飮用法에 관해 설명한 최초의 책이 『광아』이며, 이는 삼국三國(220~280)시대의 차역사를 엿볼 수 있는 최초의 자료이기도 하다. 한편 이 시대의 병차와 마시는 법은 후일 당나라까지 이어져 육우가 『다경』을 저술하는데 지대한 영향을 미쳤다. 특히 『광아』의 내용 가운데 "끓는 물을 부어 파·생강·귤 등을 섞어 끓이기도 한다"[538]의 문구는 양념을 섞어 만든 차탕이므로 오늘날 차 학자들은 원문 중 "양념을 섞다"의 '모지芼之'의 뜻을 빌려 이런 류의 차를 '모차芼茶'라 한다. '모지芼之'의 출처는 『시경』「국풍國風·주남周南·관저關雎」의 "올망졸망 마름풀을參差荇菜 여기저기 골라 뜯어보네左右芼之"에서다.

  한편 장읍張揖 『이아』의 석문釋文에서 "도荼는 「비창埤倉」에서 차樣라고 한다"[539]고 하였고, 「잡자雜字」에서 "천荈이란 명茗의 별명이다"[540]라고 하여, '도荼'·'차樣'·'천荈'·'명茗' 등을 같은 뜻으로 풀이하기도 한다.

---

538 "以湯澆覆之, 用葱、薑、橘子芼之."
539 "荼, 埤倉作樣."
540 "荈, 茗之別名也."

[원문]

『晏子春秋』[541] "嬰相齊景公時, 食脫粟之飯, 炙三弋[542]、五卵[543], 茗菜[544]而已."
『안자춘추』 "영상제경공시, 식탈속지반, 적삼익, 오란, 명채이이."

[국역]

『안자춘추晏子春秋』에 "안영晏嬰이 제齊나라 경공景公인 재상으로 재직하고 있을 때嬰相齊景公時, (그는 오직) 거친 밥食脫粟之飯, 3마리의 새 구이炙三弋, 5개의 알五卵, 차나물만 먹었을 뿐이다茗菜而已."고 하였다.

[강설]

육우는 『다경』「칠지사」에서 차의 역사를 시대별 연대순으로 열거하였는데, 한漢나라 이전의 차사는 『안자춘추』가 마지막이다. 『안자춘추』는 『신당서新唐書』「예문지藝文志」에서 가장 먼저 보인다. 춘추시대 제齊나라의 재상 안영晏嬰(B.C ?~B.C 500)의 언행을 후세 사람이 엮어 기술한 책으로 모두 8권으로 되어 있다.

『다경』에서 인용된 『안자춘추』의 내용은 송나라의 『태평어람太平御覽』을 비롯해 명·청시대의 것과 합에 약 10여 종이 된다. 그러나 간본의 내용이 모두 달라 일부의 '익弋'은 '과戈'자로, '란卵'은 '묘卯'자로, '태苔'는 '명茗'자로 되어 있어 많은 논란을 일으켰다.

---

541 『晏子春秋』: 춘추시대 제齊나라의 재상 안영晏嬰(B.C ?~B.C 500)의 언행을 후세 사람이 기술한 책이며 8권으로 되어 있다.

542 弋: 꼬치를 뜻한다. 『고금도서집성본古今圖書集成本』, 『완위산당설부본宛委山堂說郛本』, 『백천학해본百川學海本』, 『함분루설부본涵芬樓說郛本』에는 '과戈'자로 되어 있다.

543 卵: 『고금도서집성본古今圖書集成本』, 『서탑사본西塔寺本』, 『사고전서본四庫全書本』, 『정총본鄭熜本』에는 '란卵'자로 되어 있고, 이외의 간본들은 모두 '묘卯'자로 되어 있다.

544 茗菜: 『안자춘추晏子春秋』의 원문에는 '태채苔菜'로 되어 있다.

예를 들어 『태평어람太平御覽』「음식부이십오飮食部二十五・명명」의 "영상제경공시嬰相齊景公時, 식탈속지반食脫粟之飯, 적삼과炙三戈 오묘五卯, 명채이이茗菜而已"는 『백자전서百子全書』「안자춘추晏子春秋・내편內篇・잡하雜下・제륙第六」에서 "영자상제嬰子相齊, 의십승지포衣十升之布, 탈속지식脫粟之食, 오란五卯 태채이이苔菜而已"로 되어 있고 『사부총간四部叢刊』「사부史部」에는 "영자상경공嬰子相景公, 식탈속지식食脫粟之食, 적삼익炙三弋 오란五卯, 태채이이苔菜耳已"로 되어 있다.

특히 차와 관련된 '명茗'자는 『태평어람』 간본만 '명채茗菜'로 되어 있고, 기타 간본은 모두 '태채苔菜'로 되어 있다. 또한 학술적 가치가 높은 『사해辭海』는 『태평어람』에 대해 "1천 600여 종의 고전을 발췌하여 만든 책이다. 허나 많은 부분은 재인용된 것이며, 특히 내용의 출처가 모두 원본은 아니다"고 하여 『태평어람』의 가치를 높이 평가하지 않았다.

한편 『다경』에 기록된 '명채'는 『태평어람』과는 같으나 '삼과오묘三戈五卯' 부분은 '삼익오란三弋五卯'으로 기술되어 있다. 이에 많은 학자들은 『다경』「안자춘추」에 기술된 '명채茗菜'의 원문을 '태채苔菜'로 보며, '명茗'자 또한 '태苔'자의 오자로 보고 있다.

또한 중국 차문화의 기원에 대해, 진秦(B.C 221~B.C 206)나라가 중국을 통일하기 이전, 한족들의 문화에서는 발견되지 않고 당시의 변방나라인 파촉巴蜀(지금의 四川 일대)에서만 보이고 있다. 따라서 청나라 고염무顧炎武이 『일지록日知錄』에서 "진秦이 촉蜀을 취한 후 비로소 중원의 차 역사가 시작되었다"고 언급한 것도 이러한 맥락에서 나온 말이다.

---

545 升: 승升은 고대 포복의 조세粗細 곧 베의 거칠고 고운 것을 헤아려 재는 단위다. 10승은 조포粗布, 15승은 세포細布이라고 한다.
546 "是知自秦人取蜀而後, 始有茗飮之事."

[원문]

司馬相如『凡將篇』"烏喙、桔梗、芫華、款冬、貝母、木蘗、蔞、
사마상여『범장편』"오훼、길경、원화、관동、패모、목벽、루、

547 『凡將篇』: 한漢나라 사마상여司馬相如(B.C 179경~B.C 117)가 지은 책으로 많은 부분이 유실되었다. '범장凡將'이란 모든 것을 기른다는 뜻이며, 초급학자들에게 글과 사물의 명칭을 가르치는 학습교본이다.

548 烏喙: 한약재인 오훼烏喙, 부자附子 즉 바곳을 말한다. 독약이나 풍한습風寒濕으로 오는 신경통 치료제에 쓴다.

549 桔梗: 한약재인 길경桔梗 즉 도라지를 말한다. 감초甘草와 같이 보좌약補佐藥으로 쓰며 주로 호흡기관 질병에 쓴다.

550 芫華: 한약재인 원화芫華 즉 팥꽃나무의 꽃을 말한다. 기침을 멎게 하고 가래를 없애는 호흡기관 치료제에 쓴다.

551 款冬: 한약재인 관동款冬 즉 머위를 말하며, 꽃과 줄기를 쓴다. 호흡질환의 약재이며 천식· 가래 등 폐병에 쓴다.

552 貝母: 한약재인 패모貝母를 말한다. 거담祛痰, 해수咳嗽 작용에 탁월하다.

553 木蘗: 한약재인 황벽黃蘗 즉 황벽나무의 껍질을 말한다. 열을 내리게 하고 습열濕熱·하혈下血 등 증상에 쓴다.

554 蔞: 한약재인 과루인瓜蔞仁 즉 하눌타리의 씨를 말한다. 해수·가래를 없애며, 갈증을 해소하고 당뇨병에 쓴다.

芩、草、芍藥、桂、漏蘆、蜚蠊、藋菌、荈詫、白斂、白芷、菖蒲、
금, 초, 작약, 계, 누로, 비렴, 관균, 천타, 백렴, 백지, 창포,
芒硝、莞椒、茱萸."
망초, 완초, 수유."

555 芩: 한약재인 황금黃芩 즉 속서근풀 뿌리를 말한다. 주로 열을 내리는 작용에 쓰며 작약芍藥과 함께 쓰면 지설제로 쓴다.

556 草: 한약재인 감초甘草를 말한다. 기를 바르게 하고 음혈陰血을 보양하고 인후의 통증을 완화하는데 쓴다.

557 芍藥: 한약재인 작약芍藥 즉 함박꽃의 뿌리를 말한다. 복통과 이질을 멎게 하며 보약으로 사물탕四物湯(當歸·芍藥·川芎·熟地黃)에도 쓴다.

558 桂: 한약재인 육계肉桂 즉 계수나무의 껍질을 말한다. 혈맥을 통하고 허한虛寒 때 반드시 쓰는 약재다. 극심한 복통에도 쓴다.

559 漏蘆: 한약재인 누로漏蘆 즉 절국대의 뿌리를 말한다. 창독瘡毒을 없애고 배농보혈排膿補血을 하며 새살이 돋아나는데 쓴다.

560 蜚蠊: 한약재인 비렴蜚蠊이며, 비렴蜚蠊이라고도 한다. 동물성 벌레이며, 주로 어혈瘀血에 쓰고 혈맥血脈을 통하게 한다. 서남이인西南夷人(지금의 廣西省·雲南省 등 지역의 토착민)들은 '차파충茶婆蟲'이라 부르곤 한다.

561 藋菌: 한약재인 관균藋菌을 말한다. 회충·요충 치료제이며, 액체로 만들면 대머리 치료제로도 쓴다.

562 荈詫: 찻잎을 말한다. 열증과 갈증을 멎게 하며, 머리와 눈을 맑게 하고, 소화를 돕는데 쓴다.

563 白斂: 한약재인 백렴白斂 즉 가위톱을 말한다. 어린이 경기·여성의 음부소양 및 종기 등의 증상에 쓴다.

564 白芷: 한약재인 백지白芷 즉 구리대 뿌리를 말한다. 두통을 고치고 땀을 나게 하며, 배농排膿 치료제로 쓴다.

565 菖蒲: 한약재인 창포菖蒲 즉 창포의 뿌리를 말한다. 신경통에 쓰며 인후를 맑게 해주는데 쓴다.

566 芒硝: 한약재인 망초芒硝 즉 황산나트륨을 말한다. 열을 내리고 답답함과 마른 가래를 없앤다. 변비에도 일정한 치료효과가 있다.

567 莞: 한약재인 완초莞草 즉 인우茵芌를 말한다. 관절통에 탁월한 효과가 있으며 오장五臟의 사기邪氣를 제거하는데 쓴다.

568 椒: 한약재인 천초川椒·화초花椒 즉 조피나무의 열매를 말한다. 눈을 맑게 하며 몸에 사기邪氣 및 회충을 없애는 약재로 쓴다.

569 茱萸: 한약재인 산수유山茱萸 즉 산수유나무의 열매를 말한다. 신허腎虛를 다스리며, 정력 감퇴로 인한 허리통증·이명耳鳴 등 증상에 쓴다.

[국역]

　사마상여司馬相如『범장편凡將篇』에 "오훼烏喙·길경桔梗·원화芫華·관동款冬·패모貝母·목벽木蘗·과루瓜蔞·황금黃芩·감초甘草·작약勺藥·육계肉桂·누로漏蘆·비렴蜚廉·관균雚菌·천타荈詫·백렴白蘞·백지白芷·창포菖蒲·망초芒硝·완초莞草·화초花椒·수유茱萸" 등 (약초)을 적고 있다.

[강설]

　중국의 다양한 사상유파의 근원이라 할 수 있는 제자백가는 춘추시대 말기부터 본격적으로 대두되었다. 이때 정리·저술되었다는 육경六經 어디에도 차에 관한 기록은 없다. 특히 유가儒家의 공자孔子·맹자孟子, 도가道家의 노자老子·장자莊子, 묵가墨家의 묵자墨子, 법가法家의 한비자韓非子 등 중원지방에서 활약했던 이들의 문헌에서 차에 대한 언급이 전혀 없는 것으로 보아 한족의 전신인 화하족華夏族은 '차'라는 식물에 대해 전혀 알지 못했던 것으로 여겨진다. 따라서 오늘날 차고전에서 보인 중국 통일 이전의 중원 차문화는 후대 한족의 시각으로 서술한 위학僞學이며, 이는 중국 역사의 근원이 한족 중심으로 편찬되었다는 것을 보여준다.

　진秦이 촉蜀을 정복한 시기는 혜문왕惠文王(B.C 316) 9년이다. 진이 중국을 통일하고 한漢이 새로운 나라를 건설하자 비로소 한족들이 차를 알게 되었고, 차문화는 중국 강역에 새로 편입된 고대 파촉국巴蜀國으로부터 유입되었다. 지금까지 발견된 차에 관한 최초의 문헌은 왕포王褒의 『동약僮約 (B.C 59)』중 "무양에 가서 차를 샀다"는 문구다. 여기서 무양은 당시의 촉지방 고을 즉 지금의 사천四川 팽산현彭山縣을 말한다. 또한 한나라 때 『범장편凡將篇』을 만든 사마상여司馬相如, 『방언方言』을 만든 양웅揚雄 등 문인들도

---

570 "武陽買茶."

모두 촉지방 사람이다. 이를 보아 중국의 차문화는 옛 파촉국에서 비롯되었다는 것을 알 수가 있다.

사마상여의 자는 장경長卿이며 지금의 사천四川 성도成都 사람이다. 서한西漢 경제景帝(B.C 156~B.C 141) 때 무기상시武騎常侍를 지냈고, 무제武帝(B.C 140~B.C 87) 때는 효문원령孝文園令으로 임명되었다. 육우가 그를 '사마문원령司馬文園令'으로 부른 것도 이 때문이다. 특히 사마상여는 '서남이西南夷'이라는 관직을 맡아 왕실의 특사로 지금의 사천·운남 등지에 파견되어 소속 민족들과 교류하였다고 한다.

『범장편凡將篇』은 『신당서新唐書』「예문지藝文志·소설류小說類」에 수록되었으나 유실되었다. 이 책은 지금까지 발견된 차를 약재로 분류한 최초의 기록이며, 22가지 약초를 소개하고 있다. 내용 중의 '천타荈詫'는 '차茶'를 가리킨다.

한편 일부 학자들은 오경五經 중의 하나인 『서경書經』 즉 『상서尚書』「고명顧命」편에 "왕삼숙王三宿, 삼제三祭, 삼타三詫"을 인용하여 서주西周 시대의 제사상에 이미 차茶가 있었다고 주장한다. 이들은 '삼타三詫'의 '타詫'자가 바로 『범장편』에 나오는 '천타荈詫'의 '차茶'를 근거로 두었다. 그러나 '삼타三詫'의 원문은 '삼타三咤'로 알려져 이는 곧 "세 번 뒤로 물러서다[咤]"의 뜻으로, 따라서 서주시대의 제사상에 차를 올렸다는 주장은 오자에서 비롯된 오류라는 것이 밝혀졌다.

[원문]

『方言』[571] "蜀西南人謂茶曰蔎."

『방언』 "촉서남인위다왈설."

---

571) 『方言』: 한漢나라의 양웅揚雄(B.C 53~A.D 18)이 중국 각 지방의 사투리를 모아 엮은 책이다. 『다경』에 인용된 구절은 원문에 보이지 않고, 곽박郭璞(276~324)이 지은 『방언주方言注』에 보인다.

[국역]

『방언方言』에 "촉蜀지방의 서남 사람들은 찻잎을 가리켜 설蔎이라 부른다蜀西南人謂茶曰蔎."

[강설]

양웅揚雄(B.C 53~A.D 18)의 자는 자운子雲이며, 사마상여司馬相如와 같은 촉지방 사람이다. 그는 서한西漢 성제成帝 때 벼슬을 하였고 다음 왕조인 신新나라에서도 잠시 벼슬자리를 맡았다. 훈고訓詁에 능통하였기에 그의 문장은 많은 사람들로부터 사랑을 받았다.

『방언方言』은 13권으로 구성되었으며『신당서新唐書』「예문지藝文志」에 수록되었으나, 책 이름은『열국방언列國方言』으로 되어 있다. 이 책은 양웅이 중국 각 지방의 방언을 조사하여 만든 일종의 방언 서적이다. 그러나『다경』에서 인용된 "촉서남인위차왈설蜀西南人謂茶曰蔎"이라는 문구는 양웅의『방언』에서 보이지 않고, 훗날 곽박郭璞이 저술한『방언주方言注』에서 보인다.

또한 명明나라 양신楊愼의『군국외이고郡國外夷考』에 따르면 "가맹葭萌이란 촉蜀지방의 고을 이름이며, 맹萌은 이곳 지방의 사투리이므로 사람들은 차를 가리켜 가맹葭萌이라 한다"고 하여 이곳의 방언 중에 '가맹'은 '차'라고 소개하고 있다.

---

572 "葭萌, 蜀郡名. 萌音方言, 蜀人謂茶曰葭萌."

[원문]

『吳志』「韋曜傳」[573] "孫皓每饗宴, 坐席無不率以七升爲限[574], 雖不盡入口, 皆澆灌取盡. 曜飮酒不過二升. 皓初禮異[575], 密賜[576]茶荈以代酒."
『오지』「위요전」 "손호매향연, 좌석무불솔이칠승위한, 수부진입구, 개요관취진. 요음주불과이승. 호초예이, 밀사다천이대주."

[국역]

『오지吳志』「위요전韋曜傳」에 "손호孫皓는 향연을 베풀 때마다孫皓每饗宴, 손님들에게 한 사람 앞에 7되의 주량을 정해 놓았으며坐席無不率以七升爲限, (가령) 그 정해진 양을 다 마시지 못하더라도雖不盡入口, (7되 정도의 술은) 모두 쏟아 부어서라도 없애야 했다皆澆灌取盡. (그러나) 위요韋曜의 주량은 2되 밖에 되지 않았다曜飮酒不過二升. 애초부터 위요를 존경했기에 다르게 예우했던 손호는皓初禮異, 몰래 차를 내려 술을 대신하게 하였다密賜茶荈以代酒."

[강설]

『오지吳志』는 진晉나라 진수陳壽가 편찬한 『삼국지三國志』에서 보이며, 위나라의 『위지魏志』와 촉나라의 『촉지蜀志』와 더불어 각국의 역사를 기록하고 있다.

손호孫皓(재위 264~280)는 삼국三國(220~280)시대 오吳(222~280)나라의 마

---

573 「韋曜傳」: 진晉나라의 진수陳壽(233~297)가 『삼국지三國志』 65권을 지었는데, 「오지吳志」는 오나라 역사를 기록한 부분이다.

574 升: '승升'과 '승勝'은 같으며, 1되[升]는 594.40ml다. 『고금도서집성본古今圖書集成本』, 『완위산당설부본宛委山堂說郛本』, 『서탑사본西塔寺本』에는 '칠승七勝'으로 되어 있다.

575 禮異: 예를 달리한다. 곧 최대한 예의를 갖춘다는 뜻이다.

576 密賜: 은밀히 하사한다.

지막 황제로서 잔인무도하며 술을 무척 좋아했다. 후일 진晉나라에 의해 멸망하게 되자 부득이 자신의 무리를 대동하고 북방으로 옮겼다. 기원 280년 그는 진나라 무제武帝로부터 '귀명후歸命侯'이라는 작위를 받았다. 이것이 육우가 그를 '오귀명후吳歸命侯'라고 부른 까닭이다.

손호가 황제로 등극하기 이전 오정烏程에서 살았고 작위은 '오정후烏程侯'였다. 산겸지山謙之의 『오흥기吳興記』에 "오정현烏程縣 서쪽 20리쯤 온산溫山에는 황제에게 조공하는 차를 생산한다"는 기록이 있다. 이로 보아 당나라 이전 이곳에는 이미 왕실에 조공하는 차밭이 있었다는 것을 알 수 있다.

위요韋曜의 자는 홍사弘嗣, 오군吳郡 운양雲陽 사람이다. 원래의 이름은 위소韋昭였으나 당시의 황제 진무제晉武帝의 부친인 사마소司馬昭의 '소昭'자를 피하기 위해, 『삼국지三國志』의 저자인 진수陳壽가 그의 이름을 '위요'로 바꿨다.

위요는 박식다문博識多聞한 문인으로서 당시의 황제인 손호로부터 많은 사랑을 받았다. 그러나 손호의 아버지 남양왕南陽王의 생활을 잘못 기록하여 죽음을 맞이하게 된다. 한편 이들이 술 대신 차를 마셨다는 '이차대주以茶代酒'의 이야기는 훗날 많은 사람들에게 회자되어 오늘날까지 전해진다.

[원문]

晉『中興書』"陸納爲吳興太守時, 衛將軍謝安常欲詣納.『晉書』云 納爲吏部尙書.
진『중흥서』"육납위오흥태수시, 위장군사안상욕예납.『진서』운 납위이부상서.
納兄子俶怪納無所備, 不敢問之, 乃私蓄數十人饌. 安旣至, 所設唯茶

---

577 "烏程縣西二十里, 有溫山, 出御荈."
578 『中興書』: 남조南朝 송宋나라의 하법성何法盛이 지은 책이며, 동진東晉시대의 역사를 78권으로 기록하였다.
579 欲詣: 찾아뵙기를 원한다는 뜻이다.

납형자숙괴납무소비, 불감문지, 내사축수십인찬. 안기지, 소설유다
과이이. 숙수진성찬, 진수필구. 급안거, 납장숙사십, 운 '여기불능
光益叔父, 奈何穢吾素業?'"
광익숙부, 내하예오소업?'"

[국역]

진晉 『중흥서中興書』에 "육납陸納이 오흥吳興의 태수太守로 있을 때陸納爲吳興太守時, 위장군衛將軍인 사안謝安이 늘 육납을 찾아뵙기를 원하였다衛將軍謝安常欲詣納. 『진서晉書』에 이르기를晉書云 육납은 이부상서吏部尙書였다納爲吏部尙書. 육납의 조카 육숙陸俶은 숙부인 육납이 손님 맞을 준비를 하지 않는 것을 몹시 못마땅하게 생각하였으나納兄子俶怪納無所備, 감히 묻지 못하고不敢問之, (숙부 모르게) 혼자서 수십 명분의 음식을 준비하였다乃私蓄數十人饌. 사안이 당도하자安旣至, (육납이) 차려 놓은 것이라고는 오직 차와 과실뿐이었다所設唯茶果而已. 마침내 육숙이 미리 준비해 놓았던 성찬을 베풀었는데俶遂陳盛饌, (여기에는) 모든 진수성찬이 갖추어져 있었다珍羞必具. 사안이 돌아가자及安去, 육납은 조카 육숙을 곧장 마흔 대를 치면서納杖俶四十, 말하기를云 '너는 숙부를 유익하게 빛내주지는 못할망정汝旣不能光益叔父, 어찌 내 평소 검소한 명성마저 더럽히느냐奈何穢吾素業?'"라고 하였다.

---

580 珍羞: 진수성찬을 말한다.
581 杖: 몽둥이 매질.
582 光益: 빛내는 데 이롭게 한다.
583 穢: 더럽히다.
584 素業: 평소에 쌓은 덕업德業.

[강설]

진晉나라 『중흥서』는 남조南朝 송宋(420~479)나라 사람 하법성何法盛이 편찬했다. 동진東晉시대의 사사史事를 기술한 책으로 원문은 유실되었으나 『수서隋書』 「경적지經籍志・사부史部」와 『신당서新唐書』 「예문지藝文志」에 수록되어 전해진다. '중흥中興'이란 서진西晉(265~316)시대가 끝나자 동진東晉(317~420)시대가 세상을 다시 부흥하였다는 뜻이다.

육납의 자는 조언祖言이며 동진시대 오군吳郡 오현吳縣 사람이다. 오흥태수로 재직하였고 훗날 이부상서吏部尚書로 부임하였다. 당시 육납은 차를 매개로 검박 정신을 실천하는 사람으로 세간에 알려졌던 인물이다. 고아 출신인 육우의 본성이 육씨가 아니임에도 육납의 검덕 정신을 흠모하여, 「육지음」에서 자신의 먼 조상이 육납이라 기술하기도 했다.

육납의 조카 육숙陸俶은 회계군會稽郡 내사內史를 역임하였다. 한편 위장군이라 일컫는 사안謝安의 자는 안석安石이며 동진시대 널리 알려진 명사名士였다. 그는 잠시 동안 오흥태수로 재직하였으나 북방의 진秦나라가 침공하자 당시의 수도인 건강建康(지금의 南京)으로 불려가 전쟁에서 큰 공을 세우고 위장군衛將軍이라는 칭호를 받았다.

[원문]

『晉書』[586] "桓溫爲揚州牧, 性儉, 每宴飮, 唯下七奠拌[587]茶果而已."

『진서』 "환온위양주목, 성검, 매연음, 유하칠전반다과이이."

---

585 南宋: 남북조南北朝(420~589)시대에 남조에 속해 있는 송宋나라(420~479)를 말하며, 남송이라고도 부른다. 유유劉裕가 건국하였고, 건강建康 즉 지금의 남경南京에 수도를 두었다. 8대 송순제宋順帝 승명升明 3년(479) 때 건국 60년 만에 나라가 망하였다.

586 『晉書』: 당唐나라 태종太宗이 방현령方玄齡과 이정수李廷壽 등에게 진晉나라의 정사正史를 기록하게 하여 만든 130권의 책이다.

587 七奠拌: '전반奠拌'은 '전반奠盤'을 말하며, 여기에서는 7개의 쟁반 또는 전반을 말한다. 『서탑사본西塔寺本』에 '반拌'자는 '반柈'자로 되어 있다.

[국역]

『진서晉書』에는 "환온桓溫이 양주목揚州牧으로 있을 때桓溫爲揚州牧, 천성이 검소하여性儉, 잔치할 때마다每宴飮, 오직 7개의 전반奠盤에 차와 과실만을 내릴 뿐이었다唯下七奠拌茶果而已."고 하였다.

[강설]

환온桓溫(312~373)은 동진시대 초국譙國 용항龍亢(지금의 安徽省 懷遠) 사람이며 자는 원자元子다. 명제明帝의 사위이기도 한 그는 대사마大司馬를 지냈으며, 특히 여러 차례의 전공戰功을 세워 안서장군安西將軍에서 정서대장군征西大將軍으로 승진하였다. 이로 말미암아 "국정의 내외 대권은 모두 환온에게 돌아갔다"는 소문처럼 환온은 동진시대 절대적 권신權臣으로 군림하였다.

육우는 문헌에서 환온이 양주목揚州牧으로 있을 때 간단한 차과茶果로 연회宴會를 열었다는 일화를 인용하여 "환온의 성품이 검소하다"고 설명하였으나, 밝혀진 사료에 따르면 본문의 이야기와는 달리 환온은 검소하지 않았다고 한다.

[원문]

『搜神記』"夏侯愷因疾死. 宗人字苟奴, 察見鬼神. 見愷來收馬, 并病
『수신기』"하후개인질사. 종인자구노, 찰견귀신. 견개래수마, 병병
其妻. 著平上幘, 單衣. 入坐生時西壁大床, 就人覓茶飮."
기처. 저평상책, 단의. 입좌생시서벽대상, 취인멱다음."

---

588 『搜神記』: 진晉나라의 간보干寶가 신기神奇 · 영이靈異 · 신선神仙 · 인물人物 등 이야기를 설화체로 엮은 20권의 책이다.
589 宗人: 동성을 가진 사람 곧 일족 · 친척을 말한다.
590 苟奴: 『함분루설부본涵芬樓說郛本』에는 '구노狗奴'로 되어 있다.

[국역]

『수신기搜神記』에 "하후개夏侯愷는 병으로 죽었다夏侯愷因疾死. 친척 중에 구노苟奴라는 사람에게宗人字苟奴, 자주 귀신으로 나타나자 (구노가 이를) 자세히 살펴보았다察見鬼神. (내용인 즉) 하후개가 귀신이 되어 집으로 돌아와 말을 가져갔으며見愷來收馬, 이로 인해 아내도 병을 얻게 되었다幷病其妻. (또한 하후개) 평상시 차림인 넓적한 상투 건과著平上幘, 홑옷을 걸치고 있었다單衣. 집에 들어와 그가 생시에 주로 앉았던 서쪽 벽의 커다란 평상에서入坐生時西壁大床, 다른 사람에게 차를 얻어 마셨다就人覓茶飮."고 하였다.

[강설]

『수신기搜神記』는 동진 원제元帝(재위 317~323) 때 저작랑著作郞을 지냈던 간보干寶가 편찬한 괴기 서적이며 오늘날 원본이 유실되어 전해지지 않는다. 현존하는 『수신기』는 여러 개의 판본이 있으나 원작이라고 단정할 수 있는 것은 없다.

하후개夏侯愷는 동진시대 패국沛國 초譙(지금의 安徽 毫縣)지역 사람이며 일찍이 대사마大司馬를 역임했다. 『수신기』의 저자라 알려진 간보는 신기하고 괴이한 일들을 기록하므로써 신령이 존재한다는 것을 책으로 증명하려고 했던 사람이다. 주로 귀신·영혼·도인道人·점복占卜·흉조凶兆 등 내용을 다루고 있다.

『다경』에 인용된 이 이야기는 어떤 귀신을 볼 줄 아는 사람이 하후개가 죽은 뒤 집에 돌아와 사람들에게 차를 가져오라는 줄거리다. 차 마시는 일이 괴기소설에 인용했을 정도로 당시의 차문화는 세간에 많이 알려졌다는 것을 알 수 있다.

[원문]

劉琨『與兄子南兗州刺史演書』云 "前得安州乾薑一斤、桂一斤、黃芩
유곤『여형자남연주자사연서』운 "전득안주건강일근、계일근、황금
一斤, 皆所須也. 吾體中潰悶, 常仰眞茶, 汝可置之."
일근, 개소수야. 오체중궤민, 상앙진다, 여가치지."

[국역]

유곤劉琨의 『여형자남연주자사연서與兄子南兗州刺史演書』에 이르기를云 "전에 안주安州에서 얻은 말린 생강 1근前得安州乾薑一斤·계피 1근桂一斤·황금 1근은黃芩一斤, 모두가 필요한 것들이다皆所須也. 나는 번민하고 마음이 착잡할 때에吾體中潰悶, 언제나 진차眞茶를 원하는데常仰眞茶, 자네가 이것을 마련해 주게汝可置之."라고 하였다.

[강설]

유곤劉琨(271~318)의 자는 월석越石이고, 중산中山 위창魏昌(지금의 河北省 無極縣) 사람이다. 서진西晉 혜제惠帝 때부터 동진東晉 원년에 이르기까지 여러 왕조의 요직을 역임했으며, 벼슬은 사공司空까지 지냈다. 시인이기도한 유곤은 「부풍가扶風歌」·「중증노섬重贈盧諶」 등 시를 남겼다. 특히 "닭이

---

591 南兗州: 동진東晉 명제明帝(322~325) 때 광릉光陵 연주兗州(지금의 江蘇省 江路縣)를 말한다.
592 潰悶: 어지럽고 혼란스러운 것, 곧 고민 많고 마음이 착잡할 때를 말한다. 『육우다경해독여점교陸羽茶經解讀與點校』에는 '궤민憒悶'으로 되어 있다.
593 眞茶: 대용차가 아닌 찻잎으로 만든 정통차를 말한다. 『백천학해본百川學海本』, 『당인설회본唐人說薈本』에의 '진眞'은 '기其'자로 되어 있다.
594 汝可置之: 『백천학해본百川學海本』, 『당인설회본唐人說薈本』, 『고금도서집성본古今圖書集成本』, 『완위산당설부본宛委山堂說薈本』, 『정총본鄭熜本』에의 '여가치지汝可置之' 뒤에 '궤당작궤潰當作憒' 주해를 달았다.

우는 소리를 듣고 칼춤을 추기 시작했다"는 뜻의 '문계기무聞鷄起舞'이라는 고사성어의 주인공이기도 하다.

　서진시대, 조정이 부패하고 국력이 쇠퇴하기 시작하자 북방의 소수민족들은 빈번히 중원을 침입하였다. 당시 큰 뜻을 가지고 어지러운 사회를 바라보며 우려와 비분悲憤에 차있던 유곤劉琨과 조적祖逖이라는 두 젊은이가 있었다. 그들은 잠을 이루지 못하며 나라를 지킬 방도를 궁리하였다. 어느 날 한 밤중에 조적이 닭이 우는 소리를 듣고 문득 깨달은 바가 있어 유곤을 흔들어 깨우며, "이건 나쁜 소리가 아닐세"[595]라고 말하고는 일어나서 뒤뜰로 나가 함께 무술을 연마하였다. 이 같은 훈련 덕분에 후일 그들은 모두 큰 벼슬을 얻어 많은 공적을 쌓았다. 오늘날에도 "미래를 꿈꾸고 대비하는 자들은 게을리 하지 않고 스스로 분발한다"는 의미로 '문계기무'를 많이 인용하고 있다.

　한편 동진의 정치적 상황을 극복하지 못하고 결국 중원中原을 회복하는데 실패로 끝났고, 유곤이 북방에 있을 때 자신의 조카인 유연劉演에게 보낸 편지가 바로 본문의 내용이다. 내용 중 유곤은 단순한 마실 거리에 불과한 대용차보다는 찻잎으로 만든 정통차인 진차眞茶를 청했으며, 특히 오직 진차만이 착잡하고 번민한 마음을 달래 줄 수 있다는 말은 우리에게 시사하는 바가 크다.

　유연劉演의 자는 시인始仁이며 유곤劉琨의 조카다. 서진 말기 숙부 유곤의 도움으로 연주자사兗州刺史를 지냈고 동진 때 도독都督, 후장군后將軍 등을 지냈다.

---

595 "此非惡聲也."

[원문]

傅咸『司隸敎』曰 "聞南市有以困、蜀嫗作茶粥賣、爲簾事打破其器
부함『사예교』왈 "문남시유이곤, 촉구작다죽매, 위염사타파기기
具, 後又賣餠於市, 而禁茶粥以困蜀姥, 何哉?"
구, 후우매병어시, 이금다죽이곤촉모, 하재?"

[국역]

부함傅咸의 『사예교司隸敎』에 이르기를曰 "듣자 하니 남시南市(지금의 洛陽 南市)지역에는 (생활이) 어려움에 처해 있는聞南市有以困, 촉蜀지방의 할머니가 차죽茶粥을 만들어 팔고 있는데蜀嫗作茶粥賣, 염사簾事가 기구를 깨뜨려 장사를 하지 못하게 하였으니爲簾事打破其器具, 후일 다른 사람들은 시장에서 병차餠茶를 팔고 있으며後又賣餠於市, 오직 차죽만을 금해 할머니를 괴롭히니而禁茶粥以困蜀姥, 이게 어찌된 일인가何哉?"라고 하였다.

[강설]

부함은 서진시대 사예교위司隸校尉을 지낸 부사예함傅司隸咸을 말하며 자는 장우長虞이다. 삼국시대 위나라 경초景初 3년(239) 니양泥陽(지금의 陝西省

---

596 南市 … 以困: 『북당서北堂書』 간본 만 '남시南市'로 되어있고, 이외의 모든 간본은 '남방南方'으로 되어있다. 『당인설회본唐人說薈本』에는 '이以'자가 빠졌다.

597 茶粥: 찻잎으로 진하게 쑤어 만든 걸쭉한 차탕, '명죽茗粥'이라고도 한다.

598 簾事: 사법권을 가진 관리를 말한다. 『사고전서본四庫全書本』에는 '군리군리群吏'로 표기되어 있다. 일부 간본에는 '군리군리郡吏'로 되어 있다.

599 具: 『서탑사본西塔寺本』에는 '구具'자가 빠졌다.

600 後: 『정총본鄭熜本』에는 '후후後'자로 되어있고, 『서탑사본西塔寺本』에는 '기其'자로 되어있다. 『사고전서본四庫全書本』에는 '사嗣'자로 되어있으나, 『백천학해본百川學海本』, 『당인설회본唐人說薈本』, 『고금도서집성본古今圖書集成本』, 『함분루설부본涵芬樓說郛本』에는 '사嗣'자가 빠졌다.

601 困: 곤혹스럽다, 괴롭히다는 뜻이다.

耀縣)에서 출생하였고 서진시대 원강元康 4년(294)에 생을 마쳤다. 혜제惠帝 (290~306) 때 벼슬은 어사중승御使中丞까지 지냈으며 사예교위를 겸하기도 했다. 그에 관한 기록은 『진서晉書』「열전列傳」17편과 명나라 장부張溥가 지은 『한위육조백삼명가집漢魏六朝百三名家集』 중 「부중승집傳中丞集」권 30에 수록되어 있다.

『사예교司隸敎』는 부함이 낙양 시장에서 일어난 일들을 모아 만든 일종의 교서敎書로서 수도권을 담당한 관리가 반포하는 문서다. 이 교서에서 차죽과 병차가 등장하는데, 차죽은 차 문헌 중에서 최초로 언급한 것이다. 병차는 삼국시대 북위 장읍이 저술한 『광아廣雅』에서 말한 병차 즉 "찻잎을 따서 떡 모양의 병차로 만드는데, 늙은 찻잎으로 만든 병차는 걸쭉한 미음을 쑤어 빚는다[602]"와 같은 것이다.

[원문]

『神異記[603]』 "餘姚人虞洪入山採茗, 遇一道士, 牽三靑牛, 引洪至瀑布山曰
『신이기』 "여요인우홍입산채명, 우일도사, 견삼청우, 인홍지폭포산왈

'吾丹丘子也. 聞子善具飮[604], 常思見惠. 山中有大茗可以相給. 祈子他日
'오단구자야. 문자선구음, 상사견혜. 산중유대명가이상급. 기자타일

有甌犧之餘, 乞相遺也.' 因立[605]奠祀, 後常令家人入山, 獲大茗焉."
유구희지여, 걸상유야.' 인립전사, 후상영가인입산, 획대명언."

---

602 "採葉作餠, 葉老者, 餠成, 以米膏出之."

603 『神異記』: 한漢나라 때의 설화 책이다. 전한前漢 무제武帝 때 동방삭東方朔이 지었다고 하나, 노신魯迅의 『중국소설사략中國小說史略』에 의하면 "『신이기神異記』는 도사道士 왕부王浮(西晉 惠帝 때 사람)가 지었다"고 기술되어 있다.

604 吾: 『사고전서본四庫全書本』에만 '오吾'자로 되어 있고, 이외의 간본은 모두 '여予'자로 되어 있다.

605 立: 『백천학해본百川學海本』, 『고금도서집성본古今圖書集成本』에는 '기其'자로 되어 있고, 『당인설회본唐人說薈本』에는 '구具'자로 되어 있다.

[국역]

『신이기神異記』에 "여요餘姚 사람인 우홍虞洪이 산에 들어가 차를 따다가餘姚人虞洪入山採茗, 한 도사를 만났는데遇一道士, 푸른 소 3마리를 끌고 있었으며牽三靑牛, (도사는) 우홍을 이끌고 폭포산에 이르러 말하기를引洪至瀑布山曰 '나는 단구자丹丘子라 하오吾丹丘子也. 듣자니 그대가 차를 잘 끓인다는데聞子善具飮, (나는) 항상 그대의 덕을 좀 봤으면 하는 생각을 했었소常思見惠. 산 속에 커다란 차나무가 있으니 그대가 차를 따는 데에는 부족함이 없을 것이요山中有大茗可以相給. 그대에게 바라건대 훗날 차 마실 때 사발 또는 구기에 차가 남거든祈子他日有甌犧之餘, 내게도 보내주시구려乞相遺也.'라고 하였다. (이 일로 인하여) 우홍이 단구자에게 차를 올려 제사를 지냈고因立奠祀, 그 뒤 식구들이 산에 들어갈 때마다後常令家人入山, 커다란 차나무를 얻게 되었다獲大茗焉."고 하였다.

[강설]

『신이기』는 서한시대 동방삭東方朔의 이름을 가탁假託하여 만든 책이다. 동방삭은 기이한 언행[奇言奇行]으로 무제武帝의 총애를 한 몸에 받았던 인물이다. 그는 재산을 모두 미녀들과 방탕한 생활로 탕진했으며 광인狂人이라고도 불렸다. 한漢나라 때 황당한 글을 가탁假託하는 것이 유행하였는데, 그의 저서로 전해진 많은 책들은 모두 진晉나라 이후의 위작들이다. 『신이기』도 그 중의 하나다.

본문의 내용은 『다경』 「사지기四之器 · 표瓢」에서도 보이며, 육우는 영가永嘉 때의 이야기로 기술하고 있다. 영가는 진나라 회제懷帝(307~313)의 연호이므로 이 책은 진晉(265~420)나라와 수隋(581~618)나라 사이에 저술된 것으로 판단된다.

단구자丹丘子는 한나라의 선인仙人을 말하나 그에 대한 자세한 기록은 없다. 단구丹丘는 신화 속의 신선들이 사는 땅이라고 한다. 절강성浙江省 영해현寧海縣 남쪽 90리 천태산天台山의 지맥이라 말하기도 한다.

[원문]
左思「嬌女詩」[606] "吾家有嬌女, 皎皎頗白晳. 小字爲紈素, 口齒自淸歷.
좌사「교녀시」 "오가유교녀, 교교파백석. 소자위환소, 구치자청력.
有姊字蕙芳[607], 眉目粲如畵. 馳騖翔園林, 果下皆生摘. 貪華[608]風雨中,
유자자혜방, 미목찬여화. 치무상원림, 과하개생적. 탐화풍우중,
倏忽數百適. 心爲茶荈劇[609], 吹嘘[610]對鼎䥶[611]."
숙홀수백적. 심위다천극, 취허대정력."

[국역]
좌사左思의「교녀시嬌女詩」에 "내 집에 있는 아리따운 소녀吾家有嬌女, 밝고 환하며 아름답다네皎皎頗白晳. 어릴 때 이름은 환소紈素이며小字爲紈素, 입과 치아는 맑고도 가지런하네口齒自淸歷. 언니의 이름은 혜방蕙芳이며有姊字蕙芳, 눈과 눈썹이 그림과 같이 눈부시네眉目粲如畵. (둘이서) 동산의 숲에서 뛰어 놀고馳騖翔園林, 과일나무 아래서 익지 않은 풋과실을 모두 땄다네果下皆生摘. 비바람 가운데서도 꽃을 감상하러貪華風雨中, 수백 번 들락거렸고倏忽數百適. 차 끓이는 마음이 기뻐心爲茶荈劇, 차로茶爐를 향해 바람을 힘

---

606 「嬌女詩」:『전한삼국진남북조시全漢三國晉南北朝詩』「전진시全晉詩」권 4에 수록되어 있다.

607 字:『서탑사본西塔寺本』에는 '자自'자로 되어 있다.

608 貪華: 꽃을 탐낸다, 꽃을 너무 사랑한다는 뜻이다. '화華'와 '화花'는 통한다.

609 劇: 안달하다, 곧 너무 기쁘다는 뜻이다.

610 吹嘘: 숨을 후하고 내쉬다의 뜻이다.

611 鼎䥶: 차로茶爐를 말한다.

껏 불었다네吹噓對鼎鑼."라고 하였다.

[강설]

『신당서新唐書』「예문지藝文志 · 별집류別集類」에 『좌사집左思集』 권 5에 실려 있다. 좌사의 자는 태충太沖이며, 서진西晉 때 제齊나라 임치臨淄 사람이다. 그는 유명한 고사성어인 '낙양지귀洛陽紙貴'의 주인공이기도 하다.

그는 선비의 집안에서 태어났으나, 용모가 추할 뿐 아니라 태어나면서부터 말을 더듬었기 때문에 사람들과의 접촉을 싫어해 집에 들어박혀 창작으로 날을 보냈다. 그는 1년 만에 만든 『제도부齊都賦』를 모태 삼아 당시 삼국시대 촉한蜀漢의 도읍인 성도成都와 오吳나라의 도읍인 건업建業과 위魏나라의 도읍인 업鄴을 상상으로 노래한 『삼도부三都賦』를 지었다. 후일 사공司空을 지냈던 장화張華가 이 작품을 보고 "이 작품이야말로 진정 반고班固나 장형張衡의 작품과 어깨를 견줄 만하다. 다 읽고 나면 오랫동안 여운이 남을 뿐 아니라 날이 갈수록 새로운 감명을 주고 깨닫게 하는 바가 있다"고 극찬하였다. 당시 이 말을 전해들은 고관대작은 물론 귀족 · 환관 · 문인 · 부호들이 『삼도부』를 다투어 베껴 썼고, 그 바람에 낙양에 종이 값이 올랐다는 이야기가 '낙양지귀洛陽紙貴'다.

「교녀」의 시구詩句는 56구로 이루어졌으나 『다경』은 이 중 12구만 인용했다. 그러나 인용된 12구의 시구는 연결된 문구가 아니라 앞뒤의 시구를 짜 맞춘 것이었다. 시의 전문은 「옥태신영玉台新詠」 권 2에서 보이며, 육우가 인용한 부분을 따로 표기하여 대조하였다.

"吾家有嬌女, 皎皎頗白晳. 小字爲紈素, 口齒自淸歷. 鬢髮覆廣額, 雙耳似連璧. 明朝弄梳台, 黛眉類掃迹. 濃朱衍丹脣, 黃吻瀾漫赤. 嬌語若連瑣, 忿速乃明㦪. 握筆利彤管, 篆刻未期益. 執書愛綈素, 誦習矜所獲. 有姊字蕙芳, 眉目粲如畫. 輕粧喜樓邊, 臨鏡忘紡績. 舉觶擬京兆, 立的成復易. 玩弄眉頰間, 劇兼機杼役. 從容好趙舞, 延袖像飛翮. 上下弦柱際, 文史輒捲襞. 顧眄屛風畵, 如見已指摘. 丹靑日塵暗, 明義爲隱頤. 馳騖翔園林, 果下皆生摘. 紅葩綴紫蔕, 萍實驟抵擲. 貪華風雨中, 倏忽數百適. 務躡霜雪戲, 重綦常累積. 竝心注肴饌, 端坐理盤槅. 翰墨戢閑案, 相與數離逖. 動爲爐鉦屈, 履屨任之適. 心爲茶荈劇, 吹噓對鼎鑠. 脂膩漫白袖, 煙薰染阿錫. 衣被皆重池, 難與沈水碧. 任其孺子意, 羞受長者責. 瞥聞當與杖, 掩淚俱向壁."

[원문]
張孟陽「登成都樓」詩云 "借問揚子舍, 想見長卿廬. 程卓累千金,
장맹양「등성도루」시운 "차문양자사, 상견장경려. 정탁누천금,
驕侈擬五侯. 門有連騎客, 翠帶腰吳鉤. 鼎食隨時進, 百和妙且殊.
교치의오후. 문유연기객, 취대요오구. 정식수시진, 백화묘차수.

612「登成都樓」: 시제詩題의 원문은「登成都白菟樓등성도백토루」다. 성도成都(지금의 四川省 成都市)는 당시 촉蜀나라의 도읍이며, 성도를 한눈에 내다 볼 수 있는 높은 누각이 백토루白菟樓다.

613 揚子舍: '양자揚子'는 양웅揚雄(B.C 53~A.D 18)의 존칭이다. '사舍'는 집을 뜻한다.

614 長卿廬: '장경長卿'의 자를 가진 사마상여司馬相如(B.C 179경~B.C 117)를 말한다. '여廬'는 집을 뜻한다.

615 程卓: 정정程鄭과 탁왕손卓王孫을 말하며, 모두 촉蜀지방의 부호다. 특히 당시 세도가인 사마상여司馬相如의 장인이기도 한 탁왕손은 임공臨邛지역 최대의 갑부이기도 하다. 『고금도서집성본古今圖書集成本』, 『당인설회본唐人說薈本』에는 '정십정十'으로 되어 있다.

616 五侯: 공공·후侯·백伯·자子·남男 등 다섯 작위爵位를 말한다. 권세를 누리는 가문을 가리켜 '오후가五侯家'라고도 한다. 『고금도서집성본古今圖書集成本』, 『당인설회본唐人說薈本』에는 '오도五都'로 되어 있다.

617 百和: 진수성찬을 말한다.

披林採秋橘, 臨江釣春魚. 黑子過龍醢[618], 果饌踰蟹蝑[619][620]. 芳茶冠六清[621],
피림채추귤, 임강조춘어. 흑자과용해, 과찬유해서. 방다관육청,
溢味播九區[622]. 人生苟安樂, 茲土聊可娛."
일미파구구. 인생구안락, 자토료가오."

[국역]

장맹양張孟陽「등성도루登成都樓」시에 이르기를詩云 "양웅揚雄의 옛 집 터를 물어보고借問揚子舍, 사마상여司馬相如의 거처를 짐작해 본다想見長卿廬. 그 옛날 많은 돈을 쌓아 두었던 두 부호인 정程, 탁卓의程卓累千金, 교만과 사치는 가히 제후들과 견줄만하도다驕侈擬五侯. (그들의) 대문 앞에는 항시 말 탄 손님이 줄을 이었고門有連騎客, (그들의) 비취 허리띠에는 귀하고 유명한 칼들로 채워졌다네翠帶腰吳鉤. 차림상은 수시로 올려지고鼎食隨時進, 산해진미의 맛은 절묘하고도 뛰어나다百和妙且殊. 가을에 귤나무 숲을 헤쳐 귤을 따고披林採秋橘, 봄에는 강가에서 물고기를 낚는다臨江釣春魚. 물고기는 젓갈보다 연하고黑子過龍醢, 과일과 반찬은 게살 안주보다 뛰어나다果饌踰蟹蝑. 향기로운 차는 모든 음료 중에서도 으뜸이며芳茶冠六清, 그 넘치는 맛은 온 천하에 퍼진다溢味播九區. 삶에 있어 편안한 즐거움을 찾는다면人生苟安

---

618 黑子: 물고기.

619 龍醢: '해醢'는 젓갈 또는 담근다는 뜻이 있으나, 여기에는 아주 연하다의 뜻이다.

620 蟹蝑: 여기에는 맛깔스런 안주를 뜻한다.

621 六清: 「등성도백토루登成都白菟樓」의 원문은 '육정六情'으로 되어 있다. '육정六情'은 희喜·노怒·애哀·락樂·애愛·오惡 등 여섯 가지 감정을 말한다. '육청六清'은 『주례周禮』의 「천관선부천관선부天官膳夫」'선용육생음용육청膳用六牲飲用六清'에서 나오며, 물[水]·미음[漿]·단술[醴]·전술[醇]·감주[醫]·기장 술[酏] 등 여섯 가지의 마실 거리를 말한다. 학계에서는 '육정六情'을 '육청六清'으로 잘못 인용되었거나 잘못 필사한 것이라고 주장한다. 『북당서北堂書』에만 '육청六清'으로 되어 있고, 이외의 모든 간본은 '육정六情'으로 되어 있다.

622 九區: 당시 천하를 아홉 등분으로 나누었기에 '구주九州' 또는 '구구九區'라고 부른다. 즉 천하를 말한다.

樂, (성도成都) 이곳이야말로 가장 즐길만한 곳이 아닌가玆土聊可娛."라고 하였다.

[강설]

장재張載의 자는 맹양孟陽이며 서진西晉시대 사람이다. 진무제晉武帝 태강太康(280~289) 때 촉군태수蜀郡太守인 아버지를 만나러 가는 길에 검각劍閣에서 「검각명劍閣銘」을 지었다. 마음속으로 새길 정도로 뛰어난 이 명문銘文을 황제가 보고는 흡족해 그를 중서시랑中書侍郎으로 임명했다. 육우는 그의 행적에 대해 황문시랑黃門侍郎이라 기술하였으나, 기록에 따르면 장재는 황문시랑을 지내지 않았고, 그의 동생인 장협張協이 잠시 역임했다고 한다. 여기에 수록된 「등성도루」은 그가 촉지역인 성도成都에서 즉흥적으로 만든 시구詩句다.

「등성도루」의 시제詩題 원문은 「등성도백토루登成都白菟樓」이다. 원래 32구로 이루어졌으나 『다경』에서는 후반부의 16구만 인용했다. 필자는 원문 중에서 육우가 누락된 앞부분의 16구와 이 책에서 인용했던 뒷부분을 모두 실어 대조하였다.

"重城結曲阿, 飛宇起層樓. 累棟出雲表, 繞霤臨太虛. 高軒啓朱扉, 回望暢八隅. 西瞻岷山嶺, 嵯峨似荊巫. 蹲鴟蔽地生, 原隰殖嘉蔬. 雖遇堯湯世, 民食恒有餘. 郁郁少城中, 岌岌百族居. 街術紛綺錯, 高甍夾長衢. 借問揚子舍, 想見長卿廬. 程卓累千金, 驕侈擬五侯. 門有連騎客, 翠帶腰吳鉤. 鼎食隨時進, 百和妙且殊. 披林採秋橘, 臨江釣春魚. 黑子過龍醢, 果饌踰蟹蝑. 芳茶冠六清, 溢味播九區. 人生苟安樂, 玆土聊可娛."

[원문]

傅巽『七誨』"蒲桃宛柰, 齊柿燕栗, 桓陽黃梨, 巫山朱橘, 南中茶子,
부손『칠회』 "포도완내, 제시연율, 환양황리, 무산주귤, 남중다자,

西極石蜜."
서극석밀."

[국역]

부손傅巽의 『칠회七誨』에는 "포지蒲地의 봉숭아蒲桃, 완지宛地의 능금宛柰, 제지齊地의 감齊柿, 연지燕地의 밤燕栗, 환양恒陽의 배黃梨, 무산巫山의 귤朱橘, 남중南中의 차씨茶子, 서극西極의 석청石蜜" 등의 (특산물이) 적혀 있다.

[강설]

육우는 「칠지사」에서 차의 산지에 관한 자료를 8곳을 기록했다. 『칠회七誨』·『곤원록坤元錄』·『괄지도括地圖』·『오흥기吳興記』·『이릉도경夷陵圖經』·『영가도경永嘉圖經』·『회음도경淮陰圖經』·『다릉도경茶陵圖經』 등이

---

623 『七誨』: 삼국시대 위魏나라 북지北地 사람 부손傅巽이 지은 책이다.
624 蒲: 옛 지명이다. 학설에 따라 춘추시대의 위지衛地(지금의 河北省 長垣縣) 또는 진읍晉邑(지금의 山西省 隰縣)을 말한다.
625 宛: 지금의 하남성河南省 남양시南陽市.
626 齊: 춘추시대 강태공이 다스렸던 나라, 곧 지금의 산동성山東省 지역을 말한다.
627 燕: 춘추시대 주周씨가 다스렸던 나라, 곧 지금의 하북성河北省 지역을 말한다.
628 桓陽: '환桓'자는 '항恒'자와 같다. 그러나 글에 따라 지명이 다르는데, 하나는 지금의 하남성河南省 항산恒山 산양山陽지구, 또 하나는 하북성河北省 환양현恒陽縣지역을 말한다.
629 巫山: 춘추시대 초楚나라 무협巫峽(지금의 四川省 巫山縣)지역을 말한다.
630 南中: 중국의 남부지역인 사천성四川省 대도하大渡河 이남 및 운남성雲南省, 귀주성貴州省지역을 말한다.
631 西極: 서역西域 혹은 천축天竺이라 한다.

다.

　『칠회』는 당시 각 지역에서 생산된 물품을 기록하는 책이다. 이 가운데에는 오늘날 사천성四川省 대도하大渡河 이남과 운남성雲南省·귀주성貴州省에 속하는 당시 '남중南中'지역의 차씨를 소개하였다. 이들 지역은 차나무의 원산지로서 지금도 야생차나무들이 즐비하다. 특히 차씨에 대한 언급은 운남보이차雲南普洱茶에 관한 최초의 기록이기도 하다. 또한 당시의 교역상품 중 차씨가 포함되었다는 사실은 오늘날 차나무의 전파경로를 연구하는데 귀중한 자료가 된다.

　부손의 자는 공제公悌이며 삼국시대 북쪽지방[北地] 즉 위魏나라 사람이다. 위문제魏文帝 때 시중侍中을 지냈으나 이후 촉蜀나라로 건너가 제갈공명諸葛孔明을 섬기며 상서령尙書令을 맡기도 했다. 훗날 부손은 다시 위나라로 돌아가 관직을 했다.

[원문]

弘君擧『食檄』"寒溫既畢, 應下霜華之茗; 三爵而終, 應下諸蔗、木瓜、
홍군거『식격』"한온기필, 응하상화지명; 삼작이종. 응하제자, 목과、

---

632 『食檄』: 단양성丹陽城 사람 홍군거洪君擧가 지은 양생식품養生食品에 관한 책이다.
633 寒溫: 날씨에 대한 안부를 묻는 뜻 즉 예의를 갖춘 것을 말한다.
634 霜華: 상화霜華는 하얀 꽃과 같은 거품 곧 흰 거품을 나는 좋은 차를 뜻한다.
635 三爵: 3잔을 말한다.
636 蔗: 사탕수수.
637 木瓜: 모과.

元李[638]、楊梅[639]、五味[640]、橄欖[641]、懸豹[642]、葵羹各一杯[643]."
원리、양매、오미、감람、현표、규갱각일배."

[국역]
홍군거弘君舉의 『식격食檄』에 "상견례를 마치면寒溫旣畢, 응당히 흰 거품이 나는 좋은 차를 대접하며應下霜華之茗, 3잔을 마시고 나면三爵而終, 마땅히 사탕수수應下諸蔗·모과木瓜·큰 오얏元李·양매楊梅·오미자五味·감람橄欖·산딸기懸豹·아욱국을 각 1잔씩 내놓는다葵羹各一杯."고 하였다.

[강설]
홍군거는 서진시대 단양성丹陽城 사람으로 『식격』의 저자로 유명하다. 그에 대한 다른 기록은 발견된 것이 없으며 『식격』 또한 유실되어 오늘날 전해지지 않는다. '식격'이란 음식물에 대한 교문檄文을 말한다. 내용 중의 '상화지명霜華之茗'은 『천부荈賦』에서 "밝기는 쌓인 눈과 같고, 빛나기는 봄꽃과도 같네"의 뜻인 '말발'을 가르킨다.[644] 특히 내용 중 손님이 오면 먼저 차를 낸 후 여러 가지 약재 또는 조청造淸으로 만든 탕湯을 이어 냈다는 것은 당시 접대 문화의 한 단면을 엿볼 수 있다. 이러한 풍습은 송宋나라뿐만 아니라 훗날 주변국까지 영향을 주어 요遼나라를 비롯해 고려高麗에서도 크게 유행되어 『선화봉사고려도경宣和奉使高麗圖經

---

638 元李: 자두를 닮은 큰 오얏을 말한다.
639 楊梅: 소귀나무의 자주빛 열매를 말한다.
640 五味: 오미자五味子.
641 橄欖: 감람나무의 열매이며 '충과忠果'라고도 한다.
642 懸豹: 장미과에 속한 산딸기를 말한다.
643 葵羹: 아욱국.
644 "煥如積雪, 燁若春敷"

」에서도 보인다. 한편 탕의 재료에 대해 송나라 주욱朱彧은 "오늘날의 풍속을 보면 손님이 오면 먼저 차를 내어 마시고, 돌아갈 때는 감미로운 약재로 가루를 내어 탕을 만든다"고 했다.[645]

[원문]
孫楚「歌」"茱萸出芳樹顚, 鯉魚出洛水泉. 白鹽出河東, 美豉出魯淵.
손초「가」"수유출방수전, 이어출낙수천. 백염출하동, 미시출노연.
薑、桂、茶荈出巴蜀, 椒、橘、木蘭出高山. 蓼蘇出溝渠, 精稗出中田."
강、계、다천출파촉, 초、귤、목란출고산. 요소출구거, 정패출중전."

[국역]
손초孫楚의 「가歌」에는 "수유茱萸는 나무의 정수리에서 맺히고茱萸出芳樹顚, 잉어는 낙수洛水의 샘물에서 태어난다鯉魚出洛水泉. 흰 소금은 하동河東에서 나며白鹽出河東, 구수한 메주는 노연魯淵에서 난다. 생강・계피・차는 파촉巴蜀지방에서 나며薑桂茶荈出巴蜀, 후추・귤・목란木蘭은 고산高山에서 난다椒橘木蘭出高山. 여뀌[蓼]・차조기[蘇]는 도랑에서 나며蓼蘇出溝渠, 튼실한 피[稗]는 밭에서 난다精稗出中田."고 하였다.

---

645 『萍洲可談』"今世俗, 客至則啜茶, 去則啜湯. 湯取藥材甘香者屑之."
646 「歌」: 서진西晉시대 참군參軍을 지낸 손초孫楚(?~293)가 지었다.
647 洛水: 섬서성陝西省 낙남현의 북쪽에서 황하黃河로 흘러들어 가는 강 이름.
648 河東: 황하의 동쪽 지방을 말한다. 곧 지금의 산서성山西省지역.
649 美豉: 구수한 메주.
650 魯淵: 춘추시대 주공周公이 다스렸던 노魯나라의 강산. 지금의 산동성山東省지역이다.
651 蓼蘇: '요蓼'는 여뀌를 말하고, '소蘇'는 자소紫蘇 곧 차조기를 말한다.

[강설]

고대의 일부 문인들은 차생활을 즐기면서 그들의 시사가부詩詞歌賦 속에 차를 매개 삼아 뜻을 품었고 서정抒情을 통해 풍류를 즐겼다. 육우는 이러한 부류의 시가를 5수 수집하였는데, 손초孫楚의 「가歌」가 그 중의 하나다. 『신당서新唐書』「문예지文藝志·별집류別集類』『손초집孫楚集』에 수록되어 있다.

손초의 자는 자형子荊이며, 서진西晉시대 태원부太原府 중도현中都縣(지금의 山西 永濟縣) 사람이다. 그의 출생 연도는 알려지지 않았고, 다만 서진 혜제惠帝(290~306) 원강元康 3년(293)에 죽었다고 한다. 그는 40세 무렵에 진동군鎭東軍 장군이었던 석포石苞의 참군參軍으로 있었으며, 혜제 때 풍익군馮翊郡(지금의 陝西 大荔縣) 태수로 재직하기도 했다.

노래 내용을 보면 서진西晉시대에 파촉지역 즉 지금의 사천지역에서 차를 생산했다는 것을 알 수 있다. 특히 지금까지 찻잎을 일컫는 소리인 '가檟'·'설蔎'·'명茗'·'천荈'·'도茶' 등은 모두 하나의 음이었던 것에 반해, 파촉지역에서는 2음절인 '차천茶荈'으로 되어 있다. 한편 『범장편凡將篇』을 만든 파촉지방 사람인 사마상여司馬相如의 『방언方言』에서도 2음절인 '천타荈詫'로 되어 있다. 따라서 오늘날 많은 언어학자들이 파촉지역에 2음절로 된 찻잎의 소리를 연구하고 있다.

[원문]
華佗『食論』[652] "苦茶久食, 益意思."
화타『식론』"고다구식, 익의사."

---

652 『食論』: 화타華佗의 자는 원화元化이며 패국沛國의 초인譙人이다. 의학에 밝아 만병을 치료할 수 있다는 중국의 대표적 명의名醫다. '화타식론華佗食論'은 '화타식경華佗食經'이라고도 한다.

[국역]

화타華佗의 『식론食論』에 "차를 오래도록 마시면苦茶久食, 사색에 유익하다益意思."고 하였다.

[강설]

화타의 『식론』도 앞서 『신농본초경』과 같이 화타의 이름을 빌려 만든 탁명작이다. 『수서隋書』「경적지經籍志·자부子部·의방醫方」중 『화타방華陀方』 10권이 있다는 기록이 있으나 모두 유실되어 전해지지 않는다. 그리고 육우가 인용한 『식론』 또한 『화타방』의 내용인지 알 수가 없다.

화타는 기원 2세기부터 3세기 동한東漢 말년에 살았으며 초현譙縣(지금의 安徽 亳縣) 출신이다. 또 다른 이름은 부旉이고, 자는 원화元化다. 화타는 어려서부터 의학과 양생법을 연구하기를 좋아했고, 내과·외과·부인과·소아과 등 의료 전반에 능통했으며 탁월한 외과의술을 갖고 있어 사람들로부터 '외과조사外科祖師'로 불렸다.

『삼국지』에 따르면 조조曹操가 화타에게 자기의 고질적 두통을 치료 해 달라고 부탁하였다. 화타는 자기가 발명한 외과 수술용 마취제인 '마비산麻沸散'을 복용하게 한 후 머리를 해부하고 수술을 진행하려 하였다. 그러자 조조는 자기를 모살하려는 것으로 여겨 그를 감옥에 가두어 살해해 버렸다. 일설에 따르면 화타는 감옥에 있을 때 자기의 의술을 세상에 전하기 위해 저서 『청낭경青囊經』을 간수를 통해 밖으로 유출하려고 했으나, 실패로 돌아가자 모두 불태워 버렸다고 한다.

오늘날 화타가 집필했다는 의학 서적들은 대부분 화타의 이름을 빌려 후세들이 만든 탁명작託名作이다.

[원문]

壺居士『食忌』[653] "苦茶久食, 羽化[654]; 與韭同食[655], 令人體重."
호거사『식기』"고다구식, 우화; 여구동식, 영인체중."

[국역]

호거사壺居士의『식기食忌』에 "차를 오래 마시면苦茶久食, 몸이 가벼워 신선이 된 듯하고羽化, 부추와 함께 먹으면與韭同食, 체중이 불어난다令人體重."고 하였다.

[강설]

호거사壺居士에 대한 기록은 아직까지 발견된 것이 없다. 다만 일부 고서에서 언급되어 있는 '호거옹壺居翁'과 '호거공壺居公'이 '호거사壺居士'와 같은 인물이 아닌가 추측할 뿐이다.

이시진의『본초강목』에서도『호거사전壺居士傳』의 이야기를 인용한 바가 있다. 전해진 바로는 호거사는 동한東漢(25~220)시대 사람으로,『식기食忌』한 권을 저술했다고 한다. 많은 학자들은『신선전神仙傳』「호공전壺公傳」의 호공壺公을 호거사라 추측하기도 한다.

『신선전神仙傳』「호공전壺公傳」에서 "호공의 이름은 모른다. 오늘날『소군부召軍符』,『소귀신치병왕부부召鬼神治病王府符』등 20여 권의 책이 모두 그의 손에서 나왔기에 이를 통칭『호공부壺公符』라 한다. 여남汝南시장에서 하숙집을 운영하는 사람만이 호공은 먼 곳에서 왔고 시장에서 약을

---

653 『食忌』:『한서漢書』「방술전房術傳」에 나오는 '병 속의 천지[壺中天]' 이야기 중 선인 호거사壺居士를 가리키나, 같은 인물인지는 알 수가 없다.『식기食忌』는 호거사가 지었다고 한다.

654 羽化: 날개가 돋아 마치 신선神仙이 된 듯하다.

655 韭: 부추.

팔고 있다는 것을 알며, 다른 사람들은 그에 대해 잘 모른다. 그는 약값을 깎아주지는 않으나 진료를 받았던 사람들의 병은 모두 완치되었다. 약을 구한 사람 말에 의하면 '그의 약을 먹으면 반드시 구토를 하고 당일에 완쾌되며 효과를 보지 않는 이가 없다'고 하였다. 그는 날마다 약값으로 수 만원을 버는데 시장에 가난하고 배고픈 사람들에게 대부분 보시하였으며 자신은 오직 30~50원만을 취했다. 그는 항상 텅 비어있는 병[壺]을 안방 위에 걸어놓고 해가 지면 그 속에 뛰어들었는데, 이러한 행동을 하숙집 주인이 보고 그가 보통사람이 아니라는 것을 알았다"고 했다.[656]

"차를 오래 마시면 몸이 가벼워져 신선이 된 듯하고, 부추[韭]와 함께 먹으면 체중이 불어난다"는 얘기는 도교 신선사상에서 비롯된 말이다. 이는 도교에서 지향하는 우화羽化의 방법론을 제시한 것이다.

[원문]
郭璞『爾雅注』[657]云 "樹小似梔子, 冬生, 葉可煮羹飮. 今呼早取爲茶,
곽박『이아주』 운 "수소사치자, 동생, 엽가자갱음. 금호조취위다,
晚取爲茗, 或一曰荈, 蜀人名之苦茶."
만취위명, 혹일왈천, 촉인명지고다."

[국역]
곽박郭璞의 『이아주爾雅注』에 이르기를云 "차나무는 작고 치자梔子를 닮

---

656 "壺公者, 不知其姓名也. 今世所有『召軍符』,『召鬼神治病王府符』凡20餘卷, 皆出自公, 故總名『壺公符』. 時汝南有費長房者, 爲市掾, 忽見公從遠方來, 入市賣藥, 人莫識之. 賣藥口不二價, 治病皆愈. 語買人曰 '服此藥必吐出某物, 某日當愈, 事無不效.' 其錢日收數萬, 便施與市中貧乏饑凍者, 所留三五十. 常懸一空壺於屋上, 日入之後, 公跳入壺中, 人莫能見, 惟長房樓上見之, 知非常人也."

657 『爾雅注』: 동진東晉 원제元帝 때 곽박郭璞(276~324)이 지었다.

앗으며樹小似梔子, 겨울에도 시들지 않고冬生, 잎은 국으로 끓여 마실 수 있다葉可煮羹飮. 오늘날 일찍 딴 것을 차茶라 하고今呼早取爲茶, 늦게 딴 것을 명茗이라 하거나晩取爲茗, 혹은 천荈이라 하며或一曰荈, 촉蜀지방 사람들은 이를 고차苦茶라 부른다蜀人名之苦茶."고 하였다.

[강설]

곽박郭璞(276~324)의 자는 경순景純이며, 동진시대 원제元帝 때 하동河東 문희聞喜(지금의 山西省 聞喜) 사람이다. 죽은 후 시호를 홍농태수弘農太守로 받았다. 훈고학자이기도한 곽박은 시부詩賦뿐만 아니라 천문오행·점복占卜·무술巫術에도 능했다.

『이아주爾雅注』는 당시의 차사茶史에 대해 많은 것을 언급하였다. 일찍 딴 것을 차茶라 하고, 늦게 딴 것을 명茗이나 천荈이라 하여 찻잎은 따는 시기에 따라 부르는 명칭도 다르다는 것을 말해주었고 또한 촉지방 사람들은 차를 '고차苦茶'라 부른다는 것도 아울러 밝혔다.

한편 남북조南北朝시대에 만들었다는 『위왕화목지魏王花木志』에 따르면 "도荼의 잎사귀는 치자梔子를 닮았고, 끓여서 마실 수가 있다. 그 늙은 잎사귀를 가리켜 천荈이라 하고, 여린 잎사귀를 가리켜 명茗이라 한다"고 하여[658] 『이아주』의 논고와는 정반대의 견해를 보였다.

[원문]

『世說』[659] "任瞻, 字育長, 少時有令名, 自過江失志[660]. 旣下飮, 問人云

『세설』 "임첨, 자육장, 소시유령명, 자과강실지. 기하음, 문인운

---

658 "茶, 葉似梔子, 可煮爲飮. 其老葉謂之荈, 細葉謂之茗."
659 『世說』:『세설신어世說新語』의 준말. 남조南朝 송宋나라 유의경劉義慶(403~444)이 지은 8권의 책으로 지금은 3권만 남았다.
660 過江: 중국 북쪽지역에 자리 잡고 있는 서진西晉이 패망하자 남쪽으로 내려가 양자강을 건너가 피난하는 것을 말한다.

‘此爲茶? 爲茗?’ 覺人有怪色, 乃自分明云 ‘向問飮爲熱爲冷.’ 下飮爲設茶也.
‘차위다? 위명?’ 각인유괴색, 내자분명운 ‘향문음위열위냉.’ 하음위설다야.

[국역]

『세설世說』에 "임첨任瞻, 자는 육장字育長, 어릴 때부터 명성이 자자했으나少時有令名, 양자강을 건너 (남쪽 땅으로 피난온 뒤부터) 뜻을 잃었다自過江失志. 차를 대접받고旣下飮, 사람에게 묻기를問人云 '이것이 차茶입니까此爲茶? 명茗입니까爲茗?' (그러자) 상대가 의아해 하는 기색을 보이자覺人有怪色, 이를 깨닫고 스스로 변명하기를乃自分明云 '방금 제가 물어본 것은 차가 뜨거운 것입니까? 차가운 것입니까?向問飮爲熱爲冷(를 묻는 것입니다)"라고 하였다. 하음下飮이란 차를 대접한다는 뜻이다下飮爲設茶也.

[강설]

『세설』은 『세설신어世說新語』을 말하며, 당나라 때는 『세설신서世說新書』라고도 불렸다. 남조 송宋나라 임천왕臨川王 유의경劉義慶(403~444)이 지은 8권의 책 중 지금은 3권만 남아 있다. 후한後漢에서 동진東晋에 이르는 귀족·학자·문인·승려 등의 언행·언어·문학 등을 36개 부문으로 나누어 설명하고 있다. 본문에 인용한 내용은 「비루紕漏」 34장 중 임첨任瞻에 관한 차 이야기다.

임첨의 자는 육장育長이며 동진 낙안樂安(지금의 山東 鄒平) 사람이다. 그

---

661 怪色: 의아해하는 기색, 납득하지 못하는 표정을 뜻한다.

662 分明: 되풀이 설명하다. 여기서는 말을 바꾸어 변명하는 것을 뜻한다. 『정총본鄭熜本』, 『서탑사본西塔寺本』에는 '신명申明'으로 되어 있다.

663 下飮爲設茶也: 『고금도서집성본古今圖書集成本』, 『당인설회본唐人說薈本』, 『완위산당설부본宛委山堂說郛本』에만 이 주해를 달아 부연 설명하고 있다.

의 생애는 『세설신어』「비루」에 상세히 기록되어 있다. 임첨는 어려서부터 자못 명성이 높아 미래가 촉망되었던 사람이다. 그러나 고향이 북위北魏에 의해 점령되자 남으로 피신한 임첨은 자신이 펴고자 했던 꿈(벼슬)을 잃어 정신이 이상해졌다. 그가 어느 찻자리에서 차를 가리켜 '이것이 차입니까? 명입니까?'라고 물었는데, 차와 명이 다르지 않음에도 불구하고 했던 이 물음에 사람들이 의아해 했다. 실수를 알아 챈 임첨은 곧 바로 자신의 말을 수정하면서 '방금 내가 물어본 것은 차가 뜨거운 것입니까? 차가운 것입니까?'라는 말로 둘러댔다는 이야기다.

[원문]

『續搜神記』 "晉武帝世, 宣城人秦精, 常入武昌山採茗. 遇一毛人, 長
『속수신기』 "진무제세, 선성인진정, 상입무창산채명. 우일모인, 장
丈餘, 引精至山下, 示以叢茗而去. 俄而復還, 乃探懷中橘以遺精. 精怖,
장여, 인정지산하, 시이총명이거. 아이복환, 내탐회중귤이유정. 정포,
負茗而歸."
부명이귀."

[국역]

『속수신기續搜神記』에 "진나라 무제 때晉武帝世, 선성 사람 진정은宣城人

---

664 "任育長, 甚有令名. 武帝崩, 選百二十挽郞, 一時之秀彦, 育長亦在其中. 王安豊選女婿, 從挽郞搜其勝者, 且擇取四人, 任猶在其中. 童少時神明可愛, 時人謂育長影亦好. 自過江, 便失志. 王丞相請先度時賢共至石頭迎之, 猶作瞱日相待, 一見便覺有異. 坐席竟, 下飮, 便問人云 '此爲茶? 爲茗?' 覺有異色, 乃自申明云 '向問飮爲熱, 爲冷耳.'"

665 『續搜神記』: 『수신기搜神記』 뒤를 이어 지은 책이라 하여 『속수신기』라 한다.

666 世: 『백천학해본百川學海本』, 『당인설회본唐人說薈本』, 『사고전서본四庫全書本』, 『완위산당설부본宛委山堂說郛本』에는 '세世'자가 빠졌다.

667 毛人: 몸에 털이 많이 난 야인野人.

秦精, 늘 무창산에 들어가 차를 땄다常入武昌山採茗. (어느 날) 털이 많은 사람을 만났는데遇一毛人, 키가 한 길이 넘고長丈餘, 진정을 이끌고 산 아래로 이르러引精至山下, 우거진 차나무 숲을 가르쳐 주고 돌아갔다示以叢茗而去. 곧 다시 돌아와俄而復還, 품속에서 귤을 꺼내어 진정에게 주었다乃探懷中橘以遺精. (이것을 받은) 진정은 두려워서精怖, 황급히 차를 짊어지고 돌아왔다負茗而歸."고 하였다.

[강설]

『속수신기』는 동진 사람인 도잠陶潛 곧 도연명陶淵明(372~427)이 간보干寶가 지은『수신기搜神記』의 뒤를 이어 지은 책이라『속수신기』라고 전한다.『속수신기』의 내용도『수신기』와 같아 주로 귀신이나 괴기이야기를 담고 있으나 유실되어 전해지지 않는다. 진무제晉武帝는 서진을 개국한 사마염司馬炎(236~290)을 말하며, 무창산은 호북성湖北省 동부 악성시鄂城市 남쪽 190리 무창군 경내에 있다.

본문의 내용은『수신기』「모인毛人」에서 보이며, 다만『다경』의 내용과는 약간의 차이가 있다. 원문은 "진晉나라 효무제孝武帝 때 선성 사람인 진정은 늘 무창산에 들어가 차를 땄다. 어느 날 키가 한 길이 넘고 몸 전체에 털이 많은 사람[毛人]을 만났는데, 북쪽의 산에서 왔다고 했다. 진정은 모인의 모습을 보고 크게 무서워 틀림없이 죽었구나 생각했다. 그런데 모인이 진정의 팔을 이끌고 산 아래 계곡으로 내려가 우거진 차나무 숲을 가리켜 주며 돌아갔다. 진정이 찻잎을 따고 있을 때 얼마 지나지 않아 모인이 다시 돌아와 품속에서 귤 20개를 꺼내 진정에게 주었는데 맛이 무척 달았다. 진정은 이상하게 여겨 차를 짊어지고 돌아왔다"[668]고 되어 있다.

---

668 "晉孝武帝世, 宣城人秦精, 常入武昌山採茗. 忽遇一人, 身長丈餘通體皆毛, 從山北來. 精見之大怖, 自謂必死. 毛人徑牽其臂, 將至山曲入大叢茗處, 放之便去. 精因採茗, 須臾復

『수신기搜神記』의 우홍虞洪과 『속수신기續搜神記』의 진정秦精은 모두 차를 업으로 삼는 자로 묘사되어 있다. 이로 보아 이때의 차는 이미 대중상품으로 자리매김하고 있다는 것을 알 수가 있다.

한편 도잠陶潛이 만든 『속신후기續神後記』에는 차에 관한 또 하나의 이야기가 전해진다. "진晉나라 선무제宣武帝 때 어떤 장군이 있었는데, 그는 병을 앓고 나면 반드시 10말[一斛] 2되[二斗]의 차를 마셔야 속이 편했다고 한다. 훗날 어떤 손님이 이 이야기를 듣고 5되를 더 마시게 하자 그는 소 밥통[牛肚]과 같은 물체를 토하고난 후 병이 완치되었다. 사람들이 병의 이름을 묻자 답하기를 '병의 이름은 곡이하斛二瘕다'669)라고 하였다.

[원문]

『晉四王起事』 "惠帝蒙塵還洛陽670), 黃門以瓦盂盛茶上至尊671)."

『진사왕기사』 "혜제몽진환낙양, 황문이와우성다상지존."

[국역]

『진사왕기사晉四王起事』에 "(진나라 4명의 왕[四王]들이 반란을 일으킬 때) 혜제惠帝가 피난을 갔다 낙양으로 돌아오자惠帝蒙塵還洛陽, 황문黃門이 질그릇으로 만든 발우에 차를 담아 혜제에게 올렸다黃門以瓦盂盛茶上至尊."고 하였다.

來. 乃探懷中二十枚橘與精, 甘美異常. 精甚怪, 負茗而歸."

669 "晉宣武時, 有一督將, 因時行病後虛熱, 更能飲復茗. 必一斛二斗乃飽. 才減升合, 便以爲不足, 非復一日. 家貧, 後有客造之, 正遇其飲復茗, 亦先聞世有此病, 仍令更進五升, 乃大吐, 有一物出如升, 大有口, 形質縮縐. 狀如牛肚. 客乃令置之於盆中, 以一斛二斗復茗澆之, 此物吸之都盡而止. 覺小脹, 又加五升, 便悉混然從口中湧出. 卽吐此物, 其病逐瘥. 或問之此何病, 答云 '此病名斛二瘕.'"

670 蒙塵: 황제가 난리를 겪어 피난 간다의 뜻이다.

671 至尊: 지극히 높은 사람. 여기서는 황제를 가리킨다.

[강설]

  이 책에서 『진사왕기사』의 출처를 밝히지 않았으나, 『수서隋書』「경적지經籍志」와 『신당서新唐書』「예문지藝文志」에 따르면 진나라 정위廷尉를 지낸 여림盧琳이 지은 책이라 한다.

  『진사왕기사』은 지금까지 발견된 문헌 중 황제가 차를 마셨다는 최초의 기록이다. 이 이야기는 혜제惠帝 때 일어난 '8왕의 반란'에서 조왕륜趙王倫·제왕경齊王冏·장사왕의長沙王乂·성도왕영成都王穎 등 4명의 왕에 대한 부분이다.

  서진 혜제惠帝(290~306) 사마충司馬衷은 중국 황제 중에서도 무능한 사람으로 기록되어 있다. 그는 무제武帝의 차남으로 태어나 어머니 가태후賈太后의 허수아비로 지냈다. 그러자 태자 사마휼司馬遹 독살사건에서 조왕·제왕·장사왕·성도왕 등 4명의 왕이 반기를 들자 피신을 했다. 그는 피신생활 중 늘 눈물로 얼굴을 적셨다고 한다. 본 내용은 왕들의 반란을 제압한 후 낙양으로 돌아와 궁궐의 대문 문지기로부터 차를 대접 받았던 이야기다.

  진나라 때 궁문을 지키는 산기관散騎官은 황문黃門에 속했기에 일반적으로 황문 또는 황문시랑黃門侍郎이라 불렀으며, 황제 측근으로 군림했다. 한편 당시의 궁궐대문은 누런 빛깔이었기에 '황문'이라 했다.

[원문]

『異苑』"剡縣陳務妻, 少與二子寡居, 好飮茶茗. 以宅中有古塚, 每飮
『이원』"섬현진무처, 소여이자과거, 호음다명. 이택중유고총, 매음
輒先祀之. 二子患之曰 '古塚何知? 徒以勞意.' 欲掘去之. 母苦禁而止.
첩선사지. 이자환지왈 '고총하지? 도이로의.' 욕굴거지. 모고금이지.
其夜, 夢一人云 '吾止此塚三百餘年, 卿二子恒欲見毀, 賴相保護, 又享
기야, 몽일인운 '오지차총삼백여년, 경이자항욕견훼, 뢰상보호, 우향

吾佳茗, 雖潛壤朽骨[672], 豈忘翳桑之報[673].' 及曉, 於庭中獲錢十萬, 似久埋者,
오가명, 수잠양후골, 기망예상지보.' 급효, 어정중획전십만, 사구매자,
但貫新耳[674]. 母告二子, 慚之, 從是禱饋愈甚[675]."
단관신이. 모고이자, 참지, 종시도궤유심."

[국역]

『이원異苑』에 "섬현剡縣 고을에 사는 진무陳務의 아내는剡縣陳務妻, 젊어서 과부가 되어 두 아들과 살면서少與二子寡居, 차 마시는 것을 즐겼다好飲茶茗. 집안에는 방치되어 있는 옛 무덤이 있었는데以宅中有古塚, (어머니는) 차를 마실 때마다 먼저 그곳에 차를 올려 제사를 드렸다每飲輒先祀之. 두 아들이 이를 심히 못마땅하게 여겨 말하기를二子患之曰 '옛 무덤이 무엇을 알겠습니까古塚何知? 부질없는 노릇입니다徒以勞意.' (하면서) 그 무덤을 파내어 없애려고 하였다欲掘去之. 하지만 어머니의 극구만류에 그치고 말았다母苦禁而止. 그날 밤其夜, (어머니의) 꿈에 어떤 사람이 나타나 이르길夢一人云 '나는 이 무덤 속에서 3백여 년을 머물렀는데吾止此塚三百餘年, 당신의 두 아들이 늘 이 무덤을 헐고자 하였으나卿二子恒欲見毀, 당신이 내 무덤을 보호해 주었을 뿐 아니라賴相保護, 나에게 좋은 차까지 대접해 주었으니又享吾佳茗, 비록 땅 속에 묻힌 썩은 뼈이지만雖潛壤朽骨, 어찌 예상翳桑 보은報恩의

---

672 潛壤朽骨: 땅 속에 묻은 썩은 유골.
673 翳桑之報: 『춘추좌전春秋左傳』에 보면 진晉나라 대부大夫인 조순趙盾이 사냥을 마치고 돌아오다, 예상翳桑 즉 뽕나무 밭에서 굶어죽게 된 영첩靈輒을 보고 직접 먹을 것을 주어 살려주었다. 훗날 영첩은 영공靈公의 경호원이 되었으며 영공으로부터 자신을 구해준 은인 조순趙盾을 살해하라는 밀명을 받고 매복 중이었으나 그는 동료를 찌르고 조순을 구해준다. 이 이야기를 은혜를 잊지 않고 보답한다는 뜻의 고사성어로 인용된다.
674 貫: 꿰는 끈.
675 禱饋: 음식을 보내고 빌다, 곧 제사를 지낸다의 뜻이다. 『고금도서집성본古今圖書集成本』, 『완위산당설부본宛委山堂說郛本』에는 '도흠禱欽'으로 되어 있고, 『당인설회본唐人說薈本』에는 '도禱'자만 적고 있다.

뜻을 잊을 수 있겠습니까豈忘翳桑之報?'라고 하였다. 날이 밝자及曉, (어머니는) 뜰에서 돈 10만 냥을 발견하였는데於庭中獲錢十萬, 흙 속에 묻힌 지가 오래된 것 같았으나似久埋者, 꿰미만이 새 것이었다但貫新耳. 어머니가 이 일을 두 아들에게 말하자母告二子, 그들은 매우 부끄러워하며慚之, 더욱 극진히 제사를 지냈다從是禱饋愈甚."고 하였다.

[강설]

육우는 「칠지사」에 『수신기搜神記』·『신이기神異記』·『속수신기續搜神記』·『광릉기로전廣陵耆老傳』·『이원異苑』 등 5개의 신화를 기록했다. 『이원』은 남송南宋 문제文帝 원가元嘉 3년(426) 급사황문랑給事黃門郎을 지낸 유경숙劉敬叔이 지은 요괴담妖怪談을 모은 10권의 책이며, 『진체비서津逮秘書』 11집에 수록되어 있다. 송나라 『태평광기太平廣記』 「초목류草木類」에서는 '향명획보饟茗獲報'라고 되어 있다. 섬현剡縣은 지금의 절강성 승현嵊縣을 말한다.

신화神話는 일종의 문화로서 역사 문학작품 속에 많이 등장한다. 내용이 허구임에도 불구하고 실생활을 모태로 삼아 만든 작품이기에 당시의 풍속을 이해하는데 많은 도움을 준다. 신화의 이야기는 농후한 미신적 색채를 띠고 있는 것이 특징이다. 그럼에도 불구하고 『이원』에서 전하는 '차는 반드시 예상보은翳桑報恩을 하는 식물'이라는 메시지는 우리에게 시사한 바가 크다.

[원문]

『廣陵耆老傳』676) "晉元帝時有老姥677), 每旦獨提一器茗, 往市鬻之, 市人競買.
『광릉기로전』 "진원제시유노모, 매단독제일기명, 왕시죽지, 시인경매.
自旦至夕, 其器不減. 所得錢散路傍孤貧乞人. 人或異之, 州法曹678)繫之獄
자단지석, 기기불감. 소득전산노방고빈걸인. 인혹이지, 주법조집지옥
中. 至夜, 老姥執所鬻茗器, 從獄牖679)中飛出."
중. 지야, 노모집소죽명기, 종옥유중비출."

[국역]

『광릉기로전廣陵耆老傳』에 "진나라 원제元帝 때 한 할머니가 있었는데晉
元帝時有老姥, 매일 홀로 차통[器茗]을 들고 나와每旦獨提一器茗, 새벽시장에서
팔았으며往市鬻之, 시장사람들이 다투어 차를 샀다市人競買. (그럼에도 불구
하고) 아침부터 저녁까지自旦至夕, 차통의 차는 줄지 않았다其器不減. (할머
니는) 차를 팔아 번 돈을 길가의 외롭고 가난한 거지들에게 나누어주었다所
得錢散路傍孤貧乞人. (이 일을) 이상하게 생각한 사람이人或異之, 그를 관가에
고발했고 주의 법관은 할머니를 옥에 가두었다州法曹繫之獄中. 밤이 되자至
夜, 할머니는 차통을 들고老姥執所鬻茗器, 감옥의 창문을 통해 날아 가버렸다
從獄牖中飛出."고 하였다.

---

676 『廣陵耆老傳』: '기로耆老'는 70세 이상을 이른다는 지칭. 70세 이상의 노인들에 대한 기록을 담은 책.
677 晉元帝: 동진東晉의 초대 황제 사마의司馬懿(재위 317~322)를 말한다.
678 法曹: 법조참군法曹參軍의 준말. 곧 주州의 형사소송을 담당하는 사법관.
679 獄牖: 감옥의 격자 모양의 창문.

[강설]

『광릉기로전』은 신화 이야기를 적고 있으며 지금은 유실되어 전해지지 않는다. 광릉廣陵은 동진시대의 광릉군을 말하며, 지금의 강소성江蘇省 강도현江都縣 일대다. 이 이야기는 동진東晉 원제元帝(317~323) 때 시장에서 차장사하는 할머니에 대한 내용이다.

한편 부함傅咸의 『사예교司隷敎』에서도 차장사 하는 할머니에 대한 이야기가 있으나 서진西晉 촉나라 낙양을 배경으로 하고 있다. 따라서 이 두 이야기를 통해 알 수 있는 것은 양진兩晉(265~420) 시대에 하남河南의 낙양에서부터 강소江蘇의 강도까지 차가 시장에서 상품으로 취급되었다는 것이다. 지금까지 차가 교역품으로 취급되었다는 기록은 한나라 왕포王褒의 『동약僮約』에서 "무양에 가서 차를 산다"가 최초다.[680]

[원문]

『藝術傳』[681] "燉煌人[682]單道開, 不畏寒暑, 常服小石子. 所服藥有松、桂、蜜之氣, 所餘茶蘇[683]而已."

『예술전』 "돈황인단도개, 불외한서, 상복소석자. 소복약유송、계、밀지기, 소여다소이이."

---

680 "武陽買茶."

681 『藝術傳』: 『진서晉書』 권 95에서 「열전列傳」 권 65에 실린 것으로 저자에 대한 기록이다.

682 燉煌人: 돈황燉煌 사람. 돈황은 지금의 감숙성甘肅省 돈황현燉煌縣이다.

683 茶蘇: 차와 차조기의 잎. 차조기의 잎은 한약재 '자소紫蘇'・'소엽蘇葉'을 말한다. 기氣를 조절하는 데에 많이 쓴다. 특히 잎은 생식해도 좋으며, 고기와 함께 국을 끓여 먹으면 해독 작용이 있다.

[국역]

『예술전藝術傳』에 "돈황 사람 단도개는燉煌人單道開, 추위와 더위를 타지 않았으며不畏寒暑, 항상 작은 돌 같은 것을 먹었다常服小石子. 복용하는 약은 송진所服藥有松, 계피, 꿀 향기가 나는 것桂蜜之氣, 이외에는 차와 차조기 잎 뿐이었다所餘茶蘇而已."고 하였다.

[강설]

「칠지사」의 내용에서 불교와 차에 관계된 부분은 3곳이 있다. 『예술전藝術傳』의 단도개單道開, 『속명승전續名僧傳』의 석도설釋道說, 그리고 『송록宋錄』의 담제도인曇濟道人이다.

단도개는 진晉나라의 승려이며 돈황敦煌 사람으로 속세의 성은 맹孟씨였다. 동진東晉 목제穆帝 영화永和 2년(346) 후조後趙(319~351)의 업성鄴城(오늘날 河北 臨漳縣 서남쪽) 법침사法綝祠에 잠시 기거했다가 후일 멀지 않은 소덕사昭德寺로 옮겼다. 일설에 따르면 그는 평생 눕지 않았으며 추위와 더위를 잊은 채 40여 만의 경구를 외웠다고 한다. 그는 간단한 음식과 약물 이외에 오직 '차소茶蘇'만 마셨다고 한다. 오늘날 일부 학자들은 '차소'를 티베트의 '수유차酥油茶'로 해석하기도 한다. 또한 이 문장은 최초로 승려가 차를 마셨다는 기록이기도 하다.

『예술전藝術傳』은 『진서晉書』「예술전藝術傳」을 말하며, 본문의 내용도 『진서晉書』「예술藝術·단도개전單道開傳」에서 발췌한 것이다.

---

684 "日服鎭守藥數丸, 大如梧子, 藥有松、蜜、薑、桂、茯苓之氣, 時復飲茶蘇一二升而已. 自云能療目疾, 就療者頗驗, 視其行動, 狀若有神."

[원문]

釋道說*『續名僧傳』*"宋釋法瑤, 姓楊氏, 河東人. 元嘉中過江, 遇沈
석도설 『속명승전』 "송석법요, 성양씨, 하동인. 원가중과강, 우심
臺眞, 請眞君武康小山寺, 年垂懸車, 飯所飲茶. 大明中, 勅吳興禮
대진, 청진군무강소산사, 연수현거, 반소음다. 대명중, 내오흥예
致上京, 年七十九."
치상경, 연칠십구."

[국역]

  석도설釋道說 『속명승전續名僧傳』에 "남조南朝 송宋나라 때 스님 법요法
瑤의宋釋法瑤, 속성은 양씨였고姓楊氏, 하동 사람이다河東人. 원가元嘉 연간에
그는 양자강을 건너가元嘉中過江, 심대진을 만났는데遇沈臺眞, 심대진은 무
강武康의 소산사小山寺에 있었으며請眞君武康小山寺, 나이가 많았는데도年垂懸
車, 차로 식사를 하고 있었다飯所飲茶. 대명大明 연중에大明中, (황제가) 칙명
勅命을 내려 오흥吳興의 관리에게 최고의 예우를 갖춰 그를 서울로 모시도록
하였는데勅吳興禮致上京, 그때의 나이는 79세였다年七十九."고 하였다.

685 釋道說: 석도설釋道說은 승려이며, '설說'은 '열悅'과 같기에 석도열釋道悅이라고도 한다.
686 元嘉: 송문제宋文帝 유의륭劉義隆의 연호이며, 424년부터 453년까지 약 30년 동안 사용했
    다.
687 沈臺眞: 심대진(397~449)의 휘諱는 연지演之이며 자는 대진臺眞이다. 오흥군吳興郡 무
    강武康 사람이다. 생존 시 많은 벼슬을 지냈다.
688 請眞君武康: 『당인설회본唐人說薈本』, 『백천학해본百川學海本』에만 '청진군請眞君'으로
    되어있고, 이외의 모든 간본들은 '태진재台眞在'로 되어있다. '무강武康'은 지금의 절강성
    浙江省 강덕청江德淸 무강진武康鎭이다.
689 懸車: 해가 저물 때. 곧 인생의 황혼기, 관직에서 물러날 나이인 70세를 뜻한다. 『고금도
    서집성본古今圖書集成本』, 『완위산당설부본宛委山堂說郛本』, 『당인설회본唐人說薈本』,
    『백천학해본百川學海本』에의 '연수현거年垂懸車' 뒤에 '현거懸車, 유일입지후喩日入之
    侯, 지인수로시야指人垂老時也'의 주해를 달아 부연 설명하였다.
690 大明: 송 효무제孝武帝 유준劉駿의 연호이며, 453년부터 464년까지 11년 동안 사용했다.

[강설]

『속명승전續名僧傳』의 저자 석도설釋道說은 승려다. 그의 이름 중 '설說'자는 '열悅'자와 통하기에 일부 간본에서는 그를 '석도열釋道悅'이라고도 한다. 『속명승전續名僧傳』의 기록에 따르면 "석도설의 속성은 장씨張氏이고 형주荊州 사람이다"라고 했다.

본문 내용 중의 승려 법요法瑤는 원래 북위北魏 사람이었으나, 북위 태무제太武帝(423~452) 태평진군太平眞君 7년(446)에 일어난 '배불멸석排佛蔑釋' 정책으로 양자강 건너 남조南朝의 송宋(420~479)나라로 피난하였다. 당시 남조 송문제宋文帝(424~453)는 북위와는 정반대로 '흥불중석興佛重釋' 정책을 펴고 있을 때라 당시 이부상서吏部尙書 심연지沈演之의 천거로 그는 오흥吳興 무강武康의 산사에 머물게 된다. 법요는 불교의 율법에 엄격했으며 소식蔬食 생활 속에서 오직 차 마시는 일만을 즐겼다고 한다.

『다경』의 일부 간본에서 법요法瑤가 영가永嘉(307~313) 연간에 양자강을 건너 심대진沈臺眞을 만났다고 하나, 『고승전高僧傳』「의해義解·석법진釋法珍」을 보면 '영永'은 '원元'자의 오자에서 비롯된 것으로 밝혀졌다.[691]

[원문]

宋『江氏家傳』[692] "江統, 字應元, 遷愍懷太子洗馬[693], 曾上疏諫云 '今西園
송 『강씨가전』 "강통, 자응원, 천민회태자세마, 증상소간운 '금서원

---

691 "釋法珍(瑤)姓楊, 河東人, 少而好學, 尋問萬里. …… 元嘉中過江, 吳興沈演之特深器重, 請還吳興武康小山寺, 首尾十有九年. …… 大明六年, 敕吳興郡禮致上京, 與道猷同止新安寺. …… 宋元徽中卒, 春秋七十有六."

692 『江氏家傳』: 서진西晉 때 강江씨 집안의 전기 7권을 말한다.

693 愍懷太子: 서진西晉의 혜제惠帝와 도가屠家의 여인 사이에서 태어난 황태자 사마휼司馬遹을 말한다. 자는 희조熙祖다. 민회태자가 자신의 서원西園에서 식초·국수·쪽앗나물[藍]·채소·차 등 물건을 팔아 나라의 체면을 손상을 일으키자 태자세마太子洗馬인 강통江統이 이러한 폐단을 시정하도록 간언한 내용이다.

賣醯⁽⁶⁹⁴⁾、麵、藍子⁽⁶⁹⁵⁾、菜、茶之屬, 虧敗國體.'"
매혜、면、남자、채、다지속, 휴패국체.'"

[국역]

송宋나라 『강씨가전江氏家傳』에 "강통江統의, 자는 응원字應元, 민회태자愍懷太子의 세마洗馬로 관직을 옮겼으며遷愍懷太子洗, 그는 일찍이 황제께 올리는 상소에 간언하기를曾上疏諫云 '지금 서원西園에서 팔고 있는 식초・국수・쪽풀씨[藍子]・채소・차 등은今西園賣醯麵藍子菜茶之屬, (유감스럽게도) 나라의 체면을 훼손시킨다虧敗國體.'"고 하였다.

[강설]

『강씨가전江氏家傳』은 『신당서新唐書』「예문지藝文志」에 수록되었으며, 모두 7권으로 저자는 강통江統이다. 이에 『강씨가전』은 강통부터 시작한 후 후손들에 의해 완성되었다는 것이 학계의 견해다.

강통은 서진西晉시대 진류어陳留圉(지금의 河南 杞縣 남쪽) 사람이다. 처음 벼슬은 산음령山陰令이었으나 훗날 민회태자愍懷太子의 세마洗馬로 승진했다. 그는 사치스러웠을 뿐만 아니라 많은 금기사항을 제정한 것으로도 유명하다. 본문의 내용은 그가 상소上疏로 올린 다섯 가지의 금기 사항이다. 『다경』에서 인용한 것은 네 번째 금기 중 마지막 구절이다. 서원은 서진의 수도 낙양洛陽의 서쪽 동산을 가리킨다.

한편 『진서晉書』「강통전江統傳」의 기록을 보면 "지금 서원西園에서 팔고 있는 규채葵菜・쪽풀씨[藍子]・닭・국수 등 물품은 나라의 체면을 훼손

---

694 醯: 식초.
695 藍子: 남자채藍子菜를 말하며 곧 쪽씨앗나물・쪽풀씨.

시킨다"고 되어 있어 내용 중에는 '차'가 보이지 않는다. 이는 『다경』에서 인용한 『강씨가전江氏家傳』의 내용과 사뭇 다르다. 따라서 본문에서 언급된 차에 대한 기록이 사실인지는 알 수가 없다.

[원문]

『宋錄』 "新安王子鸞、豫章王子尙詣曇濟道人於八公山, 道人設茶茗.
『송록』 "신안왕자란、예장왕자상예담제도인어팔공산, 도인설다명.
子尙味之曰 '此甘露也, 何言茶茗?'"
자상미지왈 '차감로야, 하언다명?'"

[국역]

『송록宋錄』에 "신안왕 자란과新安王子鸞, 예장왕 자상이 팔공산에 있는 담제도인에게 예를 갖춰 방문하였는데豫章王子尙詣曇濟道人於八公山, 도인이 차를 대접하였다道人設茶茗. 이를 맛본 자상이 말하기를子尙味之曰 '이것이 감로이지此甘露也, 어찌 차라고 하겠습니까何言茶茗?'"라고 하였다.

[강설]

『송록宋錄』은 「칠지사」에서 승려와 차에 관계되는 세 번째 이야기다. 『송록』은 『수지隋志』「경적지經籍志」에 수록되었으며, 남조南朝 송宋 (420~479)나라의 역사를 기록한 책이다.

『다경』의 일부 간본에서 예장왕豫章王 자상子尙을 신안왕新安王 자란子鸞의

---

696 "今西園賣葵菜、藍子、鷄、麵之屬, 虧敗國體."
697 『宋錄』: 동진東晉이 망하고 화남華南에서 유劉씨가 세운 송宋나라의 사록史錄이며, 58년 동안의 기록이다. 『수서隋書』「경적지經籍志」에는 「송략宋略」으로 되어 있다.

동생으로 되어있으나, 사록史錄에 따르면 신안왕 자란은 송宋 효무제孝武帝(453~464)의 여덟 번째 아들이며, 예장왕 자상은 두 번째 아들로 되어 있다.

본문에서 언급된 담제도인曇濟道人은 하동河東 사람이며, 13세 때 출가하여 당시의 명승 도법사導法師의 제자가 되었다. 원래 팔공산八公山(지금의 安徽 壽縣 八公山) 동산사東山寺에 기거하였으나, 대명大明 2년(458) 양자강 건너 남송南宋 송경성宋京城(지금의 江蘇 南京市)의 중흥사中興寺 그리고 장엄사莊嚴寺에 머물렀다고 한다. 이 내용은 『삼론조사전집三論祖師傳集』에 기록되어 있다.

[원문]
王微「雜詩」"寂寂掩高閣, 寥寥空廣廈. 待君竟不歸, 收顏今就檟."
왕미「잡시」"적적엄고각, 요요공광하. 대군경불귀, 수안금취가."

[국역]
왕미王微의「잡시雜詩」에 "높은 누각은 고요함으로 덮여 있고寂寂掩高閣, 넓은 집은 쓸쓸하게 텅 비었네寥寥空廣廈. 기다리던 님은 끝내 오지 않으니待君竟不歸, 얼굴을 거두어 이제 차[檟]를 마시리라收顏今就檟."고 하였다.

---

698 "新安王子鸞, 鸞弟豫章王子尚."
699 "曇濟, 河東人, 十三出家, 爲導法師弟子, 住八空山東寺. …… 以宋大明二年過江, 住中興寺."
700「雜詩」:「잡시」는 2수로 되어 있으나 육우는 첫 수를 인용했다. 한편「칠지사」서두에 열거한 이름 중에는 왕미王微가 빠졌다.
701 廣厦: 넓은 집.
702 收顏: 어두운 안색, 실망스런 표정을 거둔다는 말. 일부 판본에서 '안顏'을 '영領'자로 표기되었으나 오자다.

[강설]

　차를 마신다는 것은 수행의 일환이다. 지금 나의 모습은 과거와의 연관 속에 있고 현재 보이는 태도에 근거해서 미래가 열린다. 얼굴은 마음의 초상화이자 정신의 반영물이다. 마음이 어지러우면 얼굴에서 그 답이 나온다. 얼굴을 거둔다는 것은 마음을 정화한다는 의미다. 차를 마신다는 것은 곧 내 얼굴을 만드는 과정이라 말해주는 시문詩文이다.

　사람의 얼굴은 마음에서 생겨난다. 태어날 때의 얼굴은 부모로부터 얻고 삶의 얼굴은 스스로 만드는 것이다. '상유심생相由心生'의 뜻이다. 사람은 두 개의 거울을 가진다. 하나는 세상 밖의 밝음을 정진하는 거울로 삼고, 하나는 내 몸의 때를 부단히 씻는 거울로 삼는다.

　조용히 앉아 마음을 들여다보는 '정좌관심靜坐觀心의 차', 명나라의 오여필吳與弼은 이러한 경지를 "가난 속에서도 마음은 가을 물처럼 맑고淡如秋水貧中味, 고요해진 마음은 봄바람처럼 부드럽다和似春風靜後功."고 했다. 불교는 이러한 '허정무위虛靜無爲'에서 마신 차를 선禪공부와 같다하여 '선차일미禪茶一味' 또는 '차선일미茶禪一味'라고 한다. "홀로 있을 때에도 도리에 어긋남이 없이 행동하라" '신독愼獨'의 경지다. 이 모두 얼굴을 만드는 수행이다.

　왕미王微(415~443)의 자는 경현景玄이고 낭야琅琊 임기臨沂 사람이다. 남조 송나라의 개국공신 왕홍王弘의 조카로 처음의 관직은 사도제주司徒祭酒이며, 훗날 태자중사인太子中舍人, 중서시랑中書侍郎까지 오른다. 29세의 젊은 나이에 죽은 후 송문제宋文帝로부터 비서감秘書監의 관직을 얻었다. 그는 문장뿐만 아니라 그림도 잘 그렸으며 음률·의학·점복占卜에도 능했던 것으로 알려졌다.

　본문의 내용은 『송서宋書』 권 62 「열전列傳」에 있다. 모두 2수로 되어 있으며 뽕을 따는 여인의 슬픔을 이야기로 적고 있다. 육우는 2수 중 첫 수를 인용하였으나, 첫 수의 28구 중 마지막 4구만 발췌하였다. 원문 중 첫 수의 28구는 아래와 같다.

"桑婦獨何懷, 傾筐未盈把. 自言悲苦多, 排却不肯捨. 妾悲回陳訴, 慎憂不銷冶. 寒雁歸所從, 半塗失凭假. 壯情抃驅馳, 猛氣捍朝社. 常懷雲漢慚, 常慾複周雅. 重名好銘勒, 輕軀願圖寫. 萬里度沙漠, 懸師蹈朔野. 傳聞兵失利, 不見來歸者. 奚處埋旌麾. 何處喪車馬, 拊心悼恭人, 零淚覆面下. 徒謂久別離, 不見老孤寡. 寂寂掩高閣, 寥寥空廣廈. 待君竟不歸, 收顔今就櫅."

[원문]
鮑昭妹令暉著「香茗賦」.
포소매영휘저「향명부」.

[국역]
포소鮑昭의 누이동생 영휘令暉가 지은鮑昭妹令暉著「향명부香茗賦」

[강설]
시사가부詩詞歌賦에서의 차는 서정抒情을 통해 풍류를 즐기는 방법이다. 육우는 이러한 부류의 시가를 5수를 수집하였는데, 영휘의「향명부香茗賦」도 그 중의 하나다.「향명부」는 차를 음미하는 문학작품으로 중국 역사상 가장 오래된 시구임에도 불구하고 아쉽게 내용은 유실되었다. 다만 여류시인 심청지沈靑支가 읊은「속포영휘續鮑令暉 향명부香茗賦」에 조각글만 남아 있다.

포영휘는 동해東海(지금의 山東 郯城일대) 사람이다. 서정시抒情詩에 능하나 7수의 시만 전할 뿐 그에 대한 다른 기록은 없다. 다만 남조 송나라의 여류

시인 포소鮑昭의 누이 동생이라는 것만 알려져 있다.
한편 남조의 문학비평가인 종영鍾嶸은 자신의 『시품詩品』 속에 포영휘의 재능을 '참절청교嶄絶淸巧', '청승어람靑勝於藍'이라 극찬하였다. 또한 언니인 포소는 자신을 『삼도부三都賦』의 저자 좌사左思에 견주하였고, 누이동생인 포영휘를 당시의 여류 작가이자 좌사의 여동생인 좌분左芬보다 재능이 뛰어났다고 했다.

[원문]
南齊世祖武皇帝遺詔[703] "我靈座上愼勿以牲爲祭, 但設餠果、茶飮、乾飯、
남제세조무황제유조 "아영좌상신물이생위제, 단설병과、다음、건반、
酒脯而已."
주포이이."

[국역]
남제南齊 세조世祖 무황제武皇帝가 남긴 조서에서南齊世祖武皇帝遺詔 "나의 제사상 위에는 살생한 제물을 올리지 말고我靈座上愼勿以牲爲祭, 다만 떡과 과실但設餠果, 마시는 차茶飮, 마른밥乾飯, 술과 육포만을 올려라酒脯而已."고 하였다.

[강설]
남제 세조 무황제武皇帝(482~493)는 소이蕭頤를 말하며, 남조 제나라 개국황제인 고제高帝(479~482)의 맏아들이다. 등극한 후 연호를 영명永明(483~493)이라 하였고 철저한 불교신자로 알려져 있다.

---

703 遺詔: 죽으면서 남긴 황제의 유언, 조서를 말한다.

본문의 내용은 『남제서南齊書』「무제본기武帝本紀」에 보인다. 이 내용은 지금까지 발견된 실록實錄 중 제사에서 차를 사용했다는 최초의 기록이다. 한편 무황제의 이러한 제례 의식은 영명 9년(491) 소황후昭皇后의 제사에도 이어져 차를 올렸다는 기록이 있다.[704]

[원문]

梁劉孝綽『謝晉安王餉米等啓』 "傳詔李孟孫宣敎旨[705], 垂賜米[706]、酒、瓜、
양유효작 『사진안왕향미등계』 "전조이맹손선교지, 수사미, 주, 과,
筍、菹、脯、酢、茗八種. 氣苾新城, 味芳雲松. 江潭抽節, 邁昌荇之珍.[707]
순, 저, 포, 자, 명팔종. 기필신성, 미방운송. 강담추절, 매창행지진.
疆埸擢翹[708], 越葺[709]精之美. 羞[710]非純束野麚[711], 裛[712]似雪之驢[713]. 鮓異陶瓶河鯉,
강장탁교, 월즙정지미. 수비순속야균, 읍사설지려. 자이도병하리,

---

704 『南史』「后妃·齊宣孝陳皇后傳」"永明九年, 詔太廟四時祭, 宣皇帝薦起麪餅鴨臛, 孝皇后薦笋鴨卵脯醬炙白肉, 高皇帝薦肉膾菹羹, 昭皇后薦茗粣炙魚, 皆生平所嗜也."

705 詔: 황제의 선지宣旨에 기록한 문서를 '조서詔書'라 하고, 윗사람이 아랫사람에게 알리는 것을 '조詔'라고 한다.

706 垂: 윗사람이 아랫사람에게 내리는 물건.

707 昌荇: '창昌'은 '창菖'과 같다. 곧 창포菖蒲를 말한다. '행荇'은 물가에 자라는 식용 마름 풀을 말한다.

708 疆埸擢翹: '강장疆埸'은 밭둑길. 여기에서는 덩굴진 오이[瓜]를 말한다. '탁擢'은 솟는다. '교翹'는 번성한다.

709 葺: 중첩의 뜻, 곧 배로 좋다는 것을 말한다.

710 羞: '수羞'는 '수饈'와 같다. 여기에서는 마른고기인 '포脯'를 가리킨다. 『함분루설부본涵芬樓說郛本』에는 '모茅'자로 되어 있다.

711 純束野麚: '순純'은 묶다. '균麚'은 들노루를 말한다.

712 裛: '읍裛'은 '과裹'와 같다. 곧 포장을 말한다.

713 驢: 『서탑사본西塔寺本』에는 '노鱸'자로 되어 있다.

操如瓊之粲. 茗同食粲, 酢類望柑. 免千里宿舂, 省三月種聚. 小人懷
조여경지찬. 명동식찬, 초류망감. 면천리숙용, 성삼월종취. 소인회
惠, 大懿難忘."
혜, 대의난망."

[국역]

　양나라梁 유효작劉孝綽이 『사진안왕향미등계謝晉安王餉米等啓』에 "이맹손李孟孫이 가져온 교지教旨에서傳詔李孟孫宣教旨, 나에게 내려준 것이, 쌀 · 술 · 오이 · 죽순 · 절인야채 · 육포 · 식초 · 차 등 여덟 가지 물품이다垂賜米酒瓜筍菹脯酢茗八種. 술의 향기는 신성氣苾新城, 맛은 운송雲松에서 양조하는 것과 견줄 만하고味芳雲松, 물가의 새싹으로 자란 죽순은江潭抽節, 창포와 마름 풀의 진미보다 뛰어나다邁昌荇之珍. 기름진 땅에 솟아오른 덩굴오이는疆場擢翹, 정교한 음식보다 더 먹음직스럽다越葺精之美. 잘 포장되어 있는 나귀 육포는羞非純束野麕, 끈으로 묶은 들노루의 고기보다 신선하다裏似雪之驢. 구수한 생선 젓갈은 오지병에 담은 잉어보다 낫고鮓異陶瓶河鯉, 쌀톨의 모습은 아름다운 옥돌처럼 빛난다操如瓊之粲. 보내주신 차는 마치 쌀밥 먹는 것과 같이 유익하고茗同食粲, 식초의 맛은 귤을 우러러보는 맛과 별 차이가 없다酢類望柑. 이제 천릿길이라도 숙박과 방아 찧는 것을 면하고免千里宿舂, 석 달분의 씨앗을 모으는 일도 생략하듯 곡식 걱정이 없다省三月種聚. 소인에게

---

714 瓊: 정교하고 아름답다.
715 粲: 품질 좋은 상등 백미白米. 일부 간본에는 '천舛'자로 되어 있다.
716 望柑: '감柑'은 '매梅'와 통한다. 곧 절인 야채의 맛이 매실맛과 같다는 뜻이다.
717 千里宿舂: 『장자莊子』「소요유逍遙遊」 "백릿길 가는 사람은 묵어야 할 양곡을 절구질하고, 천릿길 가는 사람은 석 달치의 양식을 모은다適百里者宿舂糧, 適千里者三月聚糧"의 뜻을 인용한 것이다. 곧 먼 길을 떠날 때 시간을 내어 양식을 준비하는 것을 말한다.
718 懿: 아름다운 덕목을 말한다.

베풀어준 은혜를 생각하니小人懷惠, 그 크고 깊은 은전을 어찌 잊을 수가 있겠습니까大懿難忘?"라고 하였다.

[강설]
　유효작劉孝綽(481~539)의 본명은 염冉이고 자는 아사阿士다. 남조南朝 양梁나라 때 팽성彭城(지금의 江蘇省 徐州)에서 출생하였고, 벼슬은 정위廷尉까지 지냈다. 문장에 능하여 7세 때 이미 신동 소리를 들었다. 성장하면서 그의 글은 더욱 세련되어 문장 한 편을 지을 때마다 사람들이 서로 다투어 전하면서 외웠다고 한다. 특히『문선文選』을 지은 양나라 소명태자昭明太子가 그를 높이 평가하여 극진한 예우를 대했다고 한다.
　중국 역사에서 진안왕晉安王이라 일컫는 사람은 둘이다. 한 명은 송宋나라 무제武帝(454~464)의 셋째 아들 유자훈劉子勛인데, 그는 대명大明 4년(460) 5세 때 책봉됐던 직위가 진안왕이었다. 또 한 명은 남조 양나라 마지막 황제인 소방지蕭方智 양경제梁敬帝(555~557)이며, 소방지는 황제 등극 이전의 직위이 진안왕이었다. 그러나 저자인 유효작劉孝綽(481~539)이 살던 시대와 유자훈劉子勛(456~466)과 소방지蕭方智(543~557)가 살았던 연대와는 모두 맞지 않아 이 글에 대한 의문을 낳게 한다.
　유자훈은 송나라의 말기 전폐제前廢帝 유자업劉子業(449~465)의 동생이다. 송명제宋明帝 태시泰始 2년(466) 강주江州에서 거병한 후 스스로를 제왕이라 하여 연호를 의가義嘉로 정했던 인물이다. '전폐제'의 제호帝號에서 말해주듯이 송나라 말기의 황실 내부는 골육상쟁이 계속되는 시대였다.

[원문]

陶弘景『雜錄』"苦茶輕身換骨, 昔丹丘子、黃山君服之."
도홍경 『잡록』"고다경신환골, 석단구자, 황산군복지."

[국역]

도홍경陶弘景의 『잡록雜錄』에 "차[苦茶]는 몸을 가볍게 하고 뼈마저 바꾼 느낌을 주며苦茶輕身換骨, 옛날에 단구자丹丘子 · 황산군黃山君 등 선인들이 이를 마셨다昔丹丘子黃山君服之."고 하였다.

[강설]

『잡록雜錄』을 『명의별록名醫別錄』이라고도 한다. 지금은 유실되어 전해지지 않는다. 도홍경陶弘景(456~536)의 자는 통명通明이며, 남조의 제齊(479~502), 양梁(502~557) 두 나라 때에 살았던 말릉秣陵(지금의 江蘇 南京 일대) 사람이다. 그는 풍수지리 · 음양오행 · 의술본초 등 학술에 능했으며, 시인이자 자연주의자. 도교 사상가이기도 한 도홍경은 492년 구곡산句曲山(지금의 茅山) 화양동華陽洞(지금의 江蘇 句容縣)으로 들어가 칩거하면서 도교를 연구하고 실천하며 자신을 '화양은거華陽隱居'라고 했다.

어린 시절부터 총명했던 도홍경은 젊은 나이에 궁중에 들어가 황제의 자녀들을 가르쳤다. 은둔 생활할 때 양무제梁武帝(502~549)가 그에게 몇 번 벼슬을 권했으나 이를 뿌리쳤다. 양무제가 어려운 일이 있을 때마다 산속으로

---

719 『雜錄』: 도홍경陶弘景이 지었다고 하나 전하지 않는다.
720 輕身換骨:『함분루설부본涵芬樓說郛本』,『서탑사본西塔寺本』에만 '경신환골輕身換骨'로 되어 있고, 이외의 간본은 모두 '경환고輕換膏'로 되어 있다.
721 黃山君: 명간明刊『백천학해본百川學海本』,『사고전서본四庫全書本』에는 '책산군責山君'으로 되어 있고, 송간宋刊『백천학해본百川學海本』에는 '청산군靑山君'으로 되어 있다.

그를 찾아가 자문을 얻었다 하여 '산중재상山中宰相'이라 하였다. 그는 도교를 신봉하면서도 유儒·불佛·선仙 사상에 관통했으며, 말년에 자신을 '화양진일華陽眞逸' 또는 '화양진인華陽眞人'이라 부르기도 했다.

도홍경은 구곡산에 은거하면서 도교의 원류인 노장老莊 철학에 바탕을 둔 수행방법을 재형성하려 했다. 적절한 식사법과 생활방식을 연구하는 과정에서 완성된 것이 의약서인 『신농본초경집주神農本草經集注』다.

본문의 내용 중 단구자丹丘子와 황산군黃山君은 모두 도교에서 말한 신선이다. "차茶는 몸을 가볍게 하고 뼈마저 바꾼 느낌을 준다"는 말은 섭생으로 몸을 가볍게 하여 날개가 생겨 하늘을 난다는 '우화등선羽化登仙'의 뜻을 담고 있다.

[원문]

『後魏錄』[722] "瑯琊王肅仕南朝[723], 好茗飮、蓴羹. 及還北地[724], 又好羊肉、酪漿[725]. 人或問之 '茗何如酪?' 肅曰 '茗不堪與酪爲奴.'"

『후위록』 "낭야왕숙사남조, 호명음、순갱. 급환북지, 우호양육、낙장. 인혹문지 '명하여락?' 숙왈 '명불감여낙위노.'"

---

722 『後魏錄』: 『후위록』이라는 책은 존재하지 않는다. 『위서魏書』는 63전傳이며, 『낙양가람기洛陽伽藍記』 3편에 왕숙王肅에 관한 이야기가 전한다.

723 南朝: 316년 서진西晉이 흉노족匈奴族에게 패망하자 317년 한족漢族 왕권은 남쪽 양자강을 건너 다시 동진東晉을 세웠으나, 412년 유유劉裕장군에 의해 멸망하고 국호를 남조南朝로 바꿨다.

724 北地: 316년 당시 비한족非漢族인 북쪽 흉노족匈奴族의 추장인 유충劉聰이 서진西晉을 멸망시키고 양자강 이북 서진西晉이 망한 자리를 점령하고 정권을 세운다. 420년 양자강 이북에서는 선비족鮮卑族인 탁발규拓跋珪가 북조北朝 곧 북위北魏이라는 나라를 세워 한漢민족이 세운 남조南朝와 대립되는 역사가 진행된다. 여기에서의 북지北地는 곧 북위北魏를 말한다.

725 酪漿: 소나 양의 젖.

[국역]

『후위록後魏錄』에 "낭야琅琊 태생의 왕숙王肅이 남조南朝에서 벼슬을 하고 있을 때琅琊王肅仕南朝, 차와 순채국을 즐겨 마셨다好茗飲蓴羹. 북쪽 위魏나라로 가서는及還北地, 양고기와 양젖[酪漿]을 즐겼다又好羊肉酪漿. 사람들이 혹 물으면人或問之 '차와 양젖 어느 쪽이 좋습니까茗何如酪?' 왕숙은 답하기를肅曰 '차는 양젖의 노예로도 될 수 없다茗不堪與酪爲奴.'"고 하였다.

[강설]

왕숙王肅(464~501)의 자는 공의公懿이며 북위北魏(386~534) 낭야군琅琊郡 임기현臨沂縣(지금의 山東 臨沂縣) 사람이다. 왕숙은 남조南朝 제齊(479~502)나라 때 비서승秘書丞에 이르렀다. 상서부 좌사인 아버지 왕환王奐이 죄를 지어 제무제齊武帝(483~493)에 의해 살해되자, 위험을 느낀 왕숙은 영명永明 11년(493) 북쪽 선비족鮮卑族이 세운 북위로 망명하게 된다. 마침 북위의 효문제孝文帝(471~499)가 미풍양속을 제고하고자 조례나 국가의 의전을 왕숙에게 의탁하면서 그를 매우 융숭하게 예우했다.

이 내용은 바로 왕숙이 북위로 망명할 때 겪은 일화이며 『낙양가람기洛陽伽藍記』에 적혀 있다. "왕숙이 북위로 처음 갔을 때 그 곳 북방 선비족들이 먹는 양고기와 양젖[酪漿] 같은 음식에 적응하지 못했다. 왕숙은 망명하기 전 제齊나라의 한족음식인 붕어국[鯽魚羹]과 차를 즐겼다. 수년이 지난 후 그가 어느 연회에서 양고기와 양젖죽[酪粥]을 잘 먹는 것을 효문제가 보고 그에게 '경의 입맛은 중국(한족)인데, 양고기가 붕어국보다, 차가 양젖보다 낫다고 생각하는가?'라고 묻자, 왕숙이 대답하기를 '양고기는 육지의 식품으로서 최고이며, 생선은 수산물로서 뛰어나다할 수 있습니다. 음식이 다르나 모두 최고입니다. 그러나 맛으로 말한다면 우열은 가려질 수 있습니다. 예를 들어 양고기는 춘추시대의 제齊 또는 노魯와 같은 대국大國인 반면 생선은 이름 없는 주₩ 또는 거筥와 같은 소국小國으로 비유할 수 있습니다. 그러나 차[茗]는 양젖[酪]의 노예로도 될 수가 없습니다'"라고 화답했다. 이를 들은 팽성왕彭城王이 "경이 차후에 나를 찾아오면 내가 그대에게 주거邾筥와 같은 음식(붕어)을 대접하고, 물론 양젖의 노예인 낙노酪奴(차)도 준비하겠네"라고 했다. 이후 북위에서는 '낙노'가 차의 별칭으로 불려졌다.[726]

『낙양가람기洛陽伽藍記』에는 팽성왕彭城王의 또 다른 이야기가 전해진다. "시급사중時給事中 유호劉縞가 왕숙의 명음茗飮을 흠모하자 팽성왕이 이를 크게 비웃었다. 이 일로 귀족들의 연회에서 비록 차를 준비했더니 모두 이를 수치스럽게 여겨 아무도 마시지 않았다. 오직 멀리서 망명한 남조南朝의 백성[江表殘民]들만 좋아했다"고 했다.[727]

선비족鮮卑族들이 세운 북위北魏에서 '낙노酪奴' 이외 차의 또 다른 별칭이 '수액水厄'이다. '수액'의 어원 출처는 여러 가지 설이 있다. 『태평어람太平御覽』은 『세설신어世說新語』을 인용해 "왕몽王濛이 차를 몹시 좋아하는데, 사람들이 오면 차를 죽도록 마시게 했다. 사대부들이 매번 그를 방문할 때면 두려워 말하기를 '오늘은 물 고문[水厄] 있는 날이다'라고 하였다."[728]

또한 『낙양가람기』에서 "북쪽으로 귀순한 한족인 소정덕蕭正德이 '수액'의 뜻을 글 풀이대로 '물난리'로 알고 다른 답을 하자 북쪽사람들이 모두 크

---

726 "肅初入國, 不食羊肉及酪漿等物, 常飯鯽魚羹, 渴飲茗汁. 京師士子, 道肅一飲一斗, 號爲 '漏卮'. 經數年已后, 肅與高祖殿會, 食羊肉酪粥甚多. 高祖怪之, 謂肅曰 '卿中國之味也. 羊肉何如魚羹? 茗飲何如酪漿?' 肅對曰 '羊肉是陸産之最, 魚者乃水族之長. 所好不同, 幷各稱珍. 以味言之, 甚是優劣. 羊比齊·魯大邦, 魚比邾筥小國. 惟茗不中與酪作奴.' …… 彭城王謂肅曰 '鄉曲所美, 不得不好.' 彭城王重謂曰 '卿明日顧我, 爲卿設邾筥之食, 亦有酪奴.' 因此復號茗飲爲酪奴."

727 "時給事中劉縞慕肅之風, 專習茗飲, 彭城王謂縞曰 '卿不慕王侯八珍, 好蒼頭水厄. 海上有逐臭之夫, 里內有學顰之婦, 以卿言之, 卽是也.' 其彭城王家有吳奴, 以此言戲之. 自是朝貴宴會, 雖設茗飲, 皆恥不復食, 惟江表殘民遠來降者好之."

728 "晉司徒長史王濛好飲茶, 人至輒命飲之, 士大夫皆患之, 每欲往候, 必云 '今日有水厄.'"

게 웃었다"는 이야기가 있다. 이를 보아 선비족인 북위 사람들은 차를 좋아하지 않을 뿐더러 이를 몹시 못마땅하게 생각하여 차를 비웃음의 대상으로 삼았다는 것을 알 수 있다.

중국 역사상 위진남북조는 여러 민족들이 대융합한 시대다. 남쪽의 한족들이 주로 마시는 차 풍속도 이 시대에 타 민족들에게 보급되어 차문화 발전에 지대한 영향을 주었다.

[원문]

『桐君錄』"西陽、武昌、廬江、晉陵好茗, 皆東人作淸茗. 茗有餑,
『동군록』"서양、무창、여강、진릉호명, 개동인작청명. 명유발,
飮之宜人. 凡可飮之物, 皆多取其葉. 天門冬、拔揳取根, 皆益人. 又
음지의인. 범가음지물, 개다취기엽. 천문동、발설취근, 개익인. 우

---

729 "後蕭衍子西豊侯蕭正德歸降時, 元義欲爲之設茗, 先問 '卿於水厄多少?' 正德不曉義意, 答曰 '下官生於水鄕, 而立身以來, 未遭陽侯之難.' 元義與擧坐之客皆笑焉."

730 西陽: 황강黃岡의 옛 이름. 지금의 호북성湖北省 황강黃岡 동남쪽지역을 말한다. 『함분루설부본涵芬樓說郛本』, 『서탑사본西塔寺本』에의 '서西'는 '유酉'자로 되어 있다.

731 武昌: 지금의 호북성湖北省 악성岳城지역.

732 廬江: 지금의 안휘성安徽省 여강廬江일대.

733 晉陵: 지금의 강소성江蘇省 무진武進지역. 『당인설회본唐人說薈本』에 '진晉'은 '석昔'자로 되어 있다.

734 東人: 접대를 하는 쪽 곧 주인을 뜻한다.

735 淸茗: 대용차가 아닌 찻잎으로 만든 맑은 차를 뜻한다.

736 天門冬: 한약재인 천문동天門冬 곧 호라지좃 뿌리다. 폐병질환에 주로 쓰며 천식과 가래에도 좋다.

737 拔揳: 한약재인 발설拔揳은 '발설拔楔' 또는 '발계菝葜'라고도 하며 곧 청미래덩굴의 뿌리다. 이뇨・해독작용이 탁월하며 설사・이질・종기에도 일정한 약효가 있다. 『서탑사본西塔寺本』에는 '발설拔楔'로 되어 있다.

巴東別有眞茗茶, 煎飮令人不眠. 俗中多煮檀葉并大皂李作茶, 並冷.
파동별유진명다, 전음영인불면. 속중다자단엽병대조리작다, 병랭.
又南方有瓜蘆木, 亦似茗, 至苦澁, 取爲屑茶飮, 亦可通夜不眠. 煮鹽
우남방유과로목, 역사명, 지고삽, 취위설다음, 역가통야불면. 자염
人但資此飮, 而交、廣最重, 客來先設, 乃加以香芼輩."
인단자차음, 이교、광최중, 객래선설, 내가이향모배."

[국역]

『동군록桐君錄』에는 "서양西陽・무창武昌・여강廬江・진릉晉陵 등지의 사람들은 차를 즐기는데西陽武昌廬江晉陵好茗, 모두 주인이 직접 차를 만든다皆東人作淸茗. 차에는 거품인 발이 있어茗有餑, 이것을 마시면 몸에 좋다飮之宜人. 무릇 마실거리의 식물은凡可飮之物, 모두 그 잎사귀를 취한다皆多取其葉. (다만) 천문동天門冬과 발설拔揳은 그 뿌리를 취하나天門冬拔揳取根, 사람들에게 모두 유익하다皆益人. 또한 파동巴東지방에는 진차[眞茗茶]가 있는데又巴東別有眞茗茶, (이것을) 다려 마시면 사람으로 하여금 잠이 오지 않게 한다煎飮令人不眠. 풍속에 의하면 흔히 박달나무 잎사귀와 쥐엄나무의 잎사귀를 달여 (대용)차로 만드는데俗中多煮檀葉并大皂李作茶, 둘 다 성질이 냉하다 並冷. 또한 남쪽에는 과로瓜蘆나무가 있으며又南方有瓜蘆木, 그 잎사귀가 역시 찻잎을 닮아서亦似茗, 매우 쓰고 떫으며至苦澁, 이를 가루로 만들어 차를

---

738 檀葉: 한약재인 단엽檀葉은 곧 박달나무의 잎이다. 위장을 도와 식욕을 증진시키고 나쁜 기운을 쫓는다.

739 皂李: 한약재인 조리皂李는 곧 쥐엄나무의 잎을 말한다. 종기에 바르면 통증을 없애고, 가래를 토하는 효능이 탁월하다.

740 交廣: 한漢나라의 교주交州(지금의 廣東省, 廣西省, 越南의 북부지역)와 광주廣州(지금의 廣東省, 廣西省)지역을 말한다.

741 香: 향기 나는 나물 또는 건과.

마시면取爲屑茶飮, (이것도) 역시 밤새도록 잠이 오지 않게 한다亦可通夜不眠. 소금을 달이는 사람들은 오직 이것을 음료로 삼아 의지하며煮鹽人但資此飮, 교주交州와 광주廣州지방에서 특히 소중히 여겨而交廣最重, 손님이 오면 이것부터 먼저 대접하고客來先設, 이에 향기로운 건과물을 차에 섞어 추가로 대접한다乃加以香芼輩."고 하였다.

[강설]

『동군록桐君錄』은 대략 동한東漢(25~220)시대의 작품으로 추정되며, 저자의 기록은 전해지지 않는다. 다만 『수지隋志』「경적지經籍志」에 『동군약록桐君藥錄』 3권, 이시진李時珍의 『본초강목本草綱目』에 『동군채약록桐君採藥錄』 2권이 있다. 이시진은 "동군桐君은 황제黃帝의 신하다. 책 2권 지었으나 지금은 전해지지 않는다"고 기술하고 있다. 일설에 '동군'은 먼 옛날 절강浙江 동려현桐廬縣 동군산桐君山에서 약재를 채취한 어느 선인仙人의 이름이며, 저자가 '동군'의 이름을 빌어 책 이름으로 삼았다고 한다. 그러나 『당신수본초唐新修本草』 상권上卷 『동군약록桐君藥錄』의 내용이 「칠지사」의 『동군록』과 같기에 많은 사람들이 『동군록』과 『동군약록』을 같은 책으로 본다.

이 책 『동군록』의 내용 중 가장 주목 받는 대목이 두 곳이 있다. 첫 번째는 "서양·무창·여강·진릉 등지의 사람들은 차를 즐기는데 모두 주인이 직접 차를 만든다"는 대목이다. 이 문구에서 당시의 차 끓이는 일은 시자들의 몫이나 이들 지역에서는 주인이 직접 차를 만든다는 것을 시사한 것이다. 두 번째는 당시 진차[眞茗茶]와 더불어 많은 사람들이 각종 식물의 잎사귀 또는 뿌리를 취해 만든 대용차를 즐겼다는 내용이다. 특히 해변지역인 교주와 광주 등지에서 소금을 업으로 삼는 사람들은 과로瓜蘆 잎 즉 오늘날의 고정차苦丁茶를 가루를 만들어 마셨으며, 이와 함께 '모차芼茶'도 마셨다는 것이다. '모차'란 차탕 속에 여러 양념을 넣어 함께 끓인 차를 말하며, 출처는 『이아爾雅』에서다.

남북조南北朝 송宋나라 사람인 심회원沈懷遠의 『남월지南越志』에 "용천현龍川縣에 고로皐蘆가 있어, 이름은 과로瓜蘆라 하며, 잎사귀는 마치 명茗과 같다. 이곳 토착민들은 이를 '과라過羅' 혹은 '물라物羅'라고 하며, 모두 미개인들이 부르는 말[夷語]이다"라고 했다. 동진 사람 배연裵淵은 『광주기廣州記』에서 "유평현酉平縣에 고로皐蘆가 있는데 명茗의 별칭이다. 그 잎사귀가 크고 떫으며, 남쪽 사람들의 마실 거리다"고 하여 '과로瓜蘆'가 '고로皐蘆'이며, 주로 남쪽 사람들이 마신다는 것을 말했다.

'진차[眞茗茶]'에 대해 남조南朝 사람 임방任昉(460~508)의 『술이기述異記』에 "파동에 진차[眞香茗]가 있는데, 그 꽃이 하얀 것이 장미와 같고, 다려서 마시면, 사람을 잠이 오지 않게 하고, 글을 외우는데 잊지 아니한다"고 하여 『동군록桐君錄』과 같은 내용을 기술하였다.

[원문]
『坤元錄』"辰州漵浦縣西北三百五十里無射山, 云蠻俗當吉慶之時, 親族集會歌舞於山上. 山多茶樹."
『곤원록』"진주서포현서북삼백오십리무야산, 운만속당길경지시, 친족집회가무어산상. 산다다수."

---

742 "龍川縣有皐蘆, 名瓜蘆, 葉似茗. 土人謂之過羅, 或曰物羅, 皆夷語也."
743 "酉平縣出皐蘆, 茗之別名. 葉大而澁, 南人以爲飮."
744 "巴東有眞香茗. 其花白色如薔薇. 煎服, 令人不眠, 能誦無忘."
745 蠻俗: 원주민의 풍속.

[국역]

『곤원록坤元錄』에는 "진주辰州 서포현漵浦縣의 서북쪽 350리에 무야산無射山이 있으며辰州漵浦縣西北三百五十里無射山, 이곳 원주민[蠻人]의 풍속 중에 경사스런 날에云蠻俗當吉慶之時, 친척들이 산에 모여 노래하고 춤을 춘 것으로 전하고 있다親族集會歌舞於山上. 그 산에는 차나무가 많다山多茶樹."고 하였다.

[강설]

『곤원록坤元錄』의 원문은 유실되어 지금은 전해지지 않는다. 『신당서新唐書』「예문지藝文志」에 따르면 당태종唐太宗의 네 번째 아들인 위왕魏王 이태李泰가 『괄지지括地志』 550권과 『서략序略』 권 5를 저술하였는데, 이후 많은 책들이 『괄지지』를 인용할 때 이를 '위왕태魏王泰 곤원록坤元錄'이라 했다.

진주辰州는 오늘날 호남성湖南省 서포현漵浦縣이다. 한나라 때 무릉군武陵郡의 치소治所였으며, 당나라 천보天寶 원년(742)에 원릉현沅陵縣·노계현盧溪縣·서포현漵浦縣·마양현麻陽縣·진계현辰溪縣 등 고을이 진주辰州의 관할지로 되었다. 서포현漵浦縣은 서수漵水이라는 강물로 얻어진 이름이다. 당나라 무덕武德 5년(622)에 진주辰州의 관할지로 편입되었다. 진주辰州는 중국 고대로부터 소위 '만이蠻夷' 즉 미개한 사람들이 사는 곳이었다. 이곳 원주민[蠻人]들은 경사스러운 날이면 친척들을 차산茶山으로 불러 춤을 추고 노래를 부르는 풍속이 있다. 지금도 이러한 전통이 소수민족들에게 전해지고 있다.

무야산無射山은 『괄지지집교括地志輯校』에 "진주辰州 서포현漵浦縣에 무야산이 있다"고 적고 있다.

[원문]

『括地圖』⁷⁴⁶⁾ "臨蒸縣東一百四十里有茶溪."⁷⁴⁷⁾

『괄지도』 "임증현동일백사십리유다계."

[국역]

『괄지도括地圖』에 "임증현臨蒸縣의 동쪽 140리에 차나무 골짜기[茶溪]가 있다臨蒸縣東一百四十里有茶溪."고 하였다.

[강설]

『괄지도括地圖』의 원문은 유실되어 지금은 전해지지 않는다. 일부 판본에서 임증현臨蒸縣을 임수현臨遂縣 또는 임원현臨沅縣이라 표기하기도 한다. 『괄지지집교括地志輯校』에 "형주 임증현臨蒸縣 동북 140리에 차산과 차계가 있다"는 내용은 『태평어람太平御覽』⁷⁴⁸⁾ 권 867의 「괄지도括地圖」와 『여지기승輿地紀勝』 권 55의 「괄지括地志」에서 나온다. 따라서 일부 학자는 「괄지도」와 「괄지지」를 같은 책으로 보고 있다.

[원문]

山謙之『吳興記』⁷⁴⁹⁾ "烏程縣西二十里, 有溫山, 出御荈."

산겸지『오흥기』"오정현서이십리, 유온산, 출어천."

---

746 『括地圖』: 『괄지도』라는 책이 없으며, 학자들은 이를 『괄지지括地志』라 말한다. 당나라 초덕언肖德言 등 학자들이 지었다.

747 臨蒸縣東一百四十里: 일부 간본의 임증현臨蒸縣은 임수현臨遂縣 또는 임원현臨沅縣으로 되어 있고, 『서탑사본西塔寺本』에는 '일작임성현一作臨城縣' 주를 달아 부연 설명하였다. 또한 일부 간본의 '일백사십리一百四十里'는 '일백사십오리一百四十五里'로 되어 있다.

748 『衡州臨蒸縣東北一百四十里有茶山、茶溪.』

749 『吳興記』: 산겸지山謙之가 지은 오흥吳興지방에 관한 지리책이다.

[국역]

산겸지山謙之의 『오흥기吳興記』에 "오정현烏程縣의 서쪽 20리에烏程縣西二十里, 온산溫山이 있으며有溫山, 황제에게 조공을 바치는 차를 생산한다出御荈."고 하였다.

[강설]

산겸지山謙之(420~470)는 남조南朝시대 송宋나라 하내군河內郡(지금의 河南省 沁陽縣) 사람이다. 『오흥통기吳興統記』 10권, 『단양기丹陽記』 등을 저술하였다. 『오흥기吳興記』는 예로부터 잘 알려진 지방지이며, 오정현烏程縣은 오늘날 절강성浙江省 오흥현吳興縣 남쪽에 있다. 『오흥기』에 기술된 차밭은 지금까지 발견된 어차원御茶園에 관한 최초의 기록이다. 오정현烏程縣 어차원의 유래는 손호孫皓가 황제로 등극하기 이전의 작위가 '오정후烏程侯'이므로, 그가 통치한 영내의 차밭에서 비롯된 글이다.

[원문]

『夷陵圖經』"黃牛、荊門、女觀、望州⁷⁵⁰⁾等山, 茶茗出焉."
『이릉도경』 "황우, 형문, 여관, 망주등산, 다명출언."

[국역]

『이릉도경夷陵圖經』에 "황우黃牛·형문荊門·여관女觀·망주望州 등의 산에서黃牛荊門女觀望州等山, 차가 난다茶茗出焉."고 하였다.

---

750) 望州: 『사고전서본四庫全書本』에는 '주州'자가 빠졌다.

[강설]

『이릉도경夷陵圖經』은 이릉지방에 관한 지리지며 지금은 유실되어 전해지지 않는다. 이릉夷陵은 기원전 춘추시대 초楚나라 국왕 능소陵所의 소재지다. 오늘날 호북성湖北省 의성현宜城縣이라 불리는 이곳은 진秦나라 때 이릉현夷陵縣이었다. 수양제隋煬帝 때는 이릉군彝陵郡, 당나라 때는 협주峽州로 개명하였다.

황우산黃牛山은 오늘날 장강長江 삼협三峽 중 황우협黃牛峽 인근에 있으며 당나라 때는 유명한 차산지였다. 형문산荊門山은 오늘날 호북성湖北省 의도현宜都縣 서북쪽 장강 남쪽에 있으며 황우산과 더불어 당나라 때 명성이 자자했던 차산지였다. 여관산女觀山과 망주산望州山도 역시 호북성 의도현에 있고 서남쪽 장강 남쪽에 있다.

[원문]

『永嘉圖經』"永嘉縣東三百里有白茶山."

『영가도경』"영가현동삼백리유백다산."

[국역]

『영가도경永嘉圖經』에 "영가현永嘉縣의 동쪽 300리에 백차산白茶山이 있다永嘉縣東三百里有白茶山."고 하였다.

[강설]

『영가도경永嘉圖經』은 영가군永嘉郡에 관한 지리지나 지금은 유실되어 전해지지 않는다. 진秦나라 때 영가永嘉는 민중군閩中郡에 속했으며, 동진東晉 명제明帝 태녕太寧 원년(323)에 영가군으로 되었다. 당나라 무덕武德 5년(622) 때 영가군을 동가주東嘉州로 개명하였고 관청은 영가현永嘉縣에 두었다. 당시 영가현 내의 안탕산雁蕩山은 차산지로 유명했다. 특히 찻잎의 빛깔이 하얗게 비치어 '명차明茶'라 불렸다. 오늘날 일부 학자는 명차가 바로 백차산白茶山에서 난 차라고 한다.

[원문]

『淮陰圖經』"山陽縣南二十里有茶坡."

『회음도경』"산양현남이십리유다파."

[국역]

『회음도경淮陰圖經』에 "산양현山陽縣 남쪽 20리에 차나무 언덕이 있다山陽縣南二十里有茶坡."고 하였다.

[강설]

『회음도경淮陰圖經』은 회음淮陰지방에 관한 지리지나 지금은 유실되어 전해지지 않는다. 서한西漢 때의 명장 한신韓信 장군이 '회음후淮陰侯'로 봉한 후 그의 고향인 이곳을 회음으로 개명하였다고 한다. 당나라 때의 회음현은 오늘날 강소성江蘇省 회음현淮陰縣 동남쪽에 있다. 산양현山陽縣은 동진東晉 시대 때 만든 마을로 지금은 회안현淮安縣이라 부른다. 청나라 때의 『산양현지山陽縣志(1759)』와 『회안부지淮安府志(1852)』에 "차나무 언덕[茶坡]은 산양현 서남쪽 20리 위치에 있다"고 적고 있다.

[원문]

『茶陵圖經』云 "茶陵者, 所謂陵谷生茶茗焉."

『다릉도경』운 "다릉자, 소위능곡생다명언."

[국역]

『다릉도경茶陵圖經』에 이르기를 "차릉이란茶陵者, 이른바 능의 골짜기에서 차가 자란다는 뜻이다所謂陵谷生茶茗焉."라고 하였다.

[강설]

『다릉도경茶陵圖經』은 차릉현茶陵縣에 관한 지리지나 지금은 유실되어 전해지지 않는다. 차릉의 옛 이름은 '도릉茶陵'이다. 오늘날 중국의 마을 중 '차'로 이름을 명명한 것은 '도릉'이 유일하다. 도릉이라는 마을이 처음 출현한 시기는 서한西漢시대였다. 당시 이곳의 통치자 유기劉沂의 작위가 도릉후茶陵侯이였고, 그의 통치지역이 '도왕성茶王城'이였던 것이 연유다. 『한서漢書』「지리지地理志」에 따르면 장사국長沙國의 13현 중 도릉현茶陵縣이 있다고 했다. 이후 이곳은 여러 차례 개명하였으나 무측천武則天 성력聖曆 원년(698)에 원래 이름으로 회복되었다. 관청 소재지를 오늘날 호남성湖南省 차릉현茶陵縣이다.

[원문]

『本草』「木部」"茗, 苦茶. 味甘苦, 微寒, 無毒. 主瘻瘡, 利小便,
『본초』「목부」"명, 고다. 미감고, 미한, 무독. 주누창, 이소변,
去痰渴熱, 令人少睡. 秋採之苦, 主下氣消食. 注云 '春採之.'"
거담갈열, 영인소수. 추채지고, 주하기소식. 주운 '춘채지.'"

---

751 『本草』: 여기에서의 『본초』는 『당본초唐本草』를 말한다. 『당본초』는 당나라 고종高宗이 이적李勣에게 명하여 도홍경陶弘景의 『신농본초경神農本草經』을 증보한 것이다. 훗날 소공蘇恭 등이 재차 증보하여 53권을 만들었다.

[국역]

『본초本草』「목부木部」에 "명茗, 고차苦茶라고도 한다苦茶. 맛은 달고 쓰며味甘苦, 성미는 약간 차가우나微寒, 독은 없다無毒. 누창瘻瘡에 주로 쓰며主瘻瘡, 이뇨利小便, 거담去痰, 해갈·해열작용이 있고渴熱, 사람의 잠이 적게 한다令人少睡. 가을에 딴 차는 쓰며秋採之苦, (그 쓴맛은) 주로 기氣를 가라앉히고 소화를 돕는다主下氣消食. 주석에 이르기를注云 '봄에 딴다春採之.'"고 하였다.

[강설]

여기의 『본초本草』는 『당본초唐本草』를 말한다. 『당본초』는 『당신수본초唐新修本草』 또는 『신수본초新修本草』를 줄여 부르기도 한다. 이 책은 당나라 고종이 현경顯慶 4년(659)에 이적李勣에게 명하여 도홍경陶弘景의 『신농본초경神農本草經』을 증보 편찬한 글이다.

당나라 조정에서 반포된 최초의 의약사전인 『당본초』는 원래 3개의 문헌으로 되어 있다. 3개의 문헌 중 「본초本草」는 약재의 성질·산지·채집·효능 등 내용을, 「약도藥圖」는 약재의 모양을, 「도경圖經」은 「약도」의 내용을 주를 달아 설명했다.

총 54권으로 된 『당본초』의 「도경」과 「약도」는 유실되어 전해지지 않는다. 「본초」 또한 송나라 이후의 것으로 몇 권만 전해진다. 이에 오늘날 『신수본초新修本草』라고 말하는 의약사전은 「본초」의 일부만을 말한다.

[원문]

『本草』「菜部」[752] "苦茶, 一名茶, 一名選, 一名遊冬. 生益州川谷, 山陵
『본초』「채부」 "고다, 일명도, 일명선, 일명유동. 생익주천곡, 산릉
道傍, 凌冬不死. 三月三日採, 乾. 注云 '疑此卽是今茶, 一名茶, 令人
도방, 능동불사. 삼월삼일채, 건. 주운 '의차즉시금다, 일명도, 영인
不眠'. 『本草』注: 按『詩』云 '誰謂茶苦', 又云 '菫茶如飴', 皆苦菜也.
불면.' 『본초』주: 안『시』운 '수위도고', 우운 '근도여이', 개고채야.
陶謂之苦茶[754], 木類, 非菜流. 茗, 春採, 謂之苦樣[755]."途遐反.
도위지고다, 목류, 비채류. 명, 춘채, 위지고다." 도하반.

[국역]

『본초本草』「채부菜部」에 "고차苦茶, 일명 도一名茶, 일명 선一名選, 일명 유동이다一名遊冬. 익주益州의 개천 골짜기生益州川谷, 산언덕 길가에서 자라며山陵道傍, 한 겨울에도 죽지 않는다凌冬不死. 3월 3일에 따서三月三日採, 말린다乾. 주석에 이르기를注云 '아마 이것이 바로 오늘날의 차이며疑此卽是今茶, 일명 도차라 하며一名茶, 사람으로 하여금 잠이 오지 않게 한다令人不眠.'고 하였다. 『본초本草』의 주석에 의하면註釋『시경詩經』에 이르기를云 '누가 도차를 쓰다고 했는가誰謂茶苦'라고 했고, 또 이르기를又云 '근도菫茶는 엿과 같이 달다菫茶如飴'고 했는데, 모두 고채苦菜를 가리킨 것이다皆苦菜也. 도홍경陶弘景이 말하기를 고차苦茶란陶謂之苦茶, 목본식물이며木類, 채소류는

---

752 『本草』「菜部」: 『서탑사본西塔寺本』에는 이 구절이 빠졌다.
753 『詩』: 『시경詩經』을 말하며, '수위도고誰謂茶苦'는 「패풍邶風」편에 보이며, '근도여이菫茶如飴'는 「대아大雅·면緜」편에 보인다.
754 陶: 도홍경陶弘景(452~536)을 뜻한다.
755 樣: 명간明刊 『백천학해본百川學海本』, 『당인설회본唐人說薈本』에는 '차茶'자로 되어 있다.

아니다非茶流. 찻잎이茗, 봄에 딴 것을春採, 고차苦檟라고 한다謂之苦檟."고 하였다. 차檟의 음은 도하途遐의 반절이다途遐反.

[강설]

예로부터 찻잎을 가리키는 글자 또는 방언으로는 '가檟'·'설蔎'·'명茗'·'천荈'·'도茶'·'고도苦茶' 등이 있다. 이 글자들의 출처는 『이아爾雅』·『방언方言』·『이아주爾雅註』·『본초本草』「채부茶部」 등이다. 비록 「일지원」에 언급되지 않았으나 이곳 『본초』「채부」에서는 차의 이명異名이 '선選'과 '유동遊冬'이 있다고 했다. 따라서 『다경』에 등재했던 차의 글자는 '차'·'가'·'설'·'명'·'천' 이외 '선'·'유동'·'고도'·'도' 등 이명을 합해 모두 9개가 된다.

오늘날 우리에게 혼란을 안겨준 차 글자는 육우가 『다경』에서 전혀 언급하지 않았던 '도茶'자다. '도'자는 『다경』 이전 가장 빈번하게 사용했던 차 글자임에도 불구하고 육우로부터는 철저히 외면을 받았다. 육우는 『시경』의 "'누가 도茶를 쓰다고 했나'와 '근도菫茶는 엿과 같이 달다'고 했는데 모두 고채苦菜를 가리킨 것이다"를 인용하여 '도'자는 찻잎이 아니라는 것을 시사했다.

오늘날 차학계에서 육우의 학문적 탐구정신이 가장 빛난 곳이 바로 '도'자에 대한 개념이라고 입을 모은다. 육우가 외면한 '도'자는 중국 최초의 가요선집인 『시경』에서 보인다. 『시경』은 본래 『시詩』나 『삼백편三百篇』으로 불렸다. 이는 황하黃河 중류 중원中原지방의 시로서, 시대적으로는 주초周初부터 춘추春秋 초기까지의 시, 305편을 수록하고 있다. 공자가 이를 육경六經 속에 묶으면서 경서로서 그 격이 높아졌다.

시경 305편은 풍風·아雅·송頌 세부분으로 나뉘어진다. 풍은 국풍國風이라고도 하며, 아는 다시 대아大雅와 소아小雅로 나누어진다. '국풍'은 여러

나라의 민요, '아'는 공식 연회에서 쓰는 의식가儀式歌, '송'은 종묘의 제사에서 쓰는 악시樂詩다.

'차茶'자의 전신이라고 일컫는 '도茶'자는 『시경』에서 일곱 번이나 출현한다. 여러 나라의 민요인 '국풍國風' 중 「패풍邶風」·「정풍鄭風」에서 각각 한 번, 「빈풍豳風」에서 두 번, 공식 연회에서 쓰는 의식가인 '대아大雅'에서 두 번, 종묘의 제사에서 쓰는 악시인 '주송周頌'에서 한 번 나온다.

남편에게 버림받은 부인의 슬픈 정을 읊은 노래인 「패풍邶風·곡풍谷風」에 "발길이 안 떨어지는 걸 가야 할 길이라, 마음 돌아서는데 임은 멀리 바래다주긴커녕 문 안에서 나를 보내고 마네. 누가 씀바귀[茶]를 쓰다 했나, 지금 내겐 냉이처럼 달다네. 임은 새 장가들어, 형제처럼 새색시와 즐기겠지요."[756]; 자기 아내만을 사랑한다는 노래인 「정풍鄭風·출기동문出其東門」에 "저 성 밖을 나서서 보니, 아가씨들이 띠꽃[茶] 같이 귀엽네. 비록 띠꽃[茶]처럼 귀엽긴 하지만, 내 생각할 바 아니지. 흰 옷에 붉은 수건을 걸친 아내만이, 나와 즐길 것이네."[757]; 농촌의 모습을 그린 월령가인 「빈풍豳風·칠월七月」에 "7월에 오이 먹고, 8월엔 박을 타고. 9월엔 삼씨 줍고, 씀바귀[茶] 캐고 개똥나무 베어, 우리네 일꾼들 먹여 보세."[758]; 박해를 받고 있는 사람이 하소연한 노래인 「빈풍豳風·치효鴟鴞」에 "내 발과 부리 다 닳도록, 달이삭[茶] 집어 오고 물어다 쌓아서 모으느라, 내 부리 다 닳았건만, 집은 아직 덜 되었구나."[759]; 태왕으로부터 무왕에 이르기까지 천명을 받아 행한 유래를 읊은 노래인 「대아大雅·면緜」에 "주나라 들판은 비옥해, 쓴나물

---

756 「邶風·谷風」 "行道遲遲, 中心有違. 不遠伊邇, 薄送我畿. 誰謂茶苦, 其甘如薺. 宴爾新昏, 如兄如弟."

757 「鄭風·出其東門」 "出其闉闍, 有女如茶. 雖則如茶, 匪我思且. 縞衣茹藘, 聊可與娛."

758 「豳風·七月」 "七月食瓜, 八月斷壺. 九月叔苴, 采茶薪樗, 食我農夫."

759 「豳風·鴟鴞」 "予手拮据, 予所捋茶. 予所蓄租, 予口卒瘏, 曰予未有室家."

씀바귀[荼]도 엿처럼 달다네. 예에 모여 계획을 세워, 거북점을 쳐보시고 머물러 살만하다 하시고, 궁실을 지으셨네.";「대아大雅·탕지습蕩之什·상유桑柔」에 "백성들은 혼란에 빠져, 쓰고[荼] 괴로운 일 참고있네."; 추수를 감사하는 뜻으로 사직에 제사지내며 부른 노래인「주송周頌·양사良耜」에 "삿갓 비스듬히 젖혀 쓰고, 호미 들어 김매어 가며 온갖 잡초[荼]를 뽑아내네, 잡초[荼]들이 시들어지니, 기장이 무성히 잘 자라네." 등이다.

이상과 같이 『시경』에서 언급한 '도荼'자의 뜻은「패풍·곡풍」·「빈풍·칠월」·「대아·면」에는 '씀바귀', 「대아·탕지습·상유」에는 '씀바귀와 같이 쓰다', 「정풍·출기동문」에는 '띠꽃', 「빈풍·치효」에는 '달이삭', 「주송·양사」에는 '잡초'로 되어 있다.

이후 '도荼'자는 『시경』에서 언급했던 여러 의미와 함께 옥기玉器 또는 신명神名을 지칭하기도 했고, 때로는 명사 때로는 형용사로 사용하기도 했다. 육우는 다른 식물 또는 다른 뜻과 겹치는 이른바 찻잎의 '도荼'자는 독립된 차 글자로서 가치가 상실할 뿐만 아니라 후세들에게 혼란마저 일으킬 수 있다고 보았다. 따라서 육우는 찻잎을 이르는 당시의 '가'·'설'·'명'·'천'과 자신이 창조한 '차茶'자만을 선택해 찻잎을 가리킨 것이다.

한편 오늘날 일부 학자들은 『예기禮記』「지관地官」에 언급한 '장도掌荼'와 '취도聚荼'를 가리켜 차가 서주西周시대 때 이미 궁궐의 제사 의식으로 사용했다는 주장을 한다.

그들이 내세운 논거는 두 가지다. 하나는 삼국三國(220~280)시대 상거常璩가 저술한 『화양국지華陽國志』「파지巴志」에 "주무왕周武王이 은殷을 정복

---

760 「大雅·緜」"周原膴膴, 菫荼如飴. 爰始爰謀, 爰契我龜. 曰止曰時, 築室于茲."
761 「大雅·蕩之什·桑柔」"民之貪亂, 寧爲荼毒."
762 「周頌·良耜」"其笠伊糾, 其鎛斯趙. 以薅荼蓼, 荼蓼朽止, 黍稷茂止."
763 "掌荼, 掌以時聚荼, 以供喪事."

한 후 그의 친척을 파巴에 파견하여 작위를 부여했으며, …… 조공의 물품 속에 차[茶]가 있다"는 것이다. 그리고 이 문구로 파생된 또 하나의 논거는 『상서尚書』「고명顧命」편에 "강왕康王은 세 번 앞으로 나가고 또한 세 번 멈추고, 제술[祭酒]을 세 번 땅에 뿌리면서 세 번 차[三詫]를 올렸다"는 구절이다.

그러나 공납물인 '납공納貢'은 조정에 바치는 물품일 뿐, 이를 왕실이 이용했다고 여기는 직접적인 논거로 볼 수가 없다. 또한 그들이 내세운 '삼타三詫'의 '타詫'자 원문은 "뒤로 물러서다"의 뜻을 지닌 '타咤'자이므로 이는 곧 "강왕康王은 세 번 앞으로 나가고 또한 세 번 멈추고, 제술[祭酒]을 세 번 땅에 뿌리면서 세 번 뒤로 물러섰다"는 뜻을 담고 있다. 따라서 이 주장은 학문적 논거가 맞지 않아 학설로써 인정을 받지 못하고 있다.

그러나 무엇보다도 기원전 221년 진시황이 중국을 통일하기 이전의 '육경六經' 속에 그 어디에도 차에 관한 이야기가 없다는 것이다. 따라서 『예기禮記』에서 언급한 '도荼'자를 '차茶'자로 해석한 것과 차는 서주西周시대에 이미 제사 의식에 사용했다는 논리는 지나친 비약으로 해석된다.

[원문]
『枕中方』"療積年瘻, 苦茶、蜈蚣並炙, 令香熟, 等分, 搗篩, 煮甘草
『침중방』"요적년루, 고다、오공병적, 영향숙, 등분, 도사, 자감초
湯洗, 以末敷之."
탕세, 이말부지."

---

764 "武王旣克殷, 以其宗姬於巴, 爵之以子 …… 丹漆茶蜜 …… 皆納貢之."
765 "王三宿, 三祭, 三詫."
766 "王三宿, 三祭, 三咤."
767 『枕中方』: 의서醫書의 처방문이며 지금은 전하지 않는다.

[국역]

『침중방枕中方』에 "오래 된 종기의 치료는療積年瘻, 차와 지네를 함께 구워苦茶蜈蚣並炙, 향기가 나도록 익으면令香熟, 이를 2등분으로 나누어等分, 찧고 체로 쳐서搗篩, (1등분은) 감초와 함께 달여 환부를 씻고煮甘草湯洗, (남은 1등분은) 체질한 가루는 환부에 바른다以末敷之."고 하였다.

[강설]

내과 의학서적인 『침중방枕中方』은 유실되어 전해지지 않는다. 다만 명나라 이시진李時珍이 『본초강목本草綱目』「총지사蟲之四」'지네蜈蚣'를 소개할 때 이 항목을 인용하였다. 차와 지네를 함께 구워 약재로 쓰면 종기를 낫게 한다는 내용이다. 훗날 일부 학자들은 손진인孫眞人의 『침중기枕中記』와 엽천사葉天師의 『침중기枕中記』를 『침중방枕中方』이라고 주장하나 누구의 처방인지 어디서 인용한 것에 대해서는 언급하지 않았다.

[원문]

『孺子方』"療小兒無故驚蹶, 以苦茶、葱鬚煮服之."[768]
『유자방』"요소아무고경궐, 이고다、총수자복지."

[국역]

『유자방孺子方』에 "어린아이가 이유 없이 경기가 나면療小兒無故驚蹶, 고차苦茶와 파뿌리를 달여 먹이면 낫는다以苦茶葱鬚煮服之."고 하였다.

---

768 『孺子方』: 유자孺子는 어린아이를 뜻하고, 유자방孺子方은 어린아이들의 약 처방문이다.

[강설]

　소아과 의학서적인 『유자방孺子方』은 유실되어 전해지지 않는다. 『신당서新唐書』 「예문지藝文志」 『영유방嬰孺方』에서 수록되었다고 하나 이것이 육우가 말한 『유자방』인지 확인할 수가 없다.

　육우는 약초와 의약 등 문헌을 발췌하여 「칠지사」에 모두 9곳에 실었다. 『신농식경神農食經』·『범장편凡將篇』·『여형자남연주자사연서與兄子南兗州刺史演書』·『식론食論』·『식기食忌』·『잡록雜錄』·『본초本草』「목부木部」·『침중방枕中方』 그리고 『유자방孺子方』 등이다.

1998년부터 2005년까지 섬서성陝西省 한양릉漢陽陵(일명 양릉陽陵) 봉토 封土 11~21번 갱도 발굴 작업 중 고고학자들이 동쪽 15번의 식물 저장 갱도에서 이미 산화된 벼, 좁쌀과 다양한 종자 등을 발견했다.

이 가운데 잎사귀를 담는 바구니에서 덜 산화된 소량의 잎을 발견되었는데 최첨단 과학으로 분석한 결과 찻잎으로 판명되어 세계를 경악케 했다.

2016년 5월 18일 기네스북에 등재된 이 찻잎은 세계에서 가장 오래된 약 2,100년 전 것으로 추정되고 있다.

한양릉漢陽陵은 서한西漢 한경제漢景帝 유계劉啓(재위 기원전 157~141년)와 황후 왕씨의 합장능원合葬陵園이다.

한양릉은 기원전 153년에 건설되기 시작하였는데, 한경제가 능을 쌓기 시작하여 왕황후가 합장하기까지 건설 기간은 28년에 달했다.

지금의 섬서성陝西省 함양시咸陽市 위성구渭城區 정양진正陽鎭에 있다.

섬서성陝西省 서안西安(당나라의 장안長安) 섬서박물관에 전시된 당나라의 여인상과 호인胡人의 모습. 흙으로 만든 부장품으로 당시의 미인상과 이민족의 모습을 연구하는데 많은 도움이 된다

당나라 왕실의 무덤에 그린 벽화로서 당시 상류사회의 모습을 보여 준다

무덤의 벽화에는 당시 장안長安에 온 외국 사신 가운데 신라국의 사신도 보인다

천남제일교川南第一橋은 예로부터 사천성四川省 내지 공래邛崍에서 티베트로 가는데 남하南河를 관통하는 중요한 다리다

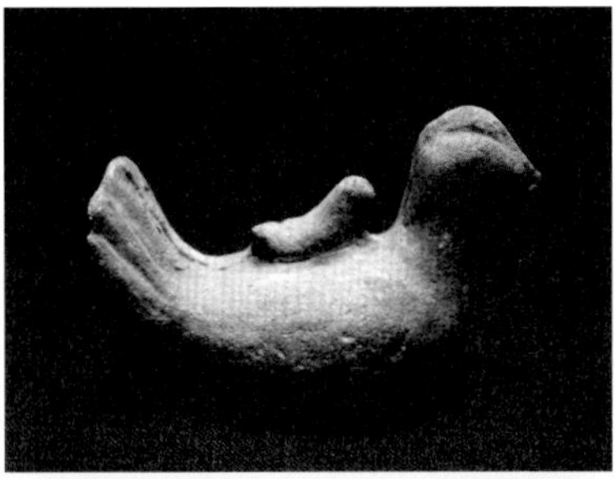

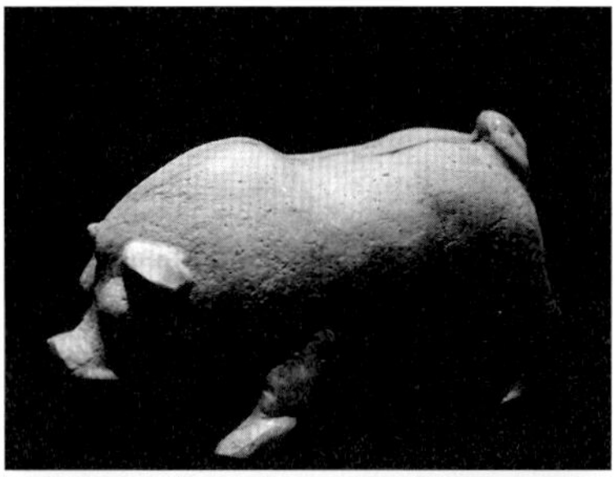

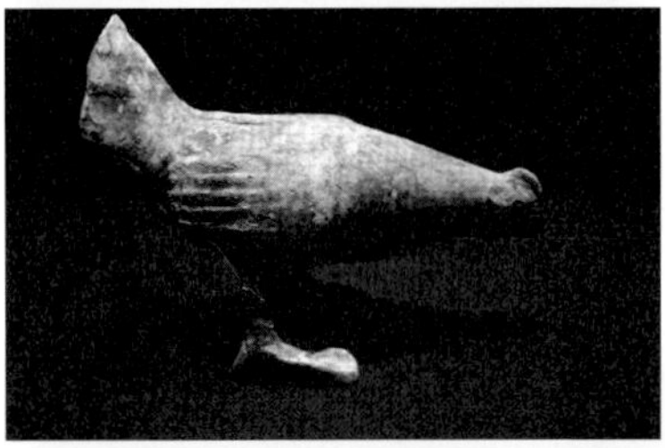

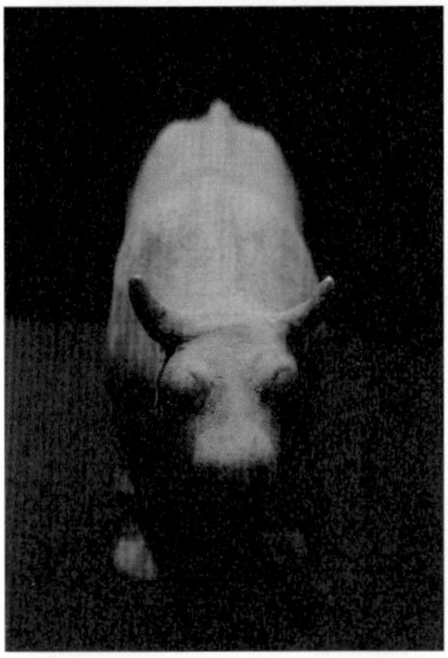

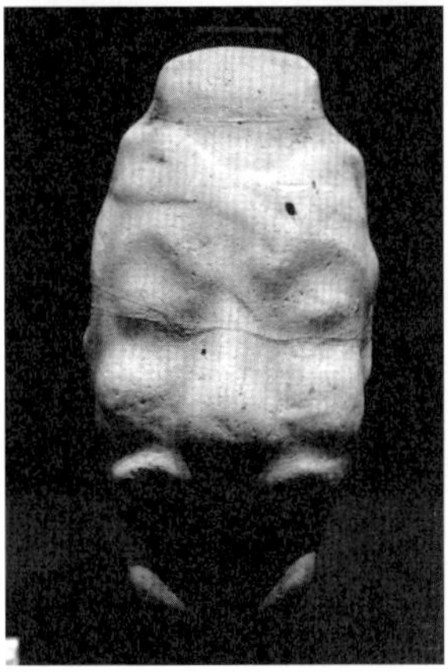

사천성 아안雅安 지역 옛 파巴나라 촉蜀나라의 유적지에서 대량의 유물이 출토되었다

특히 흙으로 만든 각종 모양의 동물과 사람 모형은 파촉문화巴蜀文化의 우수성을 입증하는데 귀중한 자료가 되었다

【七之事】

王朝		年代	文獻	著者・出處	類別	茶史・茶事	章節
三皇		B.C 2183	『神農食經』		醫藥	茶之為飲發乎神農氏	6章
五帝		B.C 1752				茶茗久服悅志	7章1節
夏		B.C 1751					
商		B.C 1111					
周	西周	B.C 1111	『詩』		詩詞歌賦	「誰謂荼苦」「堇荼如飴」	7章46節
		B.C 771	『爾雅』	周公	註釋	草木并作荼	1章
	東周	B.C 771	『晏子春秋』			檟 苦荼	7章3節
		B.C 221				茗荼	7章4節
	秦	B.C 221	『本草』		註釋	從木當作樣	1章
		B.C 206	『凡將篇』	司馬相如	醫藥	荈詫	7章5節
漢	西漢	B.C 206	『茶陵圖經』		地理	茶陵	7章44節
		B.C 8	『方言』	揚雄	註釋	茶曰蔎	7章6節
	新	9~23					1章
	東漢	25~220	『食論』	華陀	醫藥	苦茶	7章19節
			『桐君採藥錄』		記事	東人作清茗	7章37節
三國	魏	220~265	『廣雅』	張揖	註釋	飲煮茗飲	7章3節
	蜀	221~263					
	吳	222~280	『吳志』「韋曜傳」	傅巽	史料	茶荈以代酒	7章7節
			『七誨』		地理	南中茶子	7章16節

王朝		年代	文獻	著者・出處	類別	茶史・茶事	章節
晉	西晉	265~316	「歌」	孫楚	詩詞歌賦	茶荈出巴蜀	7章18節
			「司隸敎」	傅咸	記事	禁茶粥以困蜀嫗	7章12節
			「嬌女詩」	左思	詩詞歌賦	心為茶荈劇	7章14節
			『晉四王起事』	盧琳	史料	瓦盂盛茶	7章24節
			『江氏家傳』	江統	史料	茶之屬虧敗國體	7章29節
			『登成都樓』	張孟陽	詩詞歌賦	芳茶冠六清	7章15節
			『與兄子南兗州刺史演書』	劉琨	醫藥	常仰眞茶	7章11節
			『荈賦』	杜毓	詩詞歌賦	煥如積雪曄若春藪	4章
						甌犧之餘乞相遺也	5章
						山中有大茗	4章
			『神異記』	郭璞	神異	提 器者	7章13節
			『廣陵耆老傳』		神異	早取爲茶 晚取爲茗	7章26節
			『爾雅注』		記事	或一曰荈 蜀人名之苦茶	7章21節
	東晉	317~420	『搜神記』	干寶	神異	就人覓茶飲	1章
			『世說』		史料	此爲茶爲茗	7章10節
			『續搜神記』	陶潛	神異	貪茗而歸	7章22節
			『中興書』		史料	催茶果而已	7章23節
			『藝術傳』	弘君擧	史料佛敎	糖華之茗	7章8節
			『晉書』		記事	茶蘇而已	7章17節
五胡十六國		304~439	『食忌』		記事	七擧拌茶果	7章27節
				壺居士	醫藥	苦茶久食羽化	7章9節
							7章20節

【七之事 表】

347

王朝		年代	文獻	著者・出處	類別	茶史・茶事	章節
南朝	宋	420~479	「雜詩」	王微	詩詞歌賦	收領今就槚	7章31節
			「宋錄」	『隋書』「經籍志」	史料佛教	此甘露也何言茶茗	7章30節
			「吳興記」	山謙之	地理	出御荈	7章40節
			「香茗賦」	鮑令暉	詩詞歌賦	好飲茶茗	7章32節
			『異苑』	劉敬叔	神異	但驚餅果茶飲乾飯酒脯而已	7章25節
	齊	479~502	『南齊書』「武帝本紀」		記事	苦茶輕身換骨	7章33節
	梁	502~557	『雜錄』	陶弘景	醫藥		7章35節
	陳	557~589	『謝晉安王餉米等啓』	劉孝綽	記事	茗同食粲	7章34節
北朝	北魏	386~534	『後魏錄』	『魏書』「洛陽伽藍記」	史料	茗不堪與酪為奴	7章36節
	東魏北齊	534~550	『續名僧傳』	釋道說	史料佛教	飯所飲茶	7章28節
		550~577					
	西魏北周	535~557					
		557~581					
隋		581~618					

王朝	年代	文獻	著者·出處	類別	茶史·茶事	章節
唐	618~907	『坤元錄』		地理	山多茶樹	7章38節
		『括地圖』	宵德言	地理	茶溪	7章39節
		『夷陵圖經』		地理	茶茗	7章41節
		『永嘉圖經』		地理	白茶山	7章42節
		『淮陰圖經』		地理	茶坡	7章43節
		『本草』「木部」	陶弘景	醫藥	苦茶茶	7章45節
		『本草』「茶部」	陶弘景	註釋	苦茶 一名茶 一名遊冬	7章46節
		『枕中方』		醫藥	苦茶蜈蚣並灸	7章47節
		『孺子方』		醫藥	苦茶蔥鬚煮服之	7章48節

유우 『다경』 각 장의 내용 토대로 작성한 연표다.

【 七之事　表 】

349

팔지출

「팔지출」은 당시의 당나라 각 지역에서 생산된 차 산지를 다루고 있다.

「팔지출」의 '출出'은 차의 산지를 말한다. 이 장에서 육우는 당나라의 차산지를 8개의 도道, 43개의 주州와 군郡 그리고 44개의 현縣의 차생산 현황을 구체적으로 기술하였다. 또한 그가 가보지 않은 11개의 산지에 대해서도 언급하였다.

[원문]

山南산남

以峽州上, 峽州生遠安、宜都、夷陵三縣山谷. 襄州、荊州次, 襄州生南漳縣山

이협주상, 협주생원안、의도、이릉삼현산곡. 양주、형주차, 양주생남장현산

谷, 荊州生江陵縣山谷. 衡州下, 生衡山、茶陵二縣山谷. 金州、梁州又下. 金

---

769 山南: 당나라 정관貞觀 원년(627)에 국토를 10개의 감찰구역인 관내關內·하남河南·하동河東·하북河北·산남山南·롱우隴右·회남淮南·강남江南·검남劍南·영남嶺南 등 도道를 나누어 '정관십도貞觀十道'라 했다. 산남山南은 종남終南, 태화太華 두 산의 남쪽에 있다하여 산남이라 했다. 오늘날 호북성湖北省에 걸쳐 있는 장강長江 북쪽 유역과 한수漢水 서쪽 유역을 비롯하여 섬서성陝西省 남쪽 끝부분, 하북성河北省 북령北嶺 남쪽지역, 사천성四川省에 걸친 양자강 남쪽 유역 및 검각산劍閣山 동쪽지역 등을 포함한다. 당시의 도청 소재지는 오늘날 호북성湖北省의 양양襄陽이다.

770 峽州: 오늘날의 호북성湖北省 의창宜昌 일대.

771 峽州 …… 山谷: 『함분루설부본涵芬樓說郛本』, 『서탑사본西塔寺本』 등 「팔지출八之出」의 주해는 모두 빠졌다.

772 襄州: 오늘날 호북성湖北省 양양襄陽 일대.

773 荊州: 오늘날 호북성湖北省 강릉江陵 일대.

774 南漳: 명간明刊 『백천학해본百川學海本』, 『당인설회본唐人說薈本』, 『정충본鄭熜本』에는 '남장南鄣'으로 되어 있다.

775 衡州: 오늘날 호남성湖南省 형양衡陽 일대.

776 衡山: 『사고전서본四庫全書本』에는 '형주衡州'로 되어 있다.

777 金州: 오늘날 섬서성陝西省 안강安康 일대.

778 梁州: 오늘날 섬서성陝西省 한중漢中 일대.

곡, 형주생강릉현산곡. **형주하**, 생형산、다릉이현산곡. **금주、양주우하**. 금주생서성、안강이현산곡, 양주생양성、금우이현산곡.

[국역]

산남山南지역

(차는) 협주峽州의 것이 으뜸이며以峽州上, 협주에서는 원안遠安, 의도宜都, 이릉夷陵 세 고을의 산골짜기에서 난다峽州生遠安宜都夷陵三縣山谷. 양주襄州, 형주荊州의 것이 그 다음이고襄州荊州次, 양주에서는 남장현南漳縣 산골짜기에서 나고襄州生南漳縣山谷, 형주에서는 강릉현江陵縣 산골짜기에서 난다荊州生江陵縣山谷. 형주衡州의 것이 또 그 다음이고衡州下, 형산衡山, 차릉茶陵 두 고을의 산골짜기에서 난다生衡山茶陵二縣山谷. 금주金州, 양주梁州산의 것이 또 그 다음이다金州梁州又下. 금주金州에서는 서성西城, 안강安康 두 고을의 산골짜기에서 나며金州生西城安康二縣山谷, 양주梁州에서는 양성襄城, 금우金牛 두 고을의 산골짜기에서 난다梁州生襄城金牛二縣山谷.

[강설]

산남차구는 지금의 사천성四川省 · 섬서성陝西省 · 감숙성甘肅省 · 하남성河南省 · 호북성湖北省 · 호남성湖南省 등 행정구역을 포함하는 차산지를 말한다. 육우가 언급한 협주峽州는 지금의 호북성湖北省 의창宜昌지역이며, 당나라 때 유명한 차산지였다. 당나라 이조李肇의 『국사보國史補』에는 "협주에는 벽간碧澗 · 명월明月 · 방예芳蕊 · 수유茱萸"[779] 등 명차를 소개하고 있다. 형주荊州의 선인장차仙人掌茶는 이백李白이 조카 승려 중부中孚에게 준 「답족질승중부증옥

---

779 "峽州有碧澗、明月、芳蕊、茱萸."

천선인장다答族侄僧中孚贈玉泉仙人掌茶」[780]에서 보인다.

형주의 형산현衡山縣은 형산衡山 때문에 얻어진 이름이며 지금의 호남성湖南省에 있다. 형산의 옛 이름은 남악南岳이라 한다. 72봉우리 중 석름봉石廩峰에 석름차石廩茶가 있는데, 당나라 시인 이군옥李群玉의 시「용산인혜석름방급단다龍山人惠石廩方及團茶」[781]에 언급되고 있다. 당나라 때 금주金州에 공차원貢茶園이 있다고 『신당서新唐書』「지리지地理志」에서 소개하였다. 육우가 언급한 금주金州와 양주梁州는 모두 한수漢水 유역流域에 속한다. 양주梁州의 금우현金牛縣은 지금의 섬서성陝西省에 있다. 예로부터 이곳 한수 유역 이외의 지역에서는 차를 생산하지 않고 있다.

---

780 并序 "余聞荊州玉泉寺近清溪諸山, 山洞往往有乳窟, 窟中多玉泉交流. 其中有白蝙蝠, 大如鴉. 按仙經, 蝙蝠一名仙鼠, 千歲之後, 體白如雪, 棲則倒懸. 蓋飲乳水而長生也. 其水邊處處有茗草羅生, 枝葉如碧玉. 唯玉泉眞公常採而飲之, 年八十餘歲, 顔色如桃李. 而此茗清香滑熟, 異於他者. 所以能還童振枯, 扶人壽也. 余遊金陵, 見宗僧中孚, 示余茶數十片, 拳然重疊, 其狀如手, 號爲仙人掌茶. 蓋新出乎玉泉之山, 曠古未覯, 因持之見遺. 兼贈詩, 要余答之, 遂有此作. 後之高僧大隱, 知仙掌茶發乎中孚禪子及 青蓮居士李白也. 常聞玉泉山, 山洞多乳窟. 仙鼠如白鴉, 倒懸清溪月. 茗生此中石, 玉泉流不歇. 根柯洒芳津, 採服潤肌骨. 叢老卷綠葉, 枝枝相接連. 曝成仙人掌, 似拍洪崖肩. 舉世未見之, 其名定誰傳. 宗英乃禪伯, 投贈有佳篇. 清鏡燭無鹽, 顧慚西子姸. 朝坐有餘興, 長吟播諸天."

781 "客有衡岳隱, 遺予石廩茶; 自云凌煙露, 採掇春山芽. …… 顧渚與方山, 諸人留品差; 持甌黙吟詠, 搖膝空咨嗟."

【八之出】

[원문]

淮南회남⁷⁸²⁾

以光州上⁷⁸³⁾, 生光山縣黃頭港者與峽州同. 義陽郡⁷⁸⁴⁾、舒州次⁷⁸⁵⁾, 生義陽縣鐘山者與襄

이광주상, 생광산현황두항자여협주동. 의양군、서주차, 생의양현종산자여양

州同, 舒州生太湖縣潛山者與荊州同. 壽州下⁷⁸⁶⁾, 盛唐縣生霍山者與衡山同也. 蘄州⁷⁸⁷⁾、

주동, 서주생태호현잠산자여형주동. 수주하, 성당현생곽산자여형산동야. 기주、

黃州又下⁷⁸⁸⁾. 蘄州生黃梅縣山谷、黃州生麻城縣山谷, 並與金州、梁州同也.

황주우하. 기주생황매현산곡、황주생마성현산곡, 병여금주、양주동야.

[국역]

회남淮南지역

(차는) 광주光州의 것이 으뜸이며以光州上, 광산현光山縣의 황두항黃頭港에서 난 것은 협주峽州의 것과 같다生光山縣黃頭港者與峽州同. 의양군義陽郡, 서주舒州의 것이 그 다음이며義陽郡舒州次, 의양현義陽縣 종산鐘山에서 난 것은 양주襄州의 것과 같고生義陽縣鐘山者與襄州同, 서주舒州에서는 태호현太湖縣 잠산潛山에서 난 것이 형주荊州의 것과 같다舒州

---

782) 淮南: 당나라 '정관십도貞觀十道'와 '개원십오도開元十五道'의 하나이다. '개원십오도'란 개원 21년(733) '정관십도'에서 오도五道를 추가하여 합한 것을 말한다. 추가된 5개의 도는 경기京畿・도기都畿・검중黔中・강남江南・산남山南 등이다. 이 중 강남江南은 강남동도江南東道와 강남서도江南西道, 산남山南은 산남동도山南東道와 산남서도山南西道로 나누었다. 회남淮南은 회수淮水의 남쪽에 있다하여 회남이라 한다. 오늘날 호북성湖北省에 걸쳐 있는 양자강 북쪽 유역 및 한수漢水 동쪽 유역을 비롯하여 강소성江蘇省, 안휘성安徽省 등지를 흐르는 양자강 이북 및 회수淮水 이남지역이다. 당시의 도청 소재지는 오늘날 강소성江蘇省의 양주揚州이다.

783) 光州: 오늘날 하남성河南省 광주光山 일대.

784) 義陽郡: 오늘날 하남성河南省 신양信陽 일대.

785) 舒州: 오늘날 안휘성安徽省 회녕懷寧 일대.

786) 壽州: 오늘날 안휘성安徽省 수현壽縣 일대.

787) 蘄州: 오늘날 호북성湖北省 기춘蘄春 일대.

788) 黃州: 오늘날 호북성湖北省 황강黃岡.

354

生太湖縣潛山者與荊州同. 수주壽州의 것이 또 그 다음이며壽州下, 성당현盛唐縣 곽산霍山에서 난 것은 형산衡山의 것과 같다盛唐縣生霍山者與衡山同也. 기주蘄州, 황주黃州의 것이 또 그 다음이다蘄州黃州又下. 기주蘄州에서는 황매현黃梅縣 산골짜기에서 나며蘄州生黃梅縣山谷, 황주黃州에서는 마성현麻城縣 산골짜기에서 나며黃州生麻城縣山谷, 모두 금주金州, 양주梁州의 것과 같다並與金州梁州同也.

[강설]

회남차구는 지금의 회하淮河이남·장강長江이북 등 지역, 호북성湖北省, 하남성河南省을 포함한 차산지를 말한다. 당나라 때 광주光州지역은 유명한 차산지였다. 청나라『광산현지光山縣志』에 "송나라 때부터 광주에서는 편차片茶를 생산했으며, 그 이름은 동수東首·천산淺山·박측薄側이라 한다"[789]고 했다. 의양현義陽縣은 지금의 하남성河南省 신양시信陽市에 있다. 민국民國시대『신양현지信陽縣志』에 "이 곳에는 오래전부터 차를 생산했으며, 당나라『지리지』에 따르면 신양에는 공차가 있다"[790]고 했다. 서주舒州는 지금의 안휘성安徽省 서성舒城에 있고, 잠산潛山은 태호현太湖縣 내의 산봉우리다. 1920년에 발간된『잠산현지潛山縣志』에서 "이 곳의 차맛은 훈배薰焙하지 않아도 자연의 향이 가득하다. 특히 벼랑 사이에 자연산이 있는데 얻기가 어렵고 곡우에 딴 것은 용담龍潭의 작설에 비해 전혀 뒤 떨어지지 않는다"[791]고 하였다. 수주壽州의 차생산에 대해 청나라 도광道光 연간에 발행한『수주지壽州志』에 따르면 "당나라와 송나라의 기록에 모두 수주차를 언급하였

---

789 "宋時光州所産片茶, 有東首、淺山、薄側等名."

790 "本山産茶甚古, 唐『地理志』義陽土貢品有茶."

791 "故其氣味, 不待薰焙, 自然馨馥. 而懸崖絶壁間有不種自生者, 尤爲難得, 穀雨採貯, 不減龍潭雀舌也."

으나 지금의 토착민들은 수주차 중 운무차雲霧茶가 제일이라 여긴다"고 하였다. 기주蘄州에 대해 당나라 이조李肇의 『국사보國史補』에서는 "기주蘄州에는 기문단황蘄門團黃이 있다"고 했다. 황주黃州는 당나라 이전부터 유명한 차산지였으며 공차지역으로도 유명하다. 송나라 왕우王禹의 「다원십이운茶園十二韻」에서 언급한 차가 바로 황주의 차다.

[원문]
浙西절서

以湖州上, 湖州生長城縣顧渚山谷、與峽州、光州同; 生山桑儒師二寺、天目山、白茅
이호주상, 호주생장성현고저산곡, 여협주、광주동; 생산상유사이사、천목산、백모

山懸脚嶺、與襄州、荊南、義陽郡同; 生鳳亭山伏翼閣飛雲、曲水二寺、啄木嶺、與壽州、
산현각령、여양주、형남、의양군동; 생봉정산복익각비운、곡수이사、탁목령、여수주、

常州同; 生安吉、武康二縣山谷、與金州、梁州同. 常州次, 常州義興縣生君山懸脚嶺
상주동; 생안길、무강이현산곡, 여금주、양주동. 상주차, 상주의흥현생군산현각령

---

792 "唐『宋史志』皆云壽州産茶, 今土人云壽州向亦産茶, 名雲霧者最佳."

793 "蘄州有蘄門團黃."

794 "勤王修歲貢, 晚駕過郊原, 蔽芾餘千本, 靑蔥共一園; …… 舌小侔黃雀, 毛獰摘綠猿; …… 緘滕防遠道, 進獻趁頭番; ……"

795 浙西: 당나라 정관貞觀 연간에는 강남도江南道에, 개원開元 연간에는 강남동도江南東道에 속했다. 이후 지덕至德 2년(757)에 절강서도浙江西道와 절강동도浙江東道 2개의 절도사節度使의 행정구역으로 나뉘었는데, 절강서도를 가리켜 '절서浙西'라 한다. 오늘날 절강성浙江省의 서부지방을 말한다. 『신당서新唐書』 「지리지地理志」에 의하면 당시 선주宣州, 흡주歙州는 강남도江南道의 서도西道에 속하며, 이외의 지방은 강남도江南道의 동도東道에 속한다고 했다.

796 湖州: 오늘날 절강성浙江省 오흥吳興.

797 生山桑儒師二寺、天目山: 『사고전서본四庫全書本』, 『함분루설부본涵芬樓說郛本』, 『서탑사본西塔寺本』, 『정총본鄭摠本』에는 '생조첨산生鳥瞻山, 천목산天目山'으로 되어 있다.

798 常州: 오늘날 강소성江蘇省 무진武進.

北峰下, 與荊州、義陽郡同; 生圈嶺善權寺、石亭山與舒州同. 宣州、杭州、睦州、

북봉하, 여형주、의양군동; 생권령선권사、석정산여서주동. **선주、항주、목주、**

歙州下, 宣州生宣城縣雅山, 與蘄州同; 太平縣生上睦、臨睦, 與黃州同; 杭州、臨安、

흡주하, 선주생선성현아산, 여기주동; 태평현생상목、임목, 여황주동; 항주、임안、

於潛二縣生天目山, 與舒州同; 錢塘生天竺、靈隱二寺, 睦州生桐廬縣山谷, 歙州生婺源

어잠이현생천목산, 여서주동; 전당생천축、영은이사, 목주생동려현산곡, 흡주생무원

山谷, 與衡州同. 潤州、蘇州又下. 潤州江寧縣生傲山, 蘇州長州縣生洞庭山, 與金

산곡, 여형주동. **윤주、소주우하.** 윤주강녕현생오산, 소주장주현생동정산, 여금

州、蘄州、梁州同.

주、기주、양주동.

[국역]

절서浙西지역

(차는) 호주湖州의 것이 으뜸이며湖州上, 호주에서는 장성현長城縣 고저산顧渚山 산골짜기에서 나는데湖州生長城縣顧渚山谷, 협주峽州、광주光州의 것과 같고與峽州光州同, 산상山桑, 유사儒師 두 사찰과 천목산天目山, 백모산白茅山 현각령懸脚嶺에서 난 것은生山桑儒師二寺天目山白茅山懸脚嶺, 양주襄州、형남荊南、의양군義陽郡의 것과 같고與襄州荊南義陽郡同, 봉정산鳳亭山 복익각伏翼閣 비운飛雲, 곡수曲水의 두 사찰과 탁목령啄木嶺에서 난 것은生鳳亭山伏翼閣飛雲曲水二寺啄木嶺, 수주壽州, 상주常州의 것과 같고與壽州常州同, 안길安吉, 무강武

---

799 宣州: 오늘날 안휘성安徽省 선성宣城 일대.
800 杭州: 오늘날 절강성浙江省 항현杭縣.
801 睦州: 오늘날 절강성浙江省 건덕建德.
802 歙州: 오늘날 안휘성安徽省 흡현歙縣.
803 天目山: 『당인설회본唐人說薈本』에의 '천天'은 '상上'자로 되어 있다.
804 潤州: 오늘날 강소성江蘇省 진강鎭江.
805 蘇州: 오늘날 강소성江蘇省 오현吳縣.

康 두 고을 산골짜기에서 난 것은生安吉武康二縣山谷, 금주金州, 양주梁州의 것과 같다與金州梁州同. 상주常州의 것은 다음이며常州次, 상주 의흥현義興縣에서는 군산君山 현각령懸脚嶺 북쪽 봉우리 아래서 나는데常州義興縣生君山懸脚嶺北峰下, 형주荊州, 의양군義陽郡의 것과 같고與荊州義陽郡同, 권령圈嶺 선권사善權寺, 석정산石亭山에서 난 것은生圈嶺善權寺石亭山, 서주舒州의 것과 같다與舒州同. 선주宣州, 항주杭州, 목주睦州, 흡주歙州의 것이 또 그 다음이며宣州杭州睦州歙州下, 선주宣州에서는 선성현宣城縣 아산雅山에서 나는데宣州生宣城縣雅山, 기주蘄州의 것과 같고與蘄州同, 태평현太平縣에서는 상목上睦, 임목臨睦에서 나는데太平縣生上睦臨睦, 황주黃州의 것과 같고與黃州同, 항주杭州의 임안臨安, 어잠於潛 두 고을에서는 천목산天目山에서 나는데杭州臨安於潛二縣生天目山, 서주舒州의 것과 같고與舒州同, 전당錢塘에서는 천축사天竺寺, 영은사靈隱寺 두 사찰에서 나며錢塘生天竺靈隱二寺, 무주睦州에서는 동려현桐廬縣 산골짜기에서 나며睦州生桐廬縣山谷, 흡주歙州에서는 무원婺源 산골짜기에서 나며歙州生婺源山谷, (모두) 형주衡州의 것과 같다與衡州同. 윤주潤州, 소주蘇州의 것이 또 그 다음이다潤州蘇州又下. 윤주潤州의 강녕현江寧縣에서는 오산傲山에서 나고潤州江寧縣生傲山, 소주蘇州의 장주현長州縣의 것은 동정산洞庭山에서 나며蘇州長州縣生洞庭山, (모두) 금주金州, 기주蘄州, 양주梁州의 것과 같다與金州蘄州梁州同.

[강설]

절서차구는 지금의 강소성江蘇省과 절강성浙江省 대부분 지역을 말한다. 호주湖州는 『다경』「칠지사七之事」에서도 언급할 정도로 당나라 때부터 유명한 공차貢茶지역이었다. 특히 호주의 고저자순차顧渚紫筍茶는 지금도 중국 명차 중의 하나로, 호주의 차역사와 명성을 가늠케 한다. 상주常州의 차는 명나라의 『의흥현지宜興縣志』에 "군산君山은 당나라의 공산貢山이다. 마을 동남쪽 35리쪽에 있고 차가 난다. 당나라 때부터 공물로 바쳤기에 얻어진 이름이다"라고 적혀 있다. 의흥宜興의 옛 이름이 양선陽羨이며 의흥현義興縣에 속해 있다. 명나라 때 나개차羅岕茶로 이름을 떨쳤다. 선주宣州 태평현에서 생산한 태평후괴차太平猴魁茶는 지금도 유명해 이름값을 하고 있다. 항주杭州는 예로부터 유명한 차산지로 육우가 자주 들렸던 곳이다. 천목산天目山에서 생산한 운무차雲霧茶는 절강의 명차다. 한편 비록 육우는 언급하지 않았으나 전당현錢塘縣에서 생산한 용정차龍井茶는 중국 대표 명차로 자리매김하고 있다. 한편 용정차는 청나라 건륭황제가 좋아하면서 유명해졌다. 목주睦州 동려현桐廬縣에서 생산된 구갱차鳩坑茶는 이시진李時珍의 『본초강목本草綱目』에서 언급할 정도로 유명하다. 흡주歙州의 송라차松蘿茶는 명청明淸시대 대표적인 명차로써 그 명성이 수많은 차서茶書에서 언급되고 있다. 흡주歙州는 지금의 휘주徽州를 말한다. 윤주潤州는 오늘날 남경南京 우화차雨花茶로 유명하고, 소주蘇州의 장주현長州縣은 동정산차洞庭山茶 이외 호구차虎丘茶의 산지로도 유명하다. 특히 동정산의 벽라춘碧螺春은 그 향이 뛰어나 사람을 죽일 만큼 향이 좋다는 '혁살인향嚇殺人香'이라는 별칭까지 있다.

[원문]
劍南검남[807]
以彭州上,[808] 生九隴縣馬鞍山至德寺、棚口, 與襄州同. 綿州[809]、蜀州次,[810] 綿州龍安縣

이팽주상, 생구롱현마안산지덕사、붕구, 여양주동. 면주、촉주차, 면주용안현

806 "唐貢山, 即茶山, …… 在縣東南三十五里均山鄉, 唐時入貢, 故名."

807 劍南: 당나라 '정관십도貞觀十道'와 '개원십오도開元十五道'의 하나다. 오늘날 사천성四川省 검각劍閣 이남, 양자강 이북지역을 비롯해서 감숙성甘肅省 반총산蟠冢山 이남지역, 운남성雲南省 동북 변방지역이 해당된다. 당시의 도청 소재지는 오늘날 사천성四川省의 성도成都다.

808 彭州: 오늘날 사천성四川省 팽현彭縣.

809 綿州: 오늘날 사천성四川省 면양綿陽 일대.

810 蜀州: 오늘날 사천성四川省 성도成都 일대.

生松嶺關, 與荊州同; 其西昌、昌明、神泉縣西山者並佳, 有過松嶺者不堪採。蜀州靑城
생송령관, 여형주동; 기서창、창명、신천현서산자병가, 유과송령자불감채。촉주청성
縣生丈人山, 與綿州同。靑城縣有散茶、木茶。邛州次、雅州、瀘州下、雅州百丈
현생장인산, 여면주동。청성현유산다、목다。공주차、아주、노주하、아주백장
山、名山、瀘州瀘川者, 與金州同。眉州、漢州又下。眉州丹稜縣生鐵山者、漢州
산、명산、노주노천자, 여금주동。미주、한주우하。미주단릉현생철산자、한주
綿竹縣生竹山者, 與潤州同。
면죽현생죽산자, 여윤주동。

[국역]

검남劍南지역

(차는) 팽주彭州의 것이 으뜸이며彭州上, 구롱현九隴縣 마안산馬鞍山 지덕사至德寺
와 봉구棚口에서 난 것은生九隴縣馬鞍山至德寺棚口, 양주襄州의 것과 같다與襄州同。면주綿
州, 촉주蜀州의 것이 다음이며綿州蜀州次, 면주綿州의 용안현龍安縣 송령관松嶺關에서
난 것은綿州龍安縣生松嶺關, 형주荊州의 것과 같고與荊州同, 그 서창西昌, 창명昌明, 신천현神
泉縣의 서산西山에서 난 것은 모두 품질이 좋으나其西昌昌明神泉縣西山者並佳, 송령松嶺 산마
루 너머의 것은 딸 것이 못된다有過松嶺者不堪採。촉주蜀州 청성현靑城縣에서는 장인산丈人山

---

811 木茶: 중국의 현대 차성茶聖이라 일컬은 오각농吳覺農선생은 『다경술평茶經述評』에서 "목차木茶는 말차末茶의 잘못된 각자[誤刻]다"라고 기술하고 있다.
812 邛州: 오늘날 사천성四川省 공래邛崍 일대.
813 雅州: 오늘날 사천성四川省 아안雅安 일대.
814 瀘州: 오늘날 사천성四川省 노현瀘縣 일대.
815 與金州同: 『당인설회본唐人說薈本』에는 '여금주동야與金州同也'로 되어 있다.
816 眉州: 오늘날 사천성四川省 미산眉山 일대.
817 漢州: 오늘날 사천성四川省 광한廣漢 일대.
818 棱: 일부 간본은 '교校'자로 되어 있다.

에서 나는데蜀州靑城縣生丈人山, 면주綿州의 것과 같다與綿州同. 청성현靑城縣에는 산차散茶와 목차木茶가 있다靑城縣有散茶木茶. 공주邛州의 것이 다음이며邛州次, 아주雅州, 노주瀘州의 것이 또 그 다음이며雅州瀘州下, 아주雅州의 백장산百丈山, 명산名山과 노주瀘州 노천瀘川에서 난 것은雅州百丈山名山瀘州瀘川者, 금주金州의 것과 같다與金州同. 미주眉州, 한주漢州의 것이 또 그 다음이다眉州漢州又下. 미주眉州 단릉현丹棱縣에서는 철산鐵山에서 나고眉州丹棱縣生鐵山者, 한주漢州 면죽현綿竹縣에서는 죽산竹山에서 나며漢州綿竹縣生竹山者, (모두) 윤주潤州의 것과 같다與潤州同.

[강설]

검남차구는 지금의 사천성四川省, 귀주성貴州省과 감숙성甘肅省 일부지역에 해당된다. 팽주彭州의 구룡현九隴縣은 지금의 사천성 팽현彭縣을 말하며, 오대五代 모문석毛文錫은 『다보茶譜』에서 팽현과 붕구棚口의 차를 비중 있게 소개하였다. 면주綿州는 예로부터 차생산 중심지이었고 이곳 용안현龍安縣에서 생산된 기화차騎火茶는 검남劍南의 몽정석화蒙頂石花와 호주湖州의 고저자순顧渚紫筍과 비견될 만큼 널리 알려졌다. 모문석은 『다보』에서 촉주蜀州의 차를 "촉주에 속해 있는 진원晉原·동구洞口·횡원橫源·미강味江·청성靑城 등 지역에서는 횡아橫牙·작설雀舌·조취鳥嘴·맥과麥顆·편갑片甲·선익蟬翼 등 차를 생산한다. 모두 산차散茶 중의 최상품이다"[819]라고 소개하고 있다. 특히 청성현靑城縣 청성산은 도가의 발상지로 유명하다. 공주邛州의 화정火井·사안차思安茶는 당나라 때부터 있었고, 특히 아주雅州 명산名山의 몽정차蒙頂茶는 당나라 때 검남지역에서 유일한 공차로 지정된 명차 중의 명차다. 노주瀘州의 차는 『본초강목』과 송나라 때의 『태평환우기太平寰宇記』에서도 기록되어 있다. 미주眉州 경내의 아미산峨眉山에서 생산된 죽엽

---

819 "蜀州晉原、洞口、橫源、味江、靑城, 其橫牙、雀舌、鳥嘴、麥顆、片甲、蟬翼, 皆散茶之最上也."

청차竹葉靑茶는 오늘날 세계의 명차로 인정받고 있다. 한편 한주漢州의 차는 한 때 유명했으나 청나라 이후 생산하지 않자 역사의 뒤안길로 사라졌다.

[원문]

浙東절동[820)]

以越州上[821)], 餘姚縣生瀑布泉嶺曰仙茗、大者殊異、小者與襄州同. 明州[822)]、婺州次[823)][824)],

이월주상, 여요현생폭포천령왈선명, 대자수이, 소자여양주동. 명주、무주차,

明州鄮縣生榆筴村[825)], 婺州東陽縣東白山與荊州同[826)]. 台州下[827)]. 台州始豊縣生赤城者、與[828)]

명주무현생유협촌, 무주동양현동백산여형주동. 태주하. 태주시풍현생적성자、여

歙州同.

흡주동.

---

820 浙東: 당나라 절강동도浙江東道 절도사 행정구역의 간칭이다. 건원乾元 원년(758)에 설치하였고 치소治所는 월주越州. 오늘날 절강성浙江省 동남부쪽이다.

821 越州: 오늘날 절강성浙江省 소흥紹興.

822 襄州: 『당인설회본唐人說薈本』, 『고금도서집성본古今圖書集成本』에의 '주州'는 '현縣'자로 되어 있다.

823 明州: 오늘날 절강성浙江省 녕파寧波 일대.

824 婺州: 오늘날 절강성浙江省 금화金華 일대.

825 鄮縣: 『사고전서본四庫全書本』에만 '무현鄮縣'으로 되어 있고, 『당인설회본唐人說薈本』, 『고금도서집성본古今圖書集成本』, 『완위산당설부본宛委山堂說郛本』에는 '은현鄞縣'으로 되어 있다.

826 東白山: 송간宋刊 『백천학해본百川學海本』에는 '동자산東自山'으로 되어 있다.

827 台州: 오늘날 절강성浙江省 임해臨海 일대.

828 始豊縣: 『당인설회본唐人說薈本』에는 '조현曹縣'으로 되어 있고, 송간宋刊 『백천학해본百川學海本』에는 '시산풍현始山豊縣'으로 되어 있다.

[국역]

절동浙東지역

(차는) 월주越州의 것이 으뜸이며越州上, 여요현餘姚縣 폭포천瀑布泉 산마루에서 난 것을 선명仙茗이라 하는데餘姚縣生瀑布泉嶺曰仙茗, 큰 것의 모양은 아주 다르며大者殊異, 작은 것은 양주襄州의 것과 같다小者與襄州. 명주明州, 무주婺州의 것이 그 다음이며明州婺州次, 명주明州는 무현鄮縣 유협촌榆筴村에서 나며明州鄮縣生榆筴村, 무주婺州 동양현東陽縣 동백산東白山에서 난 것이 형주荊州의 것과 같다婺州東陽縣東白山與荊州同. 태주台州의 것이 또 그 다음이다台州下. 태주台州 시풍현始豐縣의 적성赤城에서 (차가) 나는데台州始豐縣生赤城者, 흡주歙州의 것과 같다與歙州同.

[강설]

절동차구는 지금 절강성浙江省 중심의 차산지다. 월주越州지역은 차가 생산되지 않는 곳이 없을 정도로 대부분 차밭으로 이루어졌다. 특히 이곳에서 생산한 일주차日鑄茶는 역사적으로 유명하며 송나라 때 초차草茶 즉 잎차 원료로 만든 가루차의 대명사로 자리매김했다. 명주明州의 사명산四明山은 절강성의 4대 명산 중의 하나다. 이곳에는 많은 선禪사찰이 있는데 모두 차를 생산하며 지금의 평수주차平水珠茶가 바로 여기서 만든 것이다. 무주婺州의 차는 모문석의 『다보』에서 거암차擧岩茶로 소개되었으며, 지금은 금화거암金華擧岩으로 불리고 있다. 태주台州의 천태산天台山은 불교의 성지로서 천태종天台宗의 발상지이기도 하다. 청나라 『천태산방외지요天台山方外志要』에 따르면 "예로부터 자응紫凝·위령魏岭·소계小溪 등 차를 가리켜 천태삼품天台三品이라 한다"고 하였다.[829] 그러나 아쉽게도 지금은 생산하지 않고 다만 화정차華頂茶만 그 명성을 이어가고 있다.

---

829 "天台茶有三品, 紫凝·魏岭·小溪是也."

[원문]

黔中검중[830]

生思州、播州、費州、夷州.
  [831]   [832] [833] [834]

생사주、파주、비주、이주.

[국역]

검중黔中지역

(차는) 사주思州, 파주播州, 비주費州, 이주夷州에서 난다生思州播州費州夷州.

[강설]

검중차구는 지금의 귀주고원貴州高原과 사천四川의 일부지역을 가리킨다. 청나라『귀주통지貴州通志』에 따르면 "차는 무천婺川에서 나며 이름을 고수차高樹茶라 한다. …… 색과 맛이 아주 좋다"[835]고 적고 있다. 학계에서는 오늘날 무천지역에서 발견된 야생차나무와 연계해 연구하고 있다. 파주播州는 지금의 귀주성貴州省 준의시遵義市에 속한다.『속준의부지續遵義府志』에는

---

830 黔中: 당나라 '개원십오도開元十五道'의 하나며, 개원 21년(733) 강남도江南道 서부에 속했다. 오늘날 호북성湖北省 서남부지역・호남성湖南省 서부지역・사천성四川省 동남부지역・귀주성貴州省 북부지역 등이 해당된다. 당시의 도청 소재지는 오늘날 사천성四川省의 팽수현彭水縣이다.

831 思州: 당나라 검중군黔中郡에 속해 있으며, 지금의 귀주성貴州省 사주思州다. 송간宋刊『백천학해본百川學海本』에는 '은주恩州'로 되어있으나, 은주는 영남도嶺南道에 속해 있기에 기록이 잘못된 것으로 보여진다.『신당서新唐書』「지리지地理志」에 의하면 "검중군黔中郡에 사주思州가 있다"고 했다.

832 播州: 오늘날 귀주성貴州省 준의遵義 일대.

833 費州: 오늘날 귀주성貴州省 덕강德江 일대.

834 夷州: 오늘날 귀주성貴州省 석천石阡 일대.

835 "茶, 出婺川, 名高樹茶. …… 色味頗佳."

"각 마을에서는 모두 차를 만든다. 준의의 금정산金鼎山에서는 운무차雲霧茶가 난다"고 했다. 비주費州·이주夷州는 지금의 귀주성貴州省 덕강현德江縣 및 석천현石阡縣 일대를 말하며, 예로부터 공차 지정지였다.

[원문]
江南강남⁸³⁷⁾
生鄂州、袁州、吉州.^{838) 839) 840)}
생악주、원주、길주.

[국역]
강남江南지역
(차는) 악주鄂州, 원주袁州, 길주吉州에서 난다生鄂州袁州吉州.

[강설]
강남차구는 지금의 양자강 중류 남쪽 중심의 차산지다. 악주鄂州 경내의 무창산武昌山은 『다경』「칠지사」의 『속수신기續搜神記』에서 나온다. 진무제晋武帝 때 이미 이곳에 총명叢茗이 있다고 했다. 청나라 『무창현지武昌縣志』에서는 이곳의 차는 매우 좋다고 기록되어 있다. 원주袁州의 차는 오대五代 모문석毛文錫의 『다보茶譜』에서 "원주의 계교차界橋茶의 명성은 매우

---

836 "茶, 各屬皆有. 遵義金鼎山産雲霧茶."
837 江南: 당나라 '정관십도貞觀十道'의 하나이며, 양자강 이남에 있기에 붙여진 이름이다. 오늘날 양자강 중부지역의 남쪽지방이며 당시 도청 소재지는 남창南昌이다.
838 鄂州: 오늘날 호북성湖北省 무창武昌 일대.
839 袁州: 오늘날 강서성江西省 의춘宜春 일대.
840 吉州: 오늘날 강서성江西省 길안吉安 일대.

365

높으나 호주湖州의 연고자순研膏紫筍보다는 못하다"고 했다. 원나라 마단림馬端臨의 『문헌통고文獻通考』에서는 "녹영綠英, 금편차金片茶는 원주에서 난다"고 했다. 이곳에서 말하는 원주는 지금의 의춘현宜春縣을 가리킨다. 길주吉州지역의 차는 예로부터 조공품이었으며, 청나라 『길수현지吉水縣志』에 따르면 "이곳에는 송나라 때부터 여러 가지의 공물이 있는데, 차도 그 중의 하나다. 특히 아차芽茶가 해마다 공차로써 중단된 적이 없다"고 기록되어 있다.

[원문]

嶺南영남

生福州、建州、韶州、象州. 福州生閩縣方山之陰縣也.

생복주、건주、소주、상주. 복주생민현방산지음현야.

---

841 "袁州界橋, 其名甚著, 不若湖州之研膏紫筍."

842 "綠英、金片出袁州."

843 "吉州 …… 在宋貢茶、藤、紵布 …… 惟茶芽歲貢不絶."

844 嶺南: 당나라의 '정관십도貞觀十道'와 '개원십오도開元十五道'의 하나며, 오령五嶺의 남쪽에 있기에 붙여진 이름이다. 오늘날 광동성廣東省·광서성廣西省 등지를 말한다. 당시 도청 소재지는 광주廣州다.

845 福州: 오늘날 복건성福建省 민후閩侯 일대.

846 建州: 오늘날 복건성福建省 건강建江 일대. 『신당서新唐書』「지리지地理志」에 의하면 당시의 복주福州, 건주建州는 영남도嶺南道에 속하지 않고, 강남도江南道의 동도東道에 속해 있다.

847 韶州: 오늘날 광동성廣東省 곡강曲江 일대.

848 象州: 오늘날 광서성廣西省 상현象縣 일대.

849 福州生閩縣方山之陰縣也: 『당인설회본唐人說薈本』, 『고금도서집성본古今圖書集成本』, 『정충본鄭熜本』에만 이 주를 달아 부연 설명하고 있다.

[국역]

영남嶺南지역

(차는) 복주福州, 건주建州, 소주韶州, 상주象州에서 난다生福州建州韶州象州. 복주福州에서는 민현閩縣 방산方山의 음현陰縣에서 난다福州生閩縣方山之陰縣也.

[강설]

영남차구는 지금의 복건성福建省·광동성廣東省·광서성廣西省 및 인근 국가인 월남越南 북부지역 등 차산지를 말한다. 복주福州는 당나라 때부터 공차지역이였으며, 오대五代 모문석毛文錫의 『다보茶譜』에 "복주의 백암차 柏岩茶가 아주 좋다"[850]라는 기록이 있다. 명나라 『복주부지福州府志』에 따르면 "백암차는 토산 공물차로써 복주부福州府에 기록되어 있고 당나라 때부터 조공하였다"[851]고 했다. 건주建州의 건차建茶는 당나라 정원貞元(785~805) 연간에 건주자사建州刺史인 상곤常袞이 최초로 만들었다고 한다. 송나라에 이르러 북원차北苑茶로 이름을 떨쳤고 오늘날 무이암차武夷岩茶로 알려져 그 명성을 이어가고 있다. 『숭안현신지崇安縣新志』에 따르면 "무이차는 당나라 때에 비롯되어 송나라, 원나라 때 가장 흥성했다. 명나라 때는 잠시 주춤했지만 청나라에 들어와 다시 부흥되어 오늘날까지 그 명성이 이어지고 있다"[852]고 적고 있다. 상주象州의 차는 민국民國시대 『상현지象縣志』에 따르면 "상주지역의 환경은 차 재배하기가 알맞다. 육우의 『다경』에 기록되어 있는 것으로 보아 허구는 아닌 듯싶다. 이곳에서 생산된 차의 색향미가 탁월해 다른 지역의 명종名種보다 전혀 뒤떨어지지 않는다"[853]고 기록되어 있다.

---

850 "福州柏岩極佳."

851 "柏岩茶, 土貢, 福州府, 唐茶."

852 "始於唐、盛於宋、元、衰於明、而復興於淸."

853 "象地宜茶, 載於陸羽『茶經』, 洵非虛構. 蓋本縣境內, 皆可種茶, 而所産茶葉, 以色香味三

[원문]

其思、播、費、夷、鄂、袁、吉、福、建⁽⁸⁵⁴⁾、韶、象十一州未詳, 往往得
기사、파、비、이、악、원、길、복、건、소、상십일주미상, 왕왕득
之, 其味極佳.
지, 기미극가.

[국역]

그 사주思州・파주播州・비주費州・이주夷州・악주鄂州・원주袁州・길주
吉州・복주福州・건주建州・소주韶州・상주象州 등 11주에 대해서는 모르나
其思播費夷鄂袁吉福建韶象十一州未詳, 가끔 얻어 맛 보았더니往往得之, 그 맛이
아주 뛰어나다其味極佳.

[강설]

육우는 답사로 얻은 차산지의 지식을 『다경』에 상세히 기록했다. 그러나 그는 가보지 않은 11개의 산지에 대해서는 모른다고 했다. 이를 두고 후세의 채양蔡襄(1012~1067)은 『다록茶錄』에서 "그 옛날 육우는 『다경』에서 건안차建安茶에 대해 등급을 매기지 않았다"⁽⁸⁵⁵⁾고 했다. 특히 황유黃儒는 『품다요록品茶要錄』에서 "육우는 복건에 대해 자세히 모른다고 했다. 그러나 복건차를 가끔 얻어 마셔보았더니 맛이 아주 좋다고 말했다. 이를 보아 육우는 건안에 가보지 않은 것이 아닐까?"⁽⁸⁵⁶⁾하며 우회적으로 육우를 비판했다.

者言之, 室不讓各地名種."

854 建: 『당인설회본唐人說薈本』, 『고금도서집성본古今圖書集成本』, 송간宋刊 『백천학해본
百川學海本』, 『사고전서본四庫全書本』에의 '건建'자 뒤에 '천泉'자가 붙어있다.

855 "昔陸羽『茶經』, 不第建安之品."

856 "又論福建爲未詳, 往往得之, 其味極佳, 由是觀之, 鴻漸未嘗到建安歟?"

오늘날 중국의 대표적인 차 중에는 복건성의 무이암차武夷岩茶, 철관음鐵觀音, 봉황단총鳳凰單欉과 복정대백차福鼎大白茶 그리고 운남성의 보이차普洱茶 등이 있다. 이들 산지에 대해 육우가 답사하지 않았던 것이 실로 아쉽다고 얘기하지 아니 할 수가 없다. 물론 당시 운남성은 당나라 강역에 편입되지 않은 남조국南詔國이라는 독립국이었기에 불가능한 측면도 있다. 그러나 육우는 "아는 것을 안다고 하고 모르는 것을 모른다고 하는 것, 이것이 아는 것이다"라는 공자의 가르침에 따라 자기 자신을 속이지 않았다. 오늘날 지식에 대한 과시욕으로 모르는 것도 아는 것처럼 자신을 속이는 우리들의 자화상을 보며 가슴 깊이 새겨들어야 대목이다.

---

857 "知之爲知之, 不知爲不知是知也."

茶産地區 (茶經·現在地域)		等級 (茶經)	茶産州·郡 (茶經)	茶産縣·嶺 (茶經)	오늘날의 行政區域	他茶産地比較 (茶經)	唐代名茶	備考 (茶經)
山南	오늘날의 四川省의 嘉陵江流域以東 陝西省의 秦嶺 甘肅省의 蟠冢山以西 河南省의 扶牛山以西 湖北省의 鄖水以西 邑 四川省 重慶市부터 湖南省 岳陽 사이의 長江以北지역	上	峽州	遠安 宜都 夷陵	湖北 宜昌		峽州碧澗茶 芳蕊茶 茱萸茶 明月茶 夷陵小江源茶 夷陵茶	
		次	襄州	南漳縣	湖北 宜昌		襄州茶	
			荊州	江陵縣	湖北 荊州		仙人掌茶	
		下	衡州	衡山 茶陵	湖南 衡陽 湖南 湘潭		石廩茶 衡山團餠 衡山玉團	
		又下	金州	西城 安康	陝西 安康		紫陽茶 金州芽茶	
			梁州	襄城 金牛	陝西 漢中		西鄕月團茶 梁州茶	
淮南	오늘날의 淮河以南 長江以北지역이며 서쪽으로는 湖北省의 應山 漢陽一帶 河南省의 東南部 지역까지	上	光州	光山縣 黃頭港	河南 新陽	峽州同	光山茶	
		次	義陽郡	義陽縣 鐘山	河南 新陽	襄州同	義陽茶	
			舒州	太湖縣 潛山	安徽 安慶	荊州同	舒州茶	
		下	壽州	盛唐縣 霍山	安徽 六安	衡山同	霍山小團 六安茶 小峴春 霍山天柱茶 霍山黃芽	
		又下	蘄州	黃梅縣山合	湖北 黃岡	荊州	蘄門團黃	
			黃州	麻城縣山合	湖北 黃岡	梁州同	黃岡茶	

[八之出 表]

茶產地區 (茶經·現在地域)	等級 (茶經)	茶產州·郡 (茶經)	茶產縣·嶺 (茶經)	오늘날의 行政區域	他茶產地比較 (茶經)	唐代名茶	備考 (茶經)
오늘날의 江蘇省의 長江以南 茅山以東 과 浙江省의 新安江以北지역 浙西	上	湖州	長城縣 顧渚山谷 山桑 儒師二寺 白茅山 懸脚嶺 鳳亭山 伏翼閣 飛雲 曲水二寺 啄木嶺	浙江 嘉興	峽州 光州同 襄州 荆南 義陽郡同 壽州 常州同		
	次	常州	安吉 武康 二縣 山谷 義興縣 生君山 懸脚嶺 北峰下 圈嶺 善權寺 石亭山	江蘇 鎮江	金州 梁州同 荆州 義陽郡同	常州宜興茶 陽羨紫笋	
		宣州	宣城縣 雅山 太平縣 生上睦 臨睦	安徽 蕪湖 安徽 徽州	舒州同 蕲州同 黃州同	瑞草魁	
	下	杭州	臨安 於潛二縣 生天目山 錢塘 生天竺 靈隱二寺	浙江 杭州	舒州同	徑山茶 靈隱茶 天竺茶 天目茶	
		睦州	桐廬縣山谷	浙江 杭州		鳩坑茶 睦州細茶	
		歙州	婺源山谷	江西 上饒	衡州同	黎源先春含膏 婺源方茶	
	又下	潤州	江寧縣 生傲山	江蘇 南京		潤州茶	
		蘇州	長州縣 生洞庭山	江蘇 蘇州	金州 蘄州同 梁州同	洞庭山茶	

茶產地區(茶經・現在地域)	等級(茶經)	茶產州・郡(茶經)	茶產縣・嶺(茶經)	오늘날 行政區域	他茶產地比較(茶經)	唐代名茶	備考(茶經)
劍南 / 오늘날 四川省 沿江流域以東 大渡河流域以北 曲江 南盤江以東 雅礱江下流以西 貴州省水域 普安江以西 및 甘肅省 文縣 일대	上	彭州	九隴縣馬鞍山 至德寺 棚口	四川 溫江	襄州同	堋口茶 彭州石花 仙崖茶	
	次	綿州	龍安縣生松嶺關 西昌 昌明 神泉縣西山者 過松嶺者	四川 綿陽	荊州同	神泉小團 昌明茶 騶目茶 綿州茶 騎火茶	並佳 / 不堪採
		蜀州	青城縣 青城縣丈人山	四川 溫江	綿州同	味江茶 麥顆 片甲 蟬翼 橫牙 雀舌 鳥嘴	
	下	邛州		四川 溫江		火番茶 火井茶	
		雅州	百丈山 名山	四川 雅安	金州同	蒙頂茶 蒙頂壓膏露芽 蒙頂井東茶 蒙頂白花	
		瀘州	瀘川	四川 宜賓		瀘川茶	
	又下	眉州	丹棱縣 生鐵山	四川 樂山	潤州同	峨眉雪芽 峨眉茶 五花茶	
		漢州	綿竹縣 生竹山	四川 綿陽		趙坡茶	

茶産地區 (茶經·現在地域)		等級 (茶經)	茶産州·郡 (茶經)	茶産縣·嶺 (茶經)	오늘날의 行政區域	他茶産地比較 (茶經)	唐代名茶	備考 (茶經)
浙東	오늘날의 浙江省의 甌江流域과 浦陽江流域以東지역	上	越州	餘姚縣 生瀑布泉嶺 曰仙茗 大者殊異	浙江 寧波	小者與襄州同	瀑布嶺仙茗	
		次	明州	鄮縣 生榆莢村	浙江 寧波	荊州同	明州茶	
			婺州	東陽縣 東白山	浙江 金華		東白茶 鬐岩茶 婺州方茶	
		下	台州	始豐縣 生赤坡者	浙江 臨海	歙州同		
黔中	오늘날의 貴州高原 및 四川의 일부지역		思州		貴州 銅仁 四川		思州茶 黎川高樹茶	
			播州		貴州 遵義		播州生黄茶	
			費州		貴州 銅仁		費州茶	
			夷州		貴州 銅仁		夷州茶	
江南			鄂州		湖北 黃石市 咸寧			
			袁州		江西 宜春		界橋茶	
			吉州		江西 井岡山		吉州貢茶 吉安茶	

[八之出表]

373

茶産地區 (茶經·現在地域)	等級 (茶經)	茶産州·郡 (茶經)	茶産縣·嶺 (茶經)	오늘날의 行政區域	他茶産地比較 (茶經)	唐代名茶	備考 (茶經)
嶺南 오늘날의 福建省 廣東省 廣西省 대부분 지역 및 越南 북부지역		福州		福建 福州		福州正黃茶 柏岩茶 唐茶 方山露芽金餅	福州生閩縣 方山之陰縣也
		建州		福建 建陽		建州大團 蠟面茶	
		韶州		廣東 韶關		嶺南茶 韶州生黃茶	
		象州		廣西 柳州		象州茶	
十一州 未詳		思 播 費 夷 鄂 袁 吉 福 建 韶 象					往往得之 其味極佳

본 표에 명시된 唐代의 名茶는 唐代文獻 중 李肇의 『國史補』(825년 견주), 楊嘩의 『膳夫經手錄』(856년), 毛文錫의 『茶譜』(935년 견주)에서 발췌한 내용이다.

오늘날 차 분류의 관점으로 당나라 때의 차는 녹차계열이다. 중국은 예로부터 싹으로 만든 차를 최고로 삼았다

최근 중국은 판다 배설물 퇴비로 재배한 차로 만든 '판다생태녹차'를 개발해 고가로 판매하고 있다

무이암차는 중국 대표차의 하나로서 줄기형태로 만든 오룡차다

철관음은 중국 대표차의 하나로서 반구형으로 만든 오룡차다

2000년에 들어와 운남보이차는 중국 차의 새 아이콘으로 등장해 선풍적인 인기를 누리고 있다

근래 줄기 형태의 정통 백차를 덩어리로 압제해 '신공예新工藝'라 하여 운남 보이차처럼 저장해 '노차老茶'를 마시는 것이 유행하고 있다

375

구지략

「구지략」은 차생활에서 상황에 따라 차구와 차기를 생략할 수 있다는 것을 다루고 있다.
　「구지략」의 '약略'은 생략의 뜻을 지닌다. 육우는 이 장에서 병차를 만드는데 상황에 따라 해당 차구와 공정을 생략할 수 있으며, 차를 즐기는 자리라면 이 역시 상황에 따라 해당 차기를 생략할 수 있다고 했다. 그러나 마음을 수행하기 위한 찻자리라면, 사소한 차기일지라도 소홀하게 다뤄서는 안 되며, 그럴 경우 그 찻자리는 폐할 수 있다는 것을 말하고 있다.

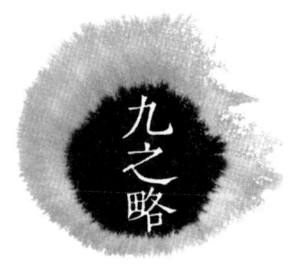

[원문]

其造具, 若方春禁火之時, 於野寺山園, 叢手而掇, 乃蒸, 乃舂, 乃
기조구, 약방춘금화지시, 어야사산원, 총수이철, 내증, 내용, 내

炙, 以火乾之, 則又棨、撲、焙、貫、棚、穿、育等七事皆廢.
적, 이화건지, 즉우계、박、배、관、붕、천、육등칠사개폐.

---

858 造具: 제차製茶할 때 필요한 차구茶具를 말한다.

859 禁火: 한식寒食 곧 청명淸明을 말한다. 진晉나라 문공文公의 충신인 개자추介子推가 불에 순직하자, 이날은 불을 금해서 '한식'이라 했다.

860 叢手: 많은 일손을 뜻한다.

861 掇: 송간宋刊 『백천학해본百川學海本』에는 '절椊'자로 되어 있다.

862 炙: 『서탑사본西塔寺本』에는 '적炙'자로 되어 있고, 『고금도서집성본古今圖書集成本』, 『완위산당설부본宛委山堂說郛本』, 『함분루설부본涵芬樓說郛本』에는 '복復'자로 되어 있고, 『주소원본竹素園本』에는 '박拍'자로 되어 있다. 일부 간본에는 '양煬'자로 되어 있다.

863 撲: 송간宋刊 『백천학해본百川學海本』에는 '박樸'자로 되어 있다.

864 棚: 송간宋刊 『백천학해본百川學海本』에는 '상相'자로 되어 있다.

865 七事: 해당되는 일곱 가지의 가공공정을 말한다.

866 廢: 폐한다의 뜻이나 여기에서는 생략할 수 있다는 뜻을 담고 있다.

[국역]

그 (병차를) 만드는 차구茶具에서其造具, 만약 봄에 불을 금할 때인 한식절寒食節에若方春禁火之時, 벌판의 절간이나 동산에서於野寺山園, 일손을 모두 모아 (찻잎을) 따고叢手而掇, 찌고, 찧고, 굽고乃蒸乃舂乃炙, 이를 (바로) 불에 말리면以火乾之, 곧 계棨·박撲·배焙·관貫·붕棚, 천穿·육육育 등 일곱 가지의 공정은 모두 생략할 수 있다則又棨撲焙貫棚穿育等七事皆廢.

[강설]

오늘날 차우리는 기구를 차구茶具 또는 차기茶器라 부르지만, 이 용어를 처음 만든 육우의 뜻은 달랐다. 육우는 차를 만드는데 사용하는 기구를 '차구'라 하고, 차를 마시는데 쓰이는 기구를 '차기'라 불렀다. 곧 차기와 차구는 쓰임새에 따라 명칭이 달랐다는 것이다.

육우는 「이지구二之具」에서 병차를 만드는데 필요한 열아홉 가지 차구를 열거하였다. 찻잎을 담는 기구인 영籯, 찻잎을 찌는 기구인 조竈·부釜·증甑·비莩·곡목지穀木枝, 익은 찻잎을 문드러질 수 있게 필요한 기구인 저杵·구臼, 모양을 만드는데 필요한 기구인 규規·승承·첨檐, 그리고 병차를 널거나 운반하는 기구인 비리芘莉·박撲, 구멍을 내는데 필요한 기구인 계棨, 병차를 건조하는데 필요한 기구인 배焙·관貫·붕棚과 병차를 꿰는데 사용하는 기구인 천穿과 차를 저장 양육하는 기구인 육育 등이 있다.

「오지자五之煮」에서는 세 가지의 차를 만드는 방법을 논했다. 하나는 열아홉 가지 차구 전체를 이용한 이른바 '채採·증蒸·도搗·박拍·배焙·천穿·봉封' 칠경목七經目으로 말리는 '화건법火乾法' 또 하나는 칠경목 중 건조 방법을 햇볕으로 말린 '일건법日乾法', 그리고 즉석에서 만든 차를 바로 마실 수 있는 '즉건법卽乾法' 등이다.

찻잎을 따는 시기는 음력 2~4월 사이다. 이른 봄에 찻잎을 따 즉석에서 차를 만들어 바로 마시는 것이 즉건법卽乾法이다. 이 경우 차는 저장하지 않으므로 구멍을 뚫을 필요가 없다. 따라서 구멍을 내는 송곳인 계棨, 꿰미인 천穿과 차를 보관·관리하는 장육기藏育器인 육육育 등 관련 차구들은 생략할 수가 있다. 또한 이 경우 병차의 건조는 풍로의 불로도 충분하므로 여기에 해당되는 아궁이인 배焙, 꿰뚫개인 관貫, 선반인 붕棚 등 차구도 생략할 수 있다고 했다.

[원문]

其煮器867), 若松間石上可坐, 則具列廢. 用槁薪、鼎鑢868)之屬, 則風爐、灰
기자기, 약송간석상가좌, 즉구열폐. 용고신, 정력지속, 즉풍로, 회
承、炭檛、火筴、交床等廢. 若瞰泉869)臨澗, 則水方、滌方、漉水囊廢.
승, 탄과, 화협, 교상등폐. 약감870)천임간, 즉수방, 척방, 녹수낭폐.
若五人已下, 茶可末871)而精者, 則羅872)廢. 若援藟873)躋874)巖, 引絙875)入洞, 於山
약오인이하, 다가말이정자, 즉나폐. 약원류제암, 인환입동, 어산
口炙而末之, 或紙包合貯, 則碾、拂末等廢. 旣瓢、盌、筴、札、熟盂、
─────

867 煮器: 차 끓이는데 필요한 차기茶器.
868 鼎鑢: 세 발 달린 솥이다. 솥 아래 부분에 불을 피울 수가 있어 풍로 역할을 한다. 『고금도서집성본古今圖書集成本』, 『정총본鄭熜本』, 『백천학해본百川學海本』, 『사고전서본四庫全書本』에의 '역鑢'은 '역櫪'자로 되어 있다.
869 筴: 『의홍당본儀鴻堂本』에는 '협夾'자로 되어 있다.
870 瞰泉: '감瞰'은 몸을 굽혀서 아래를 내다본다는 뜻이며, 이곳에서는 샘물 근처를 말한다.
871 末: 『서탑사본西塔寺本』, 『당인설회본唐人說薈本』, 『고금도서집성본古今圖書集成本』, 『정총본鄭熜本』에는 '미味'자로 되어 있다.
872 羅: 『서탑사본西塔寺本』, 『완위산당설부본宛委山堂說郛本』, 『함분루설부본涵芬樓說郛本』에는 '나합羅合'으로 되어 있다.
873 藟: 등줄기.
874 躋: 오르다.
875 絙: 굵은 밧줄.

구적이말지, 혹지포합저, 즉연、불말등폐. 기표、완、협、찰、숙우、
鹺簋悉以一筥盛之, 則都籃廢.[876]
차궤실이일거성지, 즉도람폐.

[국역]

그 (병차를) 끓이는 차기茶器에서其煮器, 만약 소나무 사이의 바위 위에 (사람이) 앉을 수 있다면若松間石上可坐, 곧 구열具列을 생략할 수 있다則具列廢. 마른 섶나무와 정력鼎䥶이 있다면用槁薪鼎䥶之屬, 곧 풍로風爐・회승灰承・탄과炭檛・화협火筴・교상交床 등을 생략할 수 있다則風爐灰承炭檛火筴交床等廢. 만약 (찻자리가) 샘물이나 계곡 근처이면若瞰泉臨澗, 곧 수방水方・척방滌方・녹수낭漉水囊 등을 생략할 수 있다則水方滌方漉水囊廢. 만약 사람이 5명 이하이고若五人已下, 차가 가루로 내어져 잘 정제된 것이라면茶可末而精者, 곧 나라를 생략할 수 있다則羅廢. 만약 험준한 산에 올라若援藟躋巖, 덩굴밧줄을 의지하여 동굴 안에 들어가引絚入洞, (차를 마시면) 산의 어귀에서 (병차를) 구워 가루로 만들고於山口炙而末之, (이를) 혹은 종이로 싸거나 합합에 저장할 수 있다면或紙包合貯, 곧 연碾・불말拂末 등을 생략할 수 있다則碾拂末等廢. 처음부터 표瓢・죽협竹筴・찰札・완盌・숙우熟盂・차궤鹺簋 등을 모두 하나의 거筥에 담을 수 있다면既瓢盌筴札熟盂鹺簋悉以一筥盛之, 곧 도람都籃을 생략할 수 있다則都籃廢.

[강설]

육우는 「사지기四之器」에서 차를 끓이고 마시는 차기를 서른한 가지나 열거했다. 물 끓이는데 필요한 풍로風爐・회승灰承・복鍑, 불 지피는데 필요

---

876 鹺: 송간宋刊 『백천학해본百川學海本』에는 '차醝'자로 되어 있다.

한 거둠·탄과炭檛·화협火筴, 물을 거르는 차기인 녹수낭漉水囊과 이를 수납하는 녹유낭綠油囊, 물통인 수방水方, 차기를 진열하고 수납에 관련된 교상交床·분쇄·지파紙帕·구열具列·도람都籃, 병차를 굽고 저장하는데 필요한 협火·시낭紙囊, 병차를 가루로 내는데 필요한 연碾·불말拂末·나羅·합合, 차 끓이고 만드는 데에 필요한 차기인 차궤鹺簋·게게·표瓢·칙則·죽협竹筴·숙우熟盂, 차 마시는데 필요한 완盌, 청결을 유지하는데 필요한 건巾·척방滌方·재방滓方·찰札 등이 있다.

육우는 야외에서 즐기는 찻자리는 상황에 따라 차기를 생략할 수 있다고 했다. 예를 들면, 소나무 숲속의 바위 위에 앉을 수 있는 공간이 있다면, 차기 전체를 진열하는 구열具列을 생략할 수 있다. 풍로와 한 몸이 되는 세 발 달린 솥인 정력鼎䥵이 있다면 풍로의 역할이 필요치 않아 여기에 해당되는 차기인 풍로, 재받이인 회승灰承, 숯가르개인 탄과炭檛, 부젓가락인 화협火筴 등이 필요가 없고, 솥을 받쳐주는 교상交床도 생략할 수가 있다. 만약 계곡 근처에서 차를 끓인다면 물통인 수방水方, 개숫물통인 척방滌方, 물 거르는 자루인 녹수낭漉水囊 등의 차기들이 필요가 없다. 만약 찻자리에 사람이 적고 가루차를 잘 정제한 것이라면 체인 나羅도 필요가 없다. 또한 험준한 산에 올라가서 차를 마실 경우 먼저 동굴 입구에서 병차를 구워 가루로 내어 종이에 싸거나, 합合에 담도록 한다. 이럴 경우 가는 연碾, 가루털개인 불말拂末 등 차기를 생략할 수가 있다. 여러 잡동사니 차기들을 모두 하나의 대광주리인 거둠에 담을 수 있다면 구태여 모듬바구니인 도람都籃을 가져갈 필요가 없다고 했다.

[원문]
但城邑之中, 王公之門, 二十四器闕一, 則茶廢矣.
단성읍지중, 왕공지문, 이십사기궐일, 즉다폐의.

[국역]

그러나 도시[城邑] 속의但城邑之中, 왕공 가문에서王公之門, (차를 마실 때) 스물네 가지의 차기茶器 중 하나만 빠져도二十四器闕一, 그 찻자리는 폐하기 십상이다則茶廢矣.

[강설]

차문화는 예로부터 두 가지 형태로 존재한다. 인문문화의 철학과 자연문화의 과학이다. 형이상학形而上學의 '도道'란 사물에 사유와 철학을 반영하는 것에 의미를 두는 반면 형이하학形而下學의 '기器'는 기물의 사실적 자체만 보고 논하는 것에 뜻을 두고 있다.

"형이상학은 도요, 형이하학은 기다", 『역경易經』에 나오는 말이다.[877] 그래서 예로부터 차의 인문문화를 형이상학인 '도道', 자연문화를 형이하학인 '기器'에 비유하고 있다. 이는 곧 마음을 수행하기 위한 매개체로 삼는 차는 '도道'요, 단순한 기호음료로서 마시는 차는 '기器'라는 것이다.

육우는 무엇에 얽매이지 않고, 단순한 마실 거리의 차는 상황에 따라 일부의 차기를 생략할 수 있다고 얘기한다. 그러나 형이상학의 도를 추구하는 찻자리의 근간은 지성至誠이기에 사소한 것도 소홀히 해서는 안 되며, 차상茶床 하나, 차칙茶則 하나 심지어 차건茶巾 하나라도 그 소중함을 잃으면, 가고자 하는 '도道'의 목적도 그저 공허한 메아리일 뿐 그 찻자리 또한 폐할 것이라고 했다. 육우가 내뱉은 '차도茶道'에 대한 일갈一喝이다. 여기서의 "성읍지중城邑之中, 왕공지문王公之門"이란 차를 기호로 마시는 '기'의 상대적 개념인 '도'의 찻자리다.

『중용』은 "사람이 타고나는 것을 본성이라고 하며, 타고난 본성대로

---

877 "形而上學曰道, 形而下學曰器."

잘 행하는 것이 도道다. 도를 지켜 나가기 위해 힘쓰는 것이 가르침"이라고 했다. 육우는 인간의 생명과 인륜도덕 그리고 인생철학의 깊이를 차를 통해 어떠한 해결점에 도달할 수 있도록 『다경』에서 가르치고 있다.

『다경』의 첫 머리에서 "차나무는, 남쪽지방에서 자라는 상서로운 나무다"[879] 그리고 "스물네 가지의 차기 중 하나만 빠져도, 그 찻자리는 폐하기 십상이다"까지의 마지막 문구는 모두 차를 형이상학적인 식물로 표현하고 있다.

차의 정신을 가장 분명하게 담아 놓은 책이 『다경』이다. 이 책에서 우리가 기억해야 할 몇 가지 중요한 정신이 녹아 있다. 그 첫째는 '검박'이요, 둘째는 '지성'이다. 그래서 육우는 『다경』에서 "상서로운 나무에서 자란 차는 … … 마음을 정화하는데 쓰이며, 그 근간에는 지성과 검박이 있다"는 메시지를 시종일관始終一貫 우리에게 전한 것이다.

『다경』은 3편 10장으로 만들어졌으나 차에 대한 실질적인 이야기는 9장에서 끝난다. 그리고 남은 10장에서는 독서의 방법을 논하고 있다.

---

878 "天命之謂性, 率性之謂道, 脩道之謂敎."
879 "茶者, 南方之嘉木也."

원문		의미	비고
其造具			
若方春禁火之時 於野寺山園 叢手而掇 乃蒸 乃舂 乃炙 以火乾之	棨 撲 焙 貫 棚 穿 育 等 七事皆廢	상황에 따라 생략할 수 있는 차구	
其煮器			
松間石上可坐	則具列廢	상황에 따라 생략할 수 있는 차기	형이하학의 찻자리
用槁薪 鼎鑼之屬	則風爐 灰承 炭檛 火夾 交床等廢		
若瞰泉臨澗	則水方 滌方 漉水囊廢		
若五人以下 茶可末而精者	則羅廢		
若援藟躋巖 引絙入洞 於山口炙而末之 或紙包合貯	則碾 拂末等廢		
既瓢 盌 夾 札 熟盂 鹺簋 悉以筥盛之	則都籃廢		
城邑之中 王公之門 二十四器闕一	則茶廢矣	찻자리의 원칙	형이상학의 찻자리

육우는 무엇에 얽매이지 않고 단순한 마실 거리의 차는 상황에 따라 일부의 차기茶器를 생략할 수 있다고 했다. 오늘날을 보면 야외에서 즐기는 차 또는 들차회 같은 찻자리가 여기에 해당된다

육우는 형이상학의 '도道'를 추구하는 찻자리의 근간은 지성이기에 사소한 것도 소홀히 해서는 안 되며, 차상茶床 하나, 차칙茶則 하나 심지어 차건茶巾 하나라도 그 소중함을 잃으면, 가고자 하는 '도道'의 목적도 그저 공허한 메아리일 뿐 그 찻자리 또한 폐할 것이라고 했다

십지도

「십지도」는 앞의 9장 내용을 익히는 방법을 다루고 있다.
　「십지도」의 '도圖'는 걸어놓는 족자를 말한다. 즉 흰 비단에 앞의 9장 내용을 나누어 적어 족자를 만들어 곁에 걸어놓고, 이를 수시로 눈여겨보면 모든 내용들이 기억될 것이라며 『다경』을 익히는 방법에 대해 설명해주고 있다.

[원문]

以絹素或四幅或六幅, 分布寫之, 陳諸座隅, 則茶之源、之具、之造、
이견소혹사폭혹육폭, 분포사지, 진제좌우, 즉다지원、지구、지조、
之器、之煮、之飮、之事、之出、之略目擊而存, 於是『茶經』之
지기、지자、지음、지사、지출、지략목격이존, 어시『다경』지
始終備焉.
시종비언.

---

880 絹素: 흰 비단. 당나라 규정에 따르면 직물의 한 폭幅은 1자 8촌이다.
881 座隅: 앉는 자리의 곁.
882 目擊: 눈여겨보다.
883 始終: 처음부터 끝까지, 곧 『다경』에 관한 모든 내용을 말한다.

[국역]

(앞의 내용을) 네 폭이나 여섯 폭의 흰 비단에以絹素或四幅或六幅, 나누어 적고分布寫之, 찻자리 곁에 여러 곳에 걸어놓으면陳諸座隅, 곧 차의 근원[茶之源]·차구[茶之具]·제조법[茶之造]·차기[茶之器]·끓이기[茶之煮]·마시기[茶之飮]·옛일[茶之事]·산지[茶之出]·차구와 차기의 생략[茶之略] 등을 눈여겨봄으로써 기억하게 되며則茶之源之具之造之器之煮之飮之事之出之略目擊而存, 어느덧 『다경』의 모든 내용들이 갖추어지게 될 것이다於是茶經之始終備焉.

[강설]

『사고전서총목四庫全書總目』에 "여기서 말한 그림은 실은 위 9장의 내용을 흰 비단에 나뉘어 쓴 것을 말하며, 따로 그림이 있는 것은 아니다. 그 종류는 열 가지를 말하나 기실 9종류의 글자다"라 하여 「십지도」는 그림이 아니라 글이라는 것을 말한다.

『다경』의 내용은 3편 10장, 약 7천여 자로 구성되어 있다. 내용 전체를 이해하고 익힌다는 것은 쉬운 일이 아니다. 육우는 이 장에서 책의 내용을 익히는 방법에 대해 조언하고 있다.

근세기 로빈슨H. M. Robinson은 독서의 과정을 'SQ3R'방법이라 정의를 내리면서 훑어보기Survey·질문하기Question·자세히 읽기Read·되새기기Recite·다시보기Review 등 다섯 단계로 나누고 있다. 육우는 족자에 내용을 적어 찻자리 곁에 걸어 두고, 로빈스의 독서과정처럼 지금까지 읽은 모든 내용들을 살펴보면서 능동적으로 탐색하는 되새기기와 다시보기를 강조하고 있다. 독서의 궁극적인 목표는 글 내용의 이해와 학습에 있다. 그런데도

---

884 "其曰圖者, 乃謂統上九類寫絹素張之. 非別有圖, 其類十, 其文實九也."

이 목표를 제대로 성취하지 못하는 것은 효과적인 학습을 일궈내지 못하기 때문이다. "글을 백 번 읽으면 뜻이 저절로 나타난다"[885]라는 격언이 있다. 즉 열심히 학문을 연마하다 보면 뜻하는 바가 저절로 이루어진다는 의미다.

대나무 싹을 땅에 심으면 4~5년, 때로는 더 긴 세월 지나도 대나무는 아무런 변화가 일어나지 않는다. 물을 주고 거름을 주고, 또 물을 주고 거름을 주지만 그 어떠한 변화도 일어나지 않는 것이 대나무의 성장규율이다. 그러나 약 5년쯤 지나면 6주 만에 대나무는 깜짝 놀랄 만하게 20~30미터로 자라나게 된다. 하루 만에 90센치나 자랄 수 있다고도 한다. 공부도 이와 같이 긴 시간 동안 겉으로는 아무런 변화가 없어도 어느 날 갑자기 폭발적으로 느는 것이 지식의 성장규칙이다.

성실함이야말로 학문의 첫번 째 원칙이다. 사서四書 가운데 하나인『중용中庸』에서는 배움의 '성誠'을 실현하기 위한 구체적인 방법을 제시하고 있다. 첫째는, '박학博學, 심문審問'이다. 즉 널리 배우고, 자세히 물어야 한다. 둘째는, '신사愼思, 명변明辨'이다. 즉 신중하게 생각하고 사리를 명확히 분별해야 한다. 마지막은, '독행篤行'이다. 즉 배워서 알고 터득한 지식과 지혜를 독실하게 실행하는 것이다.

차생활은 온고지신을 수련해가는 과정이다. 지식이 지식 그 자체로만 머무른다면 '산 지식'이 되지 못함을 육우는 경계하고 있다. 따라서 온고지신은 새로운 것의 창출을 위한 밑거름이며 인간다움이 무엇인지에 대한 유효적절한 통찰이기도 하다.

한편『대학大學』에서는 '물유본말物有本末 사유종시事有終始'이라는 말이 있다. 즉 사물에는 근본과 말단이 있고, 시작은 마침을 잘 이뤄내야 아름답

---

885 "讀書百遍意自現."

다는 뜻이다. 여기의 '본本'은 나무 밑에 있는 무엇을 나타내는 글자로 뿌리를 의미하며, '말末'은 나무의 윗부분에 있는 무엇인가를 표현한 글자다. 이것은 뿌리가 튼튼해야 나무가 튼튼하니 뿌리에 공을 많이 들여야 한다는 의미다. 이어진 '지소선후知所先後 즉근도의則近道矣'라는 말은, 일에는 시작과 마침이 있으니 먼저 할 일과 나중에 할 일을 가릴 줄 알아야 바로 '도道'에 가까워지는 길이라 했다. 육우는 이러한 공부의 방법을 「십지도十之圖」에서 밝힘으로써 『다경』의 내용을 마무리한 것이다.

그렇다면 육우는 『다경茶經』 3편 10장의 글을 쓰면서 우리에게 전달고자 하는 화두話頭가 무엇일까? 「육지음六之飮」에서 육우는 "사람은 목이 마르면 물을 마시고, 정신의 혼매함을 깨우치려면 차를 마셔라"고 하여, 차는 목이 말라 마시는 물이 아니라는 것을 우리에게 가르치고 있다. 육우는 차 마심의 이유를 각 장마다 유학적 관점에서 곳곳에 치밀하게 세공했다. 유학에서 최고 경지에 오른 개인 수신법修身法이 '허정무위虛靜無爲'를 가르키는 '신독愼獨'이다. 『원유부遠遊賦』에서 "아득히 텅 비어 고요하니 평안하여 즐겁고漠虛靜而恬愉, 담박하게 무위無爲하니 절로 얻음이 있다淡無爲而自得", 『중용中庸』은 "고요한 뒤에야 능히 안정이 되며靜而後能安, 안정된 뒤에야 능히 생각할 수 있고安而後能慮, 깊이 사색한 뒤에야 능히 얻을 수 있다慮而後能得"고 했다. "홀로 있을 때에도 도리에 어긋남이 없이 행동하라君子慎其獨也" '신독愼獨'의 풀이다. "나를 속지 않는 참된 마음으로 삶의 진실을 찾고 또 찾는다" '신독'의 또 다른 풀이다.

『다신전茶神傳』에서 말한다. "홀로이 마시는 차, 신신의 경지에 이른다獨啜曰神" 고요한 나로 돌아가 거짓이 없는 나의 수많은 잔상 속에, 나를 품고 또 품어야 얻음을 얻는다. 삶의 잔상은 쓸쓸해도, 살아 있는 것은 축복이다. 나만의 공간, 차를 매개 삼아 스스로에게 묻고 답하고 느끼고 참회한다.

---

886 "至若救渴, 飮之以漿; 蕩昏寐, 飮之以茶."

거울 속에 비친 나, 기만하지 않는 참의 삶, '신독'의 가르침이자 '신의 경지'다.

차를 마신다는 것을 수행의 일환이다. 지금 나의 모습은 과거와의 연관 속에 있고 현재 보이는 태도에 근거해서 미래가 열린다. 얼굴은 마음의 초상화이자 정신의 반영물이다. 마음이 어지러우면 얼굴에서 그 답이 나온다. 얼굴을 거둔다는 것은 마음을 정화한다는 의미다.

현자賢子는 말한다. "18살 예쁜 것은 나이가 예뻐서이고, 38살 예쁜 것은 잘 만들어진 내가 예뻐서이고, 환갑 지나 예쁜 것은 살아온 내 삶이 예뻐서다" 『다경』에서 전한 얘기도 별반 다르지 않다. 이는 곧 차 마심의 지향점은 "삶의 얼굴을 예쁘게 만드는 과정"이기 때문이다.

차는 단순한 기호음료가 아니라 사람의 마음을 다스리는 효험이 있기에 의식적意識的인 차생활에서 행한 수행이 필요하다. '검박儉朴'과 '지성至誠'을 덕으로 삼고 몸소 행실로 정진하는 사람 즉 '신독愼獨'으로 '정행검덕精行儉德'을 실천하는 '차인茶人', 몸과 마음을 온전하게 하나로 완성하고 원래의 참 모습으로 돌아가자는 것, 육우가 전하는 『다경茶經』의 화두話頭다.

원문	의미	비고
以絹素或四幅或六幅 分布寫之 陳諸座隅	다경을 익히는 방법	
則茶之源 之具 之造 之器 之煮 之飮 之事 之出 之略 目擊而存 於是『茶經』之始終備焉	다경의 기본구성 기억하기	

【十之圖表】

타이페이고궁박물관臺北古宮博物館에 소장하고 있는 원元나라 화가 조원趙原이 그린 <육우팽다도陸羽烹茶圖>

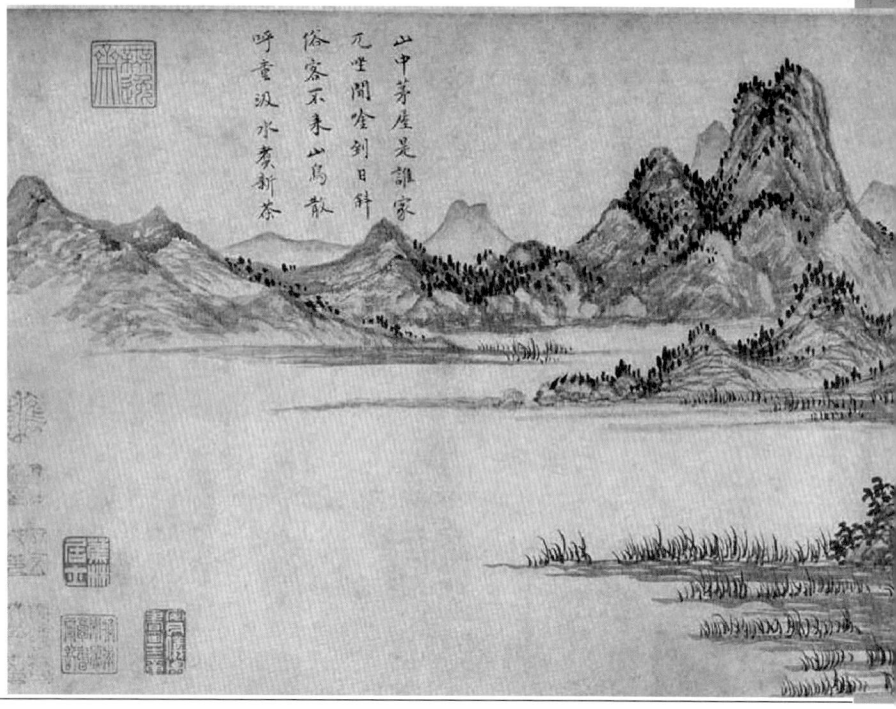

【十之圖 表】

疑何等通明何等自在一切僧眾師叔常福莫不合掌誦曰善哉
善哉如是如是即茶之經亦當粉碎虛空杳杳冥冥而不盡然也
茶之有經無異無腥不飛不走而亦飛亦走充塞佈滿闔浮世界
空仍是色則又不得不染之楮墨以為跋也

弟子新明沐浴敬跋
率徒寬慎寬霖寬佺寬富等頂禮
余信 梅占魁 書
余晉美石印局代印

中華民國二十二年歲次癸酉陰曆小陽月中浣之吉日

跋

茶經之刻今傳陸子也而陸子不待今始傳其校字也人疑師藉陸子傳也而師不欲傳亦不知陸子可假藉也其欲使成事也通叟也而遁叟老益落落亦無所用其傳四大皆空影雲忽見因念陸子當日非僧非俗亦僧亦俗無僧相亦無俗相無和尚相亦無俗相師於陸子無處士相亦無處士相通叟於師無和尚相無和尚相僧於通叟無佚老相亦無佚老相如諸菩薩天亦無鏡花亦無花水亦無水月亦無月無一毫思議無一毫星

西塔院

竟陵西塔寺，蹤跡尚空虛，不獨支公住，曾經陸羽居。草堂荒產蛤，茶井冷生魚。一汲清涼水，高風味有餘。

送陸鴻漸赴越 有序　　皇甫冉

吾子自數百里訪予羇病，牽力迎門，握手心喜，眷涉旬日始至焉。究孔釋之名理，窮講誦之麗則，遠野孤島，通舟必行，漁梁釣磯，隨意而往。餘興未盡，告云遺征。夫越地稱山水之佳，靡門當節越之意。而往可以自薦，求試退可以閒居，保和吾子所行，蓋不在此較書重進，可以

六羨歌

陸羽

不羨黃金罍 不羨白玉杯 不羨朝入省 不羨暮登臺 千羨萬羨西江水 曾向竟陵城下來

月夜啜茶聯句

泛花邀過客代飲引清言 陸醒酒宜華席留僧想獨園薦不須攀

月桂何眼樹庭萱 御史秋風勁尚書北斗尊 崔流華淨肌骨疏

瀹滌心源鄉不似春醪醉何辭綠蘚繁 晝素瓷傳靜夜芳氣滿閒軒 修

論語稱子與人歌未嘗不自歌也即接輿歌而過之孔子下車欲與言未嘗不許人歌也況羽所戲滄浪道亦孔子經歷者孺子歌滄浪呼小子聽之未嘗不教人歌也今羽履其地習其風雖身為伶歌又何傷焉孔子曰不得中行而與之必也狂狷乎與歌衰鳳羽非鴻漸即同以稱狂可矣即同以尊聖可矣又即同以張楚可

竟陵人物志畧

清 戴祈 編

夫學者載籍極博必折衷於孔氏當時七十二賢中惟任不齊為楚人而已何南方學者寥寥也然其同時以楚人而知孔子者則有接輿蓋高士傳所稱陸通是也其在後世以楚人而知孔子者又有鴻漸今隱逸傳所稱陸羽是也夫二子者同一楚人也同一陸氏也而羽自傳陸子蓋今之接輿也是將以通自況者乎至其答師問則曰羽惟校孔聖之文乃所願則學孔子者也或有病羽者天寶中酺於滄浪道為伶正師非善學孔子者也予以為弗然

陸羽 肖像 (1) - 작가 연대 미상

物志十卷吳興歷官記三卷湖州刺史記一卷茶經三卷占夢上中下三卷並貯於褐布囊上元辛丑歲子陽秋二十有九日

負書火門山鄒夫子墅屬禮部郎中崔公國輔出守竟陵因與之遊處凡三年贈白驢烏犎一頭文槐書凾一枚云白驢烏犎襄陽太守李憕見遺文槐凾故盧黃門侍郎所與此物皆己之所惜也且野人乘蓄故特以相贈洎至德初秦人過江余亦過江與吳興釋皎然為緇素忘年之交少好屬文多所諷諭見人為善若己有之見人不善若己羞之苦言逆耳無所廻避由是俗人多之自祿山亂中原為四悲詩劉展窺江淮作天之未明賦皆見感激當時行哭涕泗著君臣契三卷源解三十卷江西四姓譜八卷南北人

蘭蕂莽以門人之伯主焉或時心記文字懵焉若有所遺灰心木立過日不作主者以為慵憒之因嘆歲月往矣恐不知其書嗚咽不自勝主者以為蓄怒又鞭其背折其楚乃釋因倦所役捨主者而去卷衣詣伶黨著謔談三篇以身為伶正弄木人假吏藏珠之戲公追之曰念爾道喪惜哉吾本師有言我弟子十二時中許一時外學令降伏外道也以我門人眾多今從爾所欲可捐樂工書天寶中鄴人酺於滄浪道邑吏召予為伶正之師時河南尹李公齊物出守見異捉手拊背親授詩集於是漢沔之俗亦異焉後

之接輿也始三歲䄂露育于大師積公之禪院九歲學屬文積公示以佛書出世之業予答曰終鮮兄弟無後嗣染衣削髮號為釋氏使儒者聞之得稱為孝乎羽將校孔氏之文可乎公曰善哉子為孝殊不知西方之道其名大矣公執釋典不屈予執儒典不屈公因矯憐撫愛歷試賤務掃寺地潔僧廁踐泥圬牆負瓦施屋牧牛一百二十蹄竟陵西湖無紙學書以竹畫牛背為字他日問字於學者得張衡南都賦不識其字但於牧所倣青衿小兒危坐展卷口動而已公知之恐漸漬外典去道日曠又束於寺中令芟

文學自傳

陸子名羽字鴻漸不知何許人有仲宣孟陽之貌陋相如子雲之口吃而為人才辯為性褊躁多自用意朋友規諫豁然不惑凡與人燕處意有所適不言而去人或疑之謂生多瞋及與人為信雖冰雪千里虎狼當道不愆也上元初結廬於苕溪之湄閉關對書不雜非類名僧高士譚讌永日常扁舟往山寺隨身惟紗巾藤鞋短褐犢鼻往往獨行野中誦佛經吟古詩杖擊林木手弄流水夷猶徘徊自曙達暮至日黑興盡號泣而歸故楚人相謂陸子蓋今

陸羽中國古代茶葉科學家其著作茶經記述了有關茶
葉種植生產的技術經驗 時二千又六年于心海 蓉木畫

陸羽 肖像 (2) - 작가 연대 미상

茶者至陶羽形置煬突間祀為茶神有常伯熊者因羽論復廣著茶之功御史大夫李季卿次臨淮知伯熊善煮茶召之伯熊執器前李季卿為再舉杯至江南又有薦羽者召之羽衣野服挈具而入李卿不為禮羽媿之更著毀茶論其後尚茶成風時回紇入朝始驅馬市茶

奈何不知書嗚咽不自勝因亡去匿為優人作談諧數千言天寶
中州人酺吏署羽伶師太守李齊物見異之授以書遂廬火門山
貌倪陋口吃而辯聞人善若在己見有過者規切至忤人朋友燕
處意有所適輒去人疑其多嗔與人期雨雪虎狼不避也上元初
更隱苕溪自號桑苧翁又號竟陵子東岡子闔門著書
或獨行野中誦詩擊木徘徊不得意或慟哭而歸故時謂今接輿
也久之聞拜羽太子文學徙太常寺太祝不就職上元末卒羽嗜
茶著茶經三卷言茶之源之法之具尤備天下益知飲茶矣時鬻

新唐書隱逸傳

宋　祁撰

唐陸羽字鴻漸一名疾字季疵復州竟陵人不知所生或言有僧晨起聞湖畔羣鴈喧集以翼覆一嬰兒收畜之既長以易自筮得漸之蹇曰鴻漸于陸其羽可用為儀乃以陸為氏名而字之幼時其師教以旁行書答曰終鮮兄弟而絶後嗣得為孝乎師怒使糞除圻墠以苦之又使牧牛三十羽潛以竹畫牛背為字得張衡南都賦不能讀危坐效羣兒囁嚅若成誦狀師拘之令薙草莽當其記文字懵懵若有所遺過日不作主者鞭苦因嘆曰歲月往矣

僧常樂序

李苑究矣予心慨然遂欲有茶經之刻叟曰刻必校經無善本校
奚從法復不佳儀鴻堂更譾陋予曰予校其知者然竊有說也佛
法廣大予不能無界限佛空諸相予不能無鑒別王刻附諸茶事
與詩松陵唱和朱存理十二先生題詞與陸子何干予必乙之予
傳陸子不傳無干於陸子者予生長西湖將老於西湖知陸子而
已叟曰是也校成徧質諸老宿名士皆以為可遂石印而傳之時
去道光辛巳九十九年歲星在乙未仲秋吉日竟陵西塔寺住持

重刻陸子茶經序

邑之勝在西湖西湖之勝在西塔寺寺藏菰蘆楊柳芙蓉中境遂且幽焉寺東桑苧廬陸子舊宅野竹蕭森苺苔蝕地幽為尤最也遊者無不憩憩者無不問茶經經續刻自道光元年附邑志志無存經豈得見乎予雖緇流性好書每載酒從西江逋叟七十七歲源老遊語及茶經叟曰讀書須識字爾雅檟苦茶檟即茗茶賁戈奢皮古正字其作茶者俗也解文可證也予改於唐開元時衛包聖經猶誤況陸子書陸子書艸木并一語疑後人竄入讓者歸獄

陸羽 肖像 (3) - 작가 연대 미상

子焚香煮茗共話十餘載離緒王子因出平昔考訂音韻正其差
譌親手楷書茶經一帙示余欲重刻以廣其傳而問序於余余肅
然曰茶經之刻響來每多脫誤且滅不可讀余甚憾之非吾子
好學深思留心風雅韻事何能周悉詳核至此亟宜授之梓人公
諸天下後世豈不使茗飲遠勝於酒而與食並重之為最切於日
用者哉同人聞之應無不樂勸盛事以誌不朽者是為序

舊序

品鑒水味為之分其源制其具教其造與飲之類神而明之筆之於書尊為經後之人為從而飲其和哉余性嗜茶喜吾友王子閒園宅枕西湖其所築儀鴻堂竹木陰森與桑苧舊趾相望月夕花晨余每過從賞析之餘常以西塔為遣懷之地或把袂偕往或放舟同濟汲泉煎茶與之共酌於茶醉亭之上憑弔季疵當年披閱所著茶經穆然想見其為人昔人謂其功不稷下其信然與適時余即聽然相訂有重刻茶經之約而賁斧難辦厥後子以一官鞭擊金臺今秋奉 命典試江南復蒙 恩旨歸籍省覲得與王

舊序

清 曾元邁 撰

人生最切於日用者有二曰飲曰食自炎帝制耒耜后稷教稼穡烝民乃粒萬世永賴無俟覼縷矣唯飲之為道酒正著於周禮茶事詳於季疵然禹惡旨酒先王避酒禍我皇上萬言諭曰酒之為物能亂人心志求其所以除痾去癘風生兩腋者莫韻於茶茶之事其來已舊而茶之著書始於吾竟陵陸子其利用於世亦始於陸子由唐迄今無論賓祀燕饗宮省邑里荒陬窮谷膽炙千古逮茗飲之風行於中外而回紇亦以馬易茶大為邊助不有陸子

舊序

十一

士取其羽化巴東人取其不眠而不可概於經也陸子之經陸子之文也

變其隳之為經者亦以其文而已客曰陸子之文如君臣契源解
南北人物志及四悲歌天之未明賦諸書而薇之以茶經何哉曰
諸書或多感憤列之經傳者猶有猳冠傖父氣茶經則雜於方技
廼於物理肆而不厭傲而不忤陸子終古以此顯足矣客曰引經
以繩茶可乎曰凡經者可倒百世而不可繩一時者也孔子作春
秋七十子惟口授其傳旨故經曰茶之臧否存之口訣則書之所
載猶其粗者也抑取其文而已客曰文則美矣何取乎茶乎曰茶
何所不取乎神農取其悅志周公取其解醒華陀取其益意壺居

舊序

明 徐同氣 撰

余曾以屈陸二子之書付諸梓而燬於燹計再有事而屈郡人陸里人也故先鋟茶經客曰子之於茶經奚取曰取其文而已陸子之文奧質奇離有似貨殖傳者有似考功記者有似周王傳者有似山海方輿諸記者其簡而該則檀弓也其辨而纖則爾雅也亦似之而已如是以為文而能無取乎客曰其文遂可以為經乎曰經者以言乎其常也水以源之盈竭而變泉以土脈之甘澀而變瓷以壤之脆堅焰之浮爐而變器以時代之刋削事工之巧利而

舊序

歌則羽之品流概見矣玉山程孟孺善書法書茶經刻焉王孫貞吉繪茶具枚之者余與郭次甫結夏金山寺飲中泠第一泉

舊序

明 陳文燭 撰

先通奉公論吾沔人物首陸鴻漸蓋有味乎茶經也夫茗久服令人有力悅志見神農食經而雲濟道人與王子尚設茗八公山中以為甘露是茶用於古羽神而明之耳人莫不飲食也鮮能知味也稷樹蓺五穀而天下知食羽辨水煮茶而天下知飲羽之功不在稷下雖與稷並祀可也及讀自傳清泠泠起四座所著君臣契等書不行於世豈自悲遇不禹稷若哉竊謂禹稷陸羽易地則皆然昔之刻茶經作郡志者豈未見茲篇耶今刻於經首次六羨

有酒經三篇曰酒始諸祀然而始也已有酒禍惟茶不為敗故其既也酒經不傳焉羽器業顛末具見於傳其水味品鑒優劣之辨又且見於張歐浮槎等記則並附之經故不贅僧真清新安之歙人嘗新其寺以嗜茶故業茶經云

舊序

竟陵者表羽之為竟陵人也按羽生甚異類令尹子文人謂子文賢而任羽雖賢卒以不仕又謂楚之生賢大類后稷云今觀茶經三篇其大都曰源曰具曰造曰飲之類固具體用之學者其曰伊公羹陸氏茶取而比之實以自況所謂易地皆然者非與向使羽就文學太祝之名誰謂其事不伊且稷也而卒以不仕何哉古人有自謂不堪流俗非薄湯武者其意亦以是乎歟後若飲之風行於中外而紀亦以焉易茶由宋迄今大為邊助則羽之功固在萬世仕不仕矣足論也或曰酒之用視茶為要故北山亦

舊序

明　魯彭　撰

粵昔己亥　上南狩鄖寶荆西道無何　上以監察御史青陽柯公來蒞厥職越明年百廢修舉延觀風竟陵訪唐處士陸羽故處龍蓋寺喟然曰昔桑苧翁名於唐足跡遍天下誰謂其產茲土耶因慨茶井失所在乃即今井而存其故已復構亭其北曰茶亭焉他日公再往索羽所著茶經二篇僧真清者業錄而謀梓也獻焉公曰嗟茶井亭矣而經可無刻乎遂命刻諸寺夫茶之為經要矣行於世膾炙千古迄今兒之百川學海集中茲復刻者便覽耳刻之

舊序

子京言放利之徒假隱自名以詭祿仕肩摩於道終南嵩山仕途捷徑如鴻漸輩各保其素可貴慕也太史公曰富貴而名磨滅不可勝數惟俶儻非常之人稱焉鴻漸窮厄終身而遺書遺迹百世之下寶愛之以為山川邑里重其風足以廉頑立懦胡可少哉夫酒食禽魚博簺摴蒱諸名經者夥矣茶之有經也奚怪焉

有往來雨人皆以隱名曾無无悔僧畫對鴻漸使有宣尼博識胥
臣多聞終日目前於道修義適足以伐其性豈若松巖雲月禪坐
相偶無言而道合志靜而性同吾將入杼山矣遂束所著燋之度
鴻漸不勝伎倆磊塊沾沾自喜意奮氣揚體大節疏彼夫外飾邊
幅內設城府寧見容耶聖人無名得時則澤及天下不知誰氏非
時則自埋於名自藏於畔生無爵死無諡有名則愛憎是非雌雄
片合紛起鴻漸殆以名誨詬耶雖然牧豎優伶可與浮沈復何嫌
於傭保古人玩世不恭不失為聖鴻漸有執以成名亦寄傲耳宋

舊序 明 李維楨 撰

傳茶經豈以他書人所時有此為觭長易於取名如承蜩養雞解牛飛鳶弄瓦削鐻之屬驚世駭俗耶李季卿直視之能無辱乎哉無論李卿曾明仲隱逸傳且不收矣費袞云鞏有瓷偶人號陸鴻漸市沽茗不利輒灌注之以為偏好者戒李石云鴻漸為茶論並煎炙法常伯熊廣之飲茶過度遂患風氣北人飲者多腰疾偏死是無論儒流即小人且多求矣後鴻漸而同姓魯望嗜茶置園顧渚山下歲收租自判品第不聞以技取辱鴻漸問張子同孰為往來子同曰太虛為室明月為燭與四海諸公共處未嘗稍別何

歸之實自鴻漸始夫楊子雲王文中一代大儒法言中說自可鼓吹六經而以擬經之故爲世詬病鴻漸品茶小技與六經相提而論人安得無異議故溺其好者謂窮春秋演河圖不如載茗一車稱引並於禹稷而鄙其事者使與傭保雜作不具賓主禮況論訓曰伯成子高辭諸侯而耕天下高之今之時辭官而隱處爲鄉邑下於古爲義於今爲笑豈可同哉鴻漸混迹牧豎優伶不就文學太祝之拜自以爲高者難爲俗人言也所著君臣契三卷源解三十卷江西四姓譜十卷南北人物志十卷占夢三卷不盡傳而獨

舊序

明 李維楨撰

溫陵林明甫治邑之三年政通人和討求邑實而表章之於唐得處士陸鴻漸井泉無恙而茶經湮滅不可讀取善本復校鋟諸梓而不佞為之序蓋茶名見於爾雅而神農食經華陀食論壺居士食志桐君及陶弘景錄魏王花木志胥載之然不專茶也晉杜育䒢賦唐顧況茶論然不專經也韓翃謝茶啟云吳主禮賢置茗晉人愛客烹茶其時賜已千五百串常魯使西番番人以諸方產示之茶之用已廣然不居功也其筆諸書而尊為經而人又以功

下矣至其精微書有不盡況天下之至理而欲求之文字紙墨之間其有得乎昔者先王因人而教同欲而治凡有益於人者皆不廢也世人之說曰先王詩書道德而已此乃世外執方之論枯槁自守之行不可牽天下而居也史稱羽持具飲李卿李卿不為賓主又著論以毀之夫執君子有之德成而後及所以用於民也不務本而趨末故業而下也學者謹之

舊序

宋 陳師道 撰

陸羽茶經家傳一卷畢氏王氏書三卷張氏書四卷內外書十有一卷其文繁簡不同王畢氏書繁雜意其舊文張氏書簡明與家書合而多脫誤家書近古可考證曰七之事其下文乃合三書以成之錄為二篇藏於家夫茶之著書自羽始其用於世亦自羽始羽誠有功於茶者也上自宮省下至邑里外及戎夷蠻狄賓祀燕饗預陳於前山澤以成市商賈以起家又有功於人者也可謂至矣經曰茶之否臧存之口訣則書之所載猶其粗也夫茶之為藝

瘝雖疾醫之不若也其為利也於人豈小哉余始得李疵書以為
備矣後又獲其顧渚山記二篇其中多茶事後又太原溫從雲武
威段碣之各補茶事十數節並存於方策茶之事由周至今竟無
纖遺矣昔晉杜育有荈賦季疵有茶歌余缺然於懷者謂有其具
而不形於詩亦李疵之餘恨也遂為十韻寄天隨子

舊序

唐 皮日休 撰

按周禮酒正之職辨四飲之物其三曰漿又漿人之職供王之六飲水漿醴涼醫酏入於酒府鄭司農云以水和漿也蓋當時人率以酒醴為飲謂乎六漿酒之醲者也何得姬公製爾雅云檟苦茶即不擷而飲之豈聖人之純於用乎亦草木之濟人取捨有時也自周以降及於國朝茶事竟陵子陸季疵言之詳矣然李疵以前稱茗飲者必渾以烹之與夫瀹蔬而啜者無異也李疵始為經三卷由是分其源制其具教其造設其器命其煮飲之者除痾而去

若挼藘跡罨引絙入洞於山口炙而末之或紙包合貯則碾拂末等廢既瓢盌筴扎熟盂醯簋悉以一筥盛之則都籃廢但城邑之中王公之門二十四器闕一則茶廢矣

十茶之圖

以絹素或四幅或六幅分布寫之陳諸座隅則茶之源之具之造之器之煮之飲之事之出之畧目擊而存於是茶經之始終備焉

生閩方山之陰縣也其恩播費夷鄂袁吉福建泉韶象十一州未詳往往得之其味極佳

九茶之略

其造具若方春禁火之時於野寺山園叢手而掇乃蒸乃舂乃煬以火乾之則又棨撲焙貫棚穿育等七事皆廢其煮器若松間石上可坐則具列廢用槁薪鼎櫪之屬則風爐灰承炭檛火筴交床等廢若瞰泉臨澗則水方滌方漉水囊廢若五人已下茶可末而精若則羅廢

又下　潤州江寧縣生傲山蘇州長州縣劒南以彭州上
　　生洞庭山與金州新州梁州同
生九隴縣馬鞍山至德寺㧕口與襄州同綿州龍安縣生松嶺
昌明神泉縣西山者並佳有過松嶺者不堪採蜀州青城縣生丈人山與綿州同青城縣有散茶末茶
州次雅州瀘州雅州百丈山名山瀘州瀘川者與金州同眉州漢州又下
眉州丹稜縣生鐵山者漢州綿竹縣生竹山者與潤州同
日仙茗大者殊異小者與襄州同浙東以越州上餘姚縣生瀑布泉嶺
　明州婺州次明州鄧縣生榆莢村婺州東陽縣東白山與
台州下台州豐縣生赤城者與歙州同黔中生恩州播州費州夷州
江南生鄂州袁州吉州嶺南生福州建州韶州象州福州

淮南以光州上〔生光山縣黃頭港者與峽州同〕義陽郡舒州次〔生義陽縣鍾山者與襄州同舒州生太湖縣潛山者與荊州同〕壽州下〔盛唐縣生霍山者與衡山同也〕蘄州黃州又下〔蘄州生黃梅縣山谷黃州生麻城縣山谷並與荊州梁州同也〕

浙西以湖州上〔湖州生長城縣顧渚山谷與峽州光州同生山桑儒師二寺白茅山懸腳嶺與襄州荊南義陽郡同生鳳亭山伏翼閣飛雲曲水二寺啄木嶺與壽州常州同生安吉武康二縣山谷與金州梁州同〕常州次〔常州義興縣生君山懸腳嶺北峰下與荊州義陽郡同生圈嶺善權寺石亭山與舒州同〕宣州杭州睦州歙州下〔宣州生宣城縣雅山與蘄州同太平縣生上睦臨睦與黃州同杭州臨安於潛二縣生天目山與舒州同錢塘生天竺靈隱二寺睦州生桐廬縣山谷歙州生婺源山谷與衡州同〕潤州蘇州

之苦樬逢邅反

枕中方療積年瘻苦茶蜈蚣並炙令香熟等分擣篩煮甘草湯洗以末傅之

孺子方療小兒無故驚蹶以苦茶葱鬚煮服之

八茶之出

山南以峽州上 峽州生遠安宜都夷陵三縣山谷 襄州荊州次 襄州生山谷荊州生南鄭縣 衡州下 生衡州茶陵二縣山谷 金州梁州又下 金州生西城安康二縣山谷梁州生褒城金牛二縣山谷

淮陰圖經山陽縣南二十里有茶坡

茶陵圖經云茶陵者所謂陵谷生茶茗焉本草木部茗

苦茶味甘苦微寒無毒主瘻瘡利小便去痰渴熱令人

少睡秋採之苦主下氣消食注云春採之

本草菜部苦茶一名茶一名選一名游冬生益州川谷

山陵道傍凌冬不死三月三日採乾注云疑此即是今

茶一名荼令人不眠本草注按詩云誰謂荼苦又云堇

荼如飴皆苦菜也陶謂之苦茶木類非菜流茗春採謂

至若救取為屑茶飲亦可通夜不眠煮鹽人但資此飲而交廣最重客來先設乃加以香芼輩

坤元錄辰州漵浦縣西北三百五十里無射山云蠻俗當吉慶之時親族集會歌舞於山上山多茶樹

括地圖臨遂縣東一百四十里有茶溪

山謙之吳興記烏程縣西二十里有溫山出御荈

夷陵州圖經黃牛荊門女觀望等山茶茗出焉

永嘉圖經永嘉縣東三百里有白茶山

酢類望柑兔千里宿舂省三月種聚小人懷惠大懿難

忘陶𢎞景雜錄苦茶輕换膏昔丹丘子青山君服之

後魏錄瑯琊王肅仕南朝好茗飲蓴羹及還北地又好

羊肉酪漿人或問之茗何如酪㸅曰茗不堪與酪為奴

桐君錄西陽武昌廬江晉陵好茗皆東人作清茗茗有

餑飲之宜人凡可飲之物皆多取其葉天門冬拔揳取

根皆益人又巴東別有真茗茶煎飲令人不眠俗中多

煑檀葉并大皂李作茶並冷又南方有瓜蘆木亦似茗

今就槚

鮑照妹令暉著香茗賦

南齊世祖武皇帝遺詔我靈座上慎勿以牲為祭但設餅果茶飲乾飯酒脯而已

梁劉孝綽謝晉安王餉米等啓傳詔李孟孫宣教旨垂賜米酒瓜筍葅脯酢茗八種氣苾新城味芳雲松江潭抽節邁昌荇之珍疆埸擢翹越茸精之美羞非純束野麏裛似雪之驢鮓異陶瓶河鯉操如瓊之粲茗同食粲

釋道該說續名僧傳宋釋法瑤姓楊氏河東人永嘉中過江遇沈臺真真在武康小山寺年垂懸車飯所飲茶永明中勅吳興禮致上京年七十九

宋江氏家傳江統字應遷愍懷太子洗馬常上疏諫云今西園賣醯麪藍子菜茶之屬虧敗國體

宋錄新安王子鸞豫章王子尚詣曇濟道人於八公山道人設茶茗子尚味之曰此甘露也何言茶茗

王微雜詩寂寂掩高閣寥寥空廣厦待君竟不歸收領

朽骨豈忘翳桑之報及曉於庭中獲錢十萬似久埋者但貫新耳母告二子慙之從是禱饋愈甚

廣陵耆老傳晉元帝時有老姥每旦獨提一器茗往市鬻之市人競買自旦至夕其器不減所得錢散路傍孤貧乞人人或異之州法曹縶之獄中至夜老姥執所鬻茗器從獄牖中飛出

藝術傳燉煌人單道開不畏寒暑常服小石子所服藥有松桂蜜之氣所餘茶蘇而已

毛人長丈餘引精至山下示以叢茗而去俄而復還乃探懷中橘以遺精精怖負茗而歸

晉四王起事惠帝蒙塵還洛陽黃門以瓦盂盛茶上至尊

異苑剡縣陳務妻少與二子寡居好飲茶茗以宅中有古塚每飲輒先祀之二子患之曰古塚何知徒以勞意欲掘去之母苦禁而止其夜夢一人云吾止此塚三百餘年卿二子恆欲見毀賴相保護又享吾佳茗雖潛壤

華佗食論苦茶久食益意思

壺居士食忌苦茶久食羽化與韭同食令人體重

郭璞爾雅注云樹小似梔子冬生葉可煮羹飲今呼早取為茶晚取為茗或一曰荈蜀人名之苦茶

世說任瞻字育長少時有令名自過江失志既下飲問人云此為茶為茗覺人有怪色乃自分明云向問飲為熱為冷

續搜神記晉武帝宣城人秦精常入武昌山採茗遇一

茲土聊可娛

傅巽七誨蒲桃宛柰齊柿燕栗峘陽黃梨巫山朱橘

中茶子西極石蜜

弘君舉食檄寒溫既畢應下霜華之茗三爵而終應下

諸蔗木瓜元李楊梅五味橄欖懸豹葵羹各一杯

孫楚歌茱萸出芳樹顛鯉魚出洛水泉白鹽出河東美豉出

魯淵薑桂茶荈出巴蜀椒橘木蘭出高山蓼蘇出溝渠

精稗出中田

左思嬌女詩吾家有嬌女皎皎頗白皙小字為紈素口
齒自清歷有姊字惠芳眉目粲如畫馳騖翔園林果下
皆生摘貪華風雨中倏忽數百適心為茶荈劇吹噓對
鼎䥥

張孟陽登成都樓詩云借問楊子舍想見長卿廬程卓
累千金驕侈擬五侯門有連騎客翠帶腰吳鉤鼎食隨
時進百和妙且殊披林採秋橘臨江釣春魚黑子過龍
醢果饌踰蟹蝑芳茶冠六情溢味播九區人生苟安樂

桂一斤黃芩一斤皆所須也吾體中潰悶常仰真茶汝可置之

傅咸司隸教曰聞南方有以困蜀嫗作茶粥賣為廉事打破其器具嗣又賣餅於市而禁茶粥以蜀姥何哉

神異記餘姚人虞洪入山採茗遇一道士牽三青牛引洪至瀑布山曰吾丹丘子也聞子善具飲常思見惠山中有大茗可以相給祈子他日有甌犧之餘乞相遺也

因立奠祀後常令家人入山獲大茗焉

畢具及安去納杖俶四十云汝既不能光益叔父奈何

穢吾素業

晉書桓溫為揚州牧性儉每讌惟下七奠拌茶果而已

搜神記夏侯愷因疾死宗人字苟奴察見鬼神見愷來收馬并病其妻著平上幘單衣入坐生時西壁大牀就人覓茶飲

劉琨與兄子南兗州刺史演書云前得安州乾薑一斤

椒荈萸

方言　蜀西南人謂茶曰蔎

吳志韋曜傳　孫皓每饗宴坐席無不率以七升為限雖不盡入口皆澆灌取盡曜飲酒不過二升皓初禮異密賜茶荈以代酒

晉中興書　陸納為吳興太守時衛將軍謝安常欲詣納
晉書云納為吏部尚書
納兄子俶怪納無所備不敢問之乃私蓄十數人饌安既至所設惟茶果而已俶遂陳盛饌珍羞

神農食經茶茗久服令人有力悅志

周公爾雅檟苦茶廣雅云荊巴間採葉作餅葉老者餅成以米膏出之欲煮茗飲先炙令赤色搗末置瓷器中以湯澆覆之用蔥薑橘子芼之其飲醒酒令人不眠

晏子春秋嬰相齊景公時食脫粟之飯炙三弋五卵茗菜而已

司馬相如凡將篇烏喙桔梗芫華款冬貝母木蘗蔞芩草芍藥桂漏蘆蜚廉雚菌荈詫白斂菖蒲芒消莞

孟陽傅司隸咸江洗馬統孫參軍楚左記室太沖陸吳
興納納兄子會稽內史俶謝冠軍安石郭弘農璞桓揚
州溫杜舍人毓武康小山寺釋法瑤沛國夏侯愷餘姚
虞洪北地傅巽丹陽弘君舉安任育長宣城秦精燉煌
道開剡縣陳務妻廣陵老姥河內山謙之後魏瑯琊單
蕭宋新安王子鸞鸞弟豫章王子尚鮑照妹令暉八公
山沙門譚濟齊世祖武帝梁劉廷尉陶先生弘景皇朝
徐英公勣

攪遽非煮也夏興冬廢非飲也夫珍鮮馥烈者其盌數
三次之者盌數五若坐客數至五行三盌至七行五盌
若六人以下不約盌數但闕一人而已其雋永補所闕

人

七茶之事

三皇炎帝神農氏周魯周公旦齊相晏嬰漢仙人丹丘
子黃山君司馬文園令相如楊執戟雄吳歸命侯韋太
傅弘嗣晉惠帝劉司空琨琨兄子兗州刺史演張黃門

馬謂之菴茶或用葱薑棗橘皮茱萸薄荷之等煮之百沸或揚令滑或煮去沫斯溝渠間棄水耳而習俗不已

於戲天育萬物皆有至妙人之所工但獵淺易所庇者屋屋精極所著者衣衣精極所飽者飲食食與酒皆精極之茶有九難一曰造二曰別三曰器四曰火五曰水六曰炙七曰末八曰煮九曰飲陰採夜焙非造也嚼味

嗅香非別也羶鼎腥甌非器也膏薪庖炭非火也飛湍

壅潦非水也外熟內生非炙也碧粉縹塵非末也操艱

六茶之飲

翼而飛毛而走呿而言此三者俱生於天地間飲啄以活飲之時義遠矣哉至若救渴飲之以漿蠲憂忿飲之以酒蕩昏寐飲之以茶茶之為飲發乎神農氏聞於魯周公齊有晏嬰漢有揚雄司馬相如吳有韋曜晉有劉琨張載遠祖納謝安左思之徒皆飲焉滂時浸俗盛於國朝兩都并荊俞間以為比屋之飲飲有觕茶散茶末茶餅茶者乃斫乃熬乃煬乃舂貯於瓶缶之中以湯沃

至美者曰雋永雋味也永長也史長也
曰雋永漢書蒯通著雋永二十篇也
備育華救沸之用諸第一與第二第三盌次之第四第
五盌外非渴甚莫之飲凡煑水一升酌分五盌盌數少
至三多至五若人多至十加兩爐乘熱連飲之以重濁凝其下精英浮其上
如冷則精英隨氣而竭飲啜不消亦然矣茶性儉不宜
廣則其味黯澹且如一滿盌啜半而味寡況其廣乎其
色緗也其馨歕也香至美曰歕歕音使其味甘檟也不甘而苦荈
也啜苦咽甘茶也 一本云其味苦而不甘檟
也甘而不苦荈也

或留熟以貯之以

出水止之而育其華也凡酌置諸盌令沫餑均字書并
本草餑
均茗沫也
滿勿反
沫餑湯之華也華之薄者曰沫厚者曰餑細
輕者曰花如棗花漂漂然於環池之上又如迴潭曲渚
青萍之始生又如晴天爽朗有浮雲鱗然其沫者若綠
錢浮於水渭又如菊英墮於樽俎之中餑者以滓煮之
及沸則重華累沫皤皤然若積雪耳荈賦所謂煥如積
雪曄若春蔉有之第一煮水沸而棄其沫之上有水膜
如黑雲母飲之則其味不正其第一者為雋永
徐縣全
縣二反

令人有頸疾又多別流於山谷者澄浸不洩自火天至霜郊以前或潛龍蓄毒於其間飲者可決之以流其惡使新泉涓涓然酌之其江水取去人遠者井水取汲多者其沸如魚目微有聲為一沸緣邊如湧泉連珠為二沸騰波鼓浪為三沸已上水老不可食也初沸則水合量調之以鹽味謂棄其啜餘啜嘗也市稅反又市悅反無迺齦也無味也第二沸出水一瓢以竹筴環激湯心則量末當中而下有頃勢若奔濤濺沫以所

欽定四庫全書

笫存焉假以力者持千鈞杵亦不之爛如漆科珠壯士
接之不能駐其指及就則似無穰骨也炙之則其節若
倪倪如嬰兒之臂耳既而承熱用紙囊貯之精華之氣
無所散越候寒末之 末之上者其屑如細米
末之下者其屑如菱角 其火用炭
次用勁薪 謂桑槐桐櫪之類也 其炭曾經燔炙為膻膩所及及膏
木敗器不用之 膏木為柏桂檜也敗器謂朽廢器也 古人有勞薪之味信
哉其水用山水上江水中井水下 荈賦所謂水則岷
方之注揖彼清流 其
山水揀乳泉石池慢流者上其瀑湧湍漱勿食之久食

欽定四庫全書

茶經卷下

　　　　　　　　唐　陸羽　撰

五茶之煮

凡炙茶慎勿於風爐間炙熛焰如鑽使炎涼不均持以逼火屢其飜正候炮普教出培塿狀蝦蟇背然後去火五寸卷而舒則本其始又炙之若火乾者以氣熟止日乾者以柔止其始若茶之至嫩者蒸罷熱搗葉爛而牙

外以雙篾闊者經之以單篾纖者縛之遞壓雙經作方眼使玲瓏高一尺五寸底闊一尺高二寸長二尺四寸闊二尺

茶經卷中

巾

巾以絁布為之長二尺作二枚互用之以潔諸器

具列

具列或作床或作架或純木純竹而製之或木或竹黃黑可扃而漆者長三尺闊二尺高六寸具列者悉歛諸器物悉以陳列也

都籃

都籃以悉設諸器而名之以竹篾內作三角方眼

札

扎緝栟櫚皮以茱萸木夾而縛之或截竹束而管
之若巨筆形

滌方

滌方以貯滌洗之餘用楸木合之製如水方受八
升

滓方

滓方以集諸滓製如滌方處五升

邢不如越三也晉杜毓荈賦所謂器擇陶揀出自東甌甌越也甌越州上口脣不卷底卷而淺受半升已下越州甌岳甌皆青青則益茶茶作白紅之色邢州甌白茶色紅壽州甌黃茶色紫洪州甌褐茶色黑皆不宜茶

畚

畚以白蒲捲而編之可貯盌十枚或用筥其紙帊

以剡紙夾縫令方亦十之也

欽定四庫全書　卷中

花也其攕竹制長四寸一分闊九分攕策也

熟盂

熟盂以貯熟水或瓷或沙受二升

盌

盌越州上鼎州次婺州次岳州次壽州洪州次或者以邢州處越州上殊為不然若邢瓷類銀越瓷類玉邢不如越一也若邢瓷類雪則越瓷類冰邢不如越二也邢瓷白而茶色丹越瓷青而茶色綠

餘姚人虞洪入瀑布山採茗遇一道士云吾丹丘子祈子他日甌犧之餘乞相遺也犧木杓也今常用以梨木為之

竹筴

竹筴或以桃柳蒲葵木為之或以柿心木為之長一尺銀裹兩頭

鹺簋

鹺簋以瓷為之圓徑四寸若合形或瓶或罍貯鹽

有笤穢腥澀意以熟銅笤穢鐵腥澀也林棲谷隱者或用之竹木木與竹非持久涉遠之具故用之生銅其囊織青竹以捲之裁碧縑以縫之細翠鈿以綴之又作綠油囊以貯之圓徑五寸柄一寸五

分

瓢

瓢一曰犧杓剖瓠為之或刊木為之晉舍人杜毓荈賦云酌之以匏匏瓢也口闊脛薄柄短永嘉中

則以海貝蠣蛤之屬或以銅鐵竹匕策之類則者量也准也度也凡煮水一升用末方寸匕若好薄者減之嗜濃者增之故云則也

水方

水方以椆木槐楸梓等合之其裏并外縫漆之受一斗

漉水囊

漉水囊若常用者其格以生銅鑄之以備水濕無

無餘，木隨形如車輪不輻而軸焉，長九寸，闊一寸，七分，隨徑三寸八分，中厚一寸，邊厚半寸，軸中方而執圓。其拂末以鳥羽製之。

羅合

羅末以合蓋貯之，以則置合中。用巨竹剖而屈之，以紗絹衣之。其合以竹節為之，或屈杉以漆之。高三寸，蓋一寸，底二寸，口徑四寸。

則

以益茶味恐非林谷間莫之致或用精鐵熟銅之

紙囊

類取其久

紙囊以剡藤紙白厚者夾縫之以貯所炙茶使不

泄其香也

碾拂末

碾以橘木為之次以梨桑桐柘為之內圓而外方

內圓備於運行也外方制其傾危也內容墮而外

之莱州以石為之窀與石皆雅器也性非堅實難

可持久用銀為之至潔但涉於侈麗雅則雅矣潔

亦潔矣若用之恒而卒歸於銀也

交牀

交牀以十字交之剜中令虛以支鍑也

夾

夾以小青竹為之長一尺二寸令一寸有節節已

上剖之以炙茶也彼竹之篠津潤於火假其香潔

火筴一名筯若常用者圓直一尺三寸頂平截無

䓫臺勾鏁之屬以鐵或熟銅製之

鍑
音輔或作
釜或作鬴

鍑以生鐵為之今人有業冶者所謂急鐵其鐵以
耕刀之趄鍊而鑄之內摸土而外摸沙土滑於內
易其摩滌沙澀於外吸其炎焰方其耳以正令也
廣其緣以務遠也長其臍以守中也臍長則沸中
沸中則末易揚末易揚則其味淳也洪州以瓷為

筥

筥以竹織之，高一尺二寸，徑闊七寸，或用藤作木楦如筥形織之，六出圓眼，其底蓋若利篋口鑠之。

炭檛

炭檛以鐵六稜制之，長一尺，銳一豐中，執細頭系一小鎭，以飾檛也，若今之河隴軍人木吾也，或作鎚，或作斧，隨其便也。

火筴

之上書伊公二字一窻之上書羹陸
上書氏茶二字所謂伊公羹陸氏茶也置墆㙞於
其內設三格其一格有翟焉翟者火禽也畫一卦
曰離其一格有彪焉彪者風獸也畫一卦
一格有魚焉魚者水蟲也畫一卦曰坎巽主風
主火坎主水風能興火火能熟水故備其三卦焉
其飾以連葩垂蔓曲水方文之類其爐或鍛鐵為
之或運泥為之其灰承作三足鐵柈擡之

熟盂　盌　畚　札　滌方

滓方　巾　具列　都籃

風爐 灰承

風爐以銅鐵鑄之如古鼎形厚三分緣闊九分令六分虛中致其圬墁凡三足古文書二十一字一足云坎上巽下離于中一足云體均五行去百疾一足云聖唐年號其年鑄其三足之間設三窗底一窗以為通飈漏燼之所上並古文書六字一窗

欽定四庫全書

茶經卷中

唐 陸羽 撰

四茶之器

風爐灰承　筥　炭檛　火筴
鍑　交床　夾　紙囊
碾　羅合　則　水方
漉水囊　瓢　竹筴　鹺簋揭

欽定四庫全書

茶經卷上

皆茶之瘠老者也自採至於封七經目自胡靴至於霜荷八等或以光黑平正言嘉者斯鑒之下也以皺黃坳垤言佳者鑒之次也若皆言嘉及皆言不嘉者鑒之上也何者出膏者光含膏者皺宿製者則黑日成者則黃蒸壓則平正縱之則坳垤此茶與草木葉一也茶之臧否存於口訣

之上有三枝四枝五枝者選其中枝穎拔者採焉其日有雨不採晴有雲不採晴採之蒸之擣之拍之焙之穿之封之茶之乾矣茶有千萬狀鹵莽而言如胡人靴者蹙縮然謂文 犎牛臆者廉襜然浮雲出山者輪囷然輕飈拂水者涵澹然有如陶家之子羅膏土以水澄泚之謂澄泥也又如新治地者遇暴雨流潦之所經此皆茶之精腴有如竹籜者枝幹堅實艱於蒸搗故其形籭簁然上䍁師有如霜荷者莖葉凋沮易其狀貌故厥狀委萃然此

舊作釵釧之釧字或作貫串今則不然如磨扇彈鑽縫
五字文以平聲書之義以去聲呼之其字以穿名之
育以木制之以竹編之以紙糊之中有隔上有覆下有
床傍有門掩一扇中置一器貯煻煨火令熅熅然江南
梅雨時焚之以火 <small>育者以其</small>
<small>歛養為名</small>

三茶之造

凡採茶在二月三月四月之間茶之笋者生爛石沃土
長四五寸若薇蕨始抽凌露採焉茶之牙者發於藂薄

焙鑿地深二尺闊二尺五寸長一丈上作短牆高二尺泥之

貫削竹為之長二尺五寸以貫茶焙之

棚一曰棧以木構於焙上編木兩層高一尺以焙茶也茶之半乾昇下棚全乾昇上棚

穿音釧江東淮南剖竹為之巴川峽山紉穀皮為之江東以一斤為上穿半斤為中穿四五兩為小穿峽中以一百二十斤為上穿八十斤為中穿五十斤為小穿字

遺無所搖動

擔一曰衣以油絹或雨衫單服敗者為之以擔置承上

又以規置擔上以造茶也茶成舉而易之

芘莉 音杷 離 一曰籯子一曰篣筤以二小竹長三尺軀二尺五寸柄五寸以篾織方眼如圃人土羅闊二尺以列茶也

棨一曰錐刀柄以堅木為之用穿茶也

撲一曰鞭以竹為之穿茶以解茶也

卷上

竈無用突者釜用唇口者
甑木或瓦匪腰而泥籃以箄之篾以系之始其蒸也
入乎箄既其熟也出乎箄釜涸注於甑中甑不帶又以
穀木枝三亞者制之散所蒸牙笋并葉畏流其膏
杵臼一曰碓惟恆用者佳
規一曰模一曰棬以鐵制之或圓或方或花
承一曰臺一曰砧以石為之不然以槐桑木半埋地中

師古云籯竹器
也受四升耳

四五啜與醍醐甘露抗衡也採不時造不精雜以卉莽飲之成疾茶為累也亦猶人參上者生上黨中者生百濟新羅下者生高麗有生澤州易州幽州檀州者為藥無效況非此者設服薺苨使六疾不瘳知人參為累則茶累盡矣

二茶之具

籝加追反一曰籃一曰籠一曰筥以竹織之受五升或一斗二斗三斗者茶人負以採茶也籝黃書音盈所謂黃金滿籝不如一經顏

木或草木并從草當作茶其字出開元文字音義從木
當作檟其字出本草木并作茶其字出
爾雅
其名一曰茶二曰檟三曰蔎四曰茗五曰荈周公云
檟苦荼
楊執戟云蜀西南人謂荼曰蔎郭弘農
云早取為茶晚取為茗或一曰荈耳
其地上者生爛
石中者生櫟壤下者生黃土凡藝而不實植而罕茂法
如種瓜三歲可採野者上園者次陽崖陰林紫者上綠
者次筍者上牙者次葉卷上葉舒次陰山坡谷者不堪
採掇性凝滯結瘕疾茶之為用味至寒為飲最宜精行
儉德之人若熱渴凝悶腦疼目澀四支煩百節不舒聊

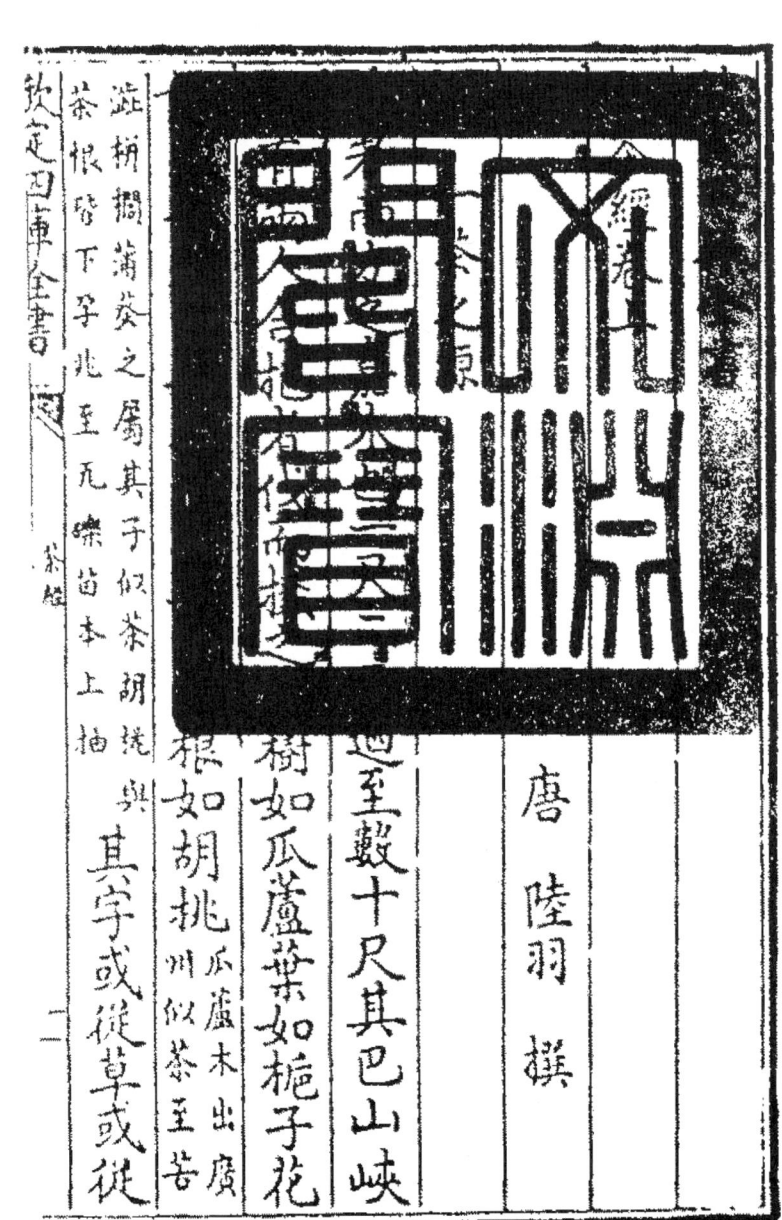

唐 陸羽 撰

钦定四庫全書

茶經卷上

茶者南方之嘉木也一尺二尺迺至數十尺其巴山峽川有兩人合抱者伐而掇之其樹如瓜蘆葉如梔子花如白薔薇實如栟櫚蒂如丁香根如胡桃瓜蘆木出廣州似茶至苦澀栟櫚蒲葵之屬其子似茶胡桃與茶根皆下孕兆至瓦礫苗木上抽其字或從草或從

| 참 | 고 | 문 | 헌 |

- 중국中國 -

『詩經』, 影印本, 中華書局, 1980.

『周易』, 影印本, 中華書局, 1980.

『爾雅釋詁』, 影印本, 中華書局, 1980.

『晏子春秋』, 影印本, 上海書店, 1986.

(漢) 許愼撰, 『說文解字』, 中華書局, 1963.

(漢) 淮南王劉安撰, 『淮南子』, 影印本, 上海書店, 1986.

(三國魏) 吳普等, 『神農本草經』, 叢書集成初編本, 中華書局, 1985.

(三國魏) 張揖撰, 『廣雅疏證』, 叢書集成初編本, 中華書局, 1985.

(晉) 干寶撰, 『搜神記』, 中華書局, 1979.

(晉) 陶潛撰, 『續搜神記』, 上海古籍出版社, 影印本, 1988.

(南朝宋) 劉敬叔撰, 『異苑』, 中華書局, 1996.

(南朝宋) 鮑照撰, 『鮑明遠集』, 『漢魏諸名家集』本, 1583(明萬曆十一年).

(南朝宋) 范曄撰, 『後漢書』, 中華書局, 1965.

(南朝宋) 劉義慶撰, 『世說新語箋疏』, 上海古籍出版社, 1993.

(南朝梁) 顧野王撰, 『玉篇』, 中華書局, 1936.

(南朝梁) 蕭子顯撰, 『南齊書』, 中華書局, 1972.

(南朝梁) 釋慧皎撰,『高僧傳』, 中華書局, 1992.

(後魏) 賈思勰撰,『齊民要術校釋』, 中國農業出版社, 1998.

(後魏) 楊衒之撰,『洛陽伽藍記』, 山東友誼出版社, 2001.

(北齊) 魏收撰,『魏書』, 中華書局, 1974.

(唐) 魏徵、令狐德撰,『隋書』, 中華書局, 1973.

(唐) 李泰等撰,『括地志輯校』, 中華書局, 1980.

(唐) 李勣、蘇敬等撰,『新修本草』, 上海群聯出版社, 1955.

(唐) 歐陽詢撰,『藝文類聚』, 上海古籍出版社, 1982.

(唐) 姚思廉撰,『梁書』, 中華書局, 1973.

(唐) 李肇撰,『唐國史補』, 上海古籍出版社, 1979.

(唐) 房玄齡等撰,『晉書』, 中華書局, 1974.

(唐) 裴文撰,『茶述』, 浙江撮影出版社, 1999.

(唐) 楊曄撰,『膳夫經手錄』, 毛氏汲古閣抄本(淸).

(唐五代) 韓鄂撰,『四時纂要』, 農業出版社, 1981.

(五代) 毛文錫撰,『茶譜』, 浙江撮影出版社, 1999.

(宋) 樂史撰,『太平寰宇記』, 中華書局, 2000.

(宋) 李昉等撰,『太平御覽』, 影印本, 中華書局, 1960.

(宋) 李昉等撰,『文苑英華』, 影印本, 中華書局, 1966.

(宋) 吳淑撰,『事類賦注』, 中華書局, 1989.

(宋) 丁度等編,『集韻』, 中華書局, 2005.

(宋) 歐陽修、宋祁撰,『新唐書』, 中華書局, 1975.

(宋) 唐愼微撰,『重修政和經史證類本草』, 上海書店, 1989.

(宋) 王象之撰,『輿地紀勝』, 中華書局, 1992.

(宋) 鄭樵撰,『通志』, 中華書局, 1987.

(宋) 趙令時撰,『侯鯖錄』, 中華書局, 2002.

（宋）張舜民撰，『畫墁錄』，中華書局，1991.

（宋）祝穆撰，『方輿勝覽』，中華書局，2003.

（宋）朱熹集注，『楚辭集注』，中華書局，叢書集成初編本，1991.

（元）脫脫等撰，『宋史』，中華書局，1997.

（明）李時珍撰，『本草綱目』，人民衛生出版社，1978.

（明）徐獻忠撰，『吳興掌故集』，上海書店，1986.

（清）嵇曾筠等修，『浙江通志』，上海古籍出版社，1991.

（清）錢繹撰，『方言箋疏』，上海古籍出版社，1984.

（清）和珅等修，『大清一統志』，文淵閣四庫全書本.

（清）宗源翰等修纂，『同治湖州府志』，上海書店，1993.

（清）張寶琳等修，『光緒永嘉縣志』，上海書店，1993.

『四庫全書總目』，中華書局，1965.

『全唐詩』，中華書局，1965.

范文瀾等撰，『中國通史』，人民出版社，1978.

華林甫著，『中國地名學史考論』，社會科學文獻出版社，2002.

袁庭棟著，『巴蜀文化』，遼寧教育出版社，1998.

朱自振等撰，『中國茶葉歷史資料選輯』，東南大學出版發行，1981.

歐陽勛等撰，『陸羽茶經釋注』，天門文藝，1981.

呂維新等撰，『茶經語釋』，農業出版社，1984.

吳覺農著，『茶經述評』，農業出版社，1987.

陸羽研究會編，『茶經論稿』，武漢大學出版社，1992.

沈冬梅等點校，『中國古代茶葉全書』，浙江攝影出版社，1999.

張堂恒主編，『中國茶學辭典』，上海科學技術出版社，1995.

余悅等撰，『中國茶文化經典』，光明日報出版社出版發行，1999.

程啓坤、姚國坤等撰，『陸羽茶經解讀與點校』，上海文化出版社，2003.

陳宗懋主編,『中國茶經』, 上海文化出版社, 1992.
陳宗懋主編,『中國茶葉大辭典』, 中國輕工業出版社, 2000.
中華茶人聯誼會,『中華茶葉五千年』, 人民出版社, 2001.
裘記平著,『茶經圖說』, 浙江攝影出版社, 2003.
張芳賜等撰,『茶經譯釋』, 雲南科技出版社, 2004.
沈冬梅校註,『茶經校註』, 中國農業出版社, 2007.
董琨著,『中國漢字源流』, 商務印書館, 1988.
姜育發、姚國坤、陳佩珍共著,『中國茶文化遺蹟』, 浙江攝影出版社, 2005.
周志剛,『茶經年譜』, 陝西師範大學出版總社, 2021.

- 한국韓國 -

쨩유화姜育發,『다경』, 남탑산방, 2000.
쨩유화姜育發,『중국고대다서정화』, 남탑산방, 2000.
쨩유화姜育發,『다경강설』, 차와 사람, 2008.
쨩유화姜育發,『차과학개론』, 보이세계, 2010.
쨩유화姜育發,『자다학』, 국차공사, 2011.
쨩유화姜育發,『보이차 쨩유화에게 묻다』, 국차공사, 2011.
쨩유화姜育發,『차과학 길라잡이』, 삼녕당, 2013.
쨩유화姜育發,『차과학 길라잡이 2015』, 삼녕당, 2014.
쨩유화姜育發,『쨩유화 보이차에게 다시 묻다』, 삼녕당, 2014.
쨩유화姜育發신역,『도다변증설』, 삼녕당, 2017.
쨩유화姜育發,『점다학2023』, 삼녕당, 2023.

- 홍콩香港 -

陳彬藩著,『茶經新篇』, 香港鏡報文化企業有限公司, 1980.
寇丹,『陸羽與茶經研究』, 香港天馬圖書有限公司, 2002.
朱自振、鄭培凱等撰,『中國歷代茶書匯編校註本』, 香港商務印書館, 2007.

- 타이완臺灣 -

張宏庸編,『陸羽全集』, 臺灣茶學文學出版社, 1985.
吳智和撰,『茶經』, 臺北金楓出版社, 1987.
林瑞萱撰,『陸羽茶經講座』, 臺北武陵出版有限公司, 2000.
程光裕撰,『茶經考略』, 臺灣文化大學-華岡學報, 1期.
吳哲夫著,『四庫全書纂修之研究』, 臺灣國立古宮博物館, 1990.

- 일본日本 -

布目潮渢等撰,『中國の茶書』, 日本平凡社, 1976.
布目潮渢撰,『茶經詳解』, 日本淡交社, 2001.

- 사전辭典 -

『漢語大字典』, 湖北辭書出版社, 1996.
『康熙字典』, 上海漢語大詞典出版社, 2005.
『辭海』, 中華書局, 1985.
『中國古今稱謂全書』, 黑龍江教育出版社, 1991.

『中國歷代帝王年號』, 北京燕山出版社, 2000.

『中國歷代年代簡表』, 文物出版社, 1994.

『中國歷代官制』, 齊魯書社, 1993.

『中國歷代官制詞典』, 齊魯書社, 1990.

『中國歷代官稱辭典』, 團結出版社, 1999.

2023 三寧堂製作